2014

CHINA POPULATION AND EMPLOYMENT STATISTICS YEARBOOK

国家统计局人口和就业统计司　编

COMPILED BY
Department of Population and Employment Statistics
National Bureau of Statistics of China

图书在版编目（CIP）数据

中国人口和就业统计年鉴. 2014：汉英对照 / 国家统计局人口和就业统计司编. -- 北京 ：中国统计出版社, 2014.11
ISBN 978-7-5037-7330-3

Ⅰ. ①中… Ⅱ. ①国… Ⅲ. ①人口调查－统计资料－中国－2014－年鉴－汉、英②就业－统计资料－中国－2014－年鉴－汉、英 Ⅳ. ①C924.25-54②D669.2-54

中国版本图书馆 CIP 数据核字（2014）第 240346 号

中国人口和就业统计年鉴—2014

作　　者 / 国家统计局人口和就业统计司
责任编辑 / 徐　涛
封面设计 / 杨　超　李雪燕
出版发行 / 中国统计出版社
通信地址 / 北京市丰台区西三环南路甲 6 号　邮政编码/100073
电　　话 / 邮购（010）63376909　书店（010）68783171
网　　址 / http://csp.stats.gov.cn
印　　刷 / 河北天普润印刷厂
经　　销 / 新华书店
开　　本 / 890×1240mm　1/16
字　　数 / 744 千字
印　　张 / 23.25
版　　别 / 2014 年 11 月第 1 版
版　　次 / 2014 年 11 月第 1 次印刷
定　　价 / 280.00 元

本书附同版本 CD-ROM 一张，光盘内容以书面文字为准。
如有印装差错，由本社发行部调换。

《中国人口和就业统计年鉴—2014》编委会和编辑工作人员

CHINA POPULATION AND EMPLOYMENT STATISTICS YEARBOOK-2014 EDITORIAL BOARD AND STAFF

编辑说明

一、《中国人口和就业统计年鉴—2014》是一部以全面反映我国人口和就业状况为主的资料性年刊，收集了全国和各省、自治区、直辖市人口就业统计的主要数据，同时附录了世界部分国家和地区的相关数据。

二、本年鉴由国家统计局人口和就业统计司负责编辑整理，并得到公安部治安管理局、国家卫生和计划生育委员会规划与信息司等单位的大力支持和协助。

三、本年鉴内容分为八部分：（一）综合数据；（二）2013 年全国人口变动情况抽样调查数据；（三）2013 年劳动力抽样调查主要数据；（四）2013 年城镇单位就业人员统计数据；（五）2013 年全国户籍统计人口数据；（六）2013 年全国计划生育统计人口数据；（七）世界部分国家及地区人口和就业统计数据；（八）2013 年人口变动和劳动力调查制度说明及主要统计指标解释。

四、2013 年全国人口变动调查的调查时点为 2013 年 11 月 1 日零时。该调查以全国为总体，以各省、自治区、直辖市为次总体，采用分层、多阶段、整群概率比例抽样方法，在全国 31 个省、自治区、直辖市抽取了 2101 个县(市、区)、4387 个乡(镇、街道)、4791 个调查小区中的 112 万人。经加权后汇总，2013 年全国人口出生率为 12.08‰，死亡率为 7.16‰，自然增长率为 4.92‰。按此推算，2013 年末全国总人口为 136072 万人，出生人口为 1640 万人，死亡人口为 972 万人，净增人口为 668 万人。本年鉴第二部分除表 2-1、表 2-2 外，其余各表中的绝对数为样本数，全国抽样比为 0.822‰。

五、本年鉴中收集的 2013 年全国人口变动情况抽样调查数据（第二部分）和 2013 年全国户籍统计人口数据（第五部分），统计方法和口径不同，请用户在使用时加以注意。

六、本年鉴涉及的全国性统计数据，均未包括香港、澳门特别行政区和台湾省数据。

七、符号使用说明：

年鉴各表中的“空格”表示该项统计指标数据不足本表最小单位数、数据不详或无该项数据；“#”表示其中的主要项。

八、本年鉴在资料的整理和编排方面难免存在不足和疏误，敬请用户指正。

PREFACE

I. *China Population and Employment Statistics Yearbook 2014* is an annual statistical publication, which contains data on basic condition of population and employment in 2013 as well as for the previous years for the whole nation and 31 provinces, autonomous regions and municipalities directly under the Central Government. It also includes the relevant data of some other countries and territories in the world.

II. The yearbook is compiled by the Department of Population and Employment Statistics of the National Bureau of Statistics of China, and assisted by the Public Order Bureau of the Ministry of Public Security and the Department of Planning and Information of the National Health and Family Planning Commission of China.

III. The yearbook contains the following eight chapters: 1.General Survey; 2.Data from 2013 National Sample Survey on Population Changes; 3.Main Data from 2013 Labor Force Survey; 4. Data from Statistics on Employment in Urban Units in 2013; 5.Data from Household Registration in 2013; 6.Data from Family Planning Statistics in 2013; 7.Population and Employment Data of Selected Countries and Territories of the World; 8.Explanatory Notes on Main Statistical Indicators.

IV. The reference time of 2013 National Sample Survey on Population Changes and Labor Force was at zero hour on November 1 in 2013. The sample survey adopted multi-stage systematic PPES cluster sampling scheme, taking the whole nation as the population and each province, autonomous region or municipality as sub-population. A total of 1.12 million people were selected from 4791 survey districts in 4387 townships (towns or street committees) in 2101 counties (cities or districts) of the 31 provinces, autonomous regions and municipalities. The weighted estimation procedure suggested that the birth rate was 12.08 per thousand, the death rate was 7.16 per thousand and the natural growth rate was 4.92 per thousand for China in 2013. Based on these rates, it was further estimated that China had a total population of 1,360.72 million at the end of 2013, with 16.40 million births, 9.72 million deaths and a net increase of 6.68 million people during the year. Except table 2-1 and table 2-2, the rest of tabulations in Chapter Two were sample data. The sampling fraction for the nation was 0.822 per thousand.

V. The population data of Chapter Two in the yearbook are from 2013 National Sample Survey on Population Changes, and those of Chapter Five are from the household registration, which use different definitions and data collection methods. Users should notice that the data under the same or similar heading in these two chapters may be different.

VI. The national data in the yearbook do not include that of Hong Kong Special Administrative Region, Macao Special Administrative Region and Taiwan Province.

VII. Notations used in the yearbook:

(blank space) indicates that the figure is not large enough to be measured with the smallest unit in the table, or data are unknown or are not available; "#" indicates a major breakdown of the total.

VIII. We welcome comments and suggestions from users with regard to deficiencies and mistakes in data editing and compilation.

目　　录
CONTENTS

第一部分　综合数据
Chapter One　General Survey

第二部分 2013 年全国人口变动情况抽样调查数据

Chapter Two Data from 2013 National Sample Survey on Population Changes

第三部分 2013 年劳动力抽样调查主要数据

Chapter Three Main Data from 2013 Labor Force Survey

第四部分 2013 年城镇单位就业人员统计数据

Chapter Four Data from Statistics on Employment in Urban Units in 2013

第五部分 2013 年全国户籍统计人口数据

Chapter Five Data from Household Registration in 2013

第六部分 2013年全国计划生育统计人口数据

Chapter Six Data from Family Planning Statistics in 2013

第七部分 世界部分国家及地区人口和就业统计数据

Chapter Seven Population and Employment Data of Selected Countries and Territories of the World

一、世界部分国家人口和就业统计数据

I.Population and Employment Data of Selected Countries of the World

二、香港特别行政区人口和就业统计数据

II.Population and Employment Data of Hong Kong Special Administrative Region

三、澳门特别行政区人口和就业统计数据

III.Population and Employment Data of Macao Special Administrative Region

第八部分 2013 年人口变动和劳动力调查制度说明及主要指标解释

Chapter Eight Explanatory Notes on Main Statistical Indicators

第一部分

Chapter One

综合数据

General Survey

1-1 分地区年末人口数

单位：万人

地 区	Region	1990	1991	1992	1993	1994	1995	1996	1997	1998
全 国	**National Total**	**114333**	**115823**	**117171**	**118517**	**119850**	**121121**	**122389**	**123626**	**124761**
北 京	Beijing	1086	1094	1102	1112	1125	1251	1259	1240	1246
天 津	Tianjin	884	909	920	928	935	942	948	953	957
河 北	Hebei	6159	6220	6275	6334	6388	6437	6484	6525	6569
山 西	Shanxi	2899	2942	2979	3012	3045	3077	3109	3141	3172
内蒙古	Inner Mongolia	2163	2184	2207	2232	2260	2284	2307	2326	2345
辽 宁	Liaoning	3967	3990	4016	4042	4067	4092	4116	4138	4157
吉 林	Jilin	2483	2509	2532	2555	2574	2592	2610	2628	2644
黑龙江	Heilongjiang	3543	3575	3608	3640	3672	3701	3728	3751	3773
上 海	Shanghai	1337	1340	1345	1349	1356	1415	1419	1457	1464
江 苏	Jiangsu	6767	6844	6911	6967	7021	7066	7110	7148	7182
浙 江	Zhejiang	4168	4202	4236	4266	4294	4319	4343	4435	4456
安 徽	Anhui	5675	5761	5834	5897	5955	6013	6070	6127	6184
福 建	Fujian	3037	3079	3116	3150	3183	3237	3261	3282	3299
江 西	Jiangxi	3810	3865	3913	3966	4015	4063	4105	4150	4191
山 东	Shandong	8493	8570	8610	8642	8671	8705	8738	8785	8838
河 南	Henan	8649	8763	8862	8946	9027	9100	9172	9243	9315
湖 北	Hubei	5439	5512	5580	5653	5719	5772	5825	5873	5907
湖 南	Hunan	6128	6209	6267	6311	6355	6392	6428	6465	6502
广 东	Guangdong	6346	6439	6525	6607	6689	6868	6961	7051	7143
广 西	Guangxi	4261	4324	4380	4438	4493	4543	4589	4633	4675
海 南	Hainan	663	674	686	701	711	724	734	743	753
重 庆	Chongqing								3042	3060
四 川	Sichuan	10804	10897	10998	11104	11214	11325	11430	8430	8493
贵 州	Guizhou	3268	3315	3361	3409	3458	3508	3555	3606	3658
云 南	Yunnan	3731	3782	3832	3885	3939	3990	4042	4094	4144
西 藏	Tibet	222	226	228	232	236	240	244	248	252
陕 西	Shaanxi	3316	3363	3405	3443	3481	3514	3543	3570	3596
甘 肃	Gansu	2255	2285	2314	2345	2378	2438	2467	2494	2519
青 海	Qinghai	448	454	461	467	474	481	488	496	503
宁 夏	Ningxia	470	480	487	495	504	513	521	530	538
新 疆	Xinjiang	1529	1555	1581	1605	1632	1661	1689	1718	1747

注：1.1990、2000、2010年数据为当年人口普查数据推算数；其余年份数据为年度人口抽样调查推算数据。2005年起各地区数据为常住人口口径。

2.2012年，根据第六次全国人口普查数据，北京对2006-2009年数据，西藏对2001-2009年数据进行了修订。

3.全国人口数中包括中国人民解放军现役军人，分地区人口数中未包括。

Population at Year-end by Region

(10 000 persons)

1999	2000	2001	2002	2003	2004	2005	2006	2007	2008	2009	2010	2011	2012	2013
125786	**126743**	**127627**	**128453**	**129227**	**129988**	**130756**	**131448**	**132129**	**132802**	**133450**	**134091**	**134735**	**135404**	136072
1257	1364	1385	1423	1456	1493	1538	1601	1676	1771	1860	1962	2019	2069	2115
959	1001	1004	1007	1011	1024	1043	1075	1115	1176	1228	1299	1355	1413	1472
6614	6674	6699	6735	6769	6809	6851	6898	6943	6989	7034	7194	7241	7288	7333
3204	3247	3272	3294	3314	3335	3355	3375	3393	3411	3427	3574	3593	3611	3630
2362	2372	2381	2384	2386	2393	2403	2415	2429	2444	2458	2472	2482	2490	2498
4171	4184	4194	4203	4210	4217	4221	4271	4298	4315	4341	4375	4383	4389	4390
2658	2682	2691	2699	2704	2709	2716	2723	2730	2734	2740	2747	2749	2750	2751
3792	3807	3811	3813	3815	3817	3820	3823	3824	3825	3826	3833	3834	3834	3835
1474	1609	1668	1713	1766	1835	1890	1964	2064	2141	2210	2303	2347	2380	2415
7213	7327	7359	7406	7458	7523	7588	7656	7723	7762	7810	7869	7899	7920	7939
4475	4680	4729	4776	4857	4925	4991	5072	5155	5212	5276	5447	5463	5477	5498
6237	6093	6128	6144	6163	6228	6120	6110	6118	6135	6131	5957	5968	5988	6030
3316	3410	3445	3476	3502	3529	3557	3585	3612	3639	3666	3693	3720	3748	3774
4231	4149	4186	4222	4254	4284	4311	4339	4368	4400	4432	4462	4488	4504	4522
8883	8998	9041	9082	9125	9180	9248	9309	9367	9417	9470	9588	9637	9685	9733
9387	9488	9555	9613	9667	9717	9380	9392	9360	9429	9487	9405	9388	9406	9413
5938	5646	5658	5672	5685	5698	5710	5693	5699	5711	5720	5728	5758	5779	5799
6532	6562	6596	6629	6663	6698	6326	6342	6355	6380	6406	6570	6596	6639	6691
7270	8650	8733	8842	8963	9111	9194	9442	9660	9893	10130	10441	10505	10594	10644
4713	4751	4788	4822	4857	4889	4660	4719	4768	4816	4856	4610	4645	4682	4719
762	789	796	803	811	818	828	836	845	854	864	869	877	887	895
3075	2849	2829	2814	2803	2793	2798	2808	2816	2839	2859	2885	2919	2945	2970
8550	8329	8143	8110	8176	8090	8212	8169	8127	8138	8185	8045	8050	8076	8107
3710	3756	3799	3837	3870	3904	3730	3690	3632	3596	3537	3479	3469	3484	3502
4192	4241	4287	4333	4376	4415	4450	4483	4514	4543	4571	4602	4631	4659	4687
256	258	264	268	272	276	280	285	289	292	296	300	303	308	312
3618	3644	3653	3662	3672	3681	3690	3699	3708	3718	3727	3735	3743	3753	3764
2543	2515	2523	2531	2537	2541	2545	2547	2548	2551	2555	2560	2564	2578	2582
510	517	523	529	534	539	543	548	552	554	557	563	568	573	578
543	554	563	572	580	588	596	604	610	618	625	633	639	647	654
1774	1849	1876	1905	1934	1963	2010	2050	2095	2131	2159	2185	2209	2233	2264

Note: a) Data of 1990, 2000 and 2010 are the census year estimates; the rest are the estimates from the annual national sample survey of population. Since 2005, data by region are of usual residents.

b) Data of 2006-2009 of Beijing and data of 2001-2009 of Tibet were revised according to the 2010 National Population Census results in 2012.

c) The millitary personnel of Chinese People's Liberation Army are included in the national total population, but are not included in the population by region.

1-2 按性别分人口数
Population by Sex

单位：万人，%　　(10 000 persons,%)

年份 Year	总人口(年末) Total Population (year-end)	男 Male		女 Female	
		人口数 Population	比重 Proportion	人口数 Population	比重 Proportion
1949	54167	28145	51.96	26022	48.04
1950	55196	28669	51.94	26527	48.06
1951	56300	29231	51.92	27069	48.08
1955	61465	31809	51.75	29656	48.25
1960	66207	34283	51.78	31924	48.22
1965	72538	37128	51.18	35410	48.82
1970	82992	42686	51.43	40306	48.57
1971	85229	43819	51.41	41410	48.59
1972	87177	44813	51.40	42364	48.60
1973	89211	45876	51.42	43335	48.58
1974	90859	46727	51.43	44132	48.57
1975	92420	47564	51.47	44856	48.53
1976	93717	48257	51.49	45460	48.51
1977	94974	48908	51.50	46066	48.50
1978	96259	49567	51.49	46692	48.51
1979	97542	50192	51.46	47350	48.54
1980	98705	50785	51.45	47920	48.55
1981	100072	51519	51.48	48553	48.52
1982	101654	52352	51.50	49302	48.50
1983	103008	53152	51.60	49856	48.40
1984	104357	53848	51.60	50509	48.40
1985	105851	54725	51.70	51126	48.30
1986	107507	55581	51.70	51926	48.30
1987	109300	56290	51.50	53010	48.50
1988	111026	57201	51.52	53825	48.48
1989	112704	58099	51.55	54605	48.45
1990	114333	58904	51.52	55429	48.48
1991	115823	59466	51.34	56357	48.66
1992	117171	59811	51.05	57360	48.95
1993	118517	60472	51.02	58045	48.98
1994	119850	61246	51.10	58604	48.90
1995	121121	61808	51.03	59313	48.97
1996	122389	62200	50.82	60189	49.18
1997	123626	63131	51.07	60495	48.93
1998	124761	63940	51.25	60821	48.75
1999	125786	64692	51.43	61094	48.57
2000	126743	65437	51.63	61306	48.37
2001	127627	65672	51.46	61955	48.54
2002	128453	66115	51.47	62338	48.53
2003	129227	66556	51.50	62671	48.50
2004	129988	66976	51.52	63012	48.48
2005	130756	67375	51.53	63381	48.47
2006	131448	67728	51.52	63720	48.48
2007	132129	68048	51.50	64081	48.50
2008	132802	68357	51.47	64445	48.53
2009	133450	68647	51.44	64803	48.56
2010	134091	68748	51.27	65343	48.73
2011	134735	69068	51.26	65667	48.74
2012	135404	69395	51.25	66009	48.75
2013	136072	69728	51.24	66344	48.76

注：1. 本表各年人口数中包括中国人民解放军现役军人，但未包括香港、澳门特别行政区和台湾省的人口。
2. 1981年及以前数据为户籍统计数;1982、1990、2000、2010年数据为当年人口普查数据推算数；其余年份数据为年度人口抽样调查推算数据(下相关表同)。

Note: a) Data in this table include the military personnel of Chinese People's Liberation Army, but do not include the population of Hong Kong SAR, Macao SAR and Taiwan Province.

b)Figures 1981 (inclusive) are from household registrations; for the year 1982, 1990, 2000 and 2010 are the census year estimates; the rest of the data covered in those tables have been estimated on the basis of the annual national sample surveys of population.
The same applies to the relevant tables following.

1-3 人口年龄结构和抚养比

Age Composition and Dependency Ratio of Population

单位：万人，% (10 000 persons,%)

年份 Year	总人口(年末) Total Population (year-end)	0-14岁 Aged 0-14		15-64岁 Aged 15-64		65岁及以上 Aged 65 and Over		总抚养比 Gross Dependency Ratio	少儿抚养比 Children Dependency Ratio	老年抚养比 Old Dependency Ratio
		人口数 Population	比重 Proportion	人口数 Population	比重 Proportion	人口数 Population	比重 Proportion			
1953	58796	21331	36.3	34872	59.3	2593	4.4	68.6	61.2	7.4
1964	70499	28686	40.7	39303	55.8	2510	3.6	79.4	73.0	6.4
1982	101654	34146	33.6	62517	61.5	4991	4.9	62.6	54.6	8.0
1987	109300	31347	28.7	71985	65.9	5968	5.4	51.8	43.5	8.3
1990	114333	31659	27.7	76306	66.7	6368	5.6	49.8	41.5	8.3
1995	121121	32218	26.6	81393	67.2	7510	6.2	48.8	39.6	9.2
1996	122389	32311	26.4	82245	67.2	7833	6.4	48.8	39.3	9.5
1997	123626	32093	26.0	83448	67.5	8085	6.5	48.1	38.5	9.7
1998	124761	32064	25.7	84338	67.6	8359	6.7	47.9	38.0	9.9
1999	125786	31950	25.4	85157	67.7	8679	6.9	47.7	37.5	10.2
2000	126743	29012	22.9	88910	70.1	8821	7.0	42.6	32.6	9.9
2001	127627	28716	22.5	89849	70.4	9062	7.1	42.0	32.0	10.1
2002	128453	28774	22.4	90302	70.3	9377	7.3	42.2	31.9	10.4
2003	129227	28559	22.1	90976	70.4	9692	7.5	42.0	31.4	10.7
2004	129988	27947	21.5	92184	70.9	9857	7.6	41.0	30.3	10.7
2005	130756	26504	20.3	94197	72.0	10055	7.7	38.8	28.1	10.7
2006	131448	25961	19.8	95068	72.3	10419	7.9	38.3	27.3	11.0
2007	132129	25660	19.4	95833	72.5	10636	8.1	37.9	26.8	11.1
2008	132802	25166	19.0	96680	72.7	10956	8.3	37.4	26.0	11.3
2009	133450	24659	18.5	97484	73.0	11307	8.5	36.9	25.3	11.6
2010	134091	22259	16.6	99938	74.5	11894	8.9	34.2	22.3	11.9
2011	134735	22164	16.5	100283	74.4	12288	9.1	34.4	22.1	12.3
2012	135404	22287	16.5	100403	74.1	12714	9.4	34.9	22.2	12.7
2013	136072	22329	16.4	100582	73.9	13161	9.7	35.3	22.2	13.1

1-4 按城乡分人口数
Population by Urban and Rural Residence

单位: 万人, %　　(10 000 persons,%)

年 份 Year	总人口(年末) Total Population (year-end)	城 镇 Urban		乡 村 Rural	
		人口数 Population	比重 Proportion	人口数 Population	比重 Proportion
1949	54167	5765	10.64	48402	89.36
1950	55196	6169	11.18	49027	88.82
1951	56300	6632	11.78	49668	88.22
1955	61465	8285	13.48	53180	86.52
1960	66207	13073	19.75	53134	80.25
1965	72538	13045	17.98	59493	82.02
1970	82992	14424	17.38	68568	82.62
1971	85229	14711	17.26	70518	82.74
1972	87177	14935	17.13	72242	82.87
1973	89211	15345	17.20	73866	82.80
1974	90859	15595	17.16	75264	82.84
1975	92420	16030	17.34	76390	82.66
1976	93717	16341	17.44	77376	82.56
1977	94974	16669	17.55	78305	82.45
1978	96259	17245	17.92	79014	82.08
1979	97542	18495	18.96	79047	81.04
1980	98705	19140	19.39	79565	80.61
1981	100072	20171	20.16	79901	79.84
1982	101654	21480	21.13	80174	78.87
1983	103008	22274	21.62	80734	78.38
1984	104357	24017	23.01	80340	76.99
1985	105851	25094	23.71	80757	76.29
1986	107507	26366	24.52	81141	75.48
1987	109300	27674	25.32	81626	74.68
1988	111026	28661	25.81	82365	74.19
1989	112704	29540	26.21	83164	73.79
1990	114333	30195	26.41	84138	73.59
1991	115823	31203	26.94	84620	73.06
1992	117171	32175	27.46	84996	72.54
1993	118517	33173	27.99	85344	72.01
1994	119850	34169	28.51	85681	71.49
1995	121121	35174	29.04	85947	70.96
1996	122389	37304	30.48	85085	69.52
1997	123626	39449	31.91	84177	68.09
1998	124761	41608	33.35	83153	66.65
1999	125786	43748	34.78	82038	65.22
2000	126743	45906	36.22	80837	63.78
2001	127627	48064	37.66	79563	62.34
2002	128453	50212	39.09	78241	60.91
2003	129227	52376	40.53	76851	59.47
2004	129988	54283	41.76	75705	58.24
2005	130756	56212	42.99	74544	57.01
2006	131448	58288	44.34	73160	55.66
2007	132129	60633	45.89	71496	54.11
2008	132802	62403	46.99	70399	53.01
2009	133450	64512	48.34	68938	51.66
2010	134091	66978	49.95	67113	50.05
2011	134735	69079	51.27	65656	48.73
2012	135404	71182	52.57	64222	47.43
2013	136072	73111	53.73	62961	46.27

注：按城乡分人口数中现役军人全部计入城镇人口。
Note: The military personnel of Chinese People's Liberation Army are classified as urban population in the item of population by residence.

1-5 分地区年末城镇人口比重

Proportion of Urban Population at Year-end by Region

单位：% (%)

地 区	Region	2005	2006	2007	2008	2009	2010	2011	2012	2013
全 国	**National Total**	**42.99**	**44.34**	**45.89**	**46.99**	**48.34**	**49.95**	**51.27**	**52.57**	**53.73**
北 京	Beijing	83.62	84.33	84.50	84.90	85.00	85.96	86.20	86.20	86.30
天 津	Tianjin	75.11	75.73	76.31	77.23	78.01	79.55	80.50	81.55	82.01
河 北	Hebei	37.69	38.77	40.25	41.90	43.74	44.50	45.60	46.80	48.12
山 西	Shanxi	42.11	43.01	44.03	45.11	45.99	48.05	49.68	51.26	52.56
内蒙古	Inner Mongolia	47.20	48.64	50.15	51.71	53.40	55.50	56.62	57.74	58.71
辽 宁	Liaoning	58.70	58.99	59.20	60.05	60.35	62.10	64.05	65.65	66.45
吉 林	Jilin	52.52	52.97	53.16	53.21	53.32	53.35	53.40	53.70	54.20
黑龙江	Heilongjiang	53.10	53.50	53.90	55.40	55.50	55.66	56.50	56.90	57.40
上 海	Shanghai	89.09	88.70	88.70	88.60	88.60	89.30	89.30	89.30	89.60
江 苏	Jiangsu	50.50	51.90	53.20	54.30	55.60	60.58	61.90	63.00	64.11
浙 江	Zhejiang	56.02	56.50	57.20	57.60	57.90	61.62	62.30	63.20	64.00
安 徽	Anhui	35.50	37.10	38.70	40.50	42.10	43.01	44.80	46.50	47.86
福 建	Fujian	49.40	50.40	51.40	53.00	55.10	57.10	58.10	59.60	60.77
江 西	Jiangxi	37.00	38.68	39.80	41.36	43.18	44.06	45.70	47.51	48.87
山 东	Shandong	45.00	46.10	46.75	47.60	48.32	49.70	50.95	52.43	53.75
河 南	Henan	30.65	32.47	34.34	36.03	37.70	38.50	40.57	42.43	43.80
湖 北	Hubei	43.20	43.80	44.30	45.20	46.00	49.70	51.83	53.50	54.51
湖 南	Hunan	37.00	38.71	40.45	42.15	43.20	43.30	45.10	46.65	47.96
广 东	Guangdong	60.68	63.00	63.14	63.37	63.40	66.18	66.50	67.40	67.76
广 西	Guangxi	33.62	34.64	36.24	38.16	39.20	40.00	41.80	43.53	44.81
海 南	Hainan	45.20	46.10	47.20	48.00	49.13	49.80	50.50	51.60	52.74
重 庆	Chongqing	45.20	46.70	48.30	49.99	51.59	53.02	55.02	56.98	58.34
四 川	Sichuan	33.00	34.30	35.60	37.40	38.70	40.18	41.83	43.53	44.90
贵 州	Guizhou	26.87	27.46	28.24	29.11	29.89	33.81	34.96	36.41	37.83
云 南	Yunnan	29.50	30.50	31.60	33.00	34.00	34.70	36.80	39.31	40.48
西 藏	Tibet	20.85	21.13	21.50	21.90	22.30	22.67	22.71	22.75	23.71
陕 西	Shaanxi	37.23	39.12	40.62	42.10	43.50	45.76	47.30	50.02	51.31
甘 肃	Gansu	30.02	31.09	32.25	33.56	34.89	36.12	37.15	38.75	40.13
青 海	Qinghai	39.25	39.26	40.07	40.86	41.90	44.72	46.22	47.44	48.51
宁 夏	Ningxia	42.28	43.00	44.02	44.98	46.10	47.90	49.82	50.67	52.01
新 疆	Xinjiang	37.15	37.94	39.15	39.64	39.85	43.01	43.54	43.98	44.47

注：2010年数据为当年人口普查数据推算数；其余年份数据为年度人口抽样调查推算数据，部分省份2005-2009年数据根据2010年普查数据进行了修订。

Note: Data of 2010 are the census year estimates; the rest are the estimates from the annual national sample survey of population. Data of some provinces from 2005 to 2009 have been revised according to the Sixth National Population Census in 2010.

1-6 人口出生率、死亡率和自然增长率
Birth Rate, Death Rate and Natural Growth Rate of Population

单位：‰ (‰)

年 份 Year	出生率 Birth Rate	死亡率 Death Rate	自然增长率 Natural Growth Rate
1978	18.25	6.25	12.00
1979	17.82	6.21	11.61
1980	18.21	6.34	11.87
1981	20.91	6.36	14.55
1982	22.28	6.60	15.68
1983	20.19	6.90	13.29
1984	19.90	6.82	13.08
1985	21.04	6.78	14.26
1986	22.43	6.86	15.57
1987	23.33	6.72	16.61
1988	22.37	6.64	15.73
1989	21.58	6.54	15.04
1990	21.06	6.67	14.39
1991	19.68	6.70	12.98
1992	18.24	6.64	11.60
1993	18.09	6.64	11.45
1994	17.70	6.49	11.21
1995	17.12	6.57	10.55
1996	16.98	6.56	10.42
1997	16.57	6.51	10.06
1998	15.64	6.50	9.14
1999	14.64	6.46	8.18
2000	14.03	6.45	7.58
2001	13.38	6.43	6.95
2002	12.86	6.41	6.45
2003	12.41	6.40	6.01
2004	12.29	6.42	5.87
2005	12.40	6.51	5.89
2006	12.09	6.81	5.28
2007	12.10	6.93	5.17
2008	12.14	7.06	5.08
2009	11.95	7.08	4.87
2010	11.90	7.11	4.79
2011	11.93	7.14	4.79
2012	12.10	7.15	4.95
2013	12.08	7.16	4.92

1-7 各地区人口出生率、死亡率和自然增长率

Birth Rate, Death Rate and Natural Growth Rate of Population by Region

单位：‰ (‰)

地区	Region	1990			1991			1992			1993		
		出生率 Birth Rate	死亡率 Death Rate	自然增长率 Natural Growth Rate	出生率 Birth Rate	死亡率 Death Rate	自然增长率 Natural Growth Rate	出生率 Birth Rate	死亡率 Death Rate	自然增长率 Natural Growth Rate	出生率 Birth Rate	死亡率 Death Rate	自然增长率 Natural Growth Rate
全　国	**National Total**	**21.06**	**6.67**	**14.39**	**19.68**	**6.70**	**12.98**	**18.24**	**6.64**	**11.60**	**18.09**	**6.64**	**11.45**
北　京	Beijing	13.01	5.81	7.20	8.03	5.82	2.21	9.22	6.11	3.11	9.35	6.16	3.19
天　津	Tianjin	15.61	5.78	9.83	11.94	5.78	6.16	12.50	6.00	6.50	10.71	6.20	4.51
河　北	Hebei	20.46	6.82	13.64	16.59	6.75	9.84	15.33	6.43	8.90	15.43	6.11	9.32
山　西	Shanxi	22.54	6.56	15.98	21.56	6.87	14.69	19.59	6.94	12.65	17.48	6.36	11.12
内蒙古	Inner Mongolia	21.19	7.21	13.98	16.77	6.97	9.80	17.07	6.73	10.34	18.48	6.83	11.65
辽　宁	Liaoning	16.30	6.59	9.71	12.10	6.64	5.46	12.57	6.11	6.46	12.43	6.11	6.32
吉　林	Jilin	19.49	6.56	12.93	17.09	6.84	10.25	15.74	6.57	9.17	15.28	6.31	8.97
黑龙江	Heilongjiang	18.11	6.35	11.76	15.89	5.70	10.19	16.25	6.12	10.13	15.90	5.52	10.38
上　海	Shanghai	10.31	6.64	3.67	7.68	7.01	0.67	7.28	6.74	0.54	6.50	7.30	-0.80
江　苏	Jiangsu	20.54	6.53	14.01	17.05	6.50	10.55	15.71	6.76	8.95	13.97	6.61	7.36
浙　江	Zhejiang	15.33	6.31	9.02	14.48	6.39	8.09	14.72	6.57	8.15	13.61	6.58	7.03
安　徽	Anhui	24.47	6.25	18.22	21.19	6.06	15.13	18.76	6.14	12.62	17.18	6.51	10.67
福　建	Fujian	24.44	6.71	17.73	20.03	6.26	13.77	18.18	6.02	12.16	16.72	5.62	11.10
江　西	Jiangxi	24.59	7.54	17.05	21.20	7.13	14.07	19.53	7.07	12.46	20.33	6.89	13.44
山　东	Shandong	18.21	6.96	11.25	15.40	6.54	8.86	11.43	6.88	4.55	10.47	6.76	3.71
河　南	Henan	24.92	6.52	18.40	19.78	6.63	13.15	18.13	6.99	11.14	15.87	6.35	9.52
湖　北	Hubei	21.60	7.30	14.30	20.70	7.36	13.34	19.05	6.87	12.18	20.04	6.93	13.11
湖　南	Hunan	23.93	7.23	16.70	20.50	7.30	13.20	16.70	7.30	9.40	14.08	7.13	6.95
广　东	Guangdong	22.26	5.76	16.50	20.54	5.95	14.59	19.31	6.17	13.14	18.34	5.84	12.50
广　西	Guangxi	20.20	6.60	13.60	21.89	7.24	14.65	20.19	7.28	12.91	19.58	6.35	13.23
海　南	Hainan	24.86	6.26	18.60	22.97	5.97	17.00	21.31	6.07	15.24	20.81	5.26	15.55
重　庆	Chongqing												
四　川	Sichuan	19.11	7.66	11.45	15.82	7.29	8.53	16.27	7.03	9.24	16.77	7.21	9.56
贵　州	Guizhou	23.09	7.90	15.19	22.42	8.11	14.31	22.40	8.52	13.88	22.60	8.50	14.10
云　南	Yunnan	23.60	7.92	15.68	21.80	8.10	13.70	21.00	8.00	13.00	22.00	8.10	13.90
西　藏	Tibet	23.98	7.55	16.43	23.53	7.40	16.13	23.63	8.09	15.54	26.68	7.60	19.08
陕　西	Shaanxi	23.48	6.52	16.96	19.82	6.51	13.31	18.85	6.57	12.28	17.63	6.55	11.08
甘　肃	Gansu	20.68	6.20	14.48	19.38	6.05	13.33	19.37	6.64	12.73	20.16	6.84	13.32
青　海	Qinghai	24.34	7.47	16.87	23.37	8.35	15.02	22.54	8.14	14.40	20.50	8.26	12.24
宁　夏	Ningxia	24.34	5.52	18.82	21.96	5.13	16.83	20.11	5.36	14.75	19.43	5.36	14.07
新　疆	Xinjiang	26.44	7.82	18.62	24.45	7.86	16.59	22.80	7.84	14.96	21.53	7.68	13.85

1-7 续表 1 continued

单位：‰ (‰)

地区	Region	1994 出生率 Birth Rate	1994 死亡率 Death Rate	1994 自然增长率 Natural Growth Rate	1995 出生率 Birth Rate	1995 死亡率 Death Rate	1995 自然增长率 Natural Growth Rate	1996 出生率 Birth Rate	1996 死亡率 Death Rate	1996 自然增长率 Natural Growth Rate
全　国	**National Total**	**17.70**	**6.49**	**11.21**	**17.12**	**6.57**	**10.55**	**16.98**	**6.56**	**10.42**
北　京	Beijing	8.96	5.76	3.20	7.92	5.12	2.80	8.02	5.34	2.68
天　津	Tianjin	10.98	6.19	4.79	10.23	6.23	4.00	10.09	6.53	3.56
河　北	Hebei	14.93	6.50	8.43	13.93	6.32	7.61	13.85	6.55	7.30
山　西	Shanxi	17.46	6.70	10.76	16.60	6.12	10.48	16.59	6.25	10.34
内蒙古	Inner Mongolia	18.98	6.50	12.48	17.23	6.70	10.53	16.09	6.43	9.66
辽　宁	Liaoning	12.26	6.03	6.23	12.17	6.15	6.02	12.15	6.19	5.96
吉　林	Jilin	14.11	6.35	7.76	12.90	6.09	6.81	12.53	5.60	6.93
黑龙江	Heilongjiang	15.15	5.47	9.68	13.23	5.33	7.90	12.40	5.05	7.35
上　海	Shanghai	5.80	7.00	-1.20	5.75	7.05	-1.30	5.60	7.00	-1.40
江　苏	Jiangsu	13.78	6.86	6.92	12.32	6.56	5.76	12.11	6.58	5.53
浙　江	Zhejiang	13.24	6.60	6.64	12.66	6.75	5.91	12.09	6.58	5.51
安　徽	Anhui	16.70	6.86	9.84	16.07	6.41	9.66	16.00	6.50	9.50
福　建	Fujian	16.24	5.95	10.29	15.20	5.90	9.30	13.22	5.94	7.28
江　西	Jiangxi	19.38	7.00	12.38	18.94	7.28	11.66	17.53	7.02	10.51
山　东	Shandong	9.69	6.67	3.02	9.82	6.47	3.35	10.60	6.76	3.84
河　南	Henan	15.36	6.34	9.02	14.41	6.28	8.13	14.28	6.44	7.84
湖　北	Hubei	18.17	6.68	11.49	16.18	6.91	9.27	16.08	6.93	9.15
湖　南	Hunan	13.88	7.03	6.85	13.02	7.15	5.87	12.81	7.20	5.61
广　东	Guangdong	18.20	5.78	12.42	18.10	5.70	12.40	18.05	6.09	11.96
广　西	Guangxi	18.84	6.60	12.24	17.54	6.53	11.01	16.83	6.82	10.01
海　南	Hainan	20.77	6.29	14.48	20.12	5.61	14.51	20.08	5.88	14.20
重　庆	Chongqing									
四　川	Sichuan	16.93	6.99	9.94	17.08	7.21	9.87	16.68	7.35	9.33
贵　州	Guizhou	22.92	8.14	14.78	21.86	7.60	14.26	22.05	7.69	14.36
云　南	Yunnan	21.80	8.00	13.80	20.75	8.03	12.72	20.87	7.94	12.93
西　藏	Tibet	25.64	8.71	16.93	24.90	8.80	16.10	24.70	8.50	16.20
陕　西	Shaanxi	17.59	6.60	10.99	15.93	6.57	9.36	14.99	6.51	8.48
甘　肃	Gansu	20.82	6.84	13.98	20.65	6.49	14.16	18.43	6.64	11.79
青　海	Qinghai	22.06	6.82	15.24	22.01	6.89	15.12	21.89	7.20	14.69
宁　夏	Ningxia	19.67	6.02	13.65	19.28	5.49	13.79	19.03	5.25	13.78
新　疆	Xinjiang	20.82	7.43	13.39	18.90	6.45	12.45	19.45	6.60	12.85

1-7 续表 2 continued

单位：‰ (‰)

地 区	Region	1997 出生率 Birth Rate	1997 死亡率 Death Rate	1997 自然增长率 Natural Growth Rate	1998 出生率 Birth Rate	1998 死亡率 Death Rate	1998 自然增长率 Natural Growth Rate	1999 出生率 Birth Rate	1999 死亡率 Death Rate	1999 自然增长率 Natural Growth Rate
全 国	**National Total**	**16.57**	**6.51**	**10.06**	**15.64**	**6.50**	**9.14**	**14.64**	**6.46**	**8.18**
北 京	Beijing	7.91	6.02	1.89	6.00	5.30	0.70	6.50	5.60	0.90
天 津	Tianjin	9.98	6.95	3.03	9.89	6.49	3.40	9.68	6.73	2.95
河 北	Hebei	13.11	6.82	6.29	13.01	6.18	6.83	12.99	6.26	6.73
山 西	Shanxi	16.18	6.06	10.12	16.09	6.17	9.92	15.93	6.07	9.86
内蒙古	Inner Mongolia	15.21	6.96	8.25	14.40	6.17	8.23	13.32	6.08	7.24
辽 宁	Liaoning	11.78	6.38	5.40	11.39	6.81	4.58	10.38	7.05	3.33
吉 林	Jilin	12.22	5.42	6.80	11.81	5.76	6.05	10.68	5.45	5.23
黑龙江	Heilongjiang	12.02	5.17	6.85	11.68	5.32	6.36	10.55	5.49	5.06
上 海	Shanghai	5.50	6.80	-1.30	5.20	7.00	-1.80	5.40	6.50	-1.10
江 苏	Jiangsu	11.43	6.84	4.59	10.97	6.84	4.13	10.50	6.94	3.56
浙 江	Zhejiang	11.41	6.48	4.93	11.15	6.33	4.82	10.64	6.35	4.29
安 徽	Anhui	15.80	6.50	9.30	15.74	6.54	9.20	15.10	6.50	8.60
福 建	Fujian	12.41	6.09	6.32	11.53	6.20	5.33	11.06	5.85	5.21
江 西	Jiangxi	17.43	6.56	10.87	16.85	7.05	9.80	16.51	7.02	9.49
山 东	Shandong	11.28	6.65	4.63	11.58	6.12	5.46	11.08	6.27	4.81
河 南	Henan	13.97	6.30	7.67	14.17	6.37	7.80	14.07	6.35	7.72
湖 北	Hubei	14.81	6.69	8.12	12.58	6.70	5.88	11.57	6.37	5.20
湖 南	Hunan	12.59	6.99	5.60	12.31	7.10	5.21	11.72	7.12	4.60
广 东	Guangdong	16.90	5.40	11.50	16.51	5.61	10.90	15.32	5.40	9.92
广 西	Guangxi	15.93	6.40	9.53	15.87	6.86	9.01	14.96	6.93	8.03
海 南	Hainan	19.18	5.62	13.56	18.48	5.56	12.92	17.26	5.23	12.03
重 庆	Chongqing	13.60	7.36	6.24	13.19	7.68	5.51	11.90	6.94	4.96
四 川	Sichuan	15.75	7.00	8.75	14.62	7.14	7.48	13.80	7.02	6.78
贵 州	Guizhou	22.15	7.67	14.48	22.02	7.76	14.26	21.92	7.68	14.24
云 南	Yunnan	20.82	7.91	12.91	20.01	7.91	12.10	19.48	7.82	11.66
西 藏	Tibet	23.90	7.90	16.00	23.70	7.80	15.90	23.20	7.40	15.80
陕 西	Shaanxi	13.91	6.29	7.62	13.56	6.43	7.13	12.51	6.38	6.13
甘 肃	Gansu	17.22	6.20	11.02	16.45	6.41	10.04	15.61	6.44	9.17
青 海	Qinghai	21.80	6.95	14.85	21.26	6.78	14.48	20.68	6.78	13.90
宁 夏	Ningxia	18.90	5.43	13.47	18.19	5.11	13.08	17.97	5.65	12.32
新 疆	Xinjiang	19.66	6.55	13.11	19.74	6.93	12.81	18.76	6.96	11.80

1-7 续表 3 continued

单位：‰ (‰)

地 区	Region	2001 出生率 Birth Rate	2001 死亡率 Death Rate	2001 自然增长率 Natural Growth Rate	2002 出生率 Birth Rate	2002 死亡率 Death Rate	2002 自然增长率 Natural Growth Rate	2003 出生率 Birth Rate	2003 死亡率 Death Rate	2003 自然增长率 Natural Growth Rate
全 国	**National Total**	**13.38**	**6.43**	**6.95**	**12.86**	**6.41**	**6.45**	**12.41**	**6.40**	**6.01**
北 京	Beijing	6.10	5.30	0.80	6.60	5.70	0.90	5.10	5.20	-0.10
天 津	Tianjin	7.58	5.94	1.64	7.49	6.04	1.45	7.14	6.04	1.10
河 北	Hebei	11.16	6.18	4.98	11.53	6.25	5.28	11.43	6.27	5.16
山 西	Shanxi	13.06	5.90	7.16	12.86	6.14	6.72	12.26	6.04	6.22
内蒙古	Inner Mongolia	10.77	5.79	4.98	9.60	5.92	3.68	9.24	6.17	3.07
辽 宁	Liaoning	7.74	6.10	1.64	7.38	6.04	1.34	6.90	5.83	1.07
吉 林	Jilin	8.76	5.38	3.38	8.30	5.11	3.19	7.25	5.64	1.61
黑龙江	Heilongjiang	8.48	5.49	2.99	7.98	5.44	2.54	7.48	5.45	2.03
上 海	Shanghai	5.02	5.97	-0.95	5.41	5.95	-0.54	4.85	6.20	-1.35
江 苏	Jiangsu	9.03	6.62	2.41	9.17	6.99	2.18	9.04	7.03	2.01
浙 江	Zhejiang	10.02	6.25	3.77	9.98	6.19	3.79	9.66	6.38	3.28
安 徽	Anhui	12.46	5.85	6.61	11.20	5.17	6.03	11.15	5.20	5.95
福 建	Fujian	11.56	5.52	6.04	11.35	5.57	5.78	11.43	5.58	5.85
江 西	Jiangxi	15.44	6.06	9.38	14.74	6.02	8.72	14.07	5.98	8.09
山 东	Shandong	11.12	6.24	4.88	11.17	6.62	4.55	11.42	6.64	4.78
河 南	Henan	13.20	6.26	6.94	12.41	6.38	6.03	12.10	6.46	5.64
湖 北	Hubei	8.51	6.07	2.44	8.38	6.17	2.21	8.26	5.94	2.32
湖 南	Hunan	11.80	6.72	5.08	11.56	6.70	4.86	11.82	6.87	4.95
广 东	Guangdong	13.95	5.12	8.83	13.29	5.08	8.21	13.66	5.31	8.35
广 西	Guangxi	13.80	6.07	7.73	13.30	6.30	7.00	13.86	6.57	7.29
海 南	Hainan	15.23	5.76	9.47	15.20	5.72	9.48	14.68	5.52	9.16
重 庆	Chongqing	9.70	6.90	2.80	9.36	6.08	3.28	9.89	7.20	2.69
四 川	Sichuan	11.16	6.79	4.37	10.44	6.55	3.89	9.18	6.06	3.12
贵 州	Guizhou	18.56	7.23	11.33	17.96	7.21	10.75	15.91	6.87	9.04
云 南	Yunnan	18.51	7.57	10.94	17.90	7.30	10.60	17.00	7.20	9.80
西 藏	Tibet	18.60	6.50	12.10	18.83	6.07	12.76	17.40	6.30	11.10
陕 西	Shaanxi	10.50	6.34	4.16	10.48	6.36	4.12	10.67	6.38	4.29
甘 肃	Gansu	13.58	6.43	7.15	13.16	6.45	6.71	12.58	6.46	6.12
青 海	Qinghai	19.06	6.44	12.62	18.05	6.35	11.70	16.94	6.09	10.85
宁 夏	Ningxia	16.55	4.84	11.71	16.42	4.86	11.56	15.68	4.73	10.95
新 疆	Xinjiang	16.82	5.69	11.13	16.30	5.43	10.87	16.01	5.23	10.78

1-7 续表 4 continued

单位：‰ (‰)

地 区	Region	2004 出生率 Birth Rate	2004 死亡率 Death Rate	2004 自然增长率 Natural Growth Rate	2005 出生率 Birth Rate	2005 死亡率 Death Rate	2005 自然增长率 Natural Growth Rate	2006 出生率 Birth Rate	2006 死亡率 Death Rate	2006 自然增长率 Natural Growth Rate	2007 出生率 Birth Rate	2007 死亡率 Death Rate	2007 自然增长率 Natural Growth Rate
全 国	**National Total**	**12.29**	**6.42**	**5.87**	**12.40**	**6.51**	**5.89**	**12.09**	**6.81**	**5.28**	**12.10**	**6.93**	**5.17**
北 京	Beijing	6.10	5.40	0.70	6.29	5.20	1.09	6.26	4.97	1.29	8.32	4.92	3.40
天 津	Tianjin	7.31	5.97	1.34	7.44	6.01	1.43	7.67	6.07	1.60	7.91	5.86	2.05
河 北	Hebei	11.98	6.19	5.79	12.84	6.75	6.09	12.82	6.59	6.23	13.33	6.78	6.55
山 西	Shanxi	12.36	6.11	6.25	12.02	6.00	6.02	11.48	5.73	5.75	11.30	5.97	5.33
内蒙古	Inner Mongolia	9.53	5.98	3.55	10.08	5.46	4.62	9.87	5.91	3.96	10.21	5.73	4.48
辽 宁	Liaoning	6.51	5.60	0.91	7.01	6.04	0.97	6.40	5.30	1.10	6.89	5.36	1.53
吉 林	Jilin	7.39	5.63	1.76	7.89	5.32	2.57	7.67	5.00	2.67	7.55	5.05	2.50
黑龙江	Heilongjiang	7.27	5.45	1.82	7.87	5.20	2.67	7.57	5.18	2.39	7.88	5.39	2.49
上 海	Shanghai	6.00	6.00	0.00	7.04	6.08	0.96	7.47	5.89	1.58	9.07	6.03	3.04
江 苏	Jiangsu	9.45	7.20	2.25	9.24	7.03	2.21	9.36	7.08	2.28	9.37	7.07	2.30
浙 江	Zhejiang	10.71	5.76	4.95	11.10	6.08	5.02	10.29	5.42	4.87	10.38	5.57	4.81
安 徽	Anhui	11.62	5.50	6.12	12.43	6.23	6.20	12.60	6.30	6.30	12.75	6.40	6.35
福 建	Fujian	11.58	5.62	5.96	11.60	5.62	5.98	12.00	5.75	6.25	11.90	5.90	6.00
江 西	Jiangxi	13.61	5.99	7.62	13.79	5.96	7.83	13.80	6.01	7.79	13.86	5.99	7.87
山 东	Shandong	12.50	6.49	6.01	12.14	6.31	5.83	11.60	6.10	5.50	11.11	6.11	5.00
河 南	Henan	11.67	6.47	5.20	11.55	6.30	5.25	11.59	6.27	5.32	11.26	6.32	4.94
湖 北	Hubei	8.43	6.03	2.40	8.74	5.69	3.05	9.08	5.95	3.13	9.19	5.96	3.23
湖 南	Hunan	11.89	6.80	5.09	11.90	6.75	5.15	11.92	6.73	5.19	11.96	6.71	5.25
广 东	Guangdong	13.13	5.12	8.01	11.70	4.68	7.02	11.78	4.49	7.29	11.96	4.66	7.30
广 西	Guangxi	13.32	6.12	7.20	14.26	6.09	8.16	14.44	6.10	8.34	14.19	5.99	8.20
海 南	Hainan	14.77	5.79	8.98	14.65	5.72	8.93	14.59	5.73	8.86	14.62	5.71	8.91
重 庆	Chongqing	9.45	6.60	2.85	9.40	6.40	3.00	9.90	6.50	3.40	10.10	6.30	3.80
四 川	Sichuan	9.05	6.27	2.78	9.70	6.80	2.90	9.14	6.28	2.86	9.21	6.29	2.92
贵 州	Guizhou	15.08	6.35	8.73	14.59	7.21	7.38	13.97	6.71	7.26	13.28	6.60	6.68
云 南	Yunnan	15.60	6.60	9.00	14.72	6.75	7.97	13.20	6.30	6.90	13.08	6.22	6.86
西 藏	Tibet	17.40	6.20	11.20	17.94	7.15	10.79	17.40	5.70	11.70	16.40	5.10	11.30
陕 西	Shaanxi	10.59	6.33	4.26	10.02	6.01	4.01	10.19	6.15	4.04	10.21	6.16	4.05
甘 肃	Gansu	12.43	6.52	5.91	12.59	6.57	6.02	12.86	6.62	6.24	13.14	6.65	6.49
青 海	Qinghai	16.32	6.45	9.87	15.70	6.21	9.49	15.24	6.27	8.97	14.93	6.13	8.80
宁 夏	Ningxia	15.97	4.79	11.18	15.93	4.95	10.98	15.53	4.84	10.69	14.80	5.04	9.76
新 疆	Xinjiang	16.00	5.09	10.91	16.42	5.04	11.38	15.79	5.03	10.76	16.79	5.01	11.78

1-7 续表 5 continued

单位：‰ (‰)

地 区	Region	2008 出生率 Birth Rate	2008 死亡率 Death Rate	2008 自然增长率 Natural Growth Rate	2009 出生率 Birth Rate	2009 死亡率 Death Rate	2009 自然增长率 Natural Growth Rate	2010 出生率 Birth Rate	2010 死亡率 Death Rate	2010 自然增长率 Natural Growth Rate
全 国	**National Total**	**12.14**	**7.06**	**5.08**	**11.95**	**7.08**	**4.87**	**11.90**	**7.11**	**4.79**
北 京	Beijing	8.17	4.75	3.42	8.06	4.56	3.50	7.48	4.41	3.07
天 津	Tianjin	8.13	5.94	2.19	8.30	5.70	2.60	8.18	5.58	2.60
河 北	Hebei	13.04	6.49	6.55	12.93	6.43	6.50	13.22	6.41	6.81
山 西	Shanxi	11.31	6.01	5.31	10.87	5.98	4.89	10.68	5.38	5.30
内蒙古	Inner Mongolia	9.81	5.54	4.27	9.57	5.61	3.96	9.30	5.54	3.76
辽 宁	Liaoning	6.32	5.22	1.10	6.06	5.09	0.97	6.68	6.26	0.42
吉 林	Jilin	6.65	5.04	1.61	6.69	4.74	1.95	7.91	5.88	2.03
黑龙江	Heilongjiang	7.91	5.68	2.23	7.48	5.42	2.06	7.35	5.03	2.32
上 海	Shanghai	8.89	6.17	2.72	8.64	5.94	2.70	7.05	5.07	1.98
江 苏	Jiangsu	9.34	7.04	2.30	9.55	6.99	2.56	9.73	6.88	2.85
浙 江	Zhejiang	10.20	5.62	4.58	10.22	5.59	4.63	10.27	5.54	4.73
安 徽	Anhui	13.05	6.60	6.45	13.07	6.60	6.47	12.70	5.95	6.75
福 建	Fujian	12.20	5.90	6.30	12.20	6.00	6.20	11.27	5.16	6.11
江 西	Jiangxi	13.92	6.01	7.91	13.87	5.98	7.89	13.72	6.06	7.66
山 东	Shandong	11.25	6.16	5.09	11.70	6.08	5.62	11.65	6.26	5.39
河 南	Henan	11.42	6.45	4.97	11.45	6.46	4.99	11.52	6.57	4.95
湖 北	Hubei	9.21	6.50	2.71	9.48	6.00	3.48	10.36	6.02	4.34
湖 南	Hunan	12.68	7.28	5.40	13.05	6.94	6.11	13.10	6.70	6.40
广 东	Guangdong	11.80	4.55	7.25	11.78	4.52	7.26	11.18	4.21	6.97
广 西	Guangxi	14.40	5.70	8.70	14.17	5.64	8.53	14.13	5.48	8.65
海 南	Hainan	14.71	5.72	8.99	14.66	5.70	8.96	14.71	5.73	8.98
重 庆	Chongqing	10.10	6.30	3.80	9.90	6.20	3.70	9.17	6.40	2.77
四 川	Sichuan	9.54	7.15	2.39	9.15	6.43	2.72	8.93	6.62	2.31
贵 州	Guizhou	13.49	6.77	6.72	13.65	6.69	6.96	13.96	6.55	7.41
云 南	Yunnan	12.63	6.31	6.32	12.53	6.45	6.08	13.10	6.56	6.54
西 藏	Tibet	15.50	5.20	10.30	15.31	5.07	10.24	15.80	5.55	10.25
陕 西	Shaanxi	10.29	6.21	4.08	10.24	6.24	4.00	9.73	6.01	3.72
甘 肃	Gansu	13.22	6.68	6.54	13.32	6.71	6.61	12.05	6.02	6.03
青 海	Qinghai	14.49	6.14	8.35	14.51	6.19	8.32	14.94	6.31	8.63
宁 夏	Ningxia	14.31	4.62	9.69	14.38	4.70	9.68	14.14	5.10	9.04
新 疆	Xinjiang	16.05	4.88	11.17	15.99	5.43	10.56	15.99	5.43	10.56

1-7 续表 6 continued

单位：‰ (‰)

地区	Region	2011 出生率 Birth Rate	2011 死亡率 Death Rate	2011 自然增长率 Natural Growth Rate	2012 出生率 Birth Rate	2012 死亡率 Death Rate	2012 自然增长率 Natural Growth Rate	2013 出生率 Birth Rate	2013 死亡率 Death Rate	2013 自然增长率 Natural Growth Rate
全　国	**National Total**	**11.93**	**7.14**	**4.79**	**12.10**	**7.15**	**4.95**	**12.08**	**7.16**	**4.92**
北　京	Beijing	8.29	4.27	4.02	9.05	4.31	4.74	8.93	4.52	4.41
天　津	Tianjin	8.58	6.08	2.50	8.75	6.12	2.63	8.28	6.00	2.28
河　北	Hebei	13.02	6.52	6.50	12.88	6.41	6.47	13.04	6.87	6.17
山　西	Shanxi	10.47	5.61	4.86	10.70	5.83	4.87	10.81	5.57	5.24
内蒙古	Inner Mongolia	8.94	5.43	3.51	9.17	5.52	3.65	8.98	5.62	3.36
辽　宁	Liaoning	5.71	6.05	-0.34	6.15	6.54	-0.39	6.09	6.12	-0.03
吉　林	Jilin	6.53	5.51	1.02	5.73	5.37	0.36	5.36	5.04	0.32
黑龙江	Heilongjiang	6.99	5.92	1.07	7.30	6.03	1.27	6.86	6.08	0.78
上　海	Shanghai	6.97	5.10	1.87	9.56	5.36	4.20	8.18	5.24	2.94
江　苏	Jiangsu	9.59	6.98	2.61	9.44	6.99	2.45	9.44	7.01	2.43
浙　江	Zhejiang	9.47	5.40	4.07	10.12	5.52	4.60	10.01	5.45	4.56
安　徽	Anhui	12.23	5.91	6.32	13.00	6.14	6.86	12.88	6.06	6.82
福　建	Fujian	11.41	5.20	6.21	12.74	5.73	7.01	12.20	6.01	6.19
江　西	Jiangxi	13.48	5.98	7.50	13.46	6.14	7.32	13.19	6.28	6.91
山　东	Shandong	11.50	6.40	5.10	11.90	6.95	4.95	11.41	6.40	5.01
河　南	Henan	11.56	6.62	4.94	11.87	6.71	5.16	12.27	6.76	5.51
湖　北	Hubei	10.39	6.01	4.38	11.00	6.12	4.88	11.08	6.15	4.93
湖　南	Hunan	13.35	6.80	6.55	13.58	7.01	6.57	13.50	6.96	6.54
广　东	Guangdong	10.45	4.35	6.10	11.60	4.65	6.95	10.71	4.69	6.02
广　西	Guangxi	13.71	6.04	7.67	14.20	6.31	7.89	14.28	6.35	7.93
海　南	Hainan	14.72	5.75	8.97	14.66	5.81	8.85	14.59	5.90	8.69
重　庆	Chongqing	9.88	6.71	3.17	10.86	6.86	4.00	10.37	6.77	3.60
四　川	Sichuan	9.79	6.81	2.98	9.89	6.92	2.97	9.90	6.90	3.00
贵　州	Guizhou	13.31	6.93	6.38	13.27	6.96	6.31	13.05	7.15	5.90
云　南	Yunnan	12.71	6.36	6.35	12.63	6.41	6.22	12.60	6.43	6.17
西　藏	Tibet	15.39	5.13	10.26	15.48	5.21	10.27	15.77	5.39	10.38
陕　西	Shaanxi	9.75	6.06	3.69	10.12	6.24	3.88	10.01	6.15	3.86
甘　肃	Gansu	12.08	6.03	6.05	12.11	6.05	6.06	12.16	6.08	6.08
青　海	Qinghai	14.43	6.12	8.31	14.30	6.06	8.24	14.16	6.13	8.03
宁　夏	Ningxia	13.65	4.68	8.97	13.26	4.33	8.93	13.12	4.50	8.62
新　疆	Xinjiang	14.99	4.42	10.57	15.32	4.48	10.84	15.84	4.92	10.92

1-8 六次全国人口普查人口基本情况
Basic Statistics on National Population Census in 1953, 1964, 1982, 1990, 2000 and 2010

指　标	Item	1953	1964	1982	1990	2000	2010
总人口（万人）	**Total Population (10 000 persons)**	**58260**	**69458**	**100818**	**113368**	**126583**	**133972**
男	Male	30190	35652	51944	58495	65355	68685
女	Female	28070	33806	48874	54873	61228	65287
性别比（以女性为100）	Sex Ratio (female=100)	107.56	105.46	106.30	106.60	106.74	105.20
家庭户规模（人/户）	**Average Family Household Size (person/household)**	**4.33**	**4.43**	**4.41**	**3.96**	**3.44**	**3.10**
各年龄组人口比重（%）	**Percentage of Population by Age Group (%)**						
0-14岁	Aged 0-14	36.28	40.69	33.59	27.69	22.89	16.60
15-64岁	Aged 15-64	59.31	55.75	61.50	66.74	70.15	74.53
65岁及以上	Aged 65 and Over	4.41	3.56	4.91	5.57	6.96	8.87
民族人口	**Population by Ethnicity**						
汉族（万人）	Han (10 000 persons)	54728	65456	94088	104248	115940	122593
占总人口比重（%）	Percentage to Total Population (%)	93.94	94.24	93.32	91.96	91.59	91.51
少数民族（万人）	Ethnic Minorities (10 000 persons)	3532	4002	6730	9120	10643	11379
占总人口比重（%）	Percentage to Total Population (%)	6.06	5.76	6.68	8.04	8.41	8.49
每十万人拥有的各种受教育程度人口（人）	**Population with Various Education Attainments Per 100 000 Persons (person)**						
大专及以上	Junior College and Above		416	615	1422	3611	8930
高中和中专	Senior Secondary School and Technical Secondary School		1319	6779	8039	11146	14032
初中	Junior Secondary School		4680	17892	23344	33961	38788
小学	Primary School		28330	35237	37057	35701	26779
文盲人口及文盲率	**Illiterate Population and Illiterate Rate**						
文盲人口（万人）	Illiterate Population (10 000 persons)		23327	22996	18003	8507	5466
文盲率（%）	Illiterate Rate (%)		33.58	22.81	15.88	6.72	4.08
城乡人口	**Population by Residence**						
城镇化率（%）	Urbanization Rate (%)	13.26	18.30	20.91	26.44	36.22	49.68
城镇人口（万人）	Urban Population (10 000 persons)	7726	12710	21082	29971	45844	66557
乡村人口（万人）	Rural Population (10 000 persons)	50534	56748	79736	83397	80739	67415
平均预期寿命（岁）	**Life Expectancy (year old)**			**67.77***	**68.55**	**71.40**	**74.83**
男	Male			66.28*	66.84	69.63	72.38
女	Female			69.27*	70.47	73.33	77.37

注：1.1953年、1964年、1982年及1990年全国人口普查标准时点为当年7月1日零时，2000年和2010年全国人口普查标准时点为当年11月1日零时。
2.历次普查总人口数据包括中国人民解放军现役军人。在城乡人口中，中国人民解放军现役军人列为城镇人口统计。
3.1964年文盲人口为13岁及以上不识字人口，1982、1990、2000、2010年文盲人口为15岁及以上不识字或识字很少的人。
4.表中“*”号表示为1981年数据。

Note:a) Standard reference time of national population census in 1953, 1964, 1982 and 1990 was zero hour of July 1st, and in 2000 and 2010 was zero hour of November 1st.
b) Total population from the five national population censuses includes the military personnel. Military personnel is listed as urban population in population by residence.
c) Illiterate population of 1964 National Population Census referred to the population aged 13 and over who are unable to read. Illiterate population of 1982, 1990, 2000 and 2010 National Population Censuses referred to the population aged 15 and over who are unable or have difficulty to read.
d) Data with “*” in this table are of 1981.

1-9 各地区人口平均预期寿命
Population Life Expectancy by Region

单位：岁 (year old)

地区	Region	1990年预期寿命 Life Expectancy in 1990	男 Male	女 Female	2000年预期寿命 Life Expectancy in 2000	男 Male	女 Female	2010年预期寿命 Life Expectancy in 2010	男 Male	女 Female
全　国	**National Total**	**68.55**	**66.84**	**70.47**	**71.40**	**69.63**	**73.33**	**74.83**	**72.38**	**77.37**
北　京	Beijing	72.86	71.07	74.93	76.10	74.33	78.01	80.18	78.28	82.21
天　津	Tianjin	72.32	71.03	73.73	74.91	73.31	76.63	78.89	77.42	80.48
河　北	Hebei	70.35	68.47	72.53	72.54	70.68	74.57	74.97	72.70	77.47
山　西	Shanxi	68.97	67.33	70.93	71.65	69.96	73.57	74.92	72.87	77.28
内蒙古	Inner Mongolia	65.68	64.47	67.22	69.87	68.29	71.79	74.44	72.04	77.27
辽　宁	Liaoning	70.22	68.72	71.94	73.34	71.51	75.36	76.38	74.12	78.86
吉　林	Jilin	67.95	66.65	69.49	73.10	71.38	75.04	76.18	74.12	78.44
黑龙江	Heilongjiang	66.97	65.50	68.73	72.37	70.39	74.66	75.98	73.52	78.81
上　海	Shanghai	74.90	72.77	77.02	78.14	76.22	80.04	80.26	78.20	82.44
江　苏	Jiangsu	71.37	69.26	73.57	73.91	71.69	76.23	76.63	74.60	78.81
浙　江	Zhejiang	71.78	69.66	74.24	74.70	72.50	77.21	77.73	75.58	80.21
安　徽	Anhui	69.48	67.75	71.36	71.85	70.18	73.59	75.08	72.65	77.84
福　建	Fujian	68.57	66.49	70.93	72.55	70.30	75.07	75.76	73.27	78.64
江　西	Jiangxi	66.11	64.87	67.49	68.95	68.37	69.32	74.33	71.94	77.06
山　东	Shandong	70.57	68.64	72.67	73.92	71.70	76.26	76.46	74.05	79.06
河　南	Henan	70.15	67.96	72.55	71.54	69.67	73.41	74.57	71.84	77.59
湖　北	Hubei	67.25	65.51	69.23	71.08	69.31	73.02	74.87	72.68	77.35
湖　南	Hunan	66.93	65.41	68.70	70.66	69.05	72.47	74.70	72.28	77.48
广　东	Guangdong	72.52	69.71	75.43	73.27	70.79	75.93	76.49	74.00	79.37
广　西	Guangxi	68.72	67.17	70.34	71.29	69.07	73.75	75.11	71.77	79.05
海　南	Hainan	70.01	66.93	73.28	72.92	70.66	75.26	76.30	73.20	80.01
重　庆	Chongqing				71.73	69.84	73.89	75.70	73.16	78.60
四　川	Sichuan	66.33	65.06	67.70	71.20	69.25	73.39	74.75	72.25	77.59
贵　州	Guizhou	64.29	63.04	65.63	65.96	64.54	67.57	71.10	68.43	74.11
云　南	Yunnan	63.49	62.08	64.98	65.49	64.24	66.89	69.54	67.06	72.43
西　藏	Tibet	59.64	57.64	61.57	64.37	62.52	66.15	68.17	66.33	70.07
陕　西	Shaanxi	67.40	66.23	68.79	70.07	68.92	71.30	74.68	72.84	76.74
甘　肃	Gansu	67.24	66.35	68.25	67.47	66.77	68.26	72.23	70.60	74.06
青　海	Qinghai	60.57	59.29	61.96	66.03	64.55	67.70	69.96	68.11	72.07
宁　夏	Ningxia	66.94	65.95	68.05	70.17	68.71	71.84	73.38	71.31	75.71
新　疆	Xinjiang	62.59	61.95	63.26	67.41	65.98	69.14	72.35	70.30	74.86

注：根据人口普查数据计算。
Note: Data in this table are calculated according to the National Population Census.

1-10 全国历年人口密度
Population Density

年份 Year	总人口 (万人) Population (10 000 persons)	人口密度 (人/平方公里) Population Density (person/sq.km)	年份 Year	总人口 (万人) Population (10 000 persons)	人口密度 (人/平方公里) Population Density (person/sq.km)
1949	54167	56	1981	100072	104
1950	55196	57	1982	101654	106
1951	56300	59	1983	103008	107
1952	57482	60	1984	104357	109
1953	58796	61	1985	105851	110
1954	60266	63	1986	107507	112
1955	61465	64	1987	109300	114
1956	62828	65	1988	111026	116
1957	64653	67	1989	112704	117
1958	65994	69	1990	114333	119
1959	67207	70	1991	115823	121
1960	66207	69	1992	117171	122
1961	65859	69	1993	118517	123
1962	67295	70	1994	119850	125
1963	69172	72	1995	121121	126
1964	70499	73	1996	122389	127
1965	72538	76	1997	123626	129
1966	74542	78	1998	124761	130
1967	76368	80	1999	125786	131
1968	78534	82	2000	126743	132
1969	80671	84	2001	127627	133
1970	82992	86	2002	128453	134
1971	85229	89	2003	129227	135
1972	87177	91	2004	129988	135
1973	89211	93	2005	130756	136
1974	90859	95	2006	131448	137
1975	92420	96	2007	132129	138
1976	93717	98	2008	132802	138
1977	94974	99	2009	133450	139
1978	96259	100	2010	134091	140
1979	97542	102	2011	134735	140
1980	98705	103	2012	135404	141
			2013	136072	142

1-11 就业基本情况
Employment

项　　目	Item	2009	2010	2011	2012	2013
经济活动人口(万人)	**Economically Active Population (10 000 persons)**	**77510**	**78388**	**78579**	**78894**	**79300**
就业人员合计(万人)	**Total Number of Employed Persons (10 000 persons)**	**75828**	**76105**	**76420**	**76704**	**76977**
第一产业	Primary Industry	28890	27931	26594	25773	24171
第二产业	Secondary Industry	21080	21842	22544	23241	23170
第三产业	Tertiary Industry	25857	26332	27282	27690	29636
就业人员构成(合计=100)	**Composition of Employed Persons (total=100)**					
第一产业	Primary Industry	38.1	36.7	34.8	33.6	31.4
第二产业	Secondary Industry	27.8	28.7	29.5	30.3	30.1
第三产业	Tertiary Industry	34.1	34.6	35.7	36.1	38.5
按城乡分就业人员(万人)	**Number of Employed Persons by Urban and Rural Areas (10 000 persons)**					
城镇就业人员	Urban Employed Persons	33322	34687	35914	37102	38240
#国有单位	State-owned Units	6420	6516	6704	6839	6365
城镇集体单位	Urban Collective-owned Units	618	597	603	589	566
股份合作单位	Cooperative Units	160	156	149	149	108
联营单位	Joint Ownership Units	37	36	37	39	25
有限责任公司	Limited Liability Corporations	2433	2613	3269	3787	6069
股份有限公司	Share-holding Corporations Ltd.	956	1024	1183	1243	1721
私营企业	Private Enterprises	5544	6071	6912	7557	8242
港澳台商投资单位	Units with Funds from Hong Kong, Macao & Taiwan	721	770	932	969	1397
外商投资单位	Foreign Funded Units	978	1053	1217	1246	1566
个体	Self-employed Individuals	4245	4467	5227	5643	6142
乡村就业人员	Rural Employed Persons	42506	41418	40506	39602	38737
#私营企业	Private Enterprises	3063	3347	3442	3739	4279
个体	Self-employed Individuals	2341	2540	2718	2986	3193
城镇登记失业人数(万人)	**Number of Registered Unemployed Persons in Urban Areas (10 000 persons)**	**921**	**908**	**922**	**917**	**926**
城镇登记失业率(%)	**Registered Unemployment Rate in Urban Areas (%)**	**4.3**	**4.1**	**4.1**	**4.1**	**4.1**

注：1. 全国就业人员1990年及以后的数据根据劳动力调查、人口普查推算(下表同)。
　　2. 2013年部分经济类型单位、部分行业就业人员、工资总额变动较大，系将原属于乡镇企业的规模以上法人单位纳入劳动工资统计范围所致(以下相关表同)。

a) From 1990, the total number of employed persons were estimated according to Labour Force Survey and Population Census. The same applies to the following tables.

b) In 2013, some units by status of registration, some employment by industry, total wages bill changed greatly, because legal persons above designated size originally belonged to township enterprises were taken into statistics of labour wages. The same applis to the relevant tables following.

1-12 分城乡就业人员年末人数

Number of Employed Persons at Year-end in Urban and Rural Areas

单位：万人，% (10 000 persons,%)

年份 Year	就业人员 Total Number of Employed Persons	城镇 Urban		乡村 Rural	
		就业人员 Employed Persons	比重 Proportion	就业人员 Employed Persons	比重 Proportion
1952	20729	2486	12.0	18243	88.0
1953	21364	2754	12.9	18610	87.1
1954	21832	2744	12.6	19088	87.4
1955	22328	2802	12.5	19526	87.5
1956	23018	2993	13.0	20025	87.0
1957	23771	3205	13.5	20566	86.5
1958	26600	5300	19.9	21300	80.1
1959	26173	5389	20.6	20784	79.4
1960	25880	6119	23.6	19761	76.4
1961	25590	5336	20.9	20254	79.1
1962	25910	4537	17.5	21373	82.5
1963	26640	4603	17.3	22037	82.7
1964	27736	4828	17.4	22908	82.6
1965	28670	5136	17.9	23534	82.1
1966	29805	5354	18.0	24451	82.0
1967	30814	5446	17.7	25368	82.3
1968	31915	5630	17.6	26285	82.4
1969	33225	5825	17.5	27400	82.5
1970	34432	6312	18.3	28120	81.7
1971	35620	6868	19.3	28752	80.7
1972	35854	7200	20.1	28654	79.9
1973	36652	7388	20.2	29264	79.8
1974	37369	7687	20.6	29682	79.4
1975	38168	8222	21.5	29946	78.5
1976	38834	8692	22.4	30142	77.6
1977	39377	9127	23.2	30250	76.8
1978	40152	9514	23.7	30638	76.3
1979	41024	9999	24.4	31025	75.6
1980	42361	10525	24.8	31836	75.2
1981	43725	11053	25.3	32672	74.7
1982	45295	11428	25.2	33867	74.8
1983	46436	11746	25.3	34690	74.7
1984	48197	12229	25.4	35968	74.6
1985	49873	12808	25.7	37065	74.3

1-12 续表 continued

单位：万人，% (10 000 persons,%)

年 份 Year	就业人员 Total Number of Employed Persons	城镇 Urban		乡村 Rural	
		就业人员 Employed Persons	比重 Proportion	就业人员 Employed Persons	比重 Proportion
1986	51282	13292	25.9	37990	74.1
1987	52783	13783	26.1	39000	73.9
1988	54334	14267	26.3	40067	73.7
1989	55329	14390	26.0	40939	74.0
1990	64749	17041	26.3	47708	73.7
1991	65491	17465	26.7	48026	73.3
1992	66152	17861	27.0	48291	73.0
1993	66808	18262	27.3	48546	72.7
1994	67455	18653	27.7	48802	72.3
1995	68065	19040	28.0	49025	72.0
1996	68950	19922	28.9	49028	71.1
1997	69820	20781	29.8	49039	70.2
1998	70637	21616	30.6	49021	69.4
1999	71394	22412	31.4	48982	68.6
2000	72085	23151	32.1	48934	67.9
2001	72797	24123	33.1	48674	66.9
2002	73280	25159	34.3	48121	65.7
2003	73736	26230	35.6	47506	64.4
2004	74264	27293	36.8	46971	63.2
2005	74647	28389	38.0	46258	62.0
2006	74978	29630	39.5	45348	60.5
2007	75321	30953	41.1	44368	58.9
2008	75564	32103	42.5	43461	57.5
2009	75828	33322	43.9	42506	56.1
2010	76105	34687	45.6	41418	54.4
2011	76420	35914	47.0	40506	53.0
2012	76704	37102	48.4	39602	51.6
2013	76977	38240	49.7	38737	50.3

注：全国就业人员1990年及以后的数据根据劳动力调查、人口普查推算(下表同)。

Note: From 1990, the total number of employed persons were estimated according to Labour Force Survey and Population Census, The same applies to the following tables.

1-13 分产业就业人员年末人数
Number of Employed Persons at Year-end by Three Strata Industries

单位：万人，%　　(10 000 persons,%)

年份 Year	就业人员合计 Total Number of Employed Persons	第一产业 Primary Industry		第二产业 Secondary Industry		第三产业 Tertiary Industry	
		就业人员 Employed Persons	比重 Proportion	就业人员 Employed Persons	比重 Proportion	就业人员 Employed Persons	比重 Proportion
1952	20729	17317	83.5	1531	7.4	1881	9.1
1953	21364	17747	83.1	1715	8.0	1902	8.9
1954	21832	18151	83.1	1882	8.6	1799	8.3
1955	22328	18592	83.3	1913	8.6	1823	8.1
1956	23018	18544	80.6	2468	10.7	2006	8.7
1957	23771	19309	81.2	2142	9.0	2320	9.8
1958	26600	15490	58.2	7076	26.6	4034	15.2
1959	26173	16271	62.2	5402	20.6	4500	17.2
1960	25880	17016	65.7	4112	15.9	4752	18.4
1961	25590	19747	77.2	2856	11.2	2987	11.6
1962	25910	21276	82.1	2059	8.0	2575	9.9
1963	26640	21966	82.5	2038	7.6	2636	9.9
1964	27736	22801	82.2	2183	7.9	2752	9.9
1965	28670	23396	81.6	2408	8.4	2866	10.0
1966	29805	24297	81.5	2600	8.7	2908	9.8
1967	30814	25165	81.7	2661	8.6	2988	9.7
1968	31915	26063	81.7	2743	8.6	3109	9.7
1969	33225	27117	81.6	3030	9.1	3078	9.3
1970	34432	27811	80.8	3518	10.2	3103	9.0
1971	35620	28397	79.7	3990	11.2	3233	9.1
1972	35854	28283	78.9	4276	11.9	3295	9.2
1973	36652	28857	78.7	4492	12.3	3303	9.0
1974	37369	29218	78.2	4712	12.6	3439	9.2
1975	38168	29456	77.2	5152	13.5	3560	9.3
1976	38834	29443	75.8	5611	14.5	3780	9.7
1977	39377	29340	74.5	5831	14.8	4206	10.7
1978	40152	28318	70.5	6945	17.3	4890	12.2
1979	41024	28634	69.8	7214	17.6	5177	12.6
1980	42361	29122	68.7	7707	18.2	5532	13.1
1981	43725	29777	68.1	8003	18.3	5945	13.6
1982	45295	30859	68.1	8346	18.4	6090	13.5
1983	46436	31151	67.1	8679	18.7	6606	14.2
1984	48197	30868	64.0	9590	19.9	7739	16.1
1985	49873	31130	62.4	10384	20.8	8359	16.8

1-13 续表 continued

单位：万人，%　　(10 000 persons,%)

年 份 Year	就业人员合计 Total Number of Employed Persons	第一产业 Primary Industry 就业人员 Employed Persons	第一产业 比重 Proportion	第二产业 Secondary Industry 就业人员 Employed Persons	第二产业 比重 Proportion	第三产业 Tertiary Industry 就业人员 Employed Persons	第三产业 比重 Proportion
1986	51282	31254	60.9	11216	21.9	8811	17.2
1987	52783	31663	60.0	11726	22.2	9395	17.8
1988	54334	32249	59.3	12152	22.4	9933	18.3
1989	55329	33225	60.1	11976	21.6	10129	18.3
1990	64749	38914	60.1	13856	21.4	11979	18.5
1991	65491	39098	59.7	14015	21.4	12378	18.9
1992	66152	38699	58.5	14355	21.7	13098	19.8
1993	66808	37680	56.4	14965	22.4	14163	21.2
1994	67455	36628	54.3	15312	22.7	15515	23.0
1995	68065	35530	52.2	15655	23.0	16880	24.8
1996	68950	34820	50.5	16203	23.5	17927	26.0
1997	69820	34840	49.9	16547	23.7	18432	26.4
1998	70637	35177	49.8	16600	23.5	18860	26.7
1999	71394	35768	50.1	16421	23.0	19205	26.9
2000	72085	36043	50.0	16219	22.5	19823	27.5
2001	72797	36399	50.0	16234	22.3	20165	27.7
2002	73280	36640	50.0	15682	21.4	20958	28.6
2003	73736	36204	49.1	15927	21.6	21605	29.3
2004	74264	34830	46.9	16709	22.5	22725	30.6
2005	74647	33442	44.8	17766	23.8	23439	31.4
2006	74978	31941	42.6	18894	25.2	24143	32.2
2007	75321	30731	40.8	20186	26.8	24404	32.4
2008	75564	29923	39.6	20553	27.2	25087	33.2
2009	75828	28890	38.1	21080	27.8	25857	34.1
2010	76105	27931	36.7	21842	28.7	26332	34.6
2011	76420	26594	34.8	22544	29.5	27282	35.7
2012	76704	25773	33.6	23241	30.3	27690	36.1
2013	76977	24171	31.4	23170	30.1	29636	38.5

1-14 城镇登记失业人数及失业率(年末数)

Registered Unemployed Persons and Registered Unemployment Rate in Urban Areas (year-end)

单位: 万人, % (10 000 persons,%)

年 份 Year	城镇登记失业人数 Registered Unemployed Persons in Urban Areas	比上年增长 Increase over Preceeding year	城镇登记失业率 Registered Unemployment Rate in Urban Areas
1978	530.0		5.3
1979	567.6	7.1	5.4
1980	541.5	-4.6	4.9
1981	439.5	-18.8	3.8
1982	379.4	-13.7	3.2
1983	271.4	-28.5	2.3
1984	235.7	-13.2	1.9
1985	238.5	1.2	1.8
1986	264.4	10.9	2.0
1987	276.6	4.6	2.0
1988	296.2	7.1	2.0
1989	377.9	27.6	2.6
1990	383.2	1.4	2.5
1991	352.2	-8.1	2.3
1992	363.9	3.3	2.3
1993	420.1	15.4	2.6
1994	476.4	13.4	2.8
1995	519.6	9.1	2.9
1996	552.8	6.3	3.0
1997	576.8	4.3	3.1
1998	571.0	-1.0	3.1
1999	575.0	0.7	3.1
2000	595.0	3.5	3.1
2001	681.0	14.4	3.6
2002	770.0	13.1	4.0
2003	800.0	3.9	4.3
2004	827.0	3.4	4.2
2005	839.0	1.5	4.2
2006	847.0	1.0	4.1
2007	830.0	-2.0	4.0
2008	886.0	6.7	4.2
2009	921.0	4.0	4.3
2010	908.0	-1.4	4.1
2011	922.0	1.5	4.1
2012	917.0	-0.5	4.1
2013	926.0	1.0	4.05

1-15　分地区城镇登记失业人员数(年末数)

Registered Unemployed Persons in Urban Areas by Region (year-end)

单位：万人　　(10 000 persons)

地　区	Region	2000	2001	2002	2003	2004	2005	2006	2007	2008	2009	2010	2011	2012	2013
北　京	Beijing	3.3	5.2	6.0	7.0	6.5	10.6	10.4	10.6	10.3	8.2	7.7	8.1	8.1	7.5
天　津	Tianjin	10.5	11.4	12.9	12.0	11.8	11.7	11.7	15.0	13.0	15.0	16.1	20.1	20.4	21.7
河　北	Hebei	17.4	19.5	22.2	25.7	28.0	27.8	28.7	29.3	32.2	34.5	35.1	36.0	36.8	37.2
山　西	Shanxi	9.7	12.2	14.5	13.1	13.7	14.3	15.6	16.1	17.5	21.6	20.4	21.1	21.0	21.1
内蒙古	Inner Mongolia	12.6	14.5	16.3	17.6	18.5	17.7	18.0	18.5	19.9	20.1	20.8	21.8	23.1	23.8
辽　宁	Liaoning	41.2	55.5	75.6	72.0	70.1	60.4	54.1	44.5	41.7	41.6	38.9	39.4	38.1	39.6
吉　林	Jilin	23.0	20.2	23.8	28.4	28.2	27.6	26.3	23.9	24.3	23.4	22.7	22.2	22.3	22.6
黑龙江	Heilongjiang	25.3	35.5	41.6	35.0	32.9	31.3	31.2	31.5	32.1	31.4	36.2	35.0	41.3	41.4
上　海	Shanghai	20.1	25.7	28.8	30.1	27.4	27.5	27.8	26.7	26.6	27.9	27.6	27.0	26.7	25.3
江　苏	Jiangsu	30.4	36.1	42.2	41.8	42.9	41.6	40.4	39.3	41.1	40.7	40.6	41.4	40.5	37.6
浙　江	Zhejiang	21.8	24.0	27.7	28.3	30.1	29.0	29.1	28.6	30.7	30.7	31.1	31.7	33.4	33.4
安　徽	Anhui	16.5	19.9	22.6	25.1	26.1	27.8	28.2	27.2	29.3	30.1	26.9	33.1	31.3	32.4
福　建	Fujian	9.1	13.2	15.0	14.6	14.5	14.9	15.1	14.9	15.0	15.2	14.5	14.6	14.5	14.7
江　西	Jiangxi	16.7	17.3	17.8	21.6	22.4	22.8	25.3	24.3	26.0	27.3	26.3	24.6	25.7	27.4
山　东	Shandong	37.5	35.4	39.7	41.3	42.3	42.9	43.7	43.5	60.7	45.1	44.5	45.1	43.4	42.2
河　南	Henan	21.4	23.1	25.4	26.3	31.2	33.0	35.4	33.1	36.5	38.5	38.2	38.4	38.3	40.2
湖　北	Hubei	36.6	42.2	44.7	49.3	49.4	52.6	52.6	54.1	55.1	55.3	55.7	55.1	42.3	40.2
湖　南	Hunan	27.6	30.3	30.4	37.1	43.0	41.9	43.3	44.4	47.0	47.8	43.2	43.1	44.1	45.6
广　东	Guangdong	30.2	34.5	36.5	35.5	35.9	34.5	36.2	36.2	38.1	39.5	39.3	38.8	39.6	38.0
广　西	Guangxi	11.3	14.2	14.7	14.9	17.8	18.5	20.0	18.5	18.8	19.1	19.1	18.8	18.9	18.0
海　南	Hainan	3.7	3.8	4.0	3.6	4.7	5.1	5.2	5.4	5.6	5.3	4.8	2.9	3.6	3.9
重　庆	Chongqing	10.1	13.7	16.2	16.2	16.8	16.9	15.4	14.1	13.0	13.4	13.0	13.0	12.4	12.1
四　川	Sichuan	30.8	31.9	33.8	33.1	33.3	34.3	36.1	34.5	37.9	36.3	34.6	36.9	40.7	42.9
贵　州	Guizhou	10.2	11.1	11.1	11.2	11.6	12.1	12.1	12.1	12.5	12.3	12.2	12.5	12.6	13.7
云　南	Yunnan	6.8	8.0	9.8	12.1	11.9	13.0	13.8	14.0	14.8	15.4	15.7	16.0	17.4	18.1
西　藏	Tibet	1.0		1.3		1.2					2.0	2.1	1.0	1.6	1.6
陕　西	Shaanxi	11.4	14.0	13.5	13.9	18.5	21.5	21.5	21.0	20.8	21.5	21.4	20.9	19.5	21.1
甘　肃	Gansu	7.4	7.4	8.7	9.3	9.5	9.3	9.7	9.5	9.4	10.3	10.7	10.8	9.8	9.3
青　海	Qinghai	1.8	2.4	2.9	3.1	3.5	3.6	3.7	3.7	3.9	4.1	4.2	4.4	4.1	4.2
宁　夏	Ningxia	3.8	3.7	3.5	3.8	4.1	4.4	4.2	4.4	4.8	4.8	4.8	5.2	4.6	4.7
新　疆	Xinjiang	11.0	9.7	9.9	9.9	13.3	11.1	11.6	11.7	11.8	11.9	11.0	11.1	11.8	11.9

1-16 分地区城镇登记失业率(年末数)
Registered Unemployment Rate in Urban Areas by Region (year-end)

单位：% (%)

地 区	Region	2000	2001	2002	2003	2004	2005	2006	2007	2008	2009	2010	2011	2012	2013
北 京	Beijing	0.8	1.2	1.4	1.4	1.3	2.1	2.0	1.8	1.8	1.4	1.4	1.4	1.3	1.2
天 津	Tianjin	3.2	3.6	3.9	3.8	3.8	3.7	3.6	3.6	3.6	3.6	3.6	3.6	3.6	3.6
河 北	Hebei	2.8	3.2	3.6	3.9	4.0	3.9	3.8	3.8	4.0	3.9	3.9	3.8	3.7	3.7
山 西	Shanxi	2.2	2.6	3.4	3.0	3.1	3.0	3.2	3.2	3.3	3.9	3.6	3.5	3.3	3.1
内蒙古	Inner Mongolia	3.3	3.7	4.1	4.5	4.6	4.3	4.1	4.0	4.1	4.0	3.9	3.8	3.7	3.7
辽 宁	Liaoning	3.7	3.2	6.5	6.5	6.5	5.6	5.1	4.3	3.9	3.9	3.6	3.7	3.6	3.4
吉 林	Jilin	3.7	3.1	3.6	4.3	4.2	4.2	4.2	3.9	4.0	4.0	3.8	3.7	3.7	3.7
黑龙江	Heilongjiang	3.3	4.7	4.9	4.2	4.5	4.4	4.3	4.3	4.2	4.3	4.3	4.1	4.2	4.4
上 海	Shanghai	3.5		4.8	4.9	4.5		4.4	4.2	4.2	4.3	4.4	3.5	3.1	4.0
江 苏	Jiangsu	3.2	3.6	4.2	4.1	3.8	3.6	3.4	3.2	3.3	3.2	3.2	3.2	3.1	3.0
浙 江	Zhejiang	3.5	3.7	4.2	4.2	4.1	3.7	3.5	3.3	3.5	3.3	3.2	3.1	3.0	3.0
安 徽	Anhui	3.3	3.7	4.0	4.1	4.2	4.4	4.2	4.1	3.9	3.9	3.7	3.7	3.7	3.4
福 建	Fujian	2.6	3.8	4.2	4.1	4.0	4.0	3.9	3.9	3.9	3.9	3.8	3.7	3.6	3.6
江 西	Jiangxi	2.9	3.3	3.4	3.6	3.6	3.5	3.6	3.4	3.4	3.4	3.3	3.0	3.0	3.2
山 东	Shandong	3.2	3.3	3.6	3.6	3.4	3.3	3.3	3.2	3.7	3.4	3.4	3.4	3.3	3.2
河 南	Henan	2.6	2.8	2.9	3.1	3.4	3.5	3.5	3.4	3.4	3.5	3.4	3.4	3.1	3.1
湖 北	Hubei	3.5	4.0	4.3	4.3	4.2	4.3	4.2	4.2	4.2	4.2	4.2	4.1	3.8	3.5
湖 南	Hunan	3.7	4.0	4.0	4.5	4.4	4.3	4.3	4.3	4.2	4.1	4.2	4.2	4.2	4.2
广 东	Guangdong	2.5	2.9	3.1	2.9	2.7	2.6	2.6	2.5	2.6	2.6	2.5	2.5	2.5	2.4
广 西	Guangxi	3.2	3.5	3.7	3.6	4.1	4.2	4.1	3.8	3.8	3.7	3.7	3.5	3.4	3.3
海 南	Hainan	3.2	3.4	3.1	3.4	3.4	3.6	3.6	3.5	3.7	3.5	3.0	1.7	2.0	2.2
重 庆	Chongqing	3.5	3.9	4.1	4.1	4.1	4.1	4.0	4.0	4.0	4.0	3.9	3.5	3.3	3.4
四 川	Sichuan	4.0	4.3	4.5	4.4	4.4	4.6	4.5	4.2	4.6	4.3	4.1	4.2	4.0	4.1
贵 州	Guizhou	3.8	4.0	4.1	4.0	4.1	4.2	4.1	4.0	4.0	3.8	3.6	3.6	3.3	3.3
云 南	Yunnan	2.6	3.3	4.0	4.1	4.3	4.2	4.3	4.2	4.2	4.3	4.2	4.1	4.0	4.0
西 藏	Tibet	4.1		4.9		4.0					3.8	4.0	3.2	2.6	2.5
陕 西	Shaanxi	2.7	3.2	3.3	3.5	3.8	4.2	4.0	4.0	3.9	3.9	3.9	3.6	3.2	3.3
甘 肃	Gansu	2.7	2.8	3.2	3.4	3.4	3.3	3.6	3.3	3.2	3.3	3.2	3.1	2.7	2.3
青 海	Qinghai	2.4	3.5	3.6	3.8	3.9	3.9	3.9	3.8	3.8	3.8	3.8	3.8	3.4	3.3
宁 夏	Ningxia	4.6	4.4	4.4	4.4	4.5	4.5	4.3	4.3	4.4	4.4	4.4	4.4	4.2	4.1
新 疆	Xinjiang	3.8	3.7	3.7	3.5	3.5	3.9	3.9	3.9	3.7	3.8	3.2	3.2	3.4	3.4

1-17 分行业城镇非私营单位就业人员年末人数
Employed Persons at Year-end in Urban Units Excluding Private Units by Sector

单位：万人　　(10 000 persons)

行　业	Sector	2003	2004	2005	2006	2007
合　计	**Total**	**10969.7**	**11098.9**	**11404.0**	**11713.2**	**12024.4**
农、林、牧、渔业	Agriculture, Forestry, Animal Husbandry and Fishery	484.5	466.1	446.3	435.2	426.3
采矿业	Mining	488.3	500.7	509.2	529.7	535.0
制造业	Manufacturing	2980.5	3050.8	3210.9	3351.6	3465.4
电力、热力、燃气及水生产和供应业	Production and Supply of Electricity, Heat, Gas and Water	297.6	300.6	299.9	302.5	303.4
建筑业	Construction	833.7	841.0	926.6	988.7	1050.8
批发和零售业	Wholesale and Retail Trades	628.1	586.7	544.0	515.7	506.9
交通运输、仓储和邮政业	Transport, Storage and Post	636.5	631.8	613.9	612.7	623.1
住宿和餐饮业	Hotels and Catering Services	172.1	177.1	181.2	183.9	185.8
信息传输、软件和信息技术服务业	Information Transmission, Software and Information Technology	116.8	123.7	130.1	138.2	150.2
金融业	Financial Intermediation	353.3	356.0	359.3	367.4	389.7
房地产业	Real Estate	120.2	133.4	146.5	153.9	166.5
租赁和商务服务业	Leasing and Business Services	183.5	194.4	218.5	236.7	247.2
科学研究和技术服务业	Scientific Research and Technical Services	221.9	222.1	227.7	235.5	243.4
水利、环境和公共设施管理业	Management of Water Conservancy, Environment and Public Facilities	172.5	176.1	180.4	187.0	193.5
居民服务、修理和其他服务业	Services to Households, Repair and Other Services	52.8	54.2	53.9	56.6	57.4
教　育	Education	1442.8	1466.8	1483.2	1504.4	1520.9
卫生和社会工作	Health and Social Service	485.8	494.7	508.9	525.4	542.8
文化、体育和娱乐业	Culture, Sports and Entertainment	127.8	123.4	122.5	122.4	125.0
公共管理、社会保障和社会组织	Public Management, Social Security and Social Organization	1171.0	1199.0	1240.8	1265.6	1291.2

1-17 续表 continued

单位：万人 (10 000 persons)

行　业	Sector	2008	2009	2010	2011	2012	2013
合　计	**Total**	**12192.5**	**12573.0**	**13051.5**	**14413.3**	**15236.4**	**18108.4**
农、林、牧、渔业	Agriculture, Forestry, Animal Husbandry and Fishery	410.1	373.7	375.7	359.5	338.9	294.8
采矿业	Mining	540.4	553.7	562.0	611.6	631.0	636.5
制造业	Manufacturing	3434.3	3491.9	3637.2	4088.3	4262.2	5257.9
电力、热力、燃气及水生产和供应业	Production and Supply of Electricity, Heat, Gas and Water	306.5	307.7	310.5	334.7	344.6	404.5
建筑业	Construction	1072.6	1177.5	1267.5	1724.8	2010.3	2921.9
批发和零售业	Wholesale and Retail Trades	514.4	520.8	535.1	647.5	711.8	890.8
交通运输、仓储和邮政业	Transport, Storage and Post	627.3	634.4	631.1	662.8	667.5	846.2
住宿和餐饮业	Hotels and Catering Services	193.2	202.1	209.2	242.7	265.1	304.4
信息传输、软件和信息技术服务业	Information Transmission, Software and Information Technology	159.5	173.8	185.8	212.8	222.8	327.3
金融业	Financial Intermediation	417.6	449.0	470.1	505.3	527.8	537.9
房地产业	Real Estate	172.7	190.9	211.6	248.6	273.7	373.7
租赁和商务服务业	Leasing and Business Services	274.7	290.5	310.1	286.6	292.3	421.9
科学研究和技术服务业	Scientific Research and Technical Services	257.0	272.6	292.3	298.5	330.7	387.8
水利、环境和公共设施管理业	Management of Water Conservancy, Environment and Public Facilities	197.3	205.7	218.9	230.3	243.8	259.2
居民服务、修理和其他服务业	Services to Households, Repair and Other Services	56.5	58.8	60.2	59.9	62.1	72.3
教　育	Education	1534.0	1550.4	1581.8	1617.8	1653.4	1687.2
卫生和社会工作	Health and Social Service	563.6	595.8	632.5	679.1	719.3	770.0
文化、体育和娱乐业	Culture, Sports and Entertainment	126.0	129.5	131.4	135.0	137.7	147.0
公共管理、社会保障和社会组织	Public Management, Social Security and Social Organization	1335.0	1394.3	1428.5	1467.6	1541.5	1567.0

1-18 分登记注册类型城镇非私营单位就业人员年末人数
Employed Persons at Year-end in Urban Units Excluding Private Units by Registration Status

单位：万人 (10 000 persons)

年 份 Year	合 计 Total	国有单位 State-owned Units	城镇集体单位 Urban Collective-owned Units	其他单位 Units of Other Types of Ownership
1994	15258.5	11213.9	3285.4	759.2
1995	15300.8	11260.5	3146.7	893.6
1996	15221.1	11243.6	3015.8	961.7
1997	15036.2	11044.2	2882.7	1109.4
1998	12695.7	9058.1	1963.2	1674.5
1999	12130.2	8572.1	1711.8	1846.3
2000	11612.5	8101.9	1499.3	2011.3
2001	11165.8	7639.9	1291.0	2234.9
2002	10985.2	7162.9	1122.0	2700.3
2003	10969.7	6875.6	999.9	3094.3
2004	11098.9	6709.9	897.2	3491.8
2005	11404.0	6488.2	809.9	4105.9
2006	11713.2	6430.5	763.6	4519.1
2007	12024.4	6423.5	718.4	4882.4
2008	12192.5	6447.0	661.8	5083.7
2009	12573.0	6420.2	618.1	5534.7
2010	13051.5	6516.4	597.5	5937.6
2011	14413.3	6704.2	603.1	7106.0
2012	15236.4	6839.0	589.7	7807.7
2013	18108.4	6365.1	566.2	11177.2

1-19 分地区按行业分私营企业和个体就业人数(2013年底)

Number of Engaged Persons in Private Enterprises and Self-employed Individuals at Year-end by Sector and Region (2013)

单位: 万人 (10 000 persons)

地区	Region	合计 Total	#制造业 Manufacturing	#建筑业 Construction	#批发和零售业 Wholesale and Retail Trades	#交通运输、仓储和邮政业 Transport, Storage and Post	#住宿和餐饮业 Hotels and Catering Services	#租赁和商务服务业 Leasing and Business Services	#居民服务、修理和其他服务业 Services to Household, Repair and Other Services
全国	**National Total**	**21857.3**	**4778.9**	**976.3**	**8749.4**	**599.2**	**1346.2**	**1272.6**	**1216.8**
北京	Beijing	640.3	42.3	28.4	173.0	15.9	29.5	99.3	19.4
天津	Tianjin	152.3	40.5	6.5	29.4	2.8	29.7	10.8	6.1
河北	Hebei	595.8	145.3	13.0	278.9	20.0	33.6	16.0	35.0
山西	Shanxi	425.2	64.7	14.5	195.5	14.2	29.2	13.7	27.8
内蒙古	Inner Mongolia	467.4	50.3	10.9	203.6	31.9	46.6	16.2	41.0
辽宁	Liaoning	838.4	144.6	47.3	331.0	64.4	37.8	42.0	58.6
吉林	Jilin	473.1	55.5	32.5	173.8	15.9	37.0	13.5	40.1
黑龙江	Heilongjiang	531.3	63.6	18.4	251.9	21.5	46.0	26.3	41.6
上海	Shanghai	781.4	131.1	54.4	288.5	27.6	17.8	118.0	17.8
江苏	Jiangsu	2543.0	978.1	241.1	748.4	51.1	79.5	111.5	90.7
浙江	Zhejiang	1760.6	838.8	65.3	488.9	28.4	60.2	87.3	63.2
安徽	Anhui	705.1	153.5	31.1	314.0	12.1	41.3	29.9	43.6
福建	Fujian	640.3	151.7	24.8	267.3	10.9	30.7	46.4	31.1
江西	Jiangxi	672.5	134.3	19.0	300.6	20.2	36.0	33.2	40.8
山东	Shandong	1502.3	354.2	61.5	663.9	51.1	79.2	68.5	80.9
河南	Henan	729.9	145.0	24.9	353.3	11.1	44.0	27.7	51.1
湖北	Hubei	1156.1	180.3	32.0	481.2	42.5	123.7	44.7	91.7
湖南	Hunan	797.0	100.2	22.9	343.9	14.4	40.0	95.2	40.7
广东	Guangdong	2040.6	483.5	48.4	910.4	33.7	113.5	121.2	98.5
广西	Guangxi	508.8	64.2	9.7	252.8	21.5	35.0	25.8	28.1
海南	Hainan	152.5	12.8	11.4	51.0	5.1	14.7	13.2	9.9
重庆	Chongqing	646.6	78.8	23.1	266.0	12.3	43.2	48.7	34.5
四川	Sichuan	955.0	125.7	29.3	434.9	24.7	84.4	60.2	65.8
贵州	Guizhou	346.8	37.7	9.3	158.2	8.5	33.7	17.4	22.7
云南	Yunnan	620.2	71.0	39.9	254.2	12.6	50.4	29.5	37.1
西藏	Tibet	54.5	2.6	9.2	21.7	0.9	8.3	2.7	4.0
陕西	Shaanxi	466.8	47.9	20.2	217.3	9.8	47.3	21.9	46.9
甘肃	Gansu	263.8	27.4	13.2	132.4	4.3	28.7	7.7	18.8
青海	Qinghai	66.5	10.3	2.5	25.3	0.7	14.1	1.6	4.2
宁夏	Ningxia	95.8	10.1	4.2	44.3	1.8	8.5	6.0	8.8
新疆	Xinjiang	227.1	32.9	7.5	93.7	7.2	22.4	16.8	16.3

1-20 分地区按行业分城镇私营企业和个体就业人数(2013年底)

Number of Engaged Persons in Urban Private Enterprises and Self-employed Individuals at Year-end by Sector and Region (2013)

单位: 万人 (10 000 persons)

地区	Region	合计 Total	#制造业 Manufacturing	#建筑业 Construction	#批发和零售业 Wholesale and Retail Trades	#交通运输、仓储和邮政业 Transport, Storage and Post	#住宿和餐饮业 Hotels and Catering Services	#租赁和商务服务业 Leasing and Business Services	#居民服务、修理和其他服务业 Services to Household, Repair and Other Services
全　国	**National Total**	**14384.6**	**2484.2**	**669.2**	**6134.5**	**385.1**	**971.9**	**1004.6**	**874.4**
北　京	Beijing	420.5	11.0	12.9	111.5	6.7	21.6	77.6	12.8
天　津	Tianjin	132.4	32.8	5.8	24.4	2.5	27.6	10.1	5.2
河　北	Hebei	430.2	89.9	8.6	215.8	15.2	28.1	11.4	29.0
山　西	Shanxi	232.1	26.4	10.3	113.7	8.3	16.2	9.0	14.9
内蒙古	Inner Mongolia	341.5	25.7	8.4	170.1	17.9	34.4	13.1	37.3
辽　宁	Liaoning	612.7	88.7	40.5	254.3	46.4	31.5	36.6	36.4
吉　林	Jilin	361.1	39.8	30.1	136.6	12.7	28.9	11.4	34.5
黑龙江	Heilongjiang	392.3	39.8	13.9	191.1	16.6	35.2	19.4	32.2
上　海	Shanghai	426.3	50.7	29.8	156.1	15.4	15.0	72.7	12.5
江　苏	Jiangsu	1678.6	546.3	144.7	529.2	38.2	71.0	96.5	72.0
浙　江	Zhejiang	1008.5	336.2	45.2	355.9	18.6	43.6	73.6	46.9
安　徽	Anhui	523.9	97.5	21.8	240.1	8.6	37.4	23.7	37.8
福　建	Fujian	485.8	94.4	21.1	209.7	9.6	24.7	43.5	23.9
江　西	Jiangxi	368.4	51.0	11.3	178.3	10.9	25.8	22.5	28.2
山　东	Shandong	762.0	131.2	37.6	361.3	21.7	44.7	48.1	44.1
河　南	Henan	459.2	61.9	11.9	244.7	6.1	34.8	18.6	38.8
湖　北	Hubei	623.0	90.8	17.2	295.4	19.4	57.7	23.9	57.1
湖　南	Hunan	652.9	66.7	19.5	290.4	11.4	37.2	83.9	36.7
广　东	Guangdong	1670.1	332.4	41.6	777.8	29.5	97.4	110.8	82.3
广　西	Guangxi	297.7	31.0	6.1	155.0	12.7	22.9	17.7	18.7
海　南	Hainan	119.1	5.2	10.2	43.0	4.2	12.6	12.4	8.5
重　庆	Chongqing	505.7	47.4	21.5	225.7	10.6	37.2	46.2	30.5
四　川	Sichuan	514.0	59.8	19.2	236.3	14.5	44.8	37.3	35.6
贵　州	Guizhou	170.1	15.1	5.8	80.0	3.6	17.6	11.3	11.6
云　南	Yunnan	401.9	46.5	35.3	155.9	9.6	28.6	26.2	23.4
西　藏	Tibet	44.5	2.0	5.5	18.4	0.8	7.0	2.6	3.6
陕　西	Shaanxi	300.9	22.4	13.1	149.4	3.1	32.7	19.1	27.3
甘　肃	Gansu	166.5	12.8	10.0	87.7	2.5	19.5	5.7	11.9
青　海	Qinghai	49.9	4.1	1.4	21.7	0.5	13.4	1.1	3.5
宁　夏	Ningxia	56.7	4.2	2.7	28.5	1.2	5.0	4.0	4.4
新　疆	Xinjiang	176.2	20.2	6.1	76.5	6.0	17.7	14.7	12.7

1-21　分地区私营企业就业人数(2013年底)

Number of Engaged Persons in Private Enterprises at Year-end by Region (2013)

单位: 万户，万人　　(10 000 households, 10 000 persons)

地　区	Region	户　数 Number of Households	就业人数 Number of Engaged Persons	#投资者 Employers	城镇就业人数 Number of Engaged Persons in Urban Area	#投资者 Employers	乡村就业人数 Number of Engaged Persons in Rural Area	#投资者 Employers
全　国	**National Total**	**1253.9**	**12521.6**	**2485.7**	**8242.3**	**1826.8**	**4279.2**	**659.0**
北　京	Beijing	67.3	527.9	126.7	355.7	89.8	172.2	36.9
天　津	Tianjin	19.0	101.8	40.7	91.8	36.3	10.0	4.5
河　北	Hebei	40.0	204.3	79.9	109.0	52.8	95.3	27.1
山　西	Shanxi	22.0	216.2	46.2	124.5	25.8	91.7	20.4
内蒙古	Inner Mongolia	16.6	195.8	36.1	124.8	29.9	71.0	6.2
辽　宁	Liaoning	39.1	435.7	73.3	337.0	60.8	98.7	12.4
吉　林	Jilin	18.0	199.0	35.7	165.7	30.9	33.3	4.8
黑龙江	Heilongjiang	20.4	217.3	43.0	159.8	35.1	57.5	7.9
上　海	Shanghai	93.9	734.8	176.0	395.4	98.8	339.5	77.2
江　苏	Jiangsu	145.1	1918.8	253.4	1236.1	183.4	682.7	70.0
浙　江	Zhejiang	93.6	1222.6	188.8	671.6	128.5	551.0	60.4
安　徽	Anhui	35.4	323.2	75.7	222.7	55.5	100.5	20.2
福　建	Fujian	40.2	419.1	82.1	344.1	70.6	75.0	11.6
江　西	Jiangxi	26.3	330.8	54.6	164.9	37.9	165.9	16.7
山　东	Shandong	75.3	792.6	153.7	428.5	106.1	364.1	47.5
河　南	Henan	40.1	329.4	94.5	168.5	58.0	160.9	36.5
湖　北	Hubei	46.3	409.5	95.6	206.1	69.5	203.5	26.0
湖　南	Hunan	30.5	464.8	67.0	370.4	52.1	94.4	14.9
广　东	Guangdong	153.0	1218.4	289.5	1043.0	246.6	175.4	42.8
广　西	Guangxi	28.3	259.6	58.0	129.9	34.6	129.7	23.3
海　南	Hainan	13.3	94.4	29.5	71.9	24.0	22.5	5.5
重　庆	Chongqing	35.6	449.5	62.9	346.6	50.3	102.9	12.5
四　川	Sichuan	50.4	418.5	108.1	238.4	85.9	180.1	22.2
贵　州	Guizhou	19.5	161.7	34.8	84.5	21.0	77.2	13.8
云　南	Yunnan	22.9	322.0	46.7	268.2	42.2	53.8	4.5
西　藏	Tibet	1.3	26.5	3.0	22.4	2.7	4.1	0.3
陕　西	Shaanxi	27.2	217.0	59.1	149.0	46.0	68.0	13.2
甘　肃	Gansu	11.7	118.2	23.8	77.5	16.6	40.7	7.3
青　海	Qinghai	2.6	26.1	5.4	12.7	3.2	13.3	2.2
宁　夏	Ningxia	5.6	49.5	12.1	31.9	7.5	17.5	4.7
新　疆	Xinjiang	13.4	116.8	29.8	89.9	24.3	26.9	5.5

1-22 分地区个体就业人数(2013年底)

Number of Self-employed Individuals at Year-end by Region (2013)

单位：万户，万人 (10 000 households, 10 000 persons)

地区	Region	个体户数 Number of Households	个体就业人数 Number of Engaged Persons	城镇 Urban Area	乡村 Rural Area
全国	**National Total**	**4436.3**	**9335.7**	**6142.3**	**3193.5**
北京	Beijing	66.4	112.4	64.8	47.6
天津	Tianjin	27.6	50.5	40.5	10.0
河北	Hebei	165.3	391.5	321.2	70.3
山西	Shanxi	100.1	209.1	107.6	101.5
内蒙古	Inner Mongolia	109.9	271.7	216.7	55.0
辽宁	Liaoning	170.5	402.7	275.7	127.0
吉林	Jilin	114.3	274.1	195.4	78.7
黑龙江	Heilongjiang	133.9	314.0	232.5	81.5
上海	Shanghai	36.8	46.6	30.9	15.6
江苏	Jiangsu	379.3	624.2	442.5	181.7
浙江	Zhejiang	259.2	538.1	336.9	201.2
安徽	Anhui	167.8	381.9	301.2	80.7
福建	Fujian	109.9	221.2	141.7	79.5
江西	Jiangxi	137.3	341.7	203.5	138.2
山东	Shandong	312.2	709.8	333.5	376.3
河南	Henan	199.1	400.5	290.7	109.8
湖北	Hubei	268.5	746.5	417.0	329.6
湖南	Hunan	182.7	332.2	282.5	49.7
广东	Guangdong	399.0	822.3	627.1	195.1
广西	Guangxi	124.3	249.2	167.8	81.4
海南	Hainan	30.9	58.1	47.2	10.9
重庆	Chongqing	111.5	197.0	159.1	37.9
四川	Sichuan	274.9	536.5	275.6	260.9
贵州	Guizhou	106.1	185.2	85.6	99.5
云南	Yunnan	150.8	298.2	133.6	164.5
西藏	Tibet	11.3	28.0	22.1	5.9
陕西	Shaanxi	104.9	249.7	151.9	97.9
甘肃	Gansu	77.4	145.6	89.0	56.6
青海	Qinghai	15.4	40.5	37.2	3.3
宁夏	Ningxia	24.4	46.4	24.8	21.6
新疆	Xinjiang	64.6	110.3	86.3	24.0

1-23 分行业城镇非私营单位女性就业人员年末人数
Female Employed Persons at Year-end in Urban Units Excluding Private Units by Sector

单位：万人 (10 000 persons)

行业	Sector	2003	2004	2005	2006	2007
合 计	**Total**	**4156.1**	**4227.3**	**4324.6**	**4445.7**	**4540.3**
农、林、牧、渔业	Agriculture,Forestry,Animal Husbandry and Fishery	176.1	172.3	165.7	163.5	157.3
采矿业	Mining	119.7	117.1	113.0	115.0	109.7
制造业	Manufacturing	1292.7	1329.8	1397.5	1464.0	1495.0
电力、燃气及水的生产和供应业	Production and Distribution of Electricity,Gas and Water	92.7	93.1	91.3	91.3	90.7
建筑业	Construction	128.4	129.3	134.2	138.1	142.4
交通运输、仓储和邮政业	Transport,Storage and Post	182.5	177.6	171.0	164.7	169.3
信息传输、计算机服务和软件业	Information Transmission, Computer Service and Software	42.1	45.2	48.7	52.4	58.5
批发和零售业	Wholesale and Retail Trades	280.3	260.2	242.3	230.3	228.8
住宿和餐饮业	Hotels and Catering Services	95.0	97.8	98.9	99.5	100.8
金融业	Financial Intermediation	164.5	170.5	172.0	178.6	192.9
房地产业	Real Estate	40.4	44.9	48.3	50.8	56.0
租赁和商务服务业	Leasing and Business Services	62.7	65.6	74.0	78.0	82.1
科学研究、技术服务和地质勘查业	Scientific Research,Technical Services and Geological Prospecting	70.7	70.3	71.6	74.9	75.6
水利、环境和公共设施管理业	Management of Water Conservancy, Environment and Public Facilities	68.8	70.7	73.5	76.6	79.2
居民服务和其他服务业	Services to Households and Other Services	22.2	24.1	21.6	21.9	22.1
教 育	Education	672.8	696.7	713.2	733.8	747.7
卫生、社会保障和社会福利业	Health,Social Securities and Social Welfare	284.5	292.2	300.9	312.9	324.1
文化、体育和娱乐业	Culture, Sports and Entertainment	51.9	50.3	50.1	50.7	52.1
公共管理和社会组织	Public Management and Social Organization	308.1	319.6	336.9	348.6	356.0

注：本表中2003-2011年数据仍执行2002年版的国民经济行业分类标准。
Note: From 2003 to 2011, the classification for national standard of industry classification in this table are still implementing the version of 2002.

1-23 续表 1 continued

单位：万人 (10 000 persons)

行 业	Sector	2008	2009	2010	2011
合 计	**Total**	**4579.6**	**4678.5**	**4861.5**	**5227.7**
农、林、牧、渔业	Agriculture,Forestry,Animal Husbandry and Fishery	148.9	136.1	137.8	132.5
采矿业	Mining	105.1	107.6	105.5	115.9
制造业	Manufacturing	1444.3	1447.9	1501.3	1613.3
电力、燃气及水的生产和供应业	Production and Distribution of Electricity,Gas and Water	90.1	89.8	91.6	95.7
建筑业	Construction	149.3	157.4	165.9	206.5
交通运输、仓储和邮政业	Transport,Storage and Post	171.5	171.2	168.8	178.6
信息传输、计算机服务和软件业	Information Transmission, Computer Service and Software	61.9	66.0	71.3	84.9
批发和零售业	Wholesale and Retail Trades	237.2	239.6	249.7	308.7
住宿和餐饮业	Hotels and Catering Services	105.2	109.2	113.2	131.5
金融业	Financial Intermediation	209.1	225.8	237.7	256.8
房地产业	Real Estate	58.5	64.2	72.4	86.0
租赁和商务服务业	Leasing and Business Services	93.8	97.5	104.1	91.6
科学研究、技术服务和地质勘查业	Scientific Research,Technical Services and Geological Prospecting	80.0	85.6	92.1	90.0
水利、环境和公共设施管理业	Management of Water Conservancy, Environment and Public Facilities	80.9	84.1	89.5	94.3
居民服务和其他服务业	Services to Households and Other Services	24.7	24.0	26.4	25.6
教 育	Education	759.4	775.0	795.0	820.8
卫生、社会保障和社会福利业	Health,Social Securities and Social Welfare	336.8	354.9	379.8	411.4
文化、体育和娱乐业	Culture, Sports and Entertainment	52.5	54.6	55.8	57.4
公共管理和社会组织	Public Management and Social Organization	370.2	388.0	403.7	426.1

1-23 续表 2 continued

单位：万人 (10 000 persons)

行　业	Sector	2012	2013
合　计	**Total**	**5458.9**	**6338.3**
农、林、牧、渔业	Agriculture,Forestry,Animal Husbandry and Fishery	125.1	108.7
采矿业	Mining	114.6	111.7
制造业	Manufacturing	1661.0	2073.8
电力、热力、燃气及水的生产和供应业	Production and Distribution of Electricity, Heat, Gas and Water	97.7	109.8
建筑业	Construction	233.8	295.4
批发和零售业	Wholesale and Retail Trades	339.4	446.3
交通运输、仓储和邮政业	Transport,Storage and Post	175.7	219.0
住宿和餐饮业	Hotels and Catering Services	140.6	168.8
信息传输、软件和信息技术服务业	Information Transmission, Software and Information Technical Services	90.6	128.9
金融业	Financial Intermediation	268.8	272.3
房地产业	Real Estate	95.6	134.1
租赁和商务服务业	Leasing and Business Services	92.4	138.5
科学研究和技术服务业	Scientific Research and Technical Services	101.4	117.1
水利、环境和公共设施管理业	Management of Water Conservancy,	98.2	104.6
居民服务、修理和其他服务业	Services to Households, repair and Other Services	23.1	29.3
教　育	Education	847.5	876.6
卫生和社会工作	Health and Social works	440.1	473.8
文化、体育和娱乐业	Culture, Sports and Entertainment	59.4	64.1
公共管理、社会保障和社会组织	Public Management, Social Securities and Social Organization	453.8	465.5

1-24 分登记注册类型城镇非私营单位女性就业人员年末人数

Female Employed Persons at Year-end in Urban Units Excluding Private Units by Registration Status

单位：万人 (10 000 persons)

年 份 Year	合 计 Total	国有单位 State-owned Units	城镇集体单位 Urban Collective-owned Units	其他单位 Units of Other Types of Ownership
1994	5799.1	3982.5	1451.1	364.5
1995	5889.0	4059.0	1399.0	431.0
1996	5883.3	4088.3	1337.8	457.3
1997	5824.8	4030.2	1271.0	523.6
1999	4613.4	3128.0	702.8	782.7
2000	4411.3	2952.5	605.8	853.0
2001	4225.7	2788.2	509.9	927.5
2002	4156.2	2627.7	436.9	1091.5
2003	4156.1	2529.6	383.9	1242.6
2004	4227.3	2480.7	336.7	1410.0
2005	4324.6	2399.3	299.1	1626.2
2006	4445.7	2386.9	277.7	1781.1
2007	4540.3	2383.0	254.5	1902.8
2008	4579.6	2401.7	234.2	1943.7
2009	4678.5	2391.6	212.7	2074.2
2010	4861.5	2447.4	205.2	2208.9
2011	5227.7	2522.4	195.9	2509.4
2012	5458.9	2590.1	188.4	2680.4
2013	6335.2	2469.3	179.0	3686.9

1-25 分登记注册类型城镇非私营单位就业人员平均工资及指数
Average Wage of Employed Persons in Urban Units and Related Indices Excluding Private Units by Status of Registration

年份 Year	平均工资(元) Average Wage(yuan)					指数(以上年为100) Indices(preceding year=100)				
	合计 Total	#在岗职工 Of Which: Staff and Workers	国有单位 State-owned Units	城镇集体单位 Urban Collective-owned Units	其他单位 Units of Other Types of Ownership	合计 Total	#在岗职工 Of Which: Staff and Workers	国有单位 State-owned Units	城镇集体单位 Urban Collective-owned Units	其他单位 Units of Other Types of Ownership
1995	5348	5500	5553	3934	7728	118.9	121.2	117.3	121.1	119.9
1996	5980	6210	6207	4312	8521	111.8	112.9	111.8	109.6	110.3
1997	6444	6470	6679	4516	9092	107.8	104.2	107.6	104.7	106.7
1998	7446	7479	7579	5314	9241	115.5	106.6	113.5	117.7	101.6
1999	8319	8346	8443	5758	10142	111.7	111.6	111.4	108.4	109.8
2000	9333	9371	9441	6241	11238	112.2	112.3	111.8	108.4	110.8
2001	10834	10870	11045	6851	12437	116.1	116.0	117.0	109.8	110.7
2002	12373	12422	12701	7636	13486	114.2	114.3	115.0	111.5	108.4
2003	13969	14040	14358	8627	14843	112.9	113.0	113.0	113.0	110.1
2004	15920	16024	16445	9723	16519	114.0	114.1	114.5	112.7	111.3
2005	18200	18364	18978	11176	18362	114.3	114.6	115.4	114.9	111.2
2006	20856	21001	21706	12866	21004	114.6	114.4	114.4	115.1	114.4
2007	24721	24932	26100	15444	24271	118.5	118.7	120.2	120.0	115.6
2008	28898	29229	30287	18103	28552	116.9	117.2	116.0	117.2	117.6
2009	32244	32736	34130	20607	31350	111.6	112.0	112.7	113.8	109.8
2010	36539	37147	38359	24010	35801	113.3	113.5	112.4	116.5	114.2
2011	41799	42452	43483	28791	41323	114.4	114.3	113.4	119.9	115.4
2012	46769	47593	48357	33784	46360	111.9	112.1	111.2	117.3	112.2
2013	51483	52388	52657	38905	51453	110.1	110.1	108.9	115.2	111.0

1-26 分登记注册类型城镇非私营单位就业人员平均实际工资指数
Average Real Wage Indices of Employed Persons in Urban Units Excluding Private Units by Status of Registration

年 份 Year	平均实际工资指数(1994年=100) Average Real Wage Indices(year of 1994=100)					平均实际工资指数(上年=100) Average Real Wage Indices(preceding year=100)				
	合计 Total	#在岗职工 Of Which: Staff and Workers	国有单位 State-owned Units	城镇集体单位 Urban Collective-owned Units	其他单位 Units of Other Types of Ownership	合计 Total	#在岗职工 Of Which: Staff and Workers	国有单位 State-owned Units	城镇集体单位 Urban Collective-owned Units	其他单位 Units of Other Types of Ownership
1995	101.8	103.8	100.4	103.7	102.6	101.8	103.8	100.4	103.7	102.6
1996	104.6	107.7	103.2	104.5	104.0	102.8	103.8	102.7	100.7	101.3
1997	109.3	108.9	107.7	106.1	107.7	104.5	101.1	104.4	101.6	103.5
1998	127.1	116.8	123.0	125.6	110.1	116.2	107.2	114.2	118.4	102.3
1999	143.9	132.1	138.8	137.9	122.4	113.2	113.1	112.9	109.8	111.2
2000	160.1	147.1	154.0	148.3	134.6	111.3	111.4	110.9	107.5	109.9
2001	184.6	169.5	178.9	161.7	147.9	115.3	115.2	116.2	109.0	109.9
2002	212.9	195.8	207.8	182.0	162.0	115.4	115.5	116.2	112.6	109.5
2003	238.2	219.3	232.8	203.8	176.7	111.9	112.0	112.0	112.0	109.1
2004	262.8	242.3	258.1	222.3	190.3	110.3	110.5	110.9	109.1	107.7
2005	295.7	273.3	293.1	251.6	208.3	112.5	112.8	113.6	113.1	109.4
2006	333.9	307.9	330.3	285.3	234.7	112.9	112.7	112.7	113.4	112.7
2007	378.6	349.7	379.9	327.6	259.6	113.4	113.6	115.0	114.8	110.6
2008	419.1	388.2	417.4	363.6	289.1	110.7	111.0	109.8	111.0	111.4
2009	472.0	438.7	474.6	417.6	320.3	112.6	113.0	113.7	114.8	110.8
2010	518.2	482.5	517.0	471.4	354.5	109.8	110.0	108.9	112.9	110.7
2011	562.8	523.6	556.8	536.9	388.5	108.6	108.5	107.7	113.9	109.6
2012	613.4	571.6	603.0	613.1	424.7	109.0	109.2	108.3	114.2	109.3
2013	658.2	613.3	639.8	687.9	459.5	107.3	107.3	106.1	112.2	108.2

1-27 分行业城镇非私营单位就业人员平均工资

Average Wage of Employed Persons in Urban Units Excluding Private Units by Sector

单位：元 (yuan)

行　　业	Sector	2003	2004	2005	2006	2007
合　　计	**Total**	**13969**	**15920**	**18200**	**20856**	**24721**
农、林、牧、渔业	Agriculture, Forestry, Animal Husbandry and Fishery	6884	7497	8207	9269	10847
采 矿 业	Mining	13627	16774	20449	24125	28185
制 造 业	Manufacturing	12671	14251	15934	18225	21144
电力、热力、燃气及水生产和供应业	Production and Supply of Electricity, Heat, Gas and Water	18574	21543	24750	28424	33470
建 筑 业	Construction	11328	12578	14112	16164	18482
批发和零售业	Wholesale and Retail Trades	10894	13012	15256	17796	21074
交通运输、仓储和邮政业	Transport, Storage and Post	15753	18071	20911	24111	27903
住宿和餐饮业	Hotels and Catering Services	11198	12618	13876	15236	17046
信息传输、软件和信息技术服务业	Information Transmission, Software and Information Technology	30897	33449	38799	43435	47700
金融业	Financial Intermediation	20780	24299	29229	35495	44011
房地产业	Real Estate	17085	18467	20253	22238	26085
租赁和商务服务业	Leasing and Business Services	17020	18723	21233	24510	27807
科学研究和技术服务业	Scientific Research and Technical Services	20442	23351	27155	31644	38432
水利、环境和公共设施管理业	Management of Water Conservancy, Environment and Public Facilities	11774	12884	14322	15630	18383
居民服务、修理和其他服务业	Services to Households, Repair and Other Services	12665	13680	15747	18030	20370
教　　育	Education	14189	16085	18259	20918	25908
卫生和社会工作	Health and Social Service	16185	18386	20808	23590	27892
文化、体育和娱乐业	Culture, Sports and Entertainment	17098	20522	22670	25847	30430
公共管理、社会保障和社会组织	Public Management, Social Security and Social Organization	15355	17372	20234	22546	27731

1-27 续表 continued

单位：元 (yuan)

行　业	Sector	2008	2009	2010	2011	2012	2013
合　计	**Total**	**28898**	**32244**	**36539**	**41799**	**46769**	**51483**
农、林、牧、渔业	Agriculture, Forestry, Animal Husbandry and Fishery	12560	14356	16717	19469	22687	25820
采矿业	Mining	34233	38038	44196	52230	56946	60138
制造业	Manufacturing	24404	26810	30916	36665	41650	46431
电力、热力、燃气及水生产和供应业	Production and Supply of Electricity, Heat, Gas and Water	38515	41869	47309	52723	58202	67085
建筑业	Construction	21223	24161	27529	32103	36483	42072
批发和零售业	Wholesale and Retail Trades	25818	29139	33635	40654	46340	50308
交通运输、仓储和邮政业	Transport, Storage and Post	32041	35315	40466	47078	53391	57993
住宿和餐饮业	Hotels and Catering Services	19321	20860	23382	27486	31267	34044
信息传输、软件和信息技术服务业	Information Transmission, Software and Information Technology	54906	58154	64436	70918	80510	90915
金融业	Financial Intermediation	53897	60398	70146	81109	89743	99653
房地产业	Real Estate	30118	32242	35870	42837	46764	51048
租赁和商务服务业	Leasing and Business Services	32915	35494	39566	46976	53162	62538
科学研究和技术服务业	Scientific Research and Technical Services	45512	50143	56376	64252	69254	76602
水利、环境和公共设施管理业	Management of Water Conservancy, Environment and Public Facilities	21103	23159	25544	28868	32343	36123
居民服务、修理和其他服务业	Services to Households, Repair and Other Services	22858	25172	28206	33169	35135	38429
教　育	Education	29831	34543	38968	43194	47734	51950
卫生和社会工作	Health and Social Service	32185	35662	40232	46206	52564	57979
文化、体育和娱乐业	Culture, Sports and Entertainment	34158	37755	41428	47878	53558	59336
公共管理、社会保障和社会组织	Public Management, Social Security and Social Organization	32296	35326	38242	42062	46074	49259

1-28 分地区城镇非私营单位就业人员平均工资
Average Wage of Employed Persons in Urban Units Excluding Private Units by Region

单位：元 (yuan)

地 区	Region	2003	2004	2005	2006	2007	2008	2009	2010	2011	2012	2013
全 国	**National Total**	**13969**	**15920**	**18200**	**20856**	**24721**	**28898**	**32244**	**36539**	**41799**	**46769**	**51483**
北 京	Beijing	25008	29216	33660	39684	45823	55844	57779	65158	75482	84742	93006
天 津	Tianjin	18511	21146	24122	27628	33312	39990	43937	51489	55658	61514	67773
河 北	Hebei	11105	12793	14583	16456	19742	24276	27774	31451	35309	38658	41501
山 西	Shanxi	10620	12794	15473	18106	21315	25489	28066	33057	39230	44236	46407
内蒙古	Inner Mongolia	11208	13233	15910	18382	21794	25949	30486	35211	41118	46557	50723
辽 宁	Liaoning	12921	14787	17156	19365	22882	27179	30523	34437	38154	41858	45505
吉 林	Jilin	11048	12388	14380	16393	20371	23294	25943	29003	33610	38407	42846
黑龙江	Heilongjiang	10787	12209	13980	15894	18481	21764	24805	27735	31302	36406	40794
上 海	Shanghai	25565	27965	31578	37585	44976	52122	58336	66115	75591	78673	90908
江 苏	Jiangsu	15619	18054	20885	23657	27212	31297	35217	39772	45487	50639	57177
浙 江	Zhejiang	21116	23243	25696	27570	30818	33622	36553	40640	45162	50197	56571
安 徽	Anhui	10419	12693	15019	17610	21699	25703	28723	33341	39352	44601	47806
福 建	Fujian	14343	15627	17190	19424	22277	25555	28366	32340	38588	44525	48538
江 西	Jiangxi	10382	11713	13524	15370	18144	20597	24165	28363	33239	38512	42473
山 东	Shandong	12554	14321	16564	19135	22734	26234	29398	33321	37618	41904	46998
河 南	Henan	10639	11970	14119	16791	20639	24438	26906	29819	33634	37338	38301
湖 北	Hubei	10575	11692	13725	15779	19548	22384	26547	31811	36128	39846	43899
湖 南	Hunan	12002	13624	15306	17400	21060	24146	26534	29670	34586	38971	42726
广 东	Guangdong	20052	22230	24122	26400	29658	33282	36469	40432	45060	50278	53318
广 西	Guangxi	11611	13234	15079	17571	21251	24798	27322	30673	33032	36386	41391
海 南	Hainan	10396	12622	14377	15843	19220	21767	24790	30775	36244	39485	44971
重 庆	Chongqing	12409	14373	16583	19172	22965	26640	30499	34727	39430	44498	50006
四 川	Sichuan	12320	13887	15638	17612	21081	24725	28149	32567	37330	42339	47965
贵 州	Guizhou	10801	12163	14081	16481	20254	23979	27437	30433	36102	41156	47364
云 南	Yunnan	12629	14255	15732	18262	19912	23305	26163	29195	34004	37629	42447
西 藏	Tibet	23730	27339	26437	29119	42820	44055	45347	49898	49464	51705	57773
陕 西	Shaanxi	11276	12907	14562	16646	20977	25478	29566	33384	38143	43073	47446
甘 肃	Gansu	12062	13328	14654	16991	20657	23632	26743	29096	32092	37679	42833
青 海	Qinghai	15044	16601	18556	21981	25318	30101	32481	36121	41370	46483	51393
宁 夏	Ningxia	12811	14431	16973	20900	25723	30050	32916	37166	42703	47436	50476
新 疆	Xinjiang	13185	14406	15507	17704	21249	24686	27617	32003	38238	44576	49064

1-29 分地区按行业分城镇私营单位就业人员平均工资(2013年)

Average Wage of Employed Persons in Urban Private Units by Sector and Region (2013)

单位：元 (yuan)

地区	Region	合计 Total	农、林、牧、渔业 Agriculture, Forestry, Animal Husbandry and Fishery	采矿业 Mining	制造业 Manufacturing	电力、热力、燃气及水生产和供应业 Production and Supply of Electricity, Heat, Gas and Water	建筑业 Construction	批发和零售业 Wholesale and Retail Trades
全国	**National Average**	**32706**	**24645**	**33081**	**32035**	**29597**	**34882**	**30604**
北京	Beijing	48027	32531	36432	42809	41939	40942	40742
天津	Tianjin	41975	41255	16738	42765	34968	39704	40093
河北	Hebei	28135	24198	27096	28983	27760	28852	25345
山西	Shanxi	27580	21064	37694	27348	27199	29185	25978
内蒙古	Inner Mongolia	33245	31246	38644	33368	41316	35242	29201
辽宁	Liaoning	30233	24194	28723	29354	25658	33830	28330
吉林	Jilin	24244	18281	28830	22915	19804	24389	25170
黑龙江	Heilongjiang	24750	18992	27912	24899	24063	27687	23335
上海	Shanghai	32828	22722		30443	31231	32413	27420
江苏	Jiangsu	36308	32507	31812	36188	36986	37051	34213
浙江	Zhejiang	35302	27932	33613	33186	28185	39113	33766
安徽	Anhui	30872	21159	34019	31943	26903	35024	27437
福建	Fujian	36657	30234	36500	35460	29918	39207	33192
江西	Jiangxi	27819	25854	30184	26924	31275	32085	25652
山东	Shandong	34317	30394	35905	34705	39881	35392	31817
河南	Henan	23936	19869	24314	23142	23711	27104	23086
湖北	Hubei	25898	17742	29872	25696	26030	27611	23028
湖南	Hunan	27637	23363	33314	27287	32001	29932	23271
广东	Guangdong	36943	25709	29852	35646	21670	37488	40866
广西	Guangxi	28508	22762	28908	29315	27879	30752	25026
海南	Hainan	30002	16593	26315	27836	20408	33335	29126
重庆	Chongqing	35666	27961	39138	35398	34641	36539	32919
四川	Sichuan	29830	25127	31623	29652	30099	30850	29149
贵州	Guizhou	29370	18034	38758	27183	43575	26704	22260
云南	Yunnan	26738	21580	25750	24646	26405	27603	28732
西藏	Tibet							
陕西	Shaanxi	26454	22480	32114	25582	25193	26140	24392
甘肃	Gansu	24334	19319	29127	24212	24873	25256	26544
青海	Qinghai	26226	18363	23828	27676	33502	24730	27760
宁夏	Ningxia	32097	24172	32466	31638	32293	36178	28035
新疆	Xinjiang	33409	30308	44315	32990	33911	41001	27373

1-29 续表 1 continued

单位：元 (yuan)

地 区	Region	交通运输、仓储和邮政业 Transport, Storage and Post	住宿和餐饮业 Hotels and Catering Services	信息传输、软件和信息技术服务业 Information Transmission, Software and Information Technology	金融业 Financial Intermediation	房地产业 Real Estate	租赁和商务服务业 Leasing and Business Services	科学研究和技术服务业 Scientific Research and Technical Services
全 国	**National Average**	**33141**	**27352**	**44060**	**37253**	**35038**	**36243**	**42854**
北 京	Beijing	34213	34517	73626	61099	55328	54613	55689
天 津	Tianjin	48095	38877	46580	43257	52518	45224	43931
河 北	Hebei	30108	24783	27827	29054	29993	27953	31978
山 西	Shanxi	22411	20577	21177	34975	31987	19582	26056
内蒙古	Inner Mongolia	40449	29899	33239	34357	32652	29898	33023
辽 宁	Liaoning	31019	26197	30848	31635	30218	31298	35772
吉 林	Jilin	25836	22530	29716	32078	27219	25670	36264
黑龙江	Heilongjiang	22793	22768	26667	31006	26322	21201	29169
上 海	Shanghai	36601	28119	58420	43202	29584	41639	52064
江 苏	Jiangsu	37625	32144	48032	39086	36701	36319	43460
浙 江	Zhejiang	38760	30096	46003	60961	36664	37798	41481
安 徽	Anhui	38871	27810	21489	28163	33413	26026	38103
福 建	Fujian	40793	28951	46072	36432	40708	36366	43081
江 西	Jiangxi	29388	22678	30168	32712	34705	28202	30383
山 东	Shandong	35833	30311	37675	35532	36515	35223	37934
河 南	Henan	24919	21798	22215	20682	26746	24655	28898
湖 北	Hubei	23379	23694	33526	37203	33276	24110	29828
湖 南	Hunan	25321	23264	35898	26735	29032	24571	34857
广 东	Guangdong	41074	29401	61935	37383	39566	41573	54150
广 西	Guangxi	28395	24300	26484	27609	30312	29916	29536
海 南	Hainan	37389	27086	29651	36019	40721	26308	33200
重 庆	Chongqing	34703	27616	38615	46209	42573	33767	40366
四 川	Sichuan	29386	26066	28671	33847	33876	29351	34180
贵 州	Guizhou	23913	21155	35040	52258	34022	20719	29439
云 南	Yunnan	28718	25552	25011	26141	26616	24983	36762
西 藏	Tibet							
陕 西	Shaanxi	25359	23418	33454	30310	34150	26870	35281
甘 肃	Gansu	25435	18656	25994	21144	18383	27761	25220
青 海	Qinghai	25290	24295	24681	19408	24481	25245	40967
宁 夏	Ningxia	30101	28544	29269	30540	37562	27781	38531
新 疆	Xinjiang	37746	24646	31279	36275	34108	27265	32319

1-29 续表 2 continued

单位: 元 (yuan)

地 区	Region	水利、环境和公共设施管理业 Management of Water Conservancy, Environment and Public Facilities	居民服务、修理和其他服务业 Services to Households, Repair and Other Services	教育 Education	卫生和社会工作 Health and Social Service	文化、体育和娱乐业 Culture, Sports and Entertainment	公共管理、社会保障和社会组织 Public Management, Social Security and Social Organization
全 国	**National Average**	**31241**	**27483**	**31521**	**33862**	**30402**	**33953**
北 京	Beijing	48257	34963	49832	47657	52990	62461
天 津	Tianjin	42718	30275	44716	38910	36413	39713
河 北	Hebei	23851	24149	25815	29717	23901	
山 西	Shanxi	20260	20070	20985	21526	19786	
内蒙古	Inner Mongolia	25497	29659	30418	33420	27826	35229
辽 宁	Liaoning	24338	26958	29414	31971	26765	40486
吉 林	Jilin	21818	25854	28620	32578	21976	
黑龙江	Heilongjiang	19968	18300	24576	22782	19033	20500
上 海	Shanghai	30746	22429	40653	42990	34377	
江 苏	Jiangsu	40851	36241	45041	36868	32744	45805
浙 江	Zhejiang	33611	27718	34148	44432	32170	
安 徽	Anhui	27576	21399	25658	31235	27302	20080
福 建	Fujian	31463	29248	36318	33909	36042	24534
江 西	Jiangxi	25767	23432	27144	31086	26600	
山 东	Shandong	33750	33792	32741	32485	32012	31393
河 南	Henan	24410	21372	24772	25966	22177	18940
湖 北	Hubei	21578	23151	25519	26457	23887	19994
湖 南	Hunan	24813	26474	31969	32314	24419	16421
广 东	Guangdong	35293	30653	37452	47443	33023	31824
广 西	Guangxi	24374	24336	24595	30584	20050	18869
海 南	Hainan	42116	19653	24754	31256	23804	24143
重 庆	Chongqing	32299	32185	34736	38268	36085	28549
四 川	Sichuan	30931	26736	30772	31738	31131	
贵 州	Guizhou	17241	18781	25664	28746	20643	19525
云 南	Yunnan	28165	23712	28625	30343	24519	25320
西 藏	Tibet						
陕 西	Shaanxi	26817	24315	28344	27224	24069	
甘 肃	Gansu	21640	17945	26742	23149	19808	16553
青 海	Qinghai	21637	22409	22828	22147	28538	19200
宁 夏	Ningxia	28084	24299	26716	30811	24202	20701
新 疆	Xinjiang	27346	27320	29960	32130	22839	

1-30 国内生产总值及构成
Gross Domestic Product and Its Composition

单位：亿元 (100 million yuan)

年 份 Year	国内生产总值 Gross Domestic Product	第一产业 Primary Industry		第二产业 Secondary Industry		第三产业 Tertiary Industry		人均国内生产总值（元） Per Capita GDP (yuan)
		绝对数 Value	比重（%） Proportion	绝对数 Value	比重（%） Proportion	绝对数 Value	比重（%） Proportion	
1978	3645.2	1027.5	28.2	1745.2	47.9	872.5	23.9	381
1979	4062.6	1270.2	31.3	1913.5	47.1	878.9	21.6	419
1980	4545.6	1371.6	30.2	2192.0	48.2	982.0	21.6	463
1981	4891.6	1559.5	31.9	2255.5	46.1	1076.6	22.0	492
1982	5323.4	1777.4	33.4	2383.0	44.8	1163.0	21.8	528
1983	5962.7	1978.4	33.2	2646.2	44.4	1338.1	22.4	583
1984	7208.1	2316.1	32.1	3105.7	43.1	1786.3	24.8	695
1985	9016.0	2564.4	28.4	3866.6	42.9	2585.0	28.7	858
1986	10275.2	2788.7	27.1	4492.7	43.7	2993.8	29.1	963
1987	12058.6	3233.0	26.8	5251.6	43.6	3574.0	29.6	1112
1988	15042.8	3865.4	25.7	6587.2	43.8	4590.3	30.5	1366
1989	16992.3	4265.9	25.1	7278.0	42.8	5448.4	32.1	1519
1990	18667.8	5062.0	27.1	7717.4	41.3	5888.4	31.5	1644
1991	21781.5	5342.2	24.5	9102.2	41.8	7337.1	33.7	1893
1992	26923.5	5866.6	21.8	11699.5	43.5	9357.4	34.8	2311
1993	35333.9	6963.8	19.7	16454.4	46.6	11915.7	33.7	2998
1994	48197.9	9572.7	19.9	22445.4	46.6	16179.8	33.6	4044
1995	60793.7	12135.8	20.0	28679.5	47.2	19978.5	32.9	5046
1996	71176.6	14015.4	19.7	33835.0	47.5	23326.2	32.8	5846
1997	78973.0	14441.9	18.3	37543.0	47.5	26988.1	34.2	6420
1998	84402.3	14817.6	17.6	39004.2	46.2	30580.5	36.2	6796
1999	89677.1	14770.0	16.5	41033.6	45.8	33873.4	37.8	7159
2000	99214.6	14944.7	15.1	45555.9	45.9	38714.0	39.0	7858
2001	109655.2	15781.3	14.4	49512.3	45.2	44361.6	40.5	8622
2002	120332.7	16537.0	13.7	53896.8	44.8	49898.9	41.5	9398
2003	135822.8	17381.7	12.8	62436.3	46.0	56004.7	41.2	10542
2004	159878.3	21412.7	13.4	73904.3	46.2	64561.3	40.4	12336
2005	184937.4	22420.0	12.1	87598.1	47.4	74919.3	40.5	14185
2006	216314.4	24040.0	11.1	103719.5	47.9	88554.9	40.9	16500
2007	265810.3	28627.0	10.8	125831.4	47.3	111351.9	41.9	20169
2008	314045.4	33702.0	10.7	149003.4	47.4	131340.0	41.8	23708
2009	340902.8	35226.0	10.3	157638.8	46.2	148038.0	43.4	25608
2010	401512.8	40533.6	10.1	187383.2	46.7	173596.0	43.2	30015
2011	473104.0	47486.2	10.0	220412.8	46.6	205205.0	43.4	35198
2012	519470.1	52373.6	10.1	235162.0	45.3	231934.5	44.6	38459
2013	568845.2	56957.0	10.0	249684.4	43.9	262203.8	46.1	41908

注：本表按当年价格计算。
Note: Data in this table are calculated at current prices.

1-31 国内生产总值指数

Indices of Gross Domestic Product

(上年=100) (preceding year=100)

年 份 Year	国内生产总 值 Gross Domestic Product	第一产业 Primary Industry	第二产业 Secondary Industry	第三产业 Tertiary Industry	人均国内生产总值 Per Capita GDP
1978	111.7	104.1	115.0	113.8	110.2
1979	107.6	106.1	108.2	107.9	106.1
1980	107.8	98.5	113.6	106.0	106.5
1981	105.2	107.0	101.9	110.4	103.9
1982	109.1	111.5	105.6	113.0	107.5
1983	110.9	108.3	110.4	115.2	109.3
1984	115.2	112.9	114.5	119.3	113.7
1985	113.5	101.8	118.6	118.2	111.9
1986	108.8	103.3	110.2	112.0	107.2
1987	111.6	104.7	113.7	114.4	109.8
1988	111.3	102.5	114.5	113.2	109.5
1989	104.1	103.1	103.8	105.4	102.5
1990	103.8	107.3	103.2	102.3	102.3
1991	109.2	102.4	113.9	108.9	107.7
1992	114.2	104.7	121.2	112.4	112.8
1993	114.0	104.7	119.9	112.2	112.7
1994	113.1	104.0	118.4	111.1	111.8
1995	110.9	105.0	113.9	109.8	109.7
1996	110.0	105.1	112.1	109.4	108.9
1997	109.3	103.5	110.5	110.7	108.2
1998	107.8	103.5	108.9	108.4	106.8
1999	107.6	102.8	108.1	109.3	106.7
2000	108.4	102.4	109.4	109.7	107.6
2001	108.3	102.8	108.4	110.3	107.5
2002	109.1	102.9	109.8	110.4	108.4
2003	110.0	102.5	112.7	109.5	109.3
2004	110.1	106.3	111.1	110.1	109.4
2005	111.3	105.2	112.1	112.2	110.7
2006	112.7	105.0	113.4	114.1	112.0
2007	114.2	103.7	115.1	116.0	113.6
2008	109.6	105.4	109.9	110.4	109.1
2009	109.2	104.2	109.9	109.6	108.7
2010	110.4	104.3	112.3	109.8	109.9
2011	109.3	104.3	110.3	109.4	108.8
2012	107.7	104.5	107.9	108.1	107.1
2013	107.7	104.0	107.8	108.3	107.1

注：本表按不变价格计算。
Note: Data in this table are calculated at constant prices.

第二部分

Chapter Two

2013 年全国人口变动情况抽样调查数据

Data from 2013 National Sample Survey on Population Changes

2-1 各地区人口数及人口自然变动情况

Total Population and Natural Changes by Region

单位：‰，万人 (‰, 10 000 persons)

地 区	Region	出生率 Birth Rate	死亡率 Death Rate	自然增长率 Natural Growth Rate	总人口(年末) Total Population (year-end)
全 国	**National Total**	**12.08**	**7.16**	**4.92**	**136072**
北 京	Beijing	8.93	4.52	4.41	2115
天 津	Tianjin	8.28	6.00	2.28	1472
河 北	Hebei	13.04	6.87	6.17	7333
山 西	Shanxi	10.81	5.57	5.24	3630
内蒙古	Inner Mongolia	8.98	5.62	3.36	2498
辽 宁	Liaoning	6.09	6.12	-0.03	4390
吉 林	Jilin	5.36	5.04	0.32	2751
黑龙江	Heilongjiang	6.86	6.08	0.78	3835
上 海	Shanghai	8.18	5.24	2.94	2415
江 苏	Jiangsu	9.44	7.01	2.43	7939
浙 江	Zhejiang	10.01	5.45	4.56	5498
安 徽	Anhui	12.88	6.06	6.82	6030
福 建	Fujian	12.20	6.01	6.19	3774
江 西	Jiangxi	13.19	6.28	6.91	4522
山 东	Shandong	11.41	6.40	5.01	9733
河 南	Henan	12.27	6.76	5.51	9413
湖 北	Hubei	11.08	6.15	4.93	5799
湖 南	Hunan	13.50	6.96	6.54	6691
广 东	Guangdong	10.71	4.69	6.02	10644
广 西	Guangxi	14.28	6.35	7.93	4719
海 南	Hainan	14.59	5.90	8.69	895
重 庆	Chongqing	10.37	6.77	3.60	2970
四 川	Sichuan	9.90	6.90	3.00	8107
贵 州	Guizhou	13.05	7.15	5.90	3502
云 南	Yunnan	12.60	6.43	6.17	4687
西 藏	Tibet	15.77	5.39	10.38	312
陕 西	Shaanxi	10.01	6.15	3.86	3764
甘 肃	Gansu	12.16	6.08	6.08	2582
青 海	Qinghai	14.16	6.13	8.03	578
宁 夏	Ningxia	13.12	4.50	8.62	654
新 疆	Xinjiang	15.84	4.92	10.92	2264

注：1.本表数据根据2013年人口变动情况抽样调查数据推算。
2.全国总人口包括现役军人数，分地区数字中未包括；全国总人口未包括香港、澳门特别行政区和台湾省的人口数据。
3.全国总人口根据2013年人口变动情况抽样误差和调查误差进行了修正，分地区人口未做修正。

Note:a) Data in this table are estimates from the 2013 National Sample Survey on Population Changes.
b) The military personnel were included in the national total population, but were not included in the population by region. The national total population does not include the population of Hong Kong SAR, Macao SAR and Taiwan Province.
c) The national total population were adjusted on the basis of sampling errors and survey errors from the 2013 National Sample Survey on Population Changes. Similar adjustments were not made to regional figures.

2-2 各地区人口的城乡构成

Population by Urban and Rural Residence and Region

单位：万人，%　　(10 000 persons, %)

地　区	Region	总人口(年末) Total Population (year-end)	城镇人口 Urban Population		乡村人口 Rural Population	
			人口数 Population	比重 Proportion	人口数 Population	比重 Proportion
全　国	**National Total**	**136072**	**73111**	**53.73**	**62961**	**46.27**
北　京	Beijing	2115	1825	86.30	290	13.70
天　津	Tianjin	1472	1207	82.01	265	17.99
河　北	Hebei	7333	3528	48.12	3804	51.88
山　西	Shanxi	3630	1908	52.56	1722	47.44
内蒙古	Inner Mongolia	2498	1466	58.71	1031	41.29
辽　宁	Liaoning	4390	2917	66.45	1473	33.55
吉　林	Jilin	2751	1491	54.20	1260	45.80
黑龙江	Heilongjiang	3835	2201	57.40	1634	42.60
上　海	Shanghai	2415	2164	89.60	251	10.40
江　苏	Jiangsu	7939	5090	64.11	2849	35.89
浙　江	Zhejiang	5498	3519	64.00	1979	36.00
安　徽	Anhui	6030	2886	47.86	3144	52.14
福　建	Fujian	3774	2293	60.77	1481	39.23
江　西	Jiangxi	4522	2210	48.87	2312	51.13
山　东	Shandong	9733	5232	53.75	4502	46.25
河　南	Henan	9413	4123	43.80	5290	56.20
湖　北	Hubei	5799	3161	54.51	2638	45.49
湖　南	Hunan	6691	3209	47.96	3482	52.04
广　东	Guangdong	10644	7212	67.76	3432	32.24
广　西	Guangxi	4719	2115	44.81	2604	55.19
海　南	Hainan	895	472	52.74	423	47.26
重　庆	Chongqing	2970	1733	58.34	1237	41.66
四　川	Sichuan	8107	3640	44.90	4467	55.10
贵　州	Guizhou	3502	1325	37.83	2177	62.17
云　南	Yunnan	4687	1897	40.48	2789	59.52
西　藏	Tibet	312	74	23.71	238	76.29
陕　西	Shaanxi	3764	1931	51.31	1833	48.69
甘　肃	Gansu	2582	1036	40.13	1546	59.87
青　海	Qinghai	578	280	48.51	298	51.49
宁　夏	Ningxia	654	340	52.01	314	47.99
新　疆	Xinjiang	2264	1007	44.47	1257	55.53

注：本表数据根据2013年人口变动情况抽样调查数据推算。

a) Data in the table are estimates from the 2013 National Sample Survey on Population Changes.

2-3 全国分年龄、性别的人口数

Population by Age and Sex

单位：人，%　　(person,%)

年龄 Age	人口数 Population			占总人口比重 Percentage to Total Population			性别比 (女=100) Sex Ratio (Famale=100)
	合计 Total	男 Male	女 Female	合计 Total	男 Male	女 Female	
总计 Total	**1118433**	**573428**	**545005**	**100.00**	**51.27**	**48.73**	**105.22**
0-4	**63490**	**34273**	**29218**	**5.68**	**3.06**	**2.61**	**117.30**
0	11731	6341	5390	1.05	0.57	0.48	117.65
1	12039	6405	5634	1.08	0.57	0.50	113.69
2	11714	6283	5432	1.05	0.56	0.49	115.67
3	13839	7616	6223	1.24	0.68	0.56	122.38
4	14166	7627	6539	1.27	0.68	0.58	116.65
5-9	**62446**	**33890**	**28556**	**5.58**	**3.03**	**2.55**	**118.68**
5	13118	7084	6034	1.17	0.63	0.54	117.40
6	12481	6658	5822	1.12	0.60	0.52	114.35
7	12643	6906	5737	1.13	0.62	0.51	120.37
8	12069	6663	5406	1.08	0.60	0.48	123.26
9	12136	6579	5557	1.09	0.59	0.50	118.39
10-14	**57562**	**31141**	**26422**	**5.15**	**2.78**	**2.36**	**117.86**
10	11124	5999	5125	0.99	0.54	0.46	117.04
11	11098	6075	5023	0.99	0.54	0.45	120.95
12	11812	6368	5444	1.06	0.57	0.49	116.96
13	11970	6437	5533	1.07	0.58	0.49	116.32
14	11558	6262	5296	1.03	0.56	0.47	118.25
15-19	**68715**	**36177**	**32538**	**6.14**	**3.23**	**2.91**	**111.18**
15	13208	7129	6079	1.18	0.64	0.54	117.28
16	13890	7596	6294	1.24	0.68	0.56	120.69
17	14745	7670	7074	1.32	0.69	0.63	108.43
18	14121	7244	6877	1.26	0.65	0.61	105.34
19	12751	6537	6214	1.14	0.58	0.56	105.19
20-24	**97406**	**50961**	**46446**	**8.71**	**4.56**	**4.15**	**109.72**
20	16610	8738	7872	1.49	0.78	0.70	110.99
21	17116	9032	8084	1.53	0.81	0.72	111.73
22	18081	9540	8541	1.62	0.85	0.76	111.69
23	23135	11989	11146	2.07	1.07	1.00	107.56
24	22465	11663	10802	2.01	1.04	0.97	107.97
25-29	**93136**	**46693**	**46443**	**8.33**	**4.17**	**4.15**	**100.54**
25	19837	9950	9887	1.77	0.89	0.88	100.63
26	21103	10555	10548	1.89	0.94	0.94	100.07
27	19005	9468	9537	1.70	0.85	0.85	99.27
28	16832	8369	8463	1.50	0.75	0.76	98.89
29	16359	8351	8008	1.46	0.75	0.72	104.28

注：由于各地区数据采用加权汇总的方法，全国人口变动情况抽样调查样本数据合计与各分项相加略有误差(以下表同)。

Note: Because data by region are calculated by the method of weighted sum, total data of the national sample survey on population changes is not equal to the sum of each item. The same applies to the tables following.

2-3 续表 1 continued

单位：人，% (person,%)

年 龄 Age	人口数 Population			占总人口比重 Percentage to Total Population			性别比 (女=100) Sex Ratio (Famale=100)
	合计 Total	男 Male	女 Female	合计 Total	男 Male	女 Female	
30-34	**82677**	**41986**	**40691**	**7.39**	**3.75**	**3.64**	**103.18**
30	15710	7930	7780	1.40	0.71	0.70	101.92
31	18281	9308	8973	1.63	0.83	0.80	103.73
32	16271	8356	7915	1.45	0.75	0.71	105.58
33	15769	7900	7869	1.41	0.71	0.70	100.40
34	16646	8492	8154	1.49	0.76	0.73	104.15
35-39	**84334**	**43057**	**41277**	**7.54**	**3.85**	**3.69**	**104.31**
35	15886	8090	7796	1.42	0.72	0.70	103.78
36	15125	7715	7409	1.35	0.69	0.66	104.13
37	16891	8801	8090	1.51	0.79	0.72	108.79
38	17298	8831	8467	1.55	0.79	0.76	104.29
39	19134	9620	9515	1.71	0.86	0.85	101.10
40-44	**103771**	**53017**	**50753**	**9.28**	**4.74**	**4.54**	**104.46**
40	19655	10105	9550	1.76	0.90	0.85	105.81
41	20380	10331	10048	1.82	0.92	0.90	102.82
42	20479	10602	9877	1.83	0.95	0.88	107.35
43	22571	11517	11054	2.02	1.03	0.99	104.19
44	20686	10462	10225	1.85	0.94	0.91	102.32
45-49	**98129**	**49884**	**48245**	**8.77**	**4.46**	**4.31**	**103.40**
45	21994	11207	10787	1.97	1.00	0.96	103.90
46	17476	8925	8551	1.56	0.80	0.76	104.37
47	19509	9883	9626	1.74	0.88	0.86	102.67
48	19940	10077	9863	1.78	0.90	0.88	102.17
49	19210	9791	9418	1.72	0.88	0.84	103.96
50-54	**69533**	**35355**	**34178**	**6.22**	**3.16**	**3.06**	**103.44**
50	22061	11272	10790	1.97	1.01	0.96	104.47
51	16422	8317	8105	1.47	0.74	0.72	102.62
52	9028	4507	4520	0.81	0.40	0.40	99.71
53	11587	5902	5685	1.04	0.53	0.51	103.81
54	10436	5357	5078	0.93	0.48	0.45	105.50
55-59	**70719**	**35892**	**34827**	**6.32**	**3.21**	**3.11**	**103.06**
55	13412	6932	6480	1.20	0.62	0.58	106.97
56	14774	7563	7211	1.32	0.68	0.64	104.88
57	13978	7109	6870	1.25	0.64	0.61	103.48
58	14183	7110	7073	1.27	0.64	0.63	100.51
59	14371	7179	7192	1.28	0.64	0.64	99.81
60-64	**58256**	**29230**	**29026**	**5.21**	**2.61**	**2.60**	**100.70**
60	12962	6507	6454	1.16	0.58	0.58	100.82
61	13001	6490	6511	1.16	0.58	0.58	99.68
62	11290	5622	5668	1.01	0.50	0.51	99.20
63	10717	5423	5294	0.96	0.48	0.47	102.44
64	10286	5187	5099	0.92	0.46	0.46	101.74

2-3 续表 2 continued

单位：人，%　　(person,%)

年 龄 Age	人口数 Population			占总人口比重 Percentage to Total Population			性别比 (女=100) Sex Ratio (Famale=100)
	合计 Total	男 Male	女 Female	合计 Total	男 Male	女 Female	
65-69	**39216**	**19577**	**19638**	**3.51**	**1.75**	**1.76**	**99.69**
65	9011	4504	4507	0.81	0.40	0.40	99.94
66	8422	4222	4200	0.75	0.38	0.38	100.52
67	8102	4005	4097	0.72	0.36	0.37	97.76
68	7051	3479	3572	0.63	0.31	0.32	97.37
69	6630	3367	3262	0.59	0.30	0.29	103.22
70-74	**27905**	**13748**	**14157**	**2.49**	**1.23**	**1.27**	**97.11**
70	6064	3011	3053	0.54	0.27	0.27	98.65
71	5937	2963	2974	0.53	0.26	0.27	99.63
72	5855	2870	2985	0.52	0.26	0.27	96.13
73	5488	2697	2792	0.49	0.24	0.25	96.60
74	4560	2207	2353	0.41	0.20	0.21	93.81
75-79	**21253**	**10054**	**11199**	**1.90**	**0.90**	**1.00**	**89.78**
75	5074	2456	2618	0.45	0.22	0.23	93.82
76	4457	2201	2256	0.40	0.20	0.20	97.58
77	4335	2018	2317	0.39	0.18	0.21	87.07
78	3927	1805	2122	0.35	0.16	0.19	85.09
79	3461	1574	1887	0.31	0.14	0.17	83.42
80-84	**12769**	**5759**	**7011**	**1.14**	**0.51**	**0.63**	**82.14**
80	3585	1667	1918	0.32	0.15	0.17	86.92
81	2782	1268	1514	0.25	0.11	0.14	83.73
82	2375	1070	1305	0.21	0.10	0.12	82.01
83	2353	1026	1327	0.21	0.09	0.12	77.36
84	1674	727	947	0.15	0.07	0.08	76.78
85-89	**5256**	**2104**	**3152**	**0.47**	**0.19**	**0.28**	**66.75**
85	1634	678	956	0.15	0.06	0.09	70.88
86	1165	504	661	0.10	0.05	0.06	76.13
87	967	361	606	0.09	0.03	0.05	59.50
88	827	314	513	0.07	0.03	0.05	61.10
89	662	248	414	0.06	0.02	0.04	59.83
90-94	**1558**	**555**	**1003**	**0.14**	**0.05**	**0.09**	**55.33**
90	524	192	331	0.05	0.02	0.03	58.10
91	390	130	260	0.03	0.01	0.02	49.86
92	287	106	181	0.03	0.01	0.02	58.71
93	234	86	148	0.02	0.01	0.01	58.29
94	124	41	83	0.01		0.01	48.78
95+	**304**	**77**	**227**	**0.03**	**0.01**	**0.02**	**34.05**

2-4 全国城市分年龄、性别的人口数
City Population by Age and Sex

单位：人，% (person,%)

年 龄 Age	人口数 Population			占总人口比重 Percentage to Total Population			性别比 (女=100) Sex Ratio (Famale=100)
	合计 Total	男 Male	女 Female	合计 Total	男 Male	女 Female	
总计 Total	**352379**	**179587**	**172792**	**100.00**	**50.96**	**49.04**	**103.93**
0-4	**15846**	**8478**	**7367**	**4.50**	**2.41**	**2.09**	**115.07**
0	2755	1472	1282	0.78	0.42	0.36	114.82
1	3371	1753	1618	0.96	0.50	0.46	108.32
2	2919	1609	1310	0.83	0.46	0.37	122.83
3	3444	1891	1554	0.98	0.54	0.44	121.70
4	3356	1753	1603	0.95	0.50	0.45	109.34
5-9	**14957**	**8023**	**6934**	**4.24**	**2.28**	**1.97**	**115.71**
5	3185	1681	1504	0.90	0.48	0.43	111.71
6	3088	1660	1427	0.88	0.47	0.41	116.33
7	2840	1516	1324	0.81	0.43	0.38	114.50
8	2944	1624	1320	0.84	0.46	0.37	123.05
9	2901	1542	1358	0.82	0.44	0.39	113.53
10-14	**13887**	**7364**	**6523**	**3.94**	**2.09**	**1.85**	**112.89**
10	2552	1340	1211	0.72	0.38	0.34	110.66
11	2707	1475	1232	0.77	0.42	0.35	119.79
12	2880	1514	1366	0.82	0.43	0.39	110.79
13	2902	1529	1372	0.82	0.43	0.39	111.41
14	2847	1505	1341	0.81	0.43	0.38	112.22
15-19	**21486**	**10833**	**10654**	**6.10**	**3.07**	**3.02**	**101.68**
15	3347	1839	1508	0.95	0.52	0.43	121.89
16	4325	2191	2133	1.23	0.62	0.61	102.74
17	4938	2407	2531	1.40	0.68	0.72	95.12
18	4661	2376	2285	1.32	0.67	0.65	104.01
19	4216	2019	2197	1.20	0.57	0.62	91.89
20-24	**35040**	**18527**	**16512**	**9.94**	**5.26**	**4.69**	**112.20**
20	5976	3103	2874	1.70	0.88	0.82	107.95
21	6460	3363	3097	1.83	0.95	0.88	108.59
22	6491	3427	3064	1.84	0.97	0.87	111.86
23	7967	4228	3739	2.26	1.20	1.06	113.08
24	8145	4407	3739	2.31	1.25	1.06	117.86
25-29	**34655**	**17427**	**17228**	**9.83**	**4.95**	**4.89**	**101.16**
25	7207	3671	3536	2.05	1.04	1.00	103.81
26	7729	3849	3879	2.19	1.09	1.10	99.23
27	6973	3527	3446	1.98	1.00	0.98	102.37
28	6412	3206	3206	1.82	0.91	0.91	100.01
29	6335	3174	3161	1.80	0.90	0.90	100.41

2-4 续表 1 continued

单位：人，%　　(person,%)

年龄 Age	人口数 Population 合计 Total	男 Male	女 Female	占总人口比重 Percentage to Total Population 合计 Total	男 Male	女 Female	性别比 (女=100) Sex Ratio (Famale=100)
30-34	**32776**	**16308**	**16468**	**9.30**	**4.63**	**4.67**	**99.03**
30	6244	3069	3175	1.77	0.87	0.90	96.67
31	7449	3671	3778	2.11	1.04	1.07	97.19
32	6356	3183	3173	1.80	0.90	0.90	100.31
33	6109	3056	3054	1.73	0.87	0.87	100.07
34	6618	3329	3289	1.88	0.94	0.93	101.23
35-39	**30680**	**15650**	**15030**	**8.71**	**4.44**	**4.27**	**104.13**
35	6103	3132	2972	1.73	0.89	0.84	105.39
36	5762	2906	2856	1.64	0.82	0.81	101.77
37	5927	3095	2832	1.68	0.88	0.80	109.29
38	6173	3104	3069	1.75	0.88	0.87	101.16
39	6714	3412	3302	1.91	0.97	0.94	103.35
40-44	**35186**	**18142**	**17044**	**9.99**	**5.15**	**4.84**	**106.44**
40	6944	3535	3409	1.97	1.00	0.97	103.72
41	7157	3701	3456	2.03	1.05	0.98	107.09
42	6909	3629	3280	1.96	1.03	0.93	110.61
43	7644	3950	3694	2.17	1.12	1.05	106.92
44	6533	3327	3205	1.85	0.94	0.91	103.81
45-49	**29396**	**15150**	**14247**	**8.34**	**4.30**	**4.04**	**106.34**
45	6765	3539	3227	1.92	1.00	0.92	109.67
46	5087	2640	2447	1.44	0.75	0.69	107.86
47	5632	2874	2757	1.60	0.82	0.78	104.24
48	5929	3032	2897	1.68	0.86	0.82	104.67
49	5983	3065	2918	1.70	0.87	0.83	105.02
50-54	**22146**	**11490**	**10656**	**6.28**	**3.26**	**3.02**	**107.83**
50	7098	3747	3352	2.01	1.06	0.95	111.80
51	4962	2568	2394	1.41	0.73	0.68	107.30
52	2861	1475	1387	0.81	0.42	0.39	106.33
53	3831	1981	1850	1.09	0.56	0.53	107.03
54	3394	1720	1674	0.96	0.49	0.47	102.77
55-59	**21109**	**10588**	**10521**	**5.99**	**3.00**	**2.99**	**100.63**
55	4199	2148	2051	1.19	0.61	0.58	104.70
56	4499	2241	2258	1.28	0.64	0.64	99.25
57	4093	2052	2041	1.16	0.58	0.58	100.55
58	4166	2086	2080	1.18	0.59	0.59	100.29
59	4151	2061	2091	1.18	0.58	0.59	98.56
60-64	**15757**	**7671**	**8087**	**4.47**	**2.18**	**2.29**	**94.85**
60	3611	1740	1871	1.02	0.49	0.53	93.02
61	3417	1678	1740	0.97	0.48	0.49	96.43
62	3079	1492	1586	0.87	0.42	0.45	94.07
63	2888	1405	1483	0.82	0.40	0.42	94.76
64	2762	1355	1407	0.78	0.38	0.40	96.33

2-4 续表 2 continued

单位：人，% (person,%)

年 龄 Age	人口数 Population			占总人口比重 Percentage to Total Population			性别比 (女=100) Sex Ratio (Famale=100)
	合计 Total	男 Male	女 Female	合计 Total	男 Male	女 Female	
65-69	**10293**	**5002**	**5290**	**2.92**	**1.42**	**1.50**	**94.56**
65	2368	1144	1224	0.67	0.32	0.35	93.44
66	2246	1063	1182	0.64	0.30	0.34	89.90
67	2156	1059	1098	0.61	0.30	0.31	96.48
68	1804	893	912	0.51	0.25	0.26	97.93
69	1718	844	874	0.49	0.24	0.25	96.52
70-74	**7551**	**3596**	**3956**	**2.14**	**1.02**	**1.12**	**90.90**
70	1522	741	780	0.43	0.21	0.22	94.97
71	1608	776	831	0.46	0.22	0.24	93.39
72	1599	751	848	0.45	0.21	0.24	88.59
73	1527	717	810	0.43	0.20	0.23	88.60
74	1296	610	686	0.37	0.17	0.19	88.82
75-79	**6075**	**2793**	**3282**	**1.72**	**0.79**	**0.93**	**85.10**
75	1369	660	709	0.39	0.19	0.20	93.14
76	1275	621	654	0.36	0.18	0.19	94.99
77	1301	559	742	0.37	0.16	0.21	75.36
78	1147	514	633	0.33	0.15	0.18	81.12
79	983	439	544	0.28	0.12	0.15	80.67
80-84	**3637**	**1747**	**1890**	**1.03**	**0.50**	**0.54**	**92.43**
80	1051	520	531	0.30	0.15	0.15	97.92
81	786	373	413	0.22	0.11	0.12	90.40
82	642	300	342	0.18	0.09	0.10	87.85
83	667	312	355	0.19	0.09	0.10	87.69
84	491	242	249	0.14	0.07	0.07	97.17
85-89	**1430**	**616**	**814**	**0.41**	**0.17**	**0.23**	**75.77**
85	437	210	228	0.12	0.06	0.06	92.07
86	319	136	182	0.09	0.04	0.05	74.64
87	272	103	169	0.08	0.03	0.05	60.87
88	219	92	127	0.06	0.03	0.04	72.35
89	183	76	108	0.05	0.02	0.03	70.62
90-94	**382**	**154**	**228**	**0.11**	**0.04**	**0.06**	**67.57**
90	141	59	82	0.04	0.02	0.02	72.38
91	95	30	65	0.03	0.01	0.02	46.71
92	70	29	41	0.02	0.01	0.01	69.03
93	51	23	28	0.01	0.01	0.01	83.61
94	24	12	12	0.01			106.73
95+	**89**	**28**	**61**	**0.03**	**0.01**	**0.02**	**45.02**

2-5 全国镇分年龄、性别的人口数
Town Population by Age and Sex

单位：人，%　　　　(person,%)

年龄 Age	人口数 Population			占总人口比重 Percentage to Total Population			性别比（女=100） Sex Ratio (Famale=100)
	合计 Total	男 Male	女 Female	合计 Total	男 Male	女 Female	
总计 Total	**254184**	**130622**	**123562**	**100.00**	**51.39**	**48.61**	**105.71**
0-4	**14079**	**7642**	**6437**	**5.54**	**3.01**	**2.53**	**118.73**
0	2531	1358	1173	1.00	0.53	0.46	115.79
1	2602	1397	1204	1.02	0.55	0.47	116.01
2	2581	1385	1196	1.02	0.54	0.47	115.80
3	3110	1717	1392	1.22	0.68	0.55	123.36
4	3256	1785	1471	1.28	0.70	0.58	121.32
5-9	**14594**	**7976**	**6618**	**5.74**	**3.14**	**2.60**	**120.52**
5	3098	1673	1425	1.22	0.66	0.56	117.41
6	2867	1517	1350	1.13	0.60	0.53	112.39
7	2961	1626	1335	1.16	0.64	0.53	121.74
8	2793	1590	1203	1.10	0.63	0.47	132.22
9	2875	1570	1305	1.13	0.62	0.51	120.32
10-14	**13825**	**7574**	**6251**	**5.44**	**2.98**	**2.46**	**121.16**
10	2646	1443	1203	1.04	0.57	0.47	119.90
11	2623	1442	1181	1.03	0.57	0.46	122.04
12	2893	1585	1308	1.14	0.62	0.51	121.17
13	2861	1563	1298	1.13	0.61	0.51	120.37
14	2802	1541	1260	1.10	0.61	0.50	122.33
15-19	**16961**	**9234**	**7727**	**6.67**	**3.63**	**3.04**	**119.51**
15	3252	1750	1502	1.28	0.69	0.59	116.49
16	3575	2106	1469	1.41	0.83	0.58	143.32
17	3682	2049	1633	1.45	0.81	0.64	125.46
18	3359	1764	1595	1.32	0.69	0.63	110.56
19	3093	1566	1527	1.22	0.62	0.60	102.54
20-24	**21527**	**11336**	**10191**	**8.47**	**4.46**	**4.01**	**111.24**
20	3906	2054	1852	1.54	0.81	0.73	110.88
21	3699	1968	1732	1.46	0.77	0.68	113.62
22	3910	2143	1767	1.54	0.84	0.70	121.29
23	5038	2620	2418	1.98	1.03	0.95	108.37
24	4974	2552	2422	1.96	1.00	0.95	105.35
25-29	**20957**	**10249**	**10708**	**8.24**	**4.03**	**4.21**	**95.72**
25	4350	2085	2265	1.71	0.82	0.89	92.06
26	4746	2288	2458	1.87	0.90	0.97	93.11
27	4393	2129	2265	1.73	0.84	0.89	94.00
28	3763	1861	1902	1.48	0.73	0.75	97.85
29	3704	1886	1818	1.46	0.74	0.72	103.72

2-5 续表 1 continued

单位：人，% (person,%)

年 龄 Age	人口数 Population			占总人口比重 Percentage to Total Population			性别比 (女=100) Sex Ratio (Famale=100)
	合计 Total	男 Male	女 Female	合计 Total	男 Male	女 Female	
30-34	**19151**	**9616**	**9535**	**7.53**	**3.78**	**3.75**	**100.84**
30	3527	1775	1752	1.39	0.70	0.69	101.31
31	4126	2051	2074	1.62	0.81	0.82	98.89
32	3812	1956	1855	1.50	0.77	0.73	105.47
33	3740	1852	1888	1.47	0.73	0.74	98.06
34	3946	1981	1965	1.55	0.78	0.77	100.78
35-39	**20653**	**10590**	**10063**	**8.13**	**4.17**	**3.96**	**105.23**
35	3793	1943	1850	1.49	0.76	0.73	105.02
36	3612	1883	1728	1.42	0.74	0.68	108.98
37	4263	2183	2080	1.68	0.86	0.82	104.96
38	4366	2210	2156	1.72	0.87	0.85	102.51
39	4620	2370	2250	1.82	0.93	0.88	105.37
40-44	**24866**	**12602**	**12264**	**9.78**	**4.96**	**4.82**	**102.76**
40	4754	2441	2312	1.87	0.96	0.91	105.59
41	4870	2449	2421	1.92	0.96	0.95	101.15
42	4896	2471	2424	1.93	0.97	0.95	101.94
43	5353	2718	2635	2.11	1.07	1.04	103.17
44	4994	2522	2472	1.96	0.99	0.97	102.03
45-49	**23064**	**11733**	**11331**	**9.07**	**4.62**	**4.46**	**103.55**
45	5203	2642	2561	2.05	1.04	1.01	103.16
46	4138	2119	2018	1.63	0.83	0.79	105.00
47	4563	2311	2253	1.80	0.91	0.89	102.57
48	4774	2411	2363	1.88	0.95	0.93	102.01
49	4385	2250	2135	1.73	0.89	0.84	105.36
50-54	**15356**	**7813**	**7542**	**6.04**	**3.07**	**2.97**	**103.59**
50	5103	2534	2569	2.01	1.00	1.01	98.62
51	3639	1872	1767	1.43	0.74	0.70	105.91
52	1959	999	960	0.77	0.39	0.38	103.98
53	2424	1276	1148	0.95	0.50	0.45	111.13
54	2230	1133	1097	0.88	0.45	0.43	103.25
55-59	**15298**	**7653**	**7644**	**6.02**	**3.01**	**3.01**	**100.12**
55	2928	1500	1428	1.15	0.59	0.56	105.07
56	3122	1615	1507	1.23	0.64	0.59	107.14
57	3045	1493	1552	1.20	0.59	0.61	96.25
58	3078	1527	1551	1.21	0.60	0.61	98.43
59	3125	1518	1607	1.23	0.60	0.63	94.49
60-64	**12140**	**6170**	**5970**	**4.78**	**2.43**	**2.35**	**103.35**
60	2767	1425	1342	1.09	0.56	0.53	106.17
61	2713	1370	1343	1.07	0.54	0.53	102.02
62	2340	1194	1146	0.92	0.47	0.45	104.17
63	2253	1130	1123	0.89	0.44	0.44	100.57
64	2067	1051	1015	0.81	0.41	0.40	103.52

2-5 续表 2 continued

单位：人，% (person,%)

年龄 Age	人口数 Population			占总人口比重 Percentage to Total Population			性别比 (女=100) Sex Ratio (Famale=100)
	合计 Total	男 Male	女 Female	合计 Total	男 Male	女 Female	
65-69	**7921**	**3950**	**3971**	**3.12**	**1.55**	**1.56**	**99.45**
65	1822	904	917	0.72	0.36	0.36	98.60
66	1691	838	853	0.67	0.33	0.34	98.30
67	1627	794	833	0.64	0.31	0.33	95.32
68	1455	746	709	0.57	0.29	0.28	105.24
69	1326	667	659	0.52	0.26	0.26	101.13
70-74	**5654**	**2743**	**2911**	**2.22**	**1.08**	**1.15**	**94.25**
70	1204	578	626	0.47	0.23	0.25	92.38
71	1244	619	625	0.49	0.24	0.25	99.05
72	1138	531	607	0.45	0.21	0.24	87.40
73	1108	539	569	0.44	0.21	0.22	94.61
74	960	477	483	0.38	0.19	0.19	98.63
75-79	**4241**	**2039**	**2203**	**1.67**	**0.80**	**0.87**	**92.55**
75	990	465	525	0.39	0.18	0.21	88.49
76	915	458	458	0.36	0.18	0.18	100.09
77	811	385	426	0.32	0.15	0.17	90.34
78	793	373	420	0.31	0.15	0.17	88.85
79	732	358	374	0.29	0.14	0.15	95.68
80-84	**2487**	**1147**	**1340**	**0.98**	**0.45**	**0.53**	**85.66**
80	718	324	394	0.28	0.13	0.16	82.09
81	520	242	278	0.20	0.10	0.11	86.98
82	468	218	250	0.18	0.09	0.10	87.33
83	450	206	244	0.18	0.08	0.10	84.30
84	331	158	173	0.13	0.06	0.07	91.15
85-89	**1030**	**428**	**602**	**0.41**	**0.17**	**0.24**	**71.01**
85	323	131	192	0.13	0.05	0.08	68.48
86	228	104	124	0.09	0.04	0.05	84.37
87	191	76	114	0.07	0.03	0.04	66.77
88	144	57	88	0.06	0.02	0.03	64.56
89	143	59	85	0.06	0.02	0.03	69.65
90-94	**324**	**114**	**209**	**0.13**	**0.04**	**0.08**	**54.59**
90	104	37	67	0.04	0.01	0.03	54.85
91	86	30	55	0.03	0.01	0.02	55.02
92	59	23	35	0.02	0.01	0.01	66.43
93	49	19	30	0.02	0.01	0.01	64.99
94	27	4	22	0.01		0.01	20.14
95+	**56**	**12**	**44**	**0.02**		**0.02**	**27.75**

2-6 全国乡村分年龄、性别的人口数

Rural Population by Age and Sex

单位：人，%　　(person,%)

年　龄 Age	人口数 Population			占总人口比重 Percentage to Total Population			性别比 (女=100) Sex Ratio (Famale=100)
	合计 Total	男 Male	女 Female	合计 Total	男 Male	女 Female	
总计 Total	**511870**	**263219**	**248651**	**100.00**	**51.42**	**48.58**	**105.86**
0-4	**33566**	**18152**	**15414**	**6.56**	**3.55**	**3.01**	**117.77**
0	6445	3511	2935	1.26	0.69	0.57	119.64
1	6066	3255	2811	1.19	0.64	0.55	115.78
2	6215	3289	2926	1.21	0.64	0.57	112.41
3	7285	4008	3277	1.42	0.78	0.64	122.29
4	7554	4090	3465	1.48	0.80	0.68	118.04
5-9	**32895**	**17891**	**15004**	**6.43**	**3.50**	**2.93**	**119.24**
5	6834	3730	3104	1.34	0.73	0.61	120.15
6	6526	3481	3045	1.27	0.68	0.59	114.30
7	6843	3765	3078	1.34	0.74	0.60	122.31
8	6332	3449	2883	1.24	0.67	0.56	119.62
9	6361	3467	2894	1.24	0.68	0.57	119.81
10-14	**29850**	**16203**	**13647**	**5.83**	**3.17**	**2.67**	**118.73**
10	5926	3216	2711	1.16	0.63	0.53	118.63
11	5768	3158	2610	1.13	0.62	0.51	121.01
12	6039	3269	2770	1.18	0.64	0.54	118.03
13	6207	3345	2863	1.21	0.65	0.56	116.84
14	5910	3215	2694	1.15	0.63	0.53	119.34
15-19	**30268**	**16110**	**14157**	**5.91**	**3.15**	**2.77**	**113.79**
15	6609	3541	3069	1.29	0.69	0.60	115.40
16	5991	3299	2692	1.17	0.64	0.53	122.57
17	6125	3214	2910	1.20	0.63	0.57	110.45
18	6101	3104	2997	1.19	0.61	0.59	103.58
19	5442	2952	2490	1.06	0.58	0.49	118.54
20-24	**40839**	**21097**	**19742**	**7.98**	**4.12**	**3.86**	**106.86**
20	6727	3581	3146	1.31	0.70	0.61	113.83
21	6957	3701	3255	1.36	0.72	0.64	113.71
22	7680	3969	3711	1.50	0.78	0.72	106.97
23	10130	5141	4989	1.98	1.00	0.97	103.03
24	9345	4704	4641	1.83	0.92	0.91	101.37
25-29	**37524**	**19016**	**18508**	**7.33**	**3.72**	**3.62**	**102.75**
25	8280	4194	4086	1.62	0.82	0.80	102.64
26	8629	4418	4211	1.69	0.86	0.82	104.92
27	7639	3811	3827	1.49	0.74	0.75	99.59
28	6656	3302	3355	1.30	0.65	0.66	98.42
29	6320	3291	3029	1.23	0.64	0.59	108.66

2-6 续表 1 continued

单位：人，% (person,%)

年龄 Age	人口数 Population 合计 Total	男 Male	女 Female	占总人口比重 Percentage to Total Population 合计 Total	男 Male	女 Female	性别比 (女=100) Sex Ratio (Famale=100)
30-34	**30750**	**16062**	**14688**	**6.01**	**3.14**	**2.87**	**109.36**
30	5938	3085	2853	1.16	0.60	0.56	108.14
31	6707	3585	3121	1.31	0.70	0.61	114.86
32	6104	3217	2887	1.19	0.63	0.56	111.43
33	5919	2992	2927	1.16	0.58	0.57	102.24
34	6082	3182	2899	1.19	0.62	0.57	109.76
35-39	**33000**	**16817**	**16183**	**6.45**	**3.29**	**3.16**	**103.92**
35	5990	3016	2974	1.17	0.59	0.58	101.39
36	5750	2925	2825	1.12	0.57	0.55	103.56
37	6700	3522	3178	1.31	0.69	0.62	110.85
38	6760	3517	3243	1.32	0.69	0.63	108.43
39	7800	3837	3963	1.52	0.75	0.77	96.81
40-44	**43718**	**22273**	**21445**	**8.54**	**4.35**	**4.19**	**103.86**
40	7957	4128	3829	1.55	0.81	0.75	107.81
41	8353	4182	4171	1.63	0.82	0.81	100.25
42	8674	4502	4172	1.69	0.88	0.82	107.92
43	9574	4849	4725	1.87	0.95	0.92	102.62
44	9160	4612	4547	1.79	0.90	0.89	101.42
45-49	**45668**	**23001**	**22667**	**8.92**	**4.49**	**4.43**	**101.47**
45	10025	5026	4999	1.96	0.98	0.98	100.54
46	8251	4165	4085	1.61	0.81	0.80	101.96
47	9314	4698	4616	1.82	0.92	0.90	101.79
48	9236	4634	4602	1.80	0.91	0.90	100.69
49	8842	4477	4365	1.73	0.87	0.85	102.57
50-54	**32031**	**16052**	**15980**	**6.26**	**3.14**	**3.12**	**100.45**
50	9860	4991	4869	1.93	0.98	0.95	102.50
51	7820	3877	3944	1.53	0.76	0.77	98.30
52	4207	2034	2173	0.82	0.40	0.42	93.59
53	5332	2645	2687	1.04	0.52	0.52	98.47
54	4812	2504	2307	0.94	0.49	0.45	108.55
55-59	**34312**	**17651**	**16661**	**6.70**	**3.45**	**3.25**	**105.94**
55	6285	3284	3001	1.23	0.64	0.59	109.43
56	7153	3707	3446	1.40	0.72	0.67	107.59
57	6840	3563	3277	1.34	0.70	0.64	108.72
58	6939	3497	3442	1.36	0.68	0.67	101.59
59	7095	3600	3495	1.39	0.70	0.68	103.00
60-64	**30358**	**15389**	**14969**	**5.93**	**3.01**	**2.92**	**102.81**
60	6583	3342	3241	1.29	0.65	0.63	103.10
61	6871	3443	3429	1.34	0.67	0.67	100.41
62	5870	2936	2935	1.15	0.57	0.57	100.03
63	5575	2888	2687	1.09	0.56	0.53	107.46
64	5458	2781	2677	1.07	0.54	0.52	103.91

2-6 续表 2 continued

单位：人，% (person,%)

年 龄 Age	人口数 Population			占总人口比重 Percentage to Total Population			性别比 (女=100) Sex Ratio (Famale=100)
	合计 Total	男 Male	女 Female	合计 Total	男 Male	女 Female	
65-69	**21002**	**10625**	**10377**	**4.10**	**2.08**	**2.03**	**102.39**
65	4822	2456	2366	0.94	0.48	0.46	103.82
66	4486	2321	2165	0.88	0.45	0.42	107.19
67	4318	2152	2166	0.84	0.42	0.42	99.35
68	3791	1840	1952	0.74	0.36	0.38	94.26
69	3585	1857	1729	0.70	0.36	0.34	107.41
70-74	**14699**	**7409**	**7290**	**2.87**	**1.45**	**1.42**	**101.63**
70	3339	1692	1647	0.65	0.33	0.32	102.77
71	3086	1568	1518	0.60	0.31	0.30	103.29
72	3118	1588	1530	0.61	0.31	0.30	103.76
73	2853	1440	1412	0.56	0.28	0.28	101.98
74	2304	1121	1183	0.45	0.22	0.23	94.74
75-79	**10937**	**5222**	**5714**	**2.14**	**1.02**	**1.12**	**91.39**
75	2715	1331	1384	0.53	0.26	0.27	96.19
76	2267	1122	1145	0.44	0.22	0.22	98.06
77	2223	1073	1149	0.43	0.21	0.22	93.42
78	1987	919	1068	0.39	0.18	0.21	85.98
79	1746	777	968	0.34	0.15	0.19	80.24
80-84	**6645**	**2864**	**3781**	**1.30**	**0.56**	**0.74**	**75.74**
80	1817	824	993	0.35	0.16	0.19	82.96
81	1476	653	823	0.29	0.13	0.16	79.28
82	1265	552	713	0.25	0.11	0.14	77.35
83	1236	509	727	0.24	0.10	0.14	69.98
84	852	327	525	0.17	0.06	0.10	62.35
85-89	**2796**	**1060**	**1736**	**0.55**	**0.21**	**0.34**	**61.04**
85	874	337	537	0.17	0.07	0.10	62.75
86	618	263	355	0.12	0.05	0.07	74.02
87	505	182	323	0.10	0.04	0.06	56.22
88	464	165	299	0.09	0.03	0.06	55.31
89	335	113	222	0.07	0.02	0.04	50.87
90-94	**853**	**287**	**566**	**0.17**	**0.06**	**0.11**	**50.67**
90	279	97	182	0.05	0.02	0.04	52.89
91	209	69	140	0.04	0.01	0.03	49.29
92	158	54	104	0.03	0.01	0.02	51.99
93	134	43	90	0.03	0.01	0.02	48.21
94	74	24	50	0.01		0.01	48.12
95+	**159**	**37**	**121**	**0.03**	**0.01**	**0.02**	**30.79**

2-7 各地区人口年龄构成和抚养比

Age Composition and Dependency Ratio of Population by Region

地 区	Region	人口数 (人) Population (person)	0-14岁 Aged 0-14	15-64岁 Aged 15-64	65岁及以上 Aged 65 and Over	总抚养比 (%) Gross Dependency Ratio (%)	少儿抚养比 Children Dependency Ratio	老年抚养比 Old Dependency Ratio
全 国	**National Total**	**1118433**	**183498**	**826674**	**108261**	**35.29**	**22.20**	**13.10**
北 京	Beijing	17454	1732	14225	1498	22.70	12.17	10.53
天 津	Tianjin	12150	1359	9399	1392	29.27	14.46	14.81
河 北	Hebei	60517	10772	44198	5547	36.92	24.37	12.55
山 西	Shanxi	29957	4710	22860	2388	31.05	20.61	10.45
内蒙古	Inner Mongolia	20613	2831	16020	1762	28.67	17.67	11.00
辽 宁	Liaoning	36231	3774	28756	3701	25.99	13.13	12.87
吉 林	Jilin	22707	2669	17844	2193	27.25	14.96	12.29
黑龙江	Heilongjiang	31651	3792	25029	2830	26.46	15.15	11.31
上 海	Shanghai	19932	1866	15945	2121	25.01	11.71	13.30
江 苏	Jiangsu	65526	8733	48762	8030	34.38	17.91	16.47
浙 江	Zhejiang	45376	5417	35785	4174	26.80	15.14	11.66
安 徽	Anhui	49765	9186	35337	5241	40.83	26.00	14.83
福 建	Fujian	31148	5249	23355	2543	33.37	22.48	10.89
江 西	Jiangxi	37321	7353	26608	3360	40.26	27.63	12.63
山 东	Shandong	80331	12432	59077	8822	35.98	21.04	14.93
河 南	Henan	77688	16133	54620	6935	42.23	29.54	12.70
湖 北	Hubei	47860	7153	35966	4741	33.07	19.89	13.18
湖 南	Hunan	55219	10088	39294	5837	40.53	25.67	14.85
广 东	Guangdong	87847	14653	66830	6364	31.45	21.93	9.52
广 西	Guangxi	38947	8361	26966	3620	44.43	31.01	13.42
海 南	Hainan	7389	1385	5402	602	36.79	25.64	11.15
重 庆	Chongqing	24512	3824	17440	3247	40.55	21.93	18.62
四 川	Sichuan	66904	11073	47295	8536	41.46	23.41	18.05
贵 州	Guizhou	28905	6385	19838	2682	45.70	32.19	13.52
云 南	Yunnan	38680	7745	27835	3099	38.96	27.83	11.13
西 藏	Tibet	2575	599	1843	133	39.73	32.50	7.23
陕 西	Shaanxi	31063	4685	23324	3053	33.18	20.09	13.09
甘 肃	Gansu	21311	3603	15813	1895	34.77	22.78	11.98
青 海	Qinghai	4769	948	3479	341	37.06	27.24	9.81
宁 夏	Ningxia	5399	1093	3924	382	37.59	27.86	9.72
新 疆	Xinjiang	18688	3893	13605	1190	37.36	28.61	8.75

2-8 各地区城市人口年龄构成和抚养比

Age Composition and Dependency Ratio of City Population by Region

地 区	Region	人口数（人）Population (person)	0-14岁 Aged 0-14	15-64岁 Aged 15-64	65岁及以上 Aged 65 and Over	总抚养比 (%) Gross Dependency Ratio (%)	少儿抚养比 Children Dependency Ratio	老年抚养比 Old Dependency Ratio
全 国	**National Total**	**352379**	**44689**	**278233**	**29457**	**26.65**	**16.06**	**10.59**
北 京	Beijing	14252	1408	11703	1141	21.78	12.03	9.75
天 津	Tianjin	8100	782	6308	1010	28.41	12.39	16.02
河 北	Hebei	11794	1716	9078	1000	29.92	18.90	11.02
山 西	Shanxi	10239	1692	7891	656	29.75	21.44	8.32
内蒙古	Inner Mongolia	7673	1056	5931	687	29.39	17.80	11.59
辽 宁	Liaoning	19908	1870	16211	1827	22.80	11.53	11.27
吉 林	Jilin	8491	799	6786	906	25.13	11.78	13.35
黑龙江	Heilongjiang	12185	1216	9701	1267	25.60	12.54	13.06
上 海	Shanghai	15480	1430	12493	1556	23.91	11.45	12.46
江 苏	Jiangsu	27137	3119	21351	2667	27.10	14.61	12.49
浙 江	Zhejiang	17035	1845	14144	1046	20.43	13.04	7.39
安 徽	Anhui	10553	1522	8199	832	28.71	18.56	10.15
福 建	Fujian	10752	1665	8447	640	27.28	19.71	7.57
江 西	Jiangxi	7061	1026	5232	803	34.96	19.61	15.35
山 东	Shandong	25756	3778	19672	2306	30.93	19.21	11.72
河 南	Henan	14835	2408	11288	1139	31.42	21.33	10.09
湖 北	Hubei	16049	1977	12809	1263	25.29	15.44	9.86
湖 南	Hunan	11247	1822	8323	1102	35.14	21.90	13.24
广 东	Guangdong	39554	4676	32969	1909	19.98	14.18	5.79
广 西	Guangxi	8704	1408	6605	691	31.78	21.31	10.47
海 南	Hainan	1465	221	1155	89	26.85	19.18	7.67
重 庆	Chongqing	5966	655	4714	598	26.57	13.89	12.68
四 川	Sichuan	15099	1796	11751	1552	28.49	15.29	13.20
贵 州	Guizhou	4614	548	3580	487	28.91	15.30	13.61
云 南	Yunnan	7708	1100	5910	698	30.42	18.61	11.81
西 藏	Tibet	236	23	203	10	16.33	11.26	5.07
陕 西	Shaanxi	6563	949	5160	455	27.19	18.38	8.81
甘 肃	Gansu	4113	582	3157	374	30.29	18.44	11.85
青 海	Qinghai	1185	158	892	136	32.92	17.69	15.24
宁 夏	Ningxia	2019	341	1531	146	31.84	22.28	9.56
新 疆	Xinjiang	6606	1102	5040	463	31.06	21.87	9.19

2-9 各地区镇人口年龄构成和抚养比
Age Composition and Dependency Ratio of Town Population by Region

地 区	Region	人口数(人) Population (person)	0-14岁 Aged 0-14	15-64岁 Aged 15-64	65岁及以上 Aged 65 and Over	总抚养比(%) Gross Dependency Ratio (%)	少儿抚养比 Children Dependency Ratio	老年抚养比 Old Dependency Ratio
全 国	**National Total**	**254184**	**42498**	**189973**	**21713**	**33.80**	**22.37**	**11.43**
北 京	Beijing	812	93	660	60	23.13	14.08	9.05
天 津	Tianjin	1864	232	1467	164	27.05	15.84	11.21
河 北	Hebei	17328	3248	12796	1283	35.41	25.38	10.03
山 西	Shanxi	5507	924	4159	424	32.39	22.21	10.19
内蒙古	Inner Mongolia	4429	738	3410	282	29.90	21.64	8.26
辽 宁	Liaoning	4169	437	3220	512	29.49	13.58	15.91
吉 林	Jilin	3816	469	2987	359	27.74	15.71	12.03
黑龙江	Heilongjiang	5983	751	4780	451	25.15	15.71	9.44
上 海	Shanghai	2380	247	2014	119	18.15	12.25	5.90
江 苏	Jiangsu	14872	2130	10870	1872	36.82	19.59	17.22
浙 江	Zhejiang	12007	1504	9639	865	24.57	15.60	8.97
安 徽	Anhui	13264	2235	9927	1102	33.62	22.51	11.10
福 建	Fujian	8177	1484	6166	527	32.62	24.06	8.55
江 西	Jiangxi	11178	2019	8306	852	34.57	24.31	10.26
山 东	Shandong	17421	2817	12884	1721	35.22	21.86	13.36
河 南	Henan	19192	3604	14168	1421	35.47	25.44	10.03
湖 北	Hubei	10040	1598	7504	938	33.80	21.29	12.50
湖 南	Hunan	15236	2753	11045	1438	37.95	24.93	13.02
广 东	Guangdong	19971	3552	14730	1689	35.59	24.12	11.47
广 西	Guangxi	8749	1749	6274	725	39.45	27.88	11.56
海 南	Hainan	2433	434	1788	212	36.11	24.26	11.85
重 庆	Chongqing	8335	1270	6301	764	32.27	20.15	12.12
四 川	Sichuan	14942	2022	11525	1395	29.65	17.54	12.10
贵 州	Guizhou	6322	1431	4524	366	39.74	31.64	8.10
云 南	Yunnan	7949	1668	5678	603	39.99	29.37	10.62
西 藏	Tibet	376	83	276	17	36.28	29.96	6.32
陕 西	Shaanxi	9376	1526	6900	949	35.88	22.12	13.76
甘 肃	Gansu	4438	747	3349	343	32.53	22.30	10.23
青 海	Qinghai	1128	243	829	55	35.98	29.36	6.62
宁 夏	Ningxia	790	181	568	41	38.92	31.76	7.15
新 疆	Xinjiang	1704	310	1231	163	38.40	25.17	13.23

2-10 各地区乡村人口年龄构成和抚养比

Age Composition and Dependency Ratio of Rural Population by Region

地 区	Region	人口数(人) Population (person)	0-14岁 Aged 0-14	15-64岁 Aged 15-64	65岁及以上 Aged 65 and Over	总抚养比(%) Gross Dependency Ratio (%)	少儿抚养比 Children Dependency Ratio	老年抚养比 Old Dependency Ratio
全 国	**National Total**	**511870**	**96311**	**358468**	**57091**	**42.79**	**26.87**	**15.93**
北 京	Beijing	2390	231	1862	297	28.36	12.39	15.98
天 津	Tianjin	2186	345	1624	217	34.62	21.24	13.38
河 北	Hebei	31396	5808	22324	3263	40.63	26.02	14.62
山 西	Shanxi	14211	2095	10809	1308	31.48	19.38	12.10
内蒙古	Inner Mongolia	8511	1037	6680	794	27.41	15.53	11.88
辽 宁	Liaoning	12154	1467	9325	1362	30.33	15.73	14.60
吉 林	Jilin	10400	1401	8072	928	28.85	17.35	11.49
黑龙江	Heilongjiang	13483	1824	10547	1112	27.84	17.30	10.54
上 海	Shanghai	2072	189	1437	446	44.17	13.17	31.00
江 苏	Jiangsu	23517	3485	16541	3491	42.17	21.07	21.11
浙 江	Zhejiang	16335	2069	12002	2264	36.10	17.24	18.86
安 徽	Anhui	25947	5430	17211	3307	50.76	31.55	19.21
福 建	Fujian	12219	2101	8742	1376	39.77	24.03	15.74
江 西	Jiangxi	19082	4308	13070	1705	46.00	32.96	13.04
山 东	Shandong	37153	5837	26520	4795	40.09	22.01	18.08
河 南	Henan	43660	10121	29164	4375	49.71	34.70	15.00
湖 北	Hubei	21772	3578	15653	2540	39.08	22.86	16.23
湖 南	Hunan	28736	5512	19927	3297	44.21	27.66	16.54
广 东	Guangdong	28322	6424	19132	2765	48.03	33.58	14.45
广 西	Guangxi	21494	5204	14087	2203	52.58	36.94	15.64
海 南	Hainan	3491	730	2459	302	41.95	29.67	12.28
重 庆	Chongqing	10211	1900	6426	1886	58.92	29.57	29.35
四 川	Sichuan	36864	7255	24019	5590	53.48	30.21	23.27
贵 州	Guizhou	17968	4406	11735	1828	53.12	37.55	15.58
云 南	Yunnan	23022	4977	16246	1799	41.71	30.64	11.07
西 藏	Tibet	1964	494	1365	106	43.91	36.16	7.74
陕 西	Shaanxi	15123	2211	11264	1649	34.26	19.62	14.64
甘 肃	Gansu	12760	2274	9308	1178	37.09	24.43	12.66
青 海	Qinghai	2455	547	1758	151	39.66	31.09	8.57
宁 夏	Ningxia	2591	572	1825	194	41.99	31.34	10.66
新 疆	Xinjiang	10378	2481	7334	564	41.51	33.82	7.69

2-11 各地区户数、人口数、性别比和平均家庭户规模
Households, Population, Sex Ratio and Household Size by Region

地区	Region	户数 (户) Number of Households (households)	家庭户 Family Household	集体户 Collective Household	人口数 (人) Population (person)	男 Male	女 Female	性别比 (女=100) Sex Ratio (Female=100)
全国	**National Total**	**371789**	**362031**	**9758**	**1118433**	**573428**	**545005**	**105.22**
北京	Beijing	6166	5439	727	17454	9047	8407	107.62
天津	Tianjin	4515	4406	109	12150	6040	6109	98.87
河北	Hebei	19036	18922	114	60517	31069	29449	105.50
山西	Shanxi	9903	9757	146	29957	15381	14576	105.52
内蒙古	Inner Mongolia	7521	7420	101	20613	10699	9914	107.91
辽宁	Liaoning	13106	12706	400	36231	18292	17939	101.97
吉林	Jilin	8206	8185	21	22707	11696	11010	106.23
黑龙江	Heilongjiang	11554	11535	19	31651	16055	15596	102.94
上海	Shanghai	8377	7965	412	19932	10268	9664	106.24
江苏	Jiangsu	22008	21350	658	65526	32754	32772	99.94
浙江	Zhejiang	17034	15657	1377	45376	23512	21864	107.54
安徽	Anhui	16155	15835	320	49765	25383	24382	104.11
福建	Fujian	11340	10879	462	31148	16165	14982	107.89
江西	Jiangxi	10730	10607	123	37321	19423	17898	108.52
山东	Shandong	28638	28477	161	80331	40928	39403	103.87
河南	Henan	23644	23446	198	77688	39055	38633	101.09
湖北	Hubei	15907	15690	217	47860	24322	23538	103.33
湖南	Hunan	16935	16753	182	55219	28374	26845	105.70
广东	Guangdong	27050	24828	2223	87847	46183	41665	110.84
广西	Guangxi	11809	11559	251	38947	20352	18595	109.44
海南	Hainan	2060	1991	69	7389	3899	3490	111.71
重庆	Chongqing	9071	8771	300	24512	12494	12018	103.96
四川	Sichuan	24136	23612	524	66904	34111	32793	104.02
贵州	Guizhou	9296	9099	197	28905	14944	13960	107.05
云南	Yunnan	11739	11606	133	38680	20044	18635	107.56
西藏	Tibet	636	632	4	2575	1308	1267	103.23
陕西	Shaanxi	10203	10032	171	31063	15912	15151	105.02
甘肃	Gansu	6280	6222	57	21311	10948	10363	105.64
青海	Qinghai	1414	1394	20	4769	2429	2339	103.85
宁夏	Ningxia	1684	1675	10	5399	2757	2642	104.32
新疆	Xinjiang	5634	5583	51	18688	9583	9105	105.25

2-11 续表 continued

地 区	Region	家庭户人口数（人）Family Household Population (person)	男 Male	女 Female	家庭户人口性别比（女=100）Sex Ratio (Female=100)	集体户人口数（人）Collective Household Population (person)	男 Male	女 Female	平均家庭户规模（人/户）Average Family Size (person/household)
全 国	**National Total**	**1077642**	**550008**	**527634**	**104.24**	**40791**	**23420**	**17371**	**2.98**
北 京	Beijing	14170	6988	7182	97.30	3284	2059	1225	2.61
天 津	Tianjin	11744	5959	5785	103.01	405	81	324	2.67
河 北	Hebei	59922	30752	29170	105.42	595	317	278	3.17
山 西	Shanxi	29389	15018	14371	104.50	569	363	205	3.01
内蒙古	Inner Mongolia	20325	10484	9841	106.54	288	215	74	2.74
辽 宁	Liaoning	34620	17843	16777	106.36	1611	449	1162	2.72
吉 林	Jilin	22639	11650	10990	106.00	67	47	20	2.77
黑龙江	Heilongjiang	31581	16025	15556	103.02	70	29	40	2.74
上 海	Shanghai	18725	9557	9167	104.26	1207	710	497	2.35
江 苏	Jiangsu	62891	31402	31488	99.73	2635	1351	1284	2.95
浙 江	Zhejiang	39733	20361	19372	105.11	5643	3152	2492	2.54
安 徽	Anhui	48036	24761	23275	106.39	1729	622	1107	3.03
福 建	Fujian	29612	15331	14281	107.35	1535	834	701	2.72
江 西	Jiangxi	36298	18485	17813	103.77	1023	938	85	3.42
山 东	Shandong	79775	40609	39166	103.69	556	318	237	2.80
河 南	Henan	76916	38373	38543	99.56	772	682	90	3.28
湖 北	Hubei	46196	23453	22742	103.13	1665	869	796	2.94
湖 南	Hunan	54501	27910	26591	104.96	718	464	254	3.25
广 东	Guangdong	78242	40514	37728	107.39	9605	5668	3937	3.15
广 西	Guangxi	38265	19967	18298	109.12	682	385	298	3.31
海 南	Hainan	7017	3707	3310	112.00	372	192	180	3.52
重 庆	Chongqing	23315	11843	11472	103.24	1197	651	546	2.66
四 川	Sichuan	65186	32826	32361	101.44	1718	1286	432	2.76
贵 州	Guizhou	27970	14501	13469	107.67	935	443	491	3.07
云 南	Yunnan	38077	19616	18461	106.26	602	428	175	3.28
西 藏	Tibet	2562	1300	1262	102.98	14	8	5	4.05
陕 西	Shaanxi	30584	15609	14975	104.23	478	303	175	3.05
甘 肃	Gansu	20862	10673	10189	104.76	449	275	174	3.35
青 海	Qinghai	4693	2380	2313	102.88	75	49	26	3.37
宁 夏	Ningxia	5361	2726	2635	103.45	38	31	8	3.20
新 疆	Xinjiang	18435	9382	9053	103.63	253	201	52	3.30

2-12 各地区城市户数、人口数、性别比和平均家庭户规模
Households, Population, Sex Ratio and Household Size of Cities by Region

地区	Region	户数(户) Number of Households (households)	家庭户 Family Household	集体户 Collective Household	人口数(人) Population (person)	男 Male	女 Female	性别比(女=100) Sex Ratio (Female=100)
全国	**National Total**	**126891**	**120075**	**6816**	**352379**	**179587**	**172792**	**103.93**
北京	Beijing	5047	4347	699	14252	7420	6832	108.61
天津	Tianjin	3145	3054	91	8100	3964	4136	95.84
河北	Hebei	4039	3994	45	11794	5870	5924	99.10
山西	Shanxi	3597	3513	84	10239	5066	5173	97.94
内蒙古	Inner Mongolia	2919	2867	52	7673	3918	3756	104.31
辽宁	Liaoning	7550	7155	395	19908	9748	10160	95.94
吉林	Jilin	3456	3448	8	8491	4250	4241	100.22
黑龙江	Heilongjiang	4885	4870	15	12185	6071	6114	99.30
上海	Shanghai	6489	6263	225	15480	7901	7579	104.25
江苏	Jiangsu	9306	8749	558	27137	13755	13382	102.79
浙江	Zhejiang	6109	5304	806	17035	9116	7918	115.13
安徽	Anhui	3738	3478	259	10553	5239	5314	98.60
福建	Fujian	4017	3793	224	10752	5417	5335	101.53
江西	Jiangxi	2429	2372	57	7061	3556	3505	101.44
山东	Shandong	9371	9245	126	25756	13181	12576	104.81
河南	Henan	4824	4636	188	14835	7553	7282	103.72
湖北	Hubei	5434	5278	157	16049	8034	8015	100.24
湖南	Hunan	3834	3703	131	11247	5664	5583	101.45
广东	Guangdong	13290	11359	1931	39554	21346	18208	117.23
广西	Guangxi	2831	2766	64	8704	4432	4272	103.74
海南	Hainan	418	378	40	1465	746	719	103.70
重庆	Chongqing	2161	2028	133	5966	3135	2831	110.76
四川	Sichuan	5790	5700	90	15099	7650	7449	102.71
贵州	Guizhou	1663	1522	141	4614	2075	2539	81.74
云南	Yunnan	2859	2786	74	7708	3926	3782	103.80
西藏	Tibet	84	81	3	236	127	109	116.24
陕西	Shaanxi	2496	2353	143	6563	3311	3252	101.80
甘肃	Gansu	1571	1558	13	4113	2063	2050	100.60
青海	Qinghai	441	428	13	1185	594	592	100.31
宁夏	Ningxia	729	724	5	2019	1024	994	103.02
新疆	Xinjiang	2368	2323	45	6606	3436	3170	108.37

2-12 续表 continued

地 区	Region	家庭户人口数(人) Family Household Population (person)	男 Male	女 Female	家庭户人口性别比(女=100) Sex Ratio (Female=100)	集体户人口数(人) Collective Household Population (person)	男 Male	女 Female	平均家庭户规模(人/户) Average Family Size (person/household)
全 国	**National Total**	**324886**	**164594**	**160292**	**102.68**	**27493**	**14993**	**12499**	**2.71**
北 京	Beijing	11085	5444	5641	96.50	3167	1976	1190	2.55
天 津	Tianjin	7765	3898	3867	100.81	334	66	269	2.54
河 北	Hebei	11651	5815	5836	99.64	143	55	87	2.92
山 西	Shanxi	9924	4920	5004	98.33	315	146	169	2.83
内蒙古	Inner Mongolia	7548	3813	3735	102.09	125	104	21	2.63
辽 宁	Liaoning	18365	9349	9016	103.70	1543	398	1144	2.57
吉 林	Jilin	8470	4239	4230	100.21	21	11	10	2.46
黑龙江	Heilongjiang	12132	6052	6080	99.54	52	19	34	2.49
上 海	Shanghai	14780	7480	7300	102.46	700	421	279	2.36
江 苏	Jiangsu	24923	12590	12334	102.08	2214	1165	1048	2.85
浙 江	Zhejiang	13308	6922	6386	108.40	3727	2194	1532	2.51
安 徽	Anhui	9816	5104	4711	108.35	738	135	603	2.82
福 建	Fujian	10016	5198	4818	107.90	736	219	517	2.64
江 西	Jiangxi	6801	3337	3465	96.31	259	219	40	2.87
山 东	Shandong	25344	12949	12395	104.47	412	231	181	2.74
河 南	Henan	14121	6916	7204	96.00	714	636	78	3.05
湖 北	Hubei	14753	7408	7346	100.84	1295	626	669	2.80
湖 南	Hunan	10841	5418	5423	99.91	406	246	160	2.93
广 东	Guangdong	31547	16672	14875	112.08	8007	4674	3333	2.78
广 西	Guangxi	8447	4276	4171	102.52	257	156	101	3.05
海 南	Hainan	1203	623	581	107.22	261	123	138	3.18
重 庆	Chongqing	5592	2865	2727	105.06	374	270	104	2.76
四 川	Sichuan	14784	7411	7373	100.52	315	239	76	2.59
贵 州	Guizhou	4129	2054	2075	98.97	485	21	464	2.71
云 南	Yunnan	7473	3738	3734	100.10	236	188	48	2.68
西 藏	Tibet	227	120	107	112.53	9	6	2	2.81
陕 西	Shaanxi	6255	3128	3127	100.03	309	183	126	2.66
甘 肃	Gansu	4069	2025	2044	99.09	44	38	7	2.61
青 海	Qinghai	1145	572	572	100.01	41	21	19	2.68
宁 夏	Ningxia	1994	1004	990	101.41	24	20	4	2.76
新 疆	Xinjiang	6378	3253	3125	104.08	228	183	45	2.75

2-13 各地区镇的户数、人口数、性别比和平均家庭户规模

Households, Population, Sex Ratio and Household Size of Towns by Region

地　区	Region	户　数 (户) Number of Households (households)	家庭户 Family Household	集体户 Collective Household	人口数 (人) Population (person)	男 Male	女 Female	性别比 (女=100) Sex Ratio (Female=100)
全　国	**National Total**	**82578**	**80652**	**1925**	**254184**	**130622**	**123562**	**105.71**
北　京	Beijing	288	283	5	812	402	411	97.83
天　津	Tianjin	665	647	18	1864	954	909	104.95
河　北	Hebei	5157	5098	60	17328	9012	8315	108.38
山　西	Shanxi	1745	1743	2	5507	2787	2720	102.48
内蒙古	Inner Mongolia	1547	1519	28	4429	2282	2147	106.33
辽　宁	Liaoning	1578	1577	1	4169	2221	1948	114.02
吉　林	Jilin	1420	1419	1	3816	1959	1857	105.51
黑龙江	Heilongjiang	2264	2263	2	5983	3020	2963	101.91
上　海	Shanghai	1055	1017	39	2380	1302	1078	120.79
江　苏	Jiangsu	4918	4860	58	14872	7287	7584	96.08
浙　江	Zhejiang	4545	4147	399	12007	6022	5985	100.63
安　徽	Anhui	3969	3920	49	13264	6936	6329	109.60
福　建	Fujian	2922	2817	106	8177	4345	3832	113.40
江　西	Jiangxi	3136	3074	63	11178	5949	5229	113.76
山　东	Shandong	6149	6126	23	17421	8824	8598	102.63
河　南	Henan	5507	5498	10	19192	9618	9574	100.45
湖　北	Hubei	3225	3187	39	10040	5058	4982	101.54
湖　南	Hunan	4682	4645	36	15236	7810	7426	105.18
广　东	Guangdong	5883	5681	203	19971	10432	9539	109.36
广　西	Guangxi	2646	2462	184	8749	4571	4178	109.42
海　南	Hainan	703	674	29	2433	1295	1138	113.85
重　庆	Chongqing	2926	2816	110	8335	4197	4138	101.43
四　川	Sichuan	5406	5082	324	14942	7696	7246	106.20
贵　州	Guizhou	2022	1978	44	6322	3455	2867	120.49
云　南	Yunnan	2538	2512	26	7949	4093	3856	106.15
西　藏	Tibet	107	107		376	196	179	109.45
陕　西	Shaanxi	3072	3049	24	9376	4801	4574	104.97
甘　肃	Gansu	1345	1304	41	4438	2279	2160	105.51
青　海	Qinghai	344	342	3	1128	566	562	100.80
宁　夏	Ningxia	238	237		790	401	389	103.07
新　疆	Xinjiang	573	570	4	1704	851	853	99.76

2-13 续表 continued

地 区	Region	家庭户人口数(人) Family Household Population (person)	男 Male	女 Female	家庭户人口性别比(女=100) Sex Ratio (Female=100)	集体户人口数(人) Collective Household Population (person)	男 Male	女 Female	平均家庭户规模(人/户) Average Family Size (person/household)
全 国	**National Total**	**244466**	**124807**	**119660**	**104.30**	**9718**	**5815**	**3903**	**3.03**
北 京	Beijing	795	388	407	95.45	17	13	4	2.81
天 津	Tianjin	1793	939	854	109.89	71	16	55	2.77
河 北	Hebei	16937	8795	8142	108.02	391	217	174	3.32
山 西	Shanxi	5489	2777	2712	102.38	18	10	7	3.15
内蒙古	Inner Mongolia	4320	2220	2100	105.76	109	62	47	2.84
辽 宁	Liaoning	4165	2217	1948	113.79	4	4		2.64
吉 林	Jilin	3815	1959	1856	105.56	1		1	2.69
黑龙江	Heilongjiang	5981	3019	2962	101.90	2	1	1	2.64
上 海	Shanghai	2258	1198	1060	113.01	122	104	18	2.22
江 苏	Jiangsu	14595	7196	7400	97.25	276	91	185	3.00
浙 江	Zhejiang	10646	5517	5129	107.58	1361	505	856	2.57
安 徽	Anhui	12400	6547	5854	111.84	864	389	475	3.16
福 建	Fujian	7842	4098	3745	109.43	334	247	87	2.78
江 西	Jiangxi	10418	5233	5185	100.94	760	715	45	3.39
山 东	Shandong	17319	8764	8555	102.45	102	60	43	2.83
河 南	Henan	19135	9573	9562	100.11	57	45	12	3.48
湖 北	Hubei	9781	4894	4887	100.14	259	165	95	3.07
湖 南	Hunan	15080	7699	7381	104.31	156	111	45	3.25
广 东	Guangdong	18685	9668	9017	107.22	1286	764	522	3.29
广 西	Guangxi	8341	4355	3987	109.22	407	216	191	3.39
海 南	Hainan	2327	1229	1098	111.97	106	66	40	3.45
重 庆	Chongqing	7656	3876	3780	102.54	679	321	358	2.72
四 川	Sichuan	13740	6824	6916	98.67	1202	871	330	2.70
贵 州	Guizhou	5910	3059	2851	107.28	412	396	16	2.99
云 南	Yunnan	7782	4003	3778	105.96	167	90	78	3.10
西 藏	Tibet	376	196	179	109.45				3.52
陕 西	Shaanxi	9223	4695	4529	103.66	152	107	45	3.03
甘 肃	Gansu	4061	2069	1993	103.81	377	210	167	3.11
青 海	Qinghai	1116	559	558	100.16	11	8	4	3.27
宁 夏	Ningxia	789	400	389	102.93	1	1		3.32
新 疆	Xinjiang	1691	842	848	99.27	13	9	5	2.97

2-14 各地区乡村户数、人口数、性别比和平均家庭户规模

Households, Population, Sex Ratio and Household Size of Rural Areas by Region

地 区	Region	户 数 (户) Number of Households (households)	家庭户 Family Household	集体户 Collective Household	人口数 (人) Population (person)	男 Male	女 Female	性别比 (女=100) Sex Ratio (Female=100)
全 国	**National Total**	**162321**	**161304**	**1017**	**511870**	**263219**	**248651**	**105.86**
北 京	Beijing	831	808	23	2390	1225	1164	105.24
天 津	Tianjin	705	705		2186	1122	1064	105.47
河 北	Hebei	9840	9830	9	31396	16186	15210	106.42
山 西	Shanxi	4562	4502	60	14211	7528	6683	112.63
内蒙古	Inner Mongolia	3055	3034	21	8511	4499	4012	112.13
辽 宁	Liaoning	3978	3974	5	12154	6324	5830	108.46
吉 林	Jilin	3331	3318	13	10400	5487	4913	111.69
黑龙江	Heilongjiang	4405	4402	3	13483	6964	6519	106.83
上 海	Shanghai	834	686	148	2072	1065	1007	105.69
江 苏	Jiangsu	7784	7742	42	23517	11711	11806	99.20
浙 江	Zhejiang	6380	6206	173	16335	8374	7961	105.19
安 徽	Anhui	8449	8437	12	25947	13208	12740	103.68
福 建	Fujian	4401	4269	132	12219	6403	5816	110.10
江 西	Jiangxi	5164	5161	3	19082	9918	9164	108.23
山 东	Shandong	13118	13106	12	37153	18923	18229	103.81
河 南	Henan	13312	13312		43660	21884	21776	100.49
湖 北	Hubei	7247	7225	22	21772	11230	10542	106.53
湖 南	Hunan	8419	8405	15	28736	14900	13836	107.69
广 东	Guangdong	7877	7788	89	28322	14404	13918	103.50
广 西	Guangxi	6333	6330	2	21494	11349	10145	111.86
海 南	Hainan	940	939	1	3491	1858	1633	113.75
重 庆	Chongqing	3983	3927	57	10211	5162	5050	102.22
四 川	Sichuan	12940	12830	110	36864	18766	18098	103.69
贵 州	Guizhou	5610	5598	12	17968	9415	8554	110.06
云 南	Yunnan	6341	6307	34	23022	12025	10997	109.35
西 藏	Tibet	445	444	1	1964	985	979	100.64
陕 西	Shaanxi	4634	4630	4	15123	7799	7324	106.49
甘 肃	Gansu	3363	3360	3	12760	6607	6153	107.37
青 海	Qinghai	629	624	5	2455	1270	1186	107.05
宁 夏	Ningxia	718	714	4	2591	1332	1259	105.74
新 疆	Xinjiang	2693	2690	2	10378	5296	5082	104.22

2-14 续表 continued

地 区	Region	家庭户人口数（人）Family Household Population (person)	男 Male	女 Female	家庭户人口性别比（女=100）Sex Ratio (Female=100)	集体户人口数（人）Collective Household Population (person)	男 Male	女 Female	平均家庭户规模（人/户）Average Family Size (person/household)
全 国	**National Total**	**508290**	**260607**	**247682**	**105.22**	**3580**	**2612**	**969**	**3.15**
北 京	Beijing	2290	1156	1134	101.99	100	69	31	2.83
天 津	Tianjin	2186	1122	1064	105.47				3.10
河 北	Hebei	31334	16142	15192	106.25	62	44	17	3.19
山 西	Shanxi	13976	7321	6655	110.02	236	207	29	3.10
内蒙古	Inner Mongolia	8456	4450	4006	111.08	54	48	6	2.79
辽 宁	Liaoning	12090	6277	5812	108.00	64	46	18	3.04
吉 林	Jilin	10355	5451	4904	111.17	45	36	9	3.12
黑龙江	Heilongjiang	13467	6954	6513	106.78	16	10	6	3.06
上 海	Shanghai	1687	880	807	109.04	385	185	200	2.46
江 苏	Jiangsu	23372	11617	11755	98.82	145	94	51	3.02
浙 江	Zhejiang	15779	7922	7857	100.82	555	452	103	2.54
安 徽	Anhui	25820	13110	12710	103.15	128	98	30	3.06
福 建	Fujian	11754	6035	5719	105.53	465	368	97	2.75
江 西	Jiangxi	19078	9915	9164	108.19	4	4		3.70
山 东	Shandong	37111	18896	18215	103.74	42	27	14	2.83
河 南	Henan	43660	21884	21776	100.49				3.28
湖 北	Hubei	21662	11152	10510	106.11	110	78	32	3.00
湖 南	Hunan	28580	14793	13787	107.30	156	106	49	3.40
广 东	Guangdong	28010	14175	13836	102.45	311	230	82	3.60
广 西	Guangxi	21476	11336	10140	111.80	18	12	6	3.39
海 南	Hainan	3487	1855	1632	113.71	4	3	2	3.72
重 庆	Chongqing	10067	5102	4965	102.77	144	59	85	2.56
四 川	Sichuan	36663	18591	18072	102.87	201	175	26	2.86
贵 州	Guizhou	17931	9389	8542	109.91	38	26	12	3.20
云 南	Yunnan	22823	11875	10948	108.47	200	151	49	3.62
西 藏	Tibet	1959	983	976	100.75	5	2	3	4.41
陕 西	Shaanxi	15106	7786	7320	106.37	17	13	4	3.26
甘 肃	Gansu	12732	6580	6152	106.94	28	27	1	3.79
青 海	Qinghai	2432	1249	1183	105.56	23	20	3	3.89
宁 夏	Ningxia	2577	1322	1256	105.23	14	10	4	3.61
新 疆	Xinjiang	10367	5287	5080	104.08	12	10	2	3.85

2-15 各地区按家庭户规模分的户数
Family Households by Size and Region

单位：户 (household)

地 区	Region	家庭户户数 Number of Family Households	一人户 One Person	二人户 Two Persons	三人户 Three Persons	四人户 Four Persons	五人户 Five Persons	六人户 Six Persons	七人户 Seven Persons	八人户 Eight Persons	九人户 Nine Persons	十人及以上户 Ten Persons and Over
全 国	**National Total**	**362031**	**52764**	**98671**	**97541**	**61517**	**30776**	**14032**	**4115**	**1539**	**575**	**502**
北 京	Beijing	5439	985	1675	1726	598	329	86	25	9	2	3
天 津	Tianjin	4406	598	1451	1555	517	209	66	9	2		
河 北	Hebei	18922	1982	4946	4955	3854	1796	1040	251	70	16	10
山 西	Shanxi	9757	1174	2543	2820	2014	743	366	67	21	7	3
内蒙古	Inner Mongolia	7420	883	2390	2593	1040	376	115	17	5		1
辽 宁	Liaoning	12706	1687	4165	4332	1489	772	203	46	9	3	
吉 林	Jilin	8185	1040	2815	2516	969	589	215	28	10	5	
黑龙江	Heilongjiang	11535	1343	3938	3984	1300	696	214	38	19	4	
上 海	Shanghai	7965	1995	2779	2122	643	343	62	14	4	1	3
江 苏	Jiangsu	21350	2959	6129	5899	3159	2142	768	203	61	20	10
浙 江	Zhejiang	15657	3499	5030	3890	1900	925	302	77	28	4	2
安 徽	Anhui	15835	2014	4181	4428	2967	1429	586	152	54	16	8
福 建	Fujian	10879	2296	3216	2577	1509	774	360	86	44	12	5
江 西	Jiangxi	10607	1027	2320	2568	2499	1076	714	239	94	43	28
山 东	Shandong	28477	3568	9064	8912	4315	1845	587	137	32	11	5
河 南	Henan	23446	2495	5453	5678	5411	2510	1325	379	121	47	27
湖 北	Hubei	15690	1968	4375	4895	2450	1300	507	117	56	13	10
湖 南	Hunan	16753	2251	3580	4125	3607	1757	909	297	126	54	47
广 东	Guangdong	24828	4873	5745	4813	4281	2495	1385	660	298	129	150
广 西	Guangxi	11559	1798	2300	2640	2329	1320	679	244	124	52	73
海 南	Hainan	1991	244	374	414	460	244	147	59	26	12	12
重 庆	Chongqing	8771	1781	2609	2220	1414	499	192	38	12	4	3
四 川	Sichuan	23612	4573	7001	5696	3561	1747	717	215	66	22	15
贵 州	Guizhou	9099	1308	2296	2349	1637	946	385	131	32	10	4
云 南	Yunnan	11606	1528	2415	2798	2462	1358	760	192	54	26	13
西 藏	Tibet	632	78	109	123	111	68	48	33	24	16	23
陕 西	Shaanxi	10032	1283	2499	2832	1996	871	428	85	27	7	4
甘 肃	Gansu	6222	646	1365	1630	1227	716	448	121	45	17	7
青 海	Qinghai	1394	131	304	378	296	151	87	28	12	5	4
宁 夏	Ningxia	1675	150	413	497	341	166	70	25	9	1	2
新 疆	Xinjiang	5583	611	1191	1577	1164	583	261	101	45	18	30

2-16 各地区城市按家庭户规模分的户数

Family Households of Cities by Size and Region

单位：户 (household)

地 区	Region	家庭户户数 Number of Family Households	一人户 One Person	二人户 Two Persons	三人户 Three Persons	四人户 Four Persons	五人户 Five Persons	六人户 Six Persons	七人户 Seven Persons	八人户 Eight Persons	九人户 Nine Persons	十人及以上户 Ten Persons and Over
全 国	**National Total**	**120075**	**19904**	**34495**	**40808**	**15023**	**6796**	**2097**	**547**	**248**	**82**	**76**
北 京	Beijing	4347	850	1326	1386	459	242	53	18	8	2	3
天 津	Tianjin	3054	455	1038	1157	271	108	24	1			
河 北	Hebei	3994	390	1077	1568	546	280	92	26	10	1	4
山 西	Shanxi	3513	417	928	1379	535	181	50	15	8		
内蒙古	Inner Mongolia	2867	338	879	1237	326	75	10	1	1		
辽 宁	Liaoning	7155	1079	2377	2757	619	276	38	7	2		
吉 林	Jilin	3448	566	1283	1218	241	116	21	2	1		
黑龙江	Heilongjiang	4870	735	1701	1911	369	129	21	3	2		
上 海	Shanghai	6263	1566	2074	1782	509	268	47	11	3	1	3
江 苏	Jiangsu	8749	1165	2461	2994	1109	768	172	47	23	7	3
浙 江	Zhejiang	5304	1173	1548	1644	585	255	76	16	5	1	1
安 徽	Anhui	3478	402	934	1404	488	193	42	8	4	3	1
福 建	Fujian	3793	886	1049	984	520	228	78	30	13	5	1
江 西	Jiangxi	2372	319	670	802	357	133	63	11	14	2	2
山 东	Shandong	9245	1123	2710	3701	1083	471	121	25	6	4	2
河 南	Henan	4636	499	1090	1558	917	382	148	31	12	2	
湖 北	Hubei	5278	598	1491	2144	612	323	85	9	14	1	
湖 南	Hunan	3703	491	904	1294	598	281	94	20	9	8	3
广 东	Guangdong	11359	2995	2727	2326	1733	826	455	169	60	35	32
广 西	Guangxi	2766	497	541	807	500	235	111	36	24	5	11
海 南	Hainan	378	49	68	123	79	36	12	4	3	1	2
重 庆	Chongqing	2028	322	567	665	282	143	35	10	2		2
四 川	Sichuan	5700	1050	1788	1716	752	320	70	2	2		
贵 州	Guizhou	1522	230	433	569	180	80	18	9	2		1
云 南	Yunnan	2786	604	718	823	357	191	74	12	7	2	
西 藏	Tibet	81	15	26	21	14	1	1	1	1		1
陕 西	Shaanxi	2353	339	646	973	317	52	21	3	2		
甘 肃	Gansu	1558	234	451	627	183	49	9	3	2		
青 海	Qinghai	428	54	145	150	51	18	5	2	1		
宁 夏	Ningxia	724	83	203	297	100	29	8	1	1		1
新 疆	Xinjiang	2323	380	645	790	330	104	46	15	7	2	4

2-17 各地区镇按家庭户规模分的户数
Family Households of Towns by Size and Region

单位：户　　(household)

地 区	Region	家庭户户数 Number of Family Households	一人户 One Person	二人户 Two Persons	三人户 Three Persons	四人户 Four Persons	五人户 Five Persons	六人户 Six Persons	七人户 Seven Persons	八人户 Eight Persons	九人户 Nine Persons	十人及以上户 Ten Persons and Over
全 国	**National Total**	**80652**	**10661**	**21616**	**21656**	**14963**	**6955**	**3288**	**899**	**362**	**129**	**124**
北 京	Beijing	283	26	75	124	37	16	4	1			
天 津	Tianjin	647	86	218	191	97	37	15	3	1		
河 北	Hebei	5098	463	1201	1292	1143	540	347	85	19	5	3
山 西	Shanxi	1743	198	398	466	424	142	99	12	4	1	
内蒙古	Inner Mongolia	1519	124	465	579	257	67	21	3	2		
辽 宁	Liaoning	1577	228	576	498	168	76	23	5	2		
吉 林	Jilin	1419	179	514	457	150	85	30	2		2	
黑龙江	Heilongjiang	2263	243	841	829	232	89	21	5	2	1	
上 海	Shanghai	1017	275	432	199	67	36	7	1			
江 苏	Jiangsu	4860	578	1388	1342	779	511	195	48	11	4	3
浙 江	Zhejiang	4147	897	1333	978	544	266	98	18	11	2	1
安 徽	Anhui	3920	385	989	1185	765	359	167	39	20	6	5
福 建	Fujian	2817	557	805	682	419	212	102	21	14	1	3
江 西	Jiangxi	3074	290	703	776	716	304	189	56	19	13	8
山 东	Shandong	6126	702	2042	1762	1012	442	126	31	8		
河 南	Henan	5498	410	1097	1354	1490	641	359	82	38	15	10
湖 北	Hubei	3187	304	817	1081	547	272	118	34	10	2	1
湖 南	Hunan	4645	691	947	1045	1080	478	269	78	39	7	12
广 东	Guangdong	5681	801	1366	1137	1087	656	323	172	70	28	40
广 西	Guangxi	2462	330	493	619	476	281	138	53	27	20	25
海 南	Hainan	674	86	137	138	156	70	52	18	10	5	3
重 庆	Chongqing	2816	509	789	764	538	143	58	11	2	1	1
四 川	Sichuan	5082	936	1534	1400	702	346	110	30	18	2	4
贵 州	Guizhou	1978	316	460	606	339	188	45	18	4	2	
云 南	Yunnan	2512	347	614	606	554	235	113	24	12	6	1
西 藏	Tibet	107	18	18	26	18	9	8	6	2	1	2
陕 西	Shaanxi	3049	400	757	821	658	257	133	18	6	1	
甘 肃	Gansu	1304	160	321	346	280	105	79	6	6	1	1
青 海	Qinghai	342	38	73	107	63	32	17	7	3	1	1
宁 夏	Ningxia	237	18	54	64	58	28	10	4	1		
新 疆	Xinjiang	570	65	157	182	105	33	15	9	1	2	2

2-18 各地区乡村按家庭户规模分的户数
Family Households of Rural Areas by Size and Region

单位：户 (household)

地 区	Region	家庭户户数 Number of Family Households	一人户 One Person	二人户 Two Persons	三人户 Three Persons	四人户 Four Persons	五人户 Five Persons	六人户 Six Persons	七人户 Seven Persons	八人户 Eight Persons	九人户 Nine Persons	十人及以上户 Ten Persons and Over
全 国	**National Total**	**161304**	**22199**	**42559**	**35077**	**31532**	**17026**	**8647**	**2669**	**929**	**364**	**302**
北 京	Beijing	808	109	275	215	102	71	30	6	1	1	
天 津	Tianjin	705	57	194	208	149	64	27	5	1		
河 北	Hebei	9830	1129	2669	2095	2165	977	601	140	41	9	4
山 西	Shanxi	4502	559	1217	975	1055	421	217	40	9	6	3
内蒙古	Inner Mongolia	3034	420	1046	777	457	234	84	13	2		1
辽 宁	Liaoning	3974	380	1213	1077	702	420	141	33	5	3	
吉 林	Jilin	3318	294	1018	841	577	388	164	24	9	3	
黑龙江	Heilongjiang	4402	365	1396	1243	700	478	172	30	15	3	
上 海	Shanghai	686	154	273	141	67	39	9	3	1		
江 苏	Jiangsu	7742	1215	2280	1562	1271	863	402	108	27	9	5
浙 江	Zhejiang	6206	1429	2149	1268	772	403	128	44	12	1	
安 徽	Anhui	8437	1227	2258	1839	1714	877	378	105	30	7	2
福 建	Fujian	4269	854	1362	911	569	333	180	35	17	6	2
江 西	Jiangxi	5161	418	947	990	1426	639	463	172	61	27	18
山 东	Shandong	13106	1742	4313	3449	2220	932	341	81	19	7	3
河 南	Henan	13312	1585	3266	2766	3004	1488	819	266	71	30	17
湖 北	Hubei	7225	1066	2066	1669	1290	704	305	74	32	10	8
湖 南	Hunan	8405	1068	1730	1786	1929	997	545	199	78	39	33
广 东	Guangdong	7788	1076	1652	1350	1460	1012	607	320	167	66	78
广 西	Guangxi	6330	971	1267	1213	1352	803	431	155	73	28	37
海 南	Hainan	939	109	168	153	225	138	83	37	14	6	7
重 庆	Chongqing	3927	949	1253	790	593	214	99	17	8	3	1
四 川	Sichuan	12830	2587	3678	2580	2107	1081	537	183	46	20	11
贵 州	Guizhou	5598	762	1403	1175	1118	678	323	104	26	8	3
云 南	Yunnan	6307	577	1083	1369	1550	932	574	157	36	18	12
西 藏	Tibet	444	45	64	77	79	58	39	26	22	15	20
陕 西	Shaanxi	4630	544	1097	1039	1021	562	274	64	19	6	4
甘 肃	Gansu	3360	252	593	657	763	562	361	112	37	16	6
青 海	Qinghai	624	39	86	121	182	100	65	19	8	3	2
宁 夏	Ningxia	714	48	156	136	183	109	52	20	7	1	1
新 疆	Xinjiang	2690	166	390	606	729	447	199	77	38	14	25

2-19 各地区家庭户类别

Family Households by Type and Region

单位：户 (household)

地 区	Region	家庭户户数 Number of Family Households	一代户 One Generation	二代户 Two Generations	三代户 Three Generations	四代及以上户 Four Generations and over
全 国	**National Total**	**362031**	**134170**	**165631**	**59846**	**2383**
北 京	Beijing	5439	2434	2289	699	18
天 津	Tianjin	4406	1848	2095	459	4
河 北	Hebei	18922	6281	8950	3565	125
山 西	Shanxi	9757	3300	5243	1174	40
内蒙古	Inner Mongolia	7420	3020	3730	654	16
辽 宁	Liaoning	12706	5164	5828	1676	38
吉 林	Jilin	8185	3472	3511	1161	42
黑龙江	Heilongjiang	11535	4684	5421	1394	37
上 海	Shanghai	7965	4499	2759	687	21
江 苏	Jiangsu	21350	8113	8564	4389	283
浙 江	Zhejiang	15657	7887	5842	1857	70
安 徽	Anhui	15835	5417	7606	2710	103
福 建	Fujian	10879	5063	4242	1495	79
江 西	Jiangxi	10607	2912	5241	2361	92
山 东	Shandong	28477	11364	13418	3589	106
河 南	Henan	23446	6595	11710	4974	168
湖 北	Hubei	15690	5368	7574	2621	127
湖 南	Hunan	16753	4865	7842	3863	183
广 东	Guangdong	24828	9871	10394	4398	165
广 西	Guangxi	11559	3510	5551	2413	85
海 南	Hainan	1991	554	1035	387	15
重 庆	Chongqing	8771	3827	3672	1226	45
四 川	Sichuan	23612	9754	9882	3786	190
贵 州	Guizhou	9099	3204	4648	1215	31
云 南	Yunnan	11606	3370	5522	2574	139
西 藏	Tibet	632	161	309	155	7
陕 西	Shaanxi	10032	3298	4900	1769	66
甘 肃	Gansu	6222	1734	2951	1476	62
青 海	Qinghai	1394	368	730	288	8
宁 夏	Ningxia	1675	496	967	207	5
新 疆	Xinjiang	5583	1738	3207	626	11

2-20 各地区城市家庭户类别

Family Households of Cities by Type and Region

单位：户 (household)

地 区	Region	家庭户户数 Number of Family Households	一代户 One Generation	二代户 Two Generations	三代户 Three Generations	四代及以上户 Four Generations and over
全 国	**National Total**	**120075**	**48919**	**56612**	**14196**	**348**
北 京	Beijing	4347	1985	1818	537	7
天 津	Tianjin	3054	1338	1448	268	1
河 北	Hebei	3994	1321	2051	613	8
山 西	Shanxi	3513	1198	2002	305	8
内蒙古	Inner Mongolia	2867	1107	1624	136	
辽 宁	Liaoning	7155	3003	3474	670	7
吉 林	Jilin	3448	1629	1534	281	4
黑龙江	Heilongjiang	4870	2163	2354	349	5
上 海	Shanghai	6263	3408	2279	563	13
江 苏	Jiangsu	8749	3369	3801	1476	103
浙 江	Zhejiang	5304	2531	2240	520	13
安 徽	Anhui	3478	1222	1888	362	6
福 建	Fujian	3793	1772	1567	436	17
江 西	Jiangxi	2372	868	1171	331	3
山 东	Shandong	9245	3469	4740	1016	19
河 南	Henan	4636	1379	2457	786	13
湖 北	Hubei	5278	1642	2945	679	11
湖 南	Hunan	3703	1182	1904	602	15
广 东	Guangdong	11359	5505	4320	1503	31
广 西	Guangxi	2766	898	1357	505	7
海 南	Hainan	378	109	204	63	2
重 庆	Chongqing	2028	778	896	339	15
四 川	Sichuan	5700	2394	2540	748	18
贵 州	Guizhou	1522	571	778	170	3
云 南	Yunnan	2786	1166	1186	422	12
西 藏	Tibet	81	41	33	7	
陕 西	Shaanxi	2353	891	1315	144	2
甘 肃	Gansu	1558	613	834	111	
青 海	Qinghai	428	173	206	48	1
宁 夏	Ningxia	724	252	421	50	1
新 疆	Xinjiang	2323	940	1225	155	3

2-21 各地区镇家庭户类别

Family Households of Towns by Type and Region

单位：户 (household)

地 区	Region	家庭户户数 Number of Family Households	一代户 One Generation	二代户 Two Generations	三代户 Three Generations	四代及以上户 Four Generations and over
全 国	**National Total**	**80652**	**28509**	**38445**	**13199**	**498**
北 京	Beijing	283	92	158	32	1
天 津	Tianjin	647	280	291	76	
河 北	Hebei	5098	1526	2511	1037	25
山 西	Shanxi	1743	541	939	254	10
内蒙古	Inner Mongolia	1519	547	862	107	1
辽 宁	Liaoning	1577	725	678	167	7
吉 林	Jilin	1419	612	639	163	4
黑龙江	Heilongjiang	2263	938	1131	191	4
上 海	Shanghai	1017	678	273	61	4
江 苏	Jiangsu	4860	1729	2014	1047	69
浙 江	Zhejiang	4147	2054	1576	502	15
安 徽	Anhui	3920	1156	2027	713	25
福 建	Fujian	2817	1243	1130	424	20
江 西	Jiangxi	3074	878	1557	623	16
山 东	Shandong	6126	2428	2953	721	23
河 南	Henan	5498	1268	2998	1199	33
湖 北	Hubei	3187	994	1654	516	22
湖 南	Hunan	4645	1390	2150	1057	48
广 东	Guangdong	5681	1942	2561	1124	54
广 西	Guangxi	2462	725	1215	501	21
海 南	Hainan	674	202	338	128	6
重 庆	Chongqing	2816	1124	1321	363	8
四 川	Sichuan	5082	2096	2230	718	38
贵 州	Guizhou	1978	701	1077	198	2
云 南	Yunnan	2512	813	1274	406	20
西 藏	Tibet	107	26	61	19	
陕 西	Shaanxi	3049	1019	1540	478	12
甘 肃	Gansu	1304	419	635	244	6
青 海	Qinghai	342	92	198	51	1
宁 夏	Ningxia	237	66	144	28	1
新 疆	Xinjiang	570	206	311	52	1

2-22 各地区乡村家庭户类别
Family Households of Rural Areas by Type and Region

单位：户　　(household)

地　区	Region	家庭户户数 Number of Family Households	一代户 One Generation	二代户 Two Generations	三代户 Three Generations	四代及以上户 Four Generations and over
全　国	**National Total**	**161304**	**56743**	**70574**	**32452**	**1536**
北　京	Beijing	808	357	313	130	9
天　津	Tianjin	705	230	357	115	3
河　北	Hebei	9830	3434	4389	1915	93
山　西	Shanxi	4502	1562	2302	616	23
内蒙古	Inner Mongolia	3034	1365	1244	410	15
辽　宁	Liaoning	3974	1436	1676	839	23
吉　林	Jilin	3318	1231	1338	716	33
黑龙江	Heilongjiang	4402	1584	1936	855	28
上　海	Shanghai	686	412	207	62	5
江　苏	Jiangsu	7742	3015	2749	1866	111
浙　江	Zhejiang	6206	3303	2027	835	42
安　徽	Anhui	8437	3038	3692	1635	72
福　建	Fujian	4269	2048	1545	634	42
江　西	Jiangxi	5161	1167	2513	1408	73
山　东	Shandong	13106	5466	5725	1851	64
河　南	Henan	13312	3948	6255	2988	122
湖　北	Hubei	7225	2732	2974	1426	94
湖　南	Hunan	8405	2294	3788	2204	119
广　东	Guangdong	7788	2424	3513	1771	80
广　西	Guangxi	6330	1887	2979	1408	57
海　南	Hainan	939	243	493	195	7
重　庆	Chongqing	3927	1926	1455	525	22
四　川	Sichuan	12830	5263	5112	2320	134
贵　州	Guizhou	5598	1933	2793	847	26
云　南	Yunnan	6307	1392	3061	1747	108
西　藏	Tibet	444	94	215	129	7
陕　西	Shaanxi	4630	1388	2044	1146	52
甘　肃	Gansu	3360	702	1481	1121	56
青　海	Qinghai	624	103	326	189	7
宁　夏	Ningxia	714	178	402	129	4
新　疆	Xinjiang	2690	591	1672	419	8

2-23 全国家庭户人数和户主的年龄、性别构成

Population of Family Households, Age and Sex Composition of the Household Head

单位：人，% (person,%)

年龄 Age	家庭户人口数 Population of Family Household	男 Male	女 Female	户主数 Number of Household Head	男 Male	女 Female	户主率 Household Head Rate	男 Male	女 Female
总计 Total	**1077642**	**550008**	**527634**	**336037**	**278111**	**57925**	**31.18**	**50.56**	**10.98**
14岁以下	**182980**	**98985**	**83995**	**166**	**99**	**66**	**0.09**	**0.10**	**0.08**
15-19	**59417**	**31618**	**27799**	**1115**	**739**	**376**	**1.88**	**2.34**	**1.35**
15	12542	6741	5801	65	50	15	0.52	0.74	0.27
16	11971	6529	5442	134	95	39	1.12	1.46	0.71
17	12118	6402	5715	223	139	84	1.84	2.17	1.48
18	12021	6251	5770	289	186	103	2.41	2.98	1.79
19	10765	5695	5070	403	269	134	3.75	4.73	2.65
20-24	**83306**	**43465**	**39841**	**7500**	**5472**	**2027**	**9.00**	**12.59**	**5.09**
20	13153	7106	6047	658	452	206	5.00	6.35	3.41
21	13867	7473	6394	905	592	312	6.52	7.93	4.88
22	15539	8221	7319	1255	903	352	8.07	10.98	4.80
23	20445	10380	10065	1963	1444	520	9.60	13.91	5.16
24	20302	10286	10017	2720	2082	638	13.39	20.24	6.37
25-29	**87648**	**43145**	**44503**	**17602**	**14053**	**3549**	**20.08**	**32.57**	**7.97**
25	18245	8955	9290	2748	2133	615	15.06	23.82	6.61
26	19780	9714	10066	3517	2757	760	17.78	28.38	7.55
27	17978	8793	9185	3630	2899	730	20.19	32.97	7.95
28	16012	7828	8184	3678	2975	703	22.97	38.01	8.59
29	15633	7856	7777	4030	3288	741	25.78	41.86	9.53
30-34	**80091**	**40283**	**39808**	**25424**	**20953**	**4471**	**31.74**	**52.01**	**11.23**
30	15090	7519	7571	4234	3446	788	28.06	45.83	10.41
31	17736	8949	8786	5336	4371	965	30.09	48.84	10.99
32	15778	8018	7760	4945	4092	852	31.34	51.04	10.98
33	15329	7599	7729	5112	4215	898	33.35	55.46	11.61
34	16159	8198	7961	5796	4829	967	35.87	58.91	12.15
35-39	**82220**	**41709**	**40511**	**33589**	**28176**	**5414**	**40.85**	**67.55**	**13.36**
35	15442	7796	7646	5689	4753	937	36.84	60.96	12.25
36	14802	7509	7294	5818	4815	1003	39.30	64.13	13.75
37	16454	8527	7927	6804	5796	1008	41.35	67.97	12.72
38	16838	8544	8295	7175	6029	1146	42.61	70.56	13.82
39	18683	9334	9349	8103	6784	1319	43.37	72.68	14.11

2-23 续表 continued

单位：人，% (person,%)

年 龄 Age	家庭户人口数 Population of Family Household	男 Male	女 Female	户主数 Number of Household Head	男 Male	女 Female	户主率 Household Head Rate	男 Male	女 Female
40-44	**101375**	**51537**	**49838**	**47496**	**40672**	**6824**	**46.85**	**78.92**	**13.69**
40	19128	9765	9363	8604	7345	1259	44.98	75.22	13.45
41	19912	10047	9865	9129	7728	1402	45.85	76.92	14.21
42	20041	10337	9704	9432	8121	1311	47.06	78.56	13.51
43	22013	11172	10840	10471	8930	1541	47.57	79.93	14.21
44	20282	10217	10065	9860	8548	1312	48.62	83.67	13.04
45-49	**96349**	**48725**	**47624**	**48453**	**42241**	**6213**	**50.29**	**86.69**	**13.05**
45	21547	10930	10617	10656	9274	1381	49.45	84.85	13.01
46	17123	8687	8436	8599	7527	1072	50.22	86.65	12.71
47	19143	9651	9492	9586	8385	1201	50.07	86.88	12.65
48	19594	9852	9742	9900	8607	1293	50.52	87.36	13.27
49	18942	9604	9337	9713	8448	1265	51.28	87.96	13.55
50-54	**68735**	**34752**	**33983**	**35532**	**30659**	**4872**	**51.69**	**88.22**	**14.34**
50	21746	11046	10701	11259	9724	1536	51.78	88.03	14.35
51	16231	8175	8057	8335	7244	1091	51.35	88.62	13.54
52	8919	4428	4491	4551	3899	651	51.02	88.06	14.51
53	11482	5817	5665	5917	5094	822	51.53	87.59	14.52
54	10356	5287	5069	5470	4698	772	52.81	88.85	15.22
55-59	**70178**	**35440**	**34737**	**36693**	**31337**	**5356**	**52.29**	**88.42**	**15.42**
55	13297	6844	6454	7084	6069	1014	53.27	88.69	15.72
56	14630	7445	7185	7695	6633	1063	52.60	89.09	14.79
57	13871	7018	6853	7168	6163	1004	51.67	87.82	14.66
58	14102	7041	7061	7350	6218	1132	52.12	88.31	16.03
59	14277	7093	7185	7397	6254	1143	51.81	88.17	15.91
60-64	**57994**	**29018**	**28976**	**29878**	**24915**	**4963**	**51.52**	**85.86**	**17.13**
60	12903	6462	6441	6649	5616	1032	51.53	86.92	16.03
61	12934	6436	6498	6656	5586	1071	51.46	86.78	16.48
62	11244	5586	5659	5796	4791	1005	51.55	85.77	17.76
63	10674	5388	5286	5487	4596	891	51.40	85.29	16.85
64	10238	5146	5093	5290	4326	964	51.67	84.08	18.93
65+	**107350**	**51330**	**56020**	**52589**	**38794**	**13795**	**48.99**	**75.58**	**24.63**

2-24 各地区分性别、受教育程度的人口
Population by Sex, Educational Attainment and Region

单位：人 (person)

地 区	Region	6岁及以上人口 Population Aged 6 and Over	男 Male	女 Female	未上过学 No Schooling	男 Male	女 Female	小 学 Primary School	男 Male	女 Female
全 国	**National Total**	**1041825**	**532072**	**509754**	**52010**	**16272**	**35738**	**274658**	**130360**	**144299**
北 京	Beijing	16645	8622	8023	278	76	202	1692	782	910
天 津	Tianjin	11582	5737	5844	292	90	202	1894	875	1020
河 北	Hebei	55688	28411	27277	2177	729	1448	13798	6498	7300
山 西	Shanxi	28116	14438	13677	722	263	460	6385	2988	3397
内蒙古	Inner Mongolia	19503	10086	9417	962	333	629	4918	2354	2564
辽 宁	Liaoning	34925	17627	17298	809	307	502	6401	2938	3463
吉 林	Jilin	21702	11170	10532	610	217	394	5046	2391	2655
黑龙江	Heilongjiang	30284	15351	14934	818	282	535	6674	3150	3523
上 海	Shanghai	19046	9804	9241	758	224	534	2654	1253	1400
江 苏	jiangsu	61632	30638	30994	2629	664	1965	14527	6411	8115
浙 江	Zhejiang	43066	22279	20787	2412	683	1729	11329	5483	5846
安 徽	Anhui	45731	23122	22609	3394	1055	2339	13022	6017	7005
福 建	Fujian	28714	14832	13882	1679	377	1302	8746	3998	4748
江 西	Jiangxi	34378	17813	16566	1081	340	741	9105	4205	4900
山 东	Shandong	75252	38111	37142	4288	1196	3092	18912	8626	10286
河 南	Henan	71151	35389	35762	3770	1231	2539	18142	8725	9417
湖 北	Hubei	44496	22519	21976	2409	701	1708	10067	4730	5337
湖 南	Hunan	51107	26154	24953	1875	620	1255	14311	6949	7362
广 东	Guangdong	81324	42608	38716	2620	668	1952	18284	8503	9781
广 西	Guangxi	35486	18510	16977	1447	456	991	11385	5366	6018
海 南	Hainan	6755	3539	3216	328	90	238	1319	630	689
重 庆	Chongqing	23095	11736	11359	1199	388	811	7595	3717	3878
四 川	Sichuan	62617	31901	30716	4313	1311	3002	22277	11025	11252
贵 州	Guizhou	26607	13673	12934	2657	893	1763	8982	4522	4460
云 南	Yunnan	35624	18454	17170	2980	1072	1908	14753	7404	7350
西 藏	Tibet	2300	1169	1131	955	448	507	915	478	437
陕 西	Shaanxi	28894	14787	14107	1356	419	937	6615	3084	3532
甘 肃	Gansu	19821	10160	9661	1521	515	1006	6747	3255	3492
青 海	Qinghai	4398	2246	2152	597	213	384	1532	778	754
宁 夏	Ningxia	4969	2524	2445	380	128	253	1427	671	757
新 疆	Xinjiang	16918	8662	8256	694	285	409	5205	2553	2653

2-24 续表 continued

单位：人 (person)

地 区	Region	初 中 Junior Secondary School	男 Male	女 Female	高 中 Senior Secondary School	男 Male	女 Female	大专及以上 College and Higher Level	男 Male	女 Female
全 国	**National Total**	**425144**	**225878**	**199266**	**172088**	**95972**	**76116**	**117925**	**63590**	**54336**
北 京	Beijing	4496	2396	2099	3321	1722	1599	6859	3645	3214
天 津	Tianjin	4242	2234	2009	2483	1255	1228	2670	1285	1386
河 北	Hebei	26955	14337	12619	8452	4612	3840	4307	2236	2071
山 西	Shanxi	13129	6984	6145	4866	2623	2243	3013	1580	1432
内蒙古	Inner Mongolia	8374	4491	3883	3283	1838	1446	1966	1071	895
辽 宁	Liaoning	15256	8073	7183	5535	2992	2543	6924	3317	3606
吉 林	Jilin	9594	5111	4483	3942	2121	1821	2509	1331	1180
黑龙江	Heilongjiang	13761	7218	6543	5324	2783	2542	3708	1917	1791
上 海	Shanghai	7063	3762	3301	3868	2065	1804	4703	2501	2203
江 苏	jiangsu	24668	12674	11994	11346	6342	5004	8462	4547	3916
浙 江	Zhejiang	15432	8518	6914	6428	3611	2818	7464	3985	3480
安 徽	Anhui	18937	10335	8602	6191	3520	2671	4186	2194	1992
福 建	Fujian	11293	6475	4818	4443	2543	1900	2554	1440	1115
江 西	Jiangxi	13419	6842	6577	7546	4490	3056	3228	1936	1292
山 东	Shandong	32094	16942	15151	12514	7246	5267	7445	4100	3345
河 南	Henan	32606	16375	16231	10877	5873	5003	5757	3184	2571
湖 北	Hubei	16684	8660	8023	10032	5478	4554	5304	2950	2354
湖 南	Hunan	21498	11054	10443	9080	5206	3874	4343	2324	2018
广 东	Guangdong	37022	19944	17078	16733	9648	7085	6665	3845	2820
广 西	Guangxi	15385	8598	6788	4538	2612	1925	2732	1477	1254
海 南	Hainan	3169	1658	1511	1345	787	558	593	374	221
重 庆	Chongqing	8486	4326	4159	3653	2049	1604	2162	1254	907
四 川	Sichuan	21140	11245	9895	8290	4533	3757	6597	3786	2812
贵 州	Guizhou	9731	5443	4288	2818	1677	1141	2419	1137	1282
云 南	Yunnan	11631	6555	5076	3497	1896	1601	2763	1527	1235
西 藏	Tibet	279	163	115	97	53	44	55	27	28
陕 西	Shaanxi	12128	6449	5679	5331	2940	2391	3463	1895	1568
甘 肃	Gansu	6945	3758	3187	2820	1624	1196	1788	1007	780
青 海	Qinghai	1206	681	524	511	273	237	553	299	253
宁 夏	Ningxia	1825	1007	818	778	420	358	559	298	258
新 疆	Xinjiang	6697	3567	3130	2147	1138	1008	2174	1118	1057

2-25 各地区城市分性别、受教育程度的人口

City Population by Sex, Educational Attainment and Region

单位：人 (person)

地 区	Region	6岁及以上人口 Population Aged 6 and Over	男 Male	女 Female	未上过学 No Schooling	男 Male	女 Female	小 学 Primary School	男 Male	女 Female
全 国	**National Total**	**333349**	**169429**	**163920**	**7198**	**2128**	**5070**	**48927**	**22480**	**26446**
北 京	Beijing	13595	7072	6523	123	30	93	1125	514	611
天 津	Tianjin	7762	3785	3977	151	43	108	833	374	460
河 北	Hebei	11072	5494	5578	187	58	129	1582	747	836
山 西	Shanxi	9530	4693	4837	148	62	86	1363	607	756
内蒙古	Inner Mongolia	7239	3676	3563	176	56	120	1258	561	697
辽 宁	Liaoning	19230	9412	9818	233	76	158	2100	897	1203
吉 林	Jilin	8182	4092	4090	95	26	69	804	335	469
黑龙江	Heilongjiang	11744	5837	5907	148	45	102	1404	613	790
上 海	Shanghai	14780	7536	7244	300	73	227	1707	768	940
江 苏	Jiangsu	25700	12945	12755	729	189	539	3885	1690	2195
浙 江	Zhejiang	16179	8640	7539	433	113	320	2726	1291	1435
安 徽	Anhui	9927	4911	5016	350	119	231	1599	713	887
福 建	Fujian	9952	4988	4964	358	71	286	2087	970	1117
江 西	Jiangxi	6666	3350	3317	96	26	70	1039	476	563
山 东	Shandong	24243	12356	11888	703	179	523	3547	1601	1945
河 南	Henan	13793	6981	6811	262	66	196	1988	969	1020
湖 北	Hubei	15138	7563	7575	336	90	246	1724	759	965
湖 南	Hunan	10478	5236	5242	199	84	115	1887	880	1007
广 东	Guangdong	37444	20201	17243	605	182	424	5214	2535	2679
广 西	Guangxi	8076	4097	3979	159	44	115	1453	677	776
海 南	Hainan	1367	691	676	25	8	17	139	69	70
重 庆	Chongqing	5709	2993	2716	97	24	73	929	436	493
四 川	Sichuan	14444	7347	7097	406	140	267	3068	1435	1633
贵 州	Guizhou	4402	1968	2434	104	34	70	615	262	353
云 南	Yunnan	7302	3722	3580	307	135	172	1615	783	832
西 藏	Tibet	226	122	104	55	28	28	78	40	38
陕 西	Shaanxi	6130	3077	3054	135	36	99	700	344	356
甘 肃	Gansu	3893	1950	1943	95	27	68	560	242	318
青 海	Qinghai	1127	564	563	32	12	20	187	81	106
宁 夏	Ningxia	1878	948	930	49	13	36	325	152	173
新 疆	Xinjiang	6140	3182	2958	101	39	62	1383	658	726

2-25 续表 continued

单位：人 (person)

地 区	Region	初 中 Junior Secondary School	男 Male	女 Female	高 中 Senior Secondary School	男 Male	女 Female	大专及以上 College and Higher Level	男 Male	女 Female
全 国	**National Total**	**111818**	**57298**	**54520**	**84311**	**44327**	**39984**	**81094**	**43195**	**37901**
北 京	Beijing	3224	1695	1529	2729	1400	1329	6394	3433	2960
天 津	Tianjin	2349	1204	1145	2061	1016	1045	2367	1148	1219
河 北	Hebei	3719	1870	1849	2865	1442	1423	2720	1379	1341
山 西	Shanxi	3553	1747	1806	2370	1201	1169	2097	1076	1021
内蒙古	Inner Mongolia	2744	1425	1320	1727	923	803	1333	710	623
辽 宁	Liaoning	6390	3239	3151	4236	2249	1987	6271	2952	3318
吉 林	Jilin	2589	1274	1316	2678	1400	1279	2015	1057	959
黑龙江	Heilongjiang	4066	2057	2009	3356	1689	1668	2770	1432	1337
上 海	Shanghai	5018	2615	2404	3309	1723	1586	4445	2358	2087
江 苏	Jiangsu	8386	4259	4127	6444	3464	2980	6257	3342	2915
浙 江	Zhejiang	4847	2607	2239	2930	1543	1387	5243	3086	2158
安 徽	Anhui	3362	1745	1618	2107	1157	950	2509	1179	1330
福 建	Fujian	3665	1969	1695	2254	1111	1143	1588	865	723
江 西	Jiangxi	1774	861	913	1993	941	1052	1764	1045	719
山 东	Shandong	8452	4222	4230	6391	3472	2920	5149	2882	2269
河 南	Henan	4036	2005	2031	3585	1708	1877	3921	2233	1687
湖 北	Hubei	4307	2054	2253	5288	2790	2498	3483	1870	1613
湖 南	Hunan	3255	1572	1683	2865	1502	1363	2271	1198	1074
广 东	Guangdong	16153	8813	7340	10460	5824	4636	5011	2847	2164
广 西	Guangxi	2945	1503	1442	2006	1060	946	1513	813	701
海 南	Hainan	406	183	222	529	271	257	269	160	109
重 庆	Chongqing	1897	958	938	1489	819	671	1298	758	541
四 川	Sichuan	5051	2521	2530	3454	1895	1559	2464	1356	1108
贵 州	Guizhou	1312	635	677	958	501	457	1413	535	877
云 南	Yunnan	2313	1212	1101	1364	682	682	1704	911	793
西 藏	Tibet	50	32	18	27	15	12	15	7	8
陕 西	Shaanxi	1851	922	929	1848	940	908	1597	834	763
甘 肃	Gansu	1179	561	618	1026	548	477	1033	572	460
青 海	Qinghai	306	152	154	259	133	126	343	185	157
宁 夏	Ningxia	655	336	319	439	226	213	408	219	189
新 疆	Xinjiang	1965	1050	914	1262	680	582	1428	754	674

2-26 各地区镇分性别、受教育程度的人口

Town Population by Sex, Educational Attainment and Region

单位：人 (person)

地 区	Region	6岁及以上人口 Population Aged 6 and Over	男 Male	女 Female	未上过学 No Schooling	男 Male	女 Female	小 学 Primary School	男 Male	女 Female
全 国	**National Total**	**237007**	**121306**	**115701**	**9583**	**2995**	**6588**	**57258**	**26741**	**30517**
北 京	Beijing	776	384	392	10	1	9	89	33	56
天 津	Tianjin	1769	902	867	64	24	39	426	207	219
河 北	Hebei	15854	8218	7636	489	153	336	3601	1708	1893
山 西	Shanxi	5194	2638	2555	114	31	83	985	431	555
内蒙古	Inner Mongolia	4156	2128	2029	173	59	114	910	419	491
辽 宁	Liaoning	4029	2145	1884	80	32	48	664	292	373
吉 林	Jilin	3671	1880	1791	89	30	59	724	331	393
黑龙江	Heilongjiang	5743	2902	2840	124	42	82	1081	495	587
上 海	Shanghai	2264	1239	1025	90	21	70	458	234	223
江 苏	Jiangsu	13992	6828	7164	596	144	451	3746	1706	2040
浙 江	Zhejiang	11396	5692	5704	532	155	378	2992	1431	1561
安 徽	Anhui	12345	6416	5929	691	215	476	3247	1441	1806
福 建	Fujian	7503	3956	3546	391	76	314	2255	1008	1246
江 西	Jiangxi	10402	5517	4885	270	94	176	2122	942	1179
山 东	Shandong	16280	8149	8132	799	231	569	3936	1826	2111
河 南	Henan	17882	8834	9048	721	261	460	4137	2007	2130
湖 北	Hubei	9344	4705	4639	476	187	289	1765	820	945
湖 南	Hunan	14113	7222	6891	390	144	246	3470	1664	1806
广 东	Guangdong	18430	9616	8814	707	193	514	4533	2109	2424
广 西	Guangxi	8044	4196	3848	239	74	165	2019	961	1059
海 南	Hainan	2243	1183	1059	91	26	66	435	202	234
重 庆	Chongqing	7885	3953	3933	217	65	151	2148	989	1159
四 川	Sichuan	14131	7274	6858	433	129	305	3245	1500	1745
贵 州	Guizhou	5825	3169	2656	357	123	234	1528	746	783
云 南	Yunnan	7296	3748	3548	442	129	313	2719	1346	1373
西 藏	Tibet	341	178	163	169	84	85	93	51	41
陕 西	Shaanxi	8649	4474	4175	428	144	284	1892	885	1007
甘 肃	Gansu	4113	2095	2018	146	40	106	1048	482	566
青 海	Qinghai	1033	521	512	139	50	89	329	164	165
宁 夏	Ningxia	717	356	361	47	14	33	209	90	119
新 疆	Xinjiang	1585	788	797	67	24	43	452	222	230

2-26 续表 continued

单位：人 (person)

地 区	Region	初 中 Junior Secondary School	男 Male	女 Female	高 中 Senior Secondary School	男 Male	女 Female	大专及以上 College and Higher Level	男 Male	女 Female
全 国	**National Total**	**101135**	**52588**	**48547**	**43504**	**24882**	**18623**	**25526**	**14100**	**11426**
北 京	Beijing	221	118	103	184	101	83	271	130	142
天 津	Tianjin	847	456	391	222	123	99	209	91	118
河 北	Hebei	7972	4325	3647	2679	1403	1276	1112	628	484
山 西	Shanxi	2562	1324	1238	935	534	401	597	318	279
内蒙古	Inner Mongolia	1972	1029	942	772	443	329	330	176	153
辽 宁	Liaoning	2279	1235	1043	568	334	234	437	252	185
吉 林	Jilin	1889	1003	887	678	365	313	290	150	139
黑龙江	Heilongjiang	2668	1384	1284	1148	602	546	721	378	343
上 海	Shanghai	1137	636	501	409	254	155	171	94	77
江 苏	Jiangsu	5965	2917	3047	2340	1322	1018	1346	739	608
浙 江	Zhejiang	4583	2508	2075	1806	1077	728	1484	523	961
安 徽	Anhui	4881	2768	2112	2360	1273	1087	1167	719	448
福 建	Fujian	3084	1781	1304	1144	711	433	629	380	250
江 西	Jiangxi	3799	1808	1992	3148	2038	1110	1063	636	428
山 东	Shandong	7347	3693	3655	2656	1591	1065	1541	807	732
河 南	Henan	8692	4295	4397	3154	1693	1461	1178	579	600
湖 北	Hubei	3425	1682	1743	2436	1266	1171	1242	751	491
湖 南	Hunan	6271	3145	3126	2656	1545	1111	1325	723	602
广 东	Guangdong	8546	4510	4036	3512	2133	1379	1132	671	461
广 西	Guangxi	3616	1939	1677	1253	735	518	917	488	431
海 南	Hainan	992	504	487	493	299	194	232	153	79
重 庆	Chongqing	3478	1701	1777	1384	816	568	660	381	277
四 川	Sichuan	4164	2078	2086	2640	1398	1242	3648	2169	1480
贵 州	Guizhou	2282	1268	1014	959	624	335	699	408	291
云 南	Yunnan	2581	1392	1189	911	494	417	644	387	257
西 藏	Tibet	41	22	19	24	13	11	14	7	6
陕 西	Shaanxi	3075	1604	1471	1848	1043	805	1405	798	607
甘 肃	Gansu	1726	904	822	715	403	311	478	265	213
青 海	Qinghai	282	155	126	122	65	57	162	87	75
宁 夏	Ningxia	248	139	109	109	58	51	103	55	48
新 疆	Xinjiang	512	265	248	238	120	117	315	157	160

2-27 各地区乡村分性别、受教育程度的人口

Rural Population by Sex, Educational Attainment and Region

单位：人 (person)

地 区	Region	6岁及以上人口 Population Aged 6 and Over	男 Male	女 Female	未上过学 No Schooling	男 Male	女 Female	小 学 Primary School	男 Male	女 Female
全 国	**National Total**	**471470**	**241337**	**230133**	**35229**	**11148**	**24081**	**168473**	**81138**	**87336**
北 京	Beijing	2275	1166	1108	145	45	100	477	235	243
天 津	Tianjin	2051	1050	1001	78	22	55	635	293	341
河 北	Hebei	28762	14699	14063	1500	518	982	8614	4043	4572
山 西	Shanxi	13391	7107	6284	460	169	291	4037	1950	2087
内蒙古	Inner Mongolia	8108	4283	3825	613	217	395	2750	1374	1377
辽 宁	Liaoning	11665	6070	5596	495	199	296	3637	1749	1888
吉 林	Jilin	9849	5199	4651	426	160	266	3518	1725	1794
黑龙江	Heilongjiang	12798	6612	6187	546	195	351	4189	2042	2146
上 海	Shanghai	2001	1029	972	368	131	237	489	252	237
江 苏	Jiangsu	21939	10864	11075	1305	330	975	6896	3015	3881
浙 江	Zhejiang	15491	7947	7544	1447	415	1031	5611	2762	2849
安 徽	Anhui	23459	11795	11663	2353	721	1633	8176	3864	4313
福 建	Fujian	11260	5888	5371	930	229	701	4404	2019	2385
江 西	Jiangxi	17310	8946	8364	715	220	495	5944	2786	3158
山 东	Shandong	34729	17606	17123	2786	786	2000	11429	5199	6230
河 南	Henan	39476	19573	19902	2787	904	1883	12017	5750	6267
湖 北	Hubei	20014	10251	9763	1597	424	1173	6578	3152	3427
湖 南	Hunan	26515	13696	12819	1285	392	894	8953	4404	4549
广 东	Guangdong	25449	12790	12659	1308	293	1014	8537	3859	4678
广 西	Guangxi	19366	10217	9149	1049	339	710	7912	3728	4184
海 南	Hainan	3144	1665	1480	211	56	155	745	360	385
重 庆	Chongqing	9500	4790	4711	886	299	587	4519	2293	2226
四 川	Sichuan	34042	17280	16762	3474	1043	2431	15964	8090	7873
贵 州	Guizhou	16381	8536	7845	2196	736	1460	6838	3514	3324
云 南	Yunnan	21026	10985	10041	2231	808	1423	10419	5274	5145
西 藏	Tibet	1733	869	864	731	337	395	744	386	357
陕 西	Shaanxi	14114	7236	6878	793	239	554	4023	1855	2169
甘 肃	Gansu	11815	6115	5700	1280	448	832	5138	2531	2607
青 海	Qinghai	2238	1161	1077	426	151	274	1016	533	483
宁 夏	Ningxia	2374	1220	1154	284	101	183	892	428	465
新 疆	Xinjiang	9193	4692	4502	525	222	304	3370	1673	1697

2-27 续表 continued

单位：人 (person)

地 区	Region	初 中 Junior Secondary School	男 Male	女 Female	高 中 Senior Secondary School	男 Male	女 Female	大专及以上 College and Higher Level	男 Male	女 Female
全 国	**National Total**	**212191**	**115992**	**96199**	**44272**	**26763**	**17509**	**11305**	**6295**	**5009**
北 京	Beijing	1050	583	467	408	221	187	193	83	111
天 津	Tianjin	1047	573	473	199	116	83	93	45	49
河 北	Hebei	15264	8142	7122	2908	1767	1141	475	229	246
山 西	Shanxi	7014	3914	3101	1562	888	673	319	185	133
内蒙古	Inner Mongolia	3658	2037	1621	785	471	314	303	185	119
辽 宁	Liaoning	6587	3599	2989	730	409	322	215	114	101
吉 林	Jilin	5116	2835	2281	585	356	229	205	123	81
黑龙江	Heilongjiang	7027	3777	3250	820	491	328	216	106	111
上 海	Shanghai	907	511	396	151	88	63	88	48	39
江 苏	Jiangsu	10317	5497	4820	2562	1556	1006	859	466	393
浙 江	Zhejiang	6003	3403	2600	1693	990	703	738	377	361
安 徽	Anhui	10694	5822	4872	1724	1091	634	511	299	212
福 建	Fujian	4544	2725	1819	1044	721	324	337	194	142
江 西	Jiangxi	7846	4174	3672	2405	1511	894	401	255	145
山 东	Shandong	16294	9028	7266	3466	2183	1283	754	410	344
河 南	Henan	19878	10074	9803	4137	2472	1665	657	374	285
湖 北	Hubei	8952	4925	4028	2308	1422	886	578	328	250
湖 南	Hunan	11971	6337	5634	3559	2159	1400	747	404	342
广 东	Guangdong	12323	6621	5702	2761	1691	1069	521	326	196
广 西	Guangxi	8825	5156	3669	1279	817	461	302	177	124
海 南	Hainan	1772	970	801	323	217	106	93	61	33
重 庆	Chongqing	3111	1667	1444	780	415	366	204	116	88
四 川	Sichuan	11925	6646	5279	2195	1240	955	485	261	223
贵 州	Guizhou	6138	3540	2597	901	551	350	308	194	113
云 南	Yunnan	6738	3952	2786	1222	721	502	415	230	185
西 藏	Tibet	188	110	78	46	25	21	24	12	13
陕 西	Shaanxi	7202	3923	3278	1635	956	678	462	263	199
甘 肃	Gansu	4040	2293	1747	1080	673	407	277	170	106
青 海	Qinghai	618	374	244	130	75	54	49	27	22
宁 夏	Ningxia	923	532	390	229	135	95	46	25	21
新 疆	Xinjiang	4220	2253	1968	647	338	309	431	208	224

2-28 各地区分性别的15岁及以上文盲人口
Illiterate Population Aged 15 and Over by Sex and Region

单位：人，% (person,%)

地 区	Region	15岁及以上人口 Population Aged 15 and Over	男 Male	女 Female	文盲人口 Illiterate Population	男 Male	女 Female	文盲人口占15岁及以上人口的比重 % to Total Aged 15 and Over	男 Male	女 Female
全 国	**National Total**	**934935**	**474125**	**460810**	**43002**	**11997**	**31005**	**4.60**	**2.53**	**6.73**
北 京	Beijing	15722	8149	7574	239	57	182	1.52	0.70	2.41
天 津	Tianjin	10790	5315	5476	222	51	171	2.06	0.96	3.12
河 北	Hebei	49745	25174	24571	1553	432	1121	3.12	1.72	4.56
山 西	Shanxi	25247	13006	12241	529	168	361	2.09	1.29	2.95
内蒙古	Inner Mongolia	17782	9223	8560	759	238	520	4.27	2.59	6.08
辽 宁	Liaoning	32457	16354	16103	582	205	377	1.79	1.25	2.34
吉 林	Jilin	20038	10293	9744	456	143	313	2.27	1.38	3.21
黑龙江	Heilongjiang	27859	14091	13768	608	188	420	2.18	1.34	3.05
上 海	Shanghai	18065	9264	8801	658	184	474	3.64	1.99	5.39
江 苏	Jiangsu	56793	27932	28861	2148	443	1705	3.78	1.59	5.91
浙 江	Zhejiang	39959	20665	19294	2150	560	1590	5.38	2.71	8.24
安 徽	Anhui	40579	20257	20322	3014	879	2136	7.43	4.34	10.51
福 建	Fujian	25899	13292	12606	1312	241	1071	5.06	1.81	8.50
江 西	Jiangxi	29968	15317	14650	825	201	624	2.75	1.31	4.26
山 东	Shandong	67898	34119	33779	3604	834	2770	5.31	2.44	8.20
河 南	Henan	61555	29957	31597	3004	882	2122	4.88	2.94	6.72
湖 北	Hubei	40707	20446	20262	2158	589	1569	5.30	2.88	7.74
湖 南	Hunan	45131	22842	22289	1408	390	1018	3.12	1.71	4.57
广 东	Guangdong	73194	38115	35079	2051	407	1645	2.80	1.07	4.69
广 西	Guangxi	30586	15862	14724	1045	252	793	3.42	1.59	5.38
海 南	Hainan	6004	3113	2891	286	65	221	4.76	2.08	7.65
重 庆	Chongqing	20687	10448	10239	995	290	705	4.81	2.78	6.89
四 川	Sichuan	55831	28322	27510	3723	1034	2689	6.67	3.65	9.78
贵 州	Guizhou	22520	11470	11050	2350	745	1605	10.44	6.50	14.53
云 南	Yunnan	30934	15956	14978	2614	893	1720	8.45	5.60	11.49
西 藏	Tibet	1976	1004	972	814	374	440	41.18	37.23	45.26
陕 西	Shaanxi	26377	13409	12968	1132	317	815	4.29	2.37	6.29
甘 肃	Gansu	17709	9037	8672	1309	421	887	7.39	4.66	10.23
青 海	Qinghai	3821	1945	1876	517	173	345	13.53	8.87	18.37
宁 夏	Ningxia	4306	2178	2128	339	109	230	7.88	5.01	10.82
新 疆	Xinjiang	14795	7570	7225	598	234	364	4.04	3.09	5.04

2-29 各地区城市分性别的15岁及以上文盲人口

City Illiterate Population Aged 15 and Over by Sex and Region

单位：人，%　　　　(person,%)

地　区	Region	15岁及以上人口 Population Aged 15 and Over	男 Male	女 Female	文盲人口 Illiterate Population	男 Male	女 Female	文盲人口占15岁及以上人口的比重 % to Total Aged 15 and Over	男 Male	女 Female
全　国	**National Total**	**307690**	**155722**	**151967**	**5252**	**1219**	**4033**	**1.71**	**0.78**	**2.65**
北　京	Beijing	12844	6685	6158	96	18	79	0.75	0.26	1.27
天　津	Tianjin	7318	3551	3767	112	22	90	1.53	0.61	2.39
河　北	Hebei	10078	4948	5130	115	28	86	1.14	0.57	1.68
山　西	Shanxi	8548	4234	4314	78	24	55	0.92	0.56	1.27
内蒙古	Inner Mongolia	6618	3381	3236	101	23	77	1.52	0.69	2.39
辽　宁	Liaoning	18038	8804	9234	131	33	98	0.73	0.37	1.06
吉　林	Jilin	7692	3844	3848	56	12	44	0.72	0.31	1.14
黑龙江	Heilongjiang	10968	5450	5518	100	23	77	0.91	0.42	1.39
上　海	Shanghai	14050	7145	6904	219	43	176	1.56	0.60	2.55
江　苏	Jiangsu	24018	12043	11975	579	125	455	2.41	1.03	3.80
浙　江	Zhejiang	15190	8121	7069	356	80	276	2.34	0.99	3.90
安　徽	Anhui	9031	4439	4592	271	84	188	3.00	1.88	4.08
福　建	Fujian	9087	4483	4604	253	36	217	2.79	0.80	4.72
江　西	Jiangxi	6035	2992	3043	72	11	61	1.20	0.36	2.02
山　东	Shandong	21978	11117	10861	572	98	473	2.60	0.88	4.36
河　南	Henan	12427	6237	6190	196	34	162	1.58	0.54	2.62
湖　北	Hubei	14072	6967	7105	253	46	207	1.80	0.66	2.92
湖　南	Hunan	9425	4677	4747	121	43	78	1.28	0.91	1.64
广　东	Guangdong	34878	18729	16149	409	88	321	1.17	0.47	1.99
广　西	Guangxi	7296	3681	3615	102	21	82	1.40	0.56	2.26
海　南	Hainan	1243	616	627	18	4	14	1.47	0.70	2.23
重　庆	Chongqing	5311	2790	2521	65	9	57	1.23	0.31	2.25
四　川	Sichuan	13302	6723	6579	340	102	238	2.56	1.52	3.61
贵　州	Guizhou	4067	1812	2254	63	17	46	1.54	0.92	2.04
云　南	Yunnan	6608	3349	3259	243	106	138	3.68	3.15	4.23
西　藏	Tibet	213	115	98	52	26	26	24.51	22.77	26.54
陕　西	Shaanxi	5615	2807	2807	94	19	74	1.67	0.69	2.64
甘　肃	Gansu	3531	1768	1763	60	13	47	1.71	0.76	2.67
青　海	Qinghai	1028	512	515	21	6	15	2.00	1.15	2.85
宁　夏	Ningxia	1678	840	838	40	8	32	2.37	0.90	3.85
新　疆	Xinjiang	5503	2861	2642	64	20	45	1.17	0.69	1.69

2-30 各地区镇分性别的15岁及以上文盲人口

Town Illiterate Population Aged 15 and Over by Sex and Region

单位：人，% (person,%)

地 区	Region	15岁及以上人口 Population Aged 15 and Over	男 Male	女 Female	文盲人口 Illiterate Population	男 Male	女 Female	文盲人口占15岁及以上人口的比重 % to Total Aged 15 and Over	男 Male	女 Female
全 国	**National Total**	**211686**	**107429**	**104257**	**7794**	**2165**	**5629**	**3.68**	**2.02**	**5.40**
北 京	Beijing	719	356	363	10	1	9	1.38	0.26	2.49
天 津	Tianjin	1631	825	806	51	16	35	3.13	1.99	4.30
河 北	Hebei	14080	7229	6851	363	93	270	2.58	1.29	3.93
山 西	Shanxi	4583	2336	2247	81	24	58	1.78	1.01	2.57
内蒙古	Inner Mongolia	3691	1882	1809	127	36	91	3.45	1.91	5.05
辽 宁	Liaoning	3732	2003	1729	54	20	34	1.46	1.01	1.98
吉 林	Jilin	3347	1701	1646	67	20	47	2.01	1.18	2.87
黑龙江	Heilongjiang	5232	2632	2600	79	22	57	1.50	0.83	2.19
上 海	Shanghai	2133	1160	973	82	14	68	3.85	1.25	6.96
江 苏	Jiangsu	12742	6091	6651	504	105	399	3.95	1.72	6.00
浙 江	Zhejiang	10503	5235	5268	470	124	346	4.47	2.38	6.56
安 徽	Anhui	11030	5662	5367	591	176	415	5.36	3.11	7.73
福 建	Fujian	6693	3525	3168	313	46	267	4.67	1.30	8.42
江 西	Jiangxi	9158	4817	4341	196	56	140	2.14	1.16	3.21
山 东	Shandong	14605	7270	7335	702	184	518	4.81	2.54	7.06
河 南	Henan	15588	7526	8062	521	162	359	3.34	2.15	4.45
湖 北	Hubei	8442	4214	4228	424	165	259	5.02	3.92	6.13
湖 南	Hunan	12483	6286	6196	289	83	205	2.31	1.33	3.32
广 东	Guangdong	16419	8494	7925	568	134	434	3.46	1.58	5.48
广 西	Guangxi	6999	3643	3356	154	34	120	2.20	0.93	3.58
海 南	Hainan	2000	1047	952	79	18	62	3.97	1.68	6.48
重 庆	Chongqing	7065	3520	3545	169	43	126	2.39	1.22	3.56
四 川	Sichuan	12920	6669	6250	375	105	270	2.90	1.57	4.32
贵 州	Guizhou	4890	2641	2249	291	91	201	5.95	3.43	8.92
云 南	Yunnan	6281	3191	3090	399	105	294	6.36	3.29	9.52
西 藏	Tibet	293	154	139	147	74	73	50.19	48.06	52.56
陕 西	Shaanxi	7850	4016	3834	365	115	250	4.65	2.85	6.53
甘 肃	Gansu	3691	1868	1823	117	33	84	3.17	1.79	4.59
青 海	Qinghai	884	444	440	104	33	71	11.79	7.50	16.12
宁 夏	Ningxia	609	303	306	39	11	29	6.48	3.54	9.39
新 疆	Xinjiang	1394	689	705	61	21	40	4.37	3.05	5.65

2-31 各地区乡村分性别的15岁及以上文盲人口

Rural Illiterate Population Aged 15 and Over by Sex and Region

单位：人，%　　(person,%)

地　区	Region	15岁及以上人口 Population Aged 15 and Over	男 Male	女 Female	文盲人口 Illiterate Population	男 Male	女 Female	文盲人口占15岁及以上人口的比重 % to Total Aged 15 and Over	男 Male	女 Female
全　国	**National Total**	**415559**	**210973**	**204586**	**29956**	**8613**	**21343**	**7.21**	**4.08**	**10.43**
北　京	Beijing	2159	1107	1052	133	39	95	6.18	3.49	9.00
天　津	Tianjin	1841	939	902	59	13	46	3.20	1.40	5.07
河　北	Hebei	25588	12998	12590	1075	310	765	4.20	2.39	6.08
山　西	Shanxi	12116	6437	5680	369	121	248	3.05	1.87	4.37
内蒙古	Inner Mongolia	7473	3960	3514	531	179	351	7.10	4.53	10.00
辽　宁	Liaoning	10687	5548	5139	397	152	245	3.72	2.74	4.77
吉　林	Jilin	8999	4749	4250	333	111	222	3.70	2.33	5.22
黑龙江	Heilongjiang	11659	6009	5650	430	144	286	3.69	2.39	5.07
上　海	Shanghai	1883	959	924	357	127	230	18.94	13.20	24.90
江　苏	Jiangsu	20033	9798	10234	1065	214	851	5.32	2.18	8.32
浙　江	Zhejiang	14266	7310	6956	1324	356	969	9.28	4.86	13.93
安　徽	Anhui	20518	10155	10363	2152	619	1533	10.49	6.09	14.79
福　建	Fujian	10119	5284	4835	746	159	587	7.37	3.00	12.14
江　西	Jiangxi	14774	7509	7266	557	134	423	3.77	1.78	5.82
山　东	Shandong	31315	15732	15583	2330	551	1779	7.44	3.50	11.42
河　南	Henan	33539	16194	17346	2287	686	1601	6.82	4.24	9.23
湖　北	Hubei	18194	9265	8929	1481	378	1103	8.14	4.08	12.35
湖　南	Hunan	23224	11878	11345	999	264	735	4.30	2.22	6.48
广　东	Guangdong	21897	10892	11005	1074	184	890	4.90	1.69	8.08
广　西	Guangxi	16290	8537	7753	788	197	591	4.84	2.31	7.62
海　南	Hainan	2761	1450	1312	188	43	146	6.82	2.94	11.10
重　庆	Chongqing	8311	4138	4173	761	238	523	9.15	5.76	12.52
四　川	Sichuan	29609	14929	14680	3008	827	2181	10.16	5.54	14.86
贵　州	Guizhou	13563	7017	6546	1997	638	1359	14.72	9.09	20.76
云　南	Yunnan	18045	9416	8629	1971	683	1288	10.92	7.25	14.93
西　藏	Tibet	1471	735	735	615	274	341	41.80	37.22	46.39
陕　西	Shaanxi	12913	6586	6326	674	183	491	5.22	2.78	7.76
甘　肃	Gansu	10486	5401	5086	1131	374	757	10.79	6.93	14.88
青　海	Qinghai	1909	988	920	392	133	259	20.55	13.49	28.13
宁　夏	Ningxia	2019	1035	984	260	91	169	12.88	8.78	17.20
新　疆	Xinjiang	7898	4020	3878	473	193	280	5.99	4.81	7.21

2-32 全国15岁及以上人口分年龄、性别的婚姻状况

Population Aged 15 and Over by Age, Sex and Marital Status

单位：人 (person)

年 龄 Age	15岁及以上人口 Population Aged 15 and Over	男 Male	女 Female	未 婚 Never Married	男 Male	女 Female	初婚有配偶 First Married	男 Male	女 Female
总计 Total	**934935**	**474125**	**460810**	**188708**	**111561**	**77147**	**665734**	**330964**	**334770**
15-19	**68715**	**36177**	**32538**	**66791**	**35411**	**31380**	**1854**	**735**	**1119**
15	13208	7129	6079	13031	7031	6000	164	91	73
16	13890	7596	6294	13671	7486	6185	207	106	101
17	14745	7670	7074	14408	7528	6880	324	135	189
18	14121	7244	6877	13609	7062	6548	498	175	323
19	12751	6537	6214	12071	6305	5766	661	228	433
20-24	**97406**	**50961**	**46446**	**71663**	**41224**	**30439**	**25218**	**9481**	**15738**
20	16610	8738	7872	15051	8241	6810	1515	476	1039
21	17116	9032	8084	14587	8192	6395	2469	812	1657
22	18081	9540	8541	13892	8009	5883	4115	1500	2616
23	23135	11989	11146	15554	9144	6410	7437	2776	4661
24	22465	11663	10802	12578	7638	4940	9682	3917	5765
25-29	**93136**	**46693**	**46443**	**29737**	**18605**	**11132**	**61762**	**27244**	**34518**
25	19837	9950	9887	9205	5476	3729	10413	4364	6049
26	21103	10555	10548	7849	4910	2939	12934	5482	7452
27	19005	9468	9537	5616	3528	2088	13018	5740	7278
28	16832	8369	8463	4006	2624	1383	12459	5553	6906
29	16359	8351	8008	3061	2067	994	12937	6105	6832
30-34	**82677**	**41986**	**40691**	**8351**	**5814**	**2536**	**71293**	**34611**	**36682**
30	15710	7930	7780	2287	1498	789	12954	6171	6783
31	18281	9308	8973	2100	1444	656	15583	7585	7998
32	16271	8356	7915	1595	1112	483	14114	6960	7155
33	15769	7900	7869	1299	952	348	13822	6611	7210
34	16646	8492	8154	1070	809	261	14820	7285	7536
35-39	**84334**	**43057**	**41277**	**3498**	**2767**	**731**	**76485**	**38063**	**38422**
35	15886	8090	7796	837	650	186	14338	7087	7251
36	15125	7715	7409	702	540	162	13627	6754	6873
37	16891	8801	8090	702	560	142	15332	7789	7543
38	17298	8831	8467	653	524	129	15740	7859	7881
39	19134	9620	9515	605	493	111	17448	8574	8874

2-32 续表 1 continued

单位：人 (person)

年 龄 Age	15岁及以上人口 Population Aged 15 and Over	男 Male	女 Female	未 婚 Never Married	男 Male	女 Female	初婚有配偶 First Married	男 Male	女 Female
40-44	**103771**	**53017**	**50753**	**2643**	**2241**	**402**	**94825**	**47600**	**47226**
40	19655	10105	9550	642	533	109	17909	8974	8935
41	20380	10331	10048	546	461	85	18663	9308	9356
42	20479	10602	9877	504	429	75	18708	9520	9189
43	22571	11517	11054	525	448	77	20626	10354	10271
44	20686	10462	10225	426	370	56	18919	9444	9475
45-49	**98129**	**49884**	**48245**	**1663**	**1482**	**181**	**89707**	**45210**	**44497**
45	21994	11207	10787	417	368	49	20169	10131	10038
46	17476	8925	8551	310	279	31	16017	8110	7907
47	19509	9883	9626	362	320	42	17860	8960	8899
48	19940	10077	9863	283	253	30	18222	9168	9053
49	19210	9791	9418	290	261	30	17440	8841	8599
50-54	**69533**	**35355**	**34178**	**954**	**836**	**118**	**62877**	**31985**	**30892**
50	22061	11272	10790	305	261	44	20066	10248	9818
51	16422	8317	8105	218	189	28	14923	7540	7384
52	9028	4507	4520	111	90	21	8198	4123	4075
53	11587	5902	5685	169	154	15	10397	5293	5104
54	10436	5357	5078	151	142	9	9293	4782	4511
55-59	**70719**	**35892**	**34827**	**1095**	**1029**	**66**	**62462**	**31857**	**30605**
55	13412	6932	6480	192	174	17	11965	6179	5786
56	14774	7563	7211	217	202	15	13139	6743	6395
57	13978	7109	6870	228	214	14	12312	6271	6040
58	14183	7110	7073	237	225	12	12470	6297	6173
59	14371	7179	7192	221	213	8	12576	6366	6210
60-64	**58256**	**29230**	**29026**	**887**	**837**	**50**	**49496**	**25438**	**24058**
60	12962	6507	6454	205	194	11	11202	5671	5531
61	13001	6490	6511	219	207	12	11171	5694	5477
62	11290	5622	5668	175	164	11	9598	4925	4673
63	10717	5423	5294	151	141	10	9047	4701	4346
64	10286	5187	5099	137	131	6	8480	4449	4031
65+	**108261**	**51874**	**56387**	**1427**	**1315**	**112**	**69754**	**38740**	**31014**

2-32 续表 2 continued

单位：人 (person)

年 龄 Age	再婚有配偶 Re-married	男 Male	女 Female	离 婚 Divorced	男 Male	女 Female	丧 偶 Widowed	男 Male	女 Female
总计 Total	**15023**	**7175**	**7848**	**14778**	**8595**	**6183**	**50692**	**15830**	**34862**
15-19	**18**	**10**	**8**	**34**	**12**	**22**	**18**	**9**	**8**
15	10	5	5	3	2	1			
16	1	1		5	2	4	6	2	4
17	2	2		7	3	5	3	2	1
18	2	2		8	3	4	4	3	1
19	4		4	10	2	8	5	2	2
20-24	**163**	**52**	**111**	**317**	**180**	**137**	**46**	**24**	**22**
20	16	4	12	22	14	8	6	3	3
21	14	4	9	37	20	17	9	3	6
22	22	3	18	45	23	22	6	4	2
23	48	17	31	86	47	39	9	5	4
24	63	23	40	126	75	51	16	9	6
25-29	**601**	**248**	**353**	**942**	**564**	**379**	**94**	**32**	**62**
25	71	33	37	139	74	65	8	2	7
26	123	40	83	175	115	60	22	9	13
27	133	58	76	215	135	79	23	7	17
28	128	49	79	214	132	82	24	11	12
29	145	68	77	199	108	92	16	3	13
30-34	**1161**	**497**	**664**	**1658**	**984**	**674**	**214**	**80**	**134**
30	175	76	99	260	167	93	33	18	15
31	226	94	132	324	168	156	49	16	33
32	223	88	135	306	182	124	33	15	18
33	257	114	143	340	209	132	50	14	36
34	279	125	155	428	258	170	49	17	32
35-39	**1766**	**775**	**991**	**2179**	**1305**	**873**	**405**	**146**	**259**
35	277	121	156	373	210	163	62	23	39
36	302	145	157	437	258	179	57	19	38
37	354	162	193	422	257	164	81	33	48
38	369	139	230	452	280	172	85	29	55
39	465	210	255	495	301	194	121	42	79

2-32 续表 3 continued

单位：人 (person)

年龄 Age	再婚有配偶 Re-married	男 Male	女 Female	离婚 Divorced	男 Male	女 Female	丧偶 Widowed	男 Male	女 Female
40-44	**2558**	**1182**	**1376**	**2769**	**1639**	**1130**	**975**	**356**	**619**
40	465	221	244	512	331	181	126	46	80
41	479	206	274	529	295	234	162	62	101
42	512	250	262	566	348	218	189	57	132
43	585	270	315	600	359	240	235	85	150
44	516	236	281	562	306	257	262	106	156
45-49	**2433**	**1150**	**1283**	**2395**	**1348**	**1048**	**1930**	**694**	**1236**
45	547	269	277	557	321	236	304	117	187
46	420	211	208	416	222	194	313	102	211
47	490	220	271	436	241	195	361	142	219
48	474	217	257	505	287	218	457	152	305
49	503	233	270	481	276	206	496	181	314
50-54	**1678**	**816**	**862**	**1731**	**982**	**749**	**2293**	**735**	**1558**
50	510	252	259	571	321	250	609	190	418
51	395	181	214	398	243	155	488	164	324
52	220	107	113	222	117	105	277	70	207
53	300	150	151	282	154	128	438	151	287
54	252	127	126	258	147	111	481	159	321
55-59	**1611**	**818**	**792**	**1241**	**725**	**516**	**4310**	**1463**	**2847**
55	326	169	157	274	167	108	655	242	413
56	325	172	153	264	154	109	830	292	538
57	347	168	179	268	160	107	823	295	528
58	321	173	148	235	129	106	920	286	634
59	291	136	155	201	114	86	1082	349	734
60-64	**1188**	**588**	**600**	**700**	**400**	**300**	**5984**	**1967**	**4018**
60	290	163	126	201	125	77	1064	354	709
61	242	104	138	143	75	68	1227	410	817
62	207	98	110	126	63	63	1183	372	811
63	220	104	116	125	77	48	1175	401	775
64	230	119	111	105	60	45	1335	429	906
65+	**1845**	**1039**	**807**	**812**	**458**	**354**	**34423**	**10323**	**24099**

2-33 全国城市15岁及以上人口分年龄、性别的婚姻状况

City Population Aged 15 and Over by Age, Sex and Marital Status

单位：人 (person)

年 龄 Age	15岁及以上人口 Population Aged 15 and Over	男 Male	女 Female	未 婚 Never Married	男 Male	女 Female	初婚有配偶 First Married	男 Male	女 Female
总计 Total	**307690**	**155722**	**151967**	**71470**	**39978**	**31492**	**213505**	**107333**	**106172**
15-19	**21486**	**10833**	**10654**	**21170**	**10698**	**10472**	**304**	**124**	**180**
15	3347	1839	1508	3313	1820	1492	29	14	15
16	4325	2191	2133	4280	2167	2113	45	25	20
17	4938	2407	2531	4875	2378	2496	61	27	34
18	4661	2376	2285	4596	2353	2243	62	20	42
19	4216	2019	2197	4107	1979	2128	107	38	69
20-24	**35040**	**18527**	**16512**	**29343**	**16304**	**13039**	**5621**	**2189**	**3433**
20	5976	3103	2874	5703	3015	2688	269	85	185
21	6460	3363	3097	5992	3195	2797	460	162	298
22	6491	3427	3064	5658	3104	2554	819	317	502
23	7967	4228	3739	6320	3597	2723	1629	623	1007
24	8145	4407	3739	5669	3393	2276	2443	1002	1441
25-29	**34655**	**17427**	**17228**	**14013**	**8434**	**5579**	**20234**	**8809**	**11425**
25	7207	3671	3536	4243	2433	1810	2928	1219	1709
26	7729	3849	3879	3669	2210	1459	3978	1603	2374
27	6973	3527	3446	2612	1598	1014	4267	1886	2381
28	6412	3206	3206	1995	1245	751	4323	1917	2405
29	6335	3174	3161	1495	948	546	4738	2183	2555
30-34	**32776**	**16308**	**16468**	**3969**	**2491**	**1478**	**27848**	**13406**	**14442**
30	6244	3069	3175	1184	713	471	4917	2299	2618
31	7449	3671	3778	1028	623	405	6255	2975	3280
32	6356	3183	3173	731	472	259	5442	2642	2800
33	6109	3056	3054	574	376	198	5343	2591	2752
34	6618	3329	3289	452	307	145	5891	2900	2992
35-39	**30680**	**15650**	**15030**	**1238**	**827**	**411**	**27944**	**14138**	**13806**
35	6103	3132	2972	330	217	113	5535	2807	2727
36	5762	2906	2856	281	184	97	5199	2595	2605
37	5927	3095	2832	241	168	72	5399	2794	2605
38	6173	3104	3069	209	134	75	5660	2834	2826
39	6714	3412	3302	178	125	53	6152	3108	3044

2-33 续表 1 continued

单位：人 (person)

年龄 Age	15岁及以上人口 Population Aged 15 and Over	男 Male	女 Female	未婚 Never Married	男 Male	女 Female	初婚有配偶 First Married	男 Male	女 Female
40-44	**35186**	**18142**	**17044**	**780**	**529**	**252**	**32099**	**16515**	**15584**
40	6944	3535	3409	188	120	67	6376	3218	3158
41	7157	3701	3456	184	133	51	6541	3377	3164
42	6909	3629	3280	144	93	51	6297	3297	3000
43	7644	3950	3694	158	111	47	6947	3579	3368
44	6533	3327	3205	106	72	35	5938	3045	2893
45-49	**29396**	**15150**	**14247**	**352**	**262**	**91**	**26713**	**13890**	**12823**
45	6765	3539	3227	104	76	28	6152	3223	2929
46	5087	2640	2447	64	49	15	4631	2427	2204
47	5632	2874	2757	66	44	22	5148	2667	2481
48	5929	3032	2897	56	49	7	5391	2770	2621
49	5983	3065	2918	63	44	19	5391	2802	2589
50-54	**22146**	**11490**	**10656**	**222**	**159**	**63**	**19776**	**10438**	**9338**
50	7098	3747	3352	74	49	26	6370	3415	2955
51	4962	2568	2394	52	38	14	4460	2331	2128
52	2861	1475	1387	29	18	11	2542	1346	1196
53	3831	1981	1850	38	34	5	3405	1786	1619
54	3394	1720	1674	28	21	7	3000	1559	1441
55-59	**21109**	**10588**	**10521**	**141**	**101**	**41**	**18794**	**9601**	**9193**
55	4199	2148	2051	24	15	8	3758	1949	1808
56	4499	2241	2258	35	26	9	4015	2032	1983
57	4093	2052	2041	26	14	12	3637	1857	1780
58	4166	2086	2080	30	24	6	3683	1877	1805
59	4151	2061	2091	27	22	6	3701	1885	1817
60-64	**15757**	**7671**	**8087**	**91**	**67**	**24**	**13727**	**6949**	**6778**
60	3611	1740	1871	23	16	6	3172	1570	1602
61	3417	1678	1740	28	22	6	3007	1521	1487
62	3079	1492	1586	18	13	5	2681	1373	1308
63	2888	1405	1483	14	10	4	2528	1275	1254
64	2762	1355	1407	8	6	2	2339	1211	1129
65+	**29457**	**13936**	**15521**	**150**	**107**	**43**	**20444**	**11274**	**9170**

2-33 续表 2 continued

单位：人 (person)

年 龄 Age	再婚有配偶 Re-married	男 Male	女 Female	离 婚 Divorced	男 Male	女 Female	丧 偶 Widowed	男 Male	女 Female
总计 Total	**4630**	**2410**	**2220**	**6427**	**2995**	**3432**	**11657**	**3006**	**8651**
15-19	**4**	**3**	**1**	**6**	**5**	**1**	**3**	**3**	
15	4	3	1	1	1				
16									
17				2	2	1			
18				2	2		1	1	
19				1		1	1	1	
20-24	**26**	**6**	**20**	**46**	**27**	**19**	**3**	**2**	**1**
20				3	3	1			
21				7	6	1			
22	4		4	7	5	3	2	2	1
23	9	3	6	8	5	2	1		1
24	13	3	10	20	8	12			
25-29	**171**	**71**	**100**	**218**	**105**	**113**	**19**	**8**	**11**
25	14	9	5	21	8	13	1	1	
26	38	12	26	43	24	19	1		1
27	33	12	20	54	28	25	8	3	5
28	44	18	27	44	23	22	5	4	1
29	42	21	22	56	22	34	4		4
30-34	**375**	**155**	**219**	**541**	**243**	**298**	**43**	**13**	**30**
30	54	15	39	79	37	41	10	4	6
31	62	29	32	95	43	53	9	2	8
32	75	25	50	103	42	61	5	2	3
33	74	34	40	106	50	56	13	5	8
34	110	51	58	158	71	87	6		6
35-39	**573**	**266**	**306**	**844**	**391**	**453**	**81**	**28**	**53**
35	79	38	40	143	65	78	17	5	13
36	102	48	54	166	73	93	13	6	7
37	118	57	62	155	70	85	15	7	8
38	122	48	73	166	82	84	17	6	10
39	152	75	77	214	101	113	19	3	16

2-33 续表 3 continued

单位：人 (person)

年 龄 Age	再婚有配偶 Re-married	男 Male	女 Female	离 婚 Divorced	男 Male	女 Female	丧 偶 Widowed	男 Male	女 Female
40-44	**844**	**429**	**415**	**1283**	**624**	**659**	**179**	**45**	**134**
40	151	76	76	204	114	90	25	8	17
41	158	74	84	243	109	133	31	8	23
42	164	94	71	263	136	126	41	8	32
43	206	108	98	287	143	144	46	9	36
44	165	78	87	287	122	165	37	11	25
45-49	**797**	**403**	**394**	**1149**	**504**	**644**	**385**	**91**	**294**
45	184	98	86	261	124	137	65	18	47
46	137	71	67	189	77	112	65	15	50
47	149	71	78	203	76	127	66	15	50
48	147	78	69	252	116	136	84	20	64
49	180	85	95	244	111	133	105	23	82
50-54	**597**	**321**	**276**	**976**	**436**	**540**	**575**	**136**	**439**
50	186	106	81	313	143	169	155	34	121
51	126	62	64	225	113	112	99	24	75
52	87	43	45	139	58	81	65	10	55
53	104	59	45	163	67	97	120	35	85
54	94	51	42	137	55	81	136	33	103
55-59	**478**	**278**	**200**	**702**	**342**	**359**	**994**	**266**	**728**
55	102	52	50	170	86	84	145	45	101
56	98	60	38	145	73	72	206	50	156
57	105	63	42	151	74	77	174	43	131
58	89	52	38	131	64	68	233	70	163
59	83	51	32	104	45	59	236	58	178
60-64	**282**	**162**	**121**	**342**	**156**	**186**	**1314**	**336**	**978**
60	77	48	28	101	47	54	239	59	180
61	61	34	26	74	33	40	247	67	180
62	45	22	22	68	28	40	267	56	211
63	50	27	24	56	27	29	239	66	173
64	50	30	20	42	20	22	322	88	234
65+	**483**	**316**	**167**	**320**	**160**	**159**	**8061**	**2080**	**5981**

2-34 全国镇15岁及以上人口分年龄、性别的婚姻状况

Town Population Aged 15 and Over by Age, Sex and Marital Status

单位：人 (person)

年龄 Age	15岁及以上人口 Population Aged 15 and Over	男 Male	女 Female	未婚 Never Married	男 Male	女 Female	初婚有配偶 First Married	男 Male	女 Female
总计 Total	**211686**	**107429**	**104257**	**41512**	**24446**	**17065**	**153359**	**76434**	**76925**
15-19	**16961**	**9234**	**7727**	**16522**	**9044**	**7477**	**427**	**185**	**242**
15	3252	1750	1502	3207	1720	1488	44	29	14
16	3575	2106	1469	3532	2079	1454	36	24	12
17	3682	2049	1633	3590	2012	1578	90	37	53
18	3359	1764	1595	3241	1720	1521	117	43	74
19	3093	1566	1527	2951	1514	1437	141	52	88
20-24	**21527**	**11336**	**10191**	**15603**	**9037**	**6566**	**5825**	**2244**	**3581**
20	3906	2054	1852	3560	1960	1599	337	88	249
21	3699	1968	1732	3153	1771	1382	526	188	338
22	3910	2143	1767	2944	1775	1169	957	364	593
23	5038	2620	2418	3328	1963	1365	1688	641	1047
24	4974	2552	2422	2619	1569	1051	2317	963	1354
25-29	**20957**	**10249**	**10708**	**5944**	**3642**	**2303**	**14672**	**6435**	**8238**
25	4350	2085	2265	1846	1039	808	2450	1015	1435
26	4746	2288	2458	1591	955	636	3079	1297	1782
27	4393	2129	2265	1162	732	430	3154	1354	1799
28	3763	1861	1902	747	504	243	2947	1326	1621
29	3704	1886	1818	599	412	186	3042	1442	1600
30-34	**19151**	**9616**	**9535**	**1431**	**997**	**434**	**16996**	**8268**	**8728**
30	3527	1775	1752	379	253	126	3047	1470	1577
31	4126	2051	2074	364	253	111	3597	1732	1865
32	3812	1956	1855	282	188	94	3400	1705	1696
33	3740	1852	1888	234	173	61	3352	1596	1756
34	3946	1981	1965	172	130	42	3600	1765	1835
35-39	**20653**	**10590**	**10063**	**639**	**506**	**133**	**18948**	**9548**	**9400**
35	3793	1943	1850	164	131	33	3449	1715	1733
36	3612	1883	1728	108	84	24	3317	1693	1624
37	4263	2183	2080	143	111	32	3916	1969	1947
38	4366	2210	2156	124	104	20	4022	2013	2009
39	4620	2370	2250	100	76	24	4244	2158	2086

2-34 续表 1 continued

单位：人 (person)

年 龄 Age	15岁及以上人口 Population Aged 15 and Over	男 Male	女 Female	未 婚 Never Married	男 Male	女 Female	初婚有配偶 First Married	男 Male	女 Female
40-44	**24866**	**12602**	**12264**	**435**	**363**	**72**	**23026**	**11576**	**11450**
40	4754	2441	2312	107	89	18	4409	2243	2166
41	4870	2449	2421	81	67	14	4516	2253	2264
42	4896	2471	2424	83	69	13	4541	2268	2273
43	5353	2718	2635	99	80	18	4954	2498	2456
44	4994	2522	2472	65	56	9	4605	2313	2292
45-49	**23064**	**11733**	**11331**	**269**	**240**	**29**	**21259**	**10793**	**10466**
45	5203	2642	2561	52	44	8	4862	2460	2402
46	4138	2119	2018	52	47	5	3819	1947	1871
47	4563	2311	2253	69	63	6	4177	2110	2067
48	4774	2411	2363	53	46	7	4390	2235	2155
49	4385	2250	2135	43	40	3	4012	2041	1971
50-54	**15356**	**7813**	**7542**	**154**	**132**	**22**	**14042**	**7161**	**6882**
50	5103	2534	2569	51	43	9	4692	2341	2352
51	3639	1872	1767	36	31	5	3337	1719	1618
52	1959	999	960	14	11	3	1804	928	876
53	2424	1276	1148	31	26	5	2194	1155	1039
54	2230	1133	1097	21	21		2015	1018	997
55-59	**15298**	**7653**	**7644**	**136**	**127**	**9**	**13633**	**6936**	**6698**
55	2928	1500	1428	24	22	3	2630	1360	1269
56	3122	1615	1507	21	18	3	2788	1473	1315
57	3045	1493	1552	37	37		2688	1324	1364
58	3078	1527	1551	26	24	2	2744	1389	1356
59	3125	1518	1607	28	27	1	2783	1389	1394
60-64	**12140**	**6170**	**5970**	**140**	**136**	**5**	**10329**	**5429**	**4901**
60	2767	1425	1342	38	37	1	2389	1238	1151
61	2713	1370	1343	31	30	1	2346	1238	1108
62	2340	1194	1146	31	31	1	2010	1057	953
63	2253	1130	1123	21	19	2	1873	985	888
64	2067	1051	1015	19	18		1712	910	801
65+	**21713**	**10433**	**11280**	**239**	**223**	**16**	**14202**	**7861**	**6341**

2-34 续表 2 continued

单位：人 (person)

年龄 Age	再婚有配偶 Re-married	男 Male	女 Female	离婚 Divorced	男 Male	女 Female	丧偶 Widowed	男 Male	女 Female
总计 Total	**3451**	**1676**	**1775**	**3147**	**1766**	**1381**	**10217**	**3107**	**7110**
15-19	**2**	**1**	**1**	**4**	**1**	**3**	**6**	**3**	**4**
15				1	1				
16	1	1					5	2	3
17				1		1			
18				1		1	1	1	
19	1		1	1		1	1		1
20-24	**24**	**8**	**16**	**65**	**44**	**20**	**11**	**4**	**7**
20	3	2	1	4	2	2	2	1	1
21	5	1	4	12	7	5	3	1	2
22	1	1		8	4	4			
23	5	1	4	18	16	2			
24	9	2	7	23	16	8	6	2	3
25-29	**119**	**50**	**69**	**197**	**116**	**82**	**24**	**8**	**16**
25	16	8	9	36	24	13	1		1
26	26	9	17	40	22	18	10	5	4
27	27	15	12	45	27	18	7	1	5
28	23	6	16	41	23	17	6	1	5
29	27	12	15	36	20	16	1		1
30-34	**277**	**119**	**158**	**404**	**217**	**187**	**44**	**15**	**28**
30	40	20	20	56	30	26	6	2	4
31	58	18	39	96	44	52	11	4	7
32	49	19	30	73	45	28	7		7
33	58	26	32	88	52	36	9	5	5
34	73	35	38	92	47	45	10	4	6
35-39	**434**	**206**	**228**	**537**	**310**	**227**	**95**	**20**	**75**
35	69	34	34	101	60	41	10	2	8
36	72	44	28	103	60	43	12	2	10
37	92	39	53	96	58	39	16	6	9
38	76	28	48	119	62	56	25	2	22
39	125	59	66	118	70	48	33	7	26

2-34 续表 3 continued

单位：人 (person)

年 龄 Age	再婚有配偶 Re-married	男 Male	女 Female	离 婚 Divorced	男 Male	女 Female	丧 偶 Widowed	男 Male	女 Female
40-44	**584**	**257**	**327**	**620**	**349**	**272**	**201**	**58**	**144**
40	103	47	55	107	58	49	29	4	24
41	120	52	69	118	66	52	34	11	23
42	108	49	58	132	78	54	32	7	25
43	123	49	74	133	76	57	44	14	29
44	130	60	70	130	71	59	63	21	42
45-49	**587**	**295**	**292**	**524**	**273**	**251**	**426**	**133**	**293**
45	111	58	53	122	61	61	57	19	38
46	102	55	47	96	48	48	69	22	48
47	128	58	70	100	56	43	89	24	66
48	121	53	68	104	52	52	107	25	82
49	125	70	55	102	56	46	103	43	60
50-54	**367**	**173**	**195**	**326**	**195**	**132**	**466**	**154**	**312**
50	112	44	67	116	59	56	132	47	85
51	85	42	43	69	46	23	112	34	78
52	48	23	26	38	21	17	55	16	39
53	68	37	32	50	34	17	81	25	56
54	54	27	27	53	35	19	87	32	55
55-59	**376**	**183**	**193**	**188**	**104**	**84**	**964**	**303**	**661**
55	83	43	40	42	25	17	149	50	99
56	75	36	39	42	21	20	197	66	131
57	79	33	46	42	23	18	199	76	123
58	72	45	26	39	22	17	197	47	150
59	68	26	42	24	12	12	222	64	159
60-64	**263**	**134**	**128**	**131**	**79**	**52**	**1278**	**393**	**885**
60	66	40	26	37	27	10	237	83	154
61	55	20	35	27	11	15	256	71	184
62	46	27	19	18	8	10	235	71	164
63	47	22	25	32	23	9	279	80	199
64	49	26	23	17	10	7	270	87	183
65+	**420**	**252**	**168**	**150**	**80**	**71**	**6702**	**2018**	**4685**

2-35 全国乡村15岁及以上人口分年龄、性别的婚姻状况
Rural Population Aged 15 and Over by Age, Sex and Marital Status

单位：人 (person)

年 龄 Age	15岁及以上人口 Population Aged 15 and Over	男 Male	女 Female	未 婚 Never Married	男 Male	女 Female	初婚有配偶 First Married	男 Male	女 Female
总计 Total	**415559**	**210973**	**204586**	**75726**	**47136**	**28590**	**298870**	**147197**	**151673**
15-19	**30268**	**16110**	**14157**	**29099**	**15669**	**13430**	**1123**	**426**	**698**
15	6609	3541	3069	6511	3491	3020	91	48	44
16	5991	3299	2692	5859	3241	2619	126	57	69
17	6125	3214	2910	5943	3137	2805	173	72	101
18	6101	3104	2997	5773	2989	2784	320	112	208
19	5442	2952	2490	5013	2812	2202	413	137	276
20-24	**40839**	**21097**	**19742**	**26716**	**15883**	**10833**	**13772**	**5048**	**8724**
20	6727	3581	3146	5788	3265	2523	909	303	606
21	6957	3701	3255	5442	3227	2215	1482	461	1021
22	7680	3969	3711	5291	3130	2160	2339	819	1520
23	10130	5141	4989	5906	3584	2322	4120	1513	2607
24	9345	4704	4641	4290	2677	1613	4922	1952	2970
25-29	**37524**	**19016**	**18508**	**9779**	**6529**	**3250**	**26856**	**12000**	**14855**
25	8280	4194	4086	3116	2004	1112	5035	2130	2905
26	8629	4418	4211	2589	1745	844	5877	2581	3296
27	7639	3811	3827	1842	1198	644	5597	2499	3098
28	6656	3302	3355	1264	875	389	5189	2309	2880
29	6320	3291	3029	968	706	261	5157	2480	2677
30-34	**30750**	**16062**	**14688**	**2951**	**2327**	**625**	**26449**	**12938**	**13511**
30	5938	3085	2853	725	531	193	4990	2401	2588
31	6707	3585	3121	707	568	139	5731	2878	2853
32	6104	3217	2887	582	453	130	5272	2613	2659
33	5919	2992	2927	492	402	89	5127	2425	2702
34	6082	3182	2899	446	372	74	5329	2620	2709
35-39	**33000**	**16817**	**16183**	**1621**	**1433**	**187**	**29593**	**14377**	**15216**
35	5990	3016	2974	343	303	40	5354	2564	2791
36	5750	2925	2825	313	272	41	5111	2466	2644
37	6700	3522	3178	318	281	37	6017	3027	2991
38	6760	3517	3243	320	286	34	6058	3013	3045
39	7800	3837	3963	327	293	34	7052	3307	3745

2-35 续表 1 continued

单位：人 (person)

年 龄 Age	15岁及以上人口 Population Aged 15 and Over	男 Male	女 Female	未 婚 Never Married	男 Male	女 Female	初婚有配偶 First Married	男 Male	女 Female
40-44	**43718**	**22273**	**21445**	**1428**	**1350**	**78**	**39700**	**19508**	**20192**
40	7957	4128	3829	348	324	24	7123	3513	3610
41	8353	4182	4171	281	261	20	7605	3678	3928
42	8674	4502	4172	277	266	11	7870	3954	3916
43	9574	4849	4725	268	257	11	8725	4277	4448
44	9160	4612	4547	254	242	13	8376	4086	4290
45-49	**45668**	**23001**	**22667**	**1041**	**980**	**62**	**41735**	**20527**	**21207**
45	10025	5026	4999	261	249	12	9155	4448	4707
46	8251	4165	4085	194	183	12	7567	3735	3832
47	9314	4698	4616	226	212	14	8535	4184	4351
48	9236	4634	4602	175	159	16	8440	4163	4277
49	8842	4477	4365	185	177	8	8037	3998	4039
50-54	**32031**	**16052**	**15980**	**578**	**546**	**33**	**29059**	**14387**	**14672**
50	9860	4991	4869	179	169	10	9004	4492	4512
51	7820	3877	3944	129	120	8	7127	3489	3637
52	4207	2034	2173	68	61	7	3852	1848	2004
53	5332	2645	2687	100	95	5	4799	2352	2446
54	4812	2504	2307	102	100	2	4278	2205	2073
55-59	**34312**	**17651**	**16661**	**818**	**801**	**17**	**30035**	**15320**	**14715**
55	6285	3284	3001	144	137	6	5577	2869	2708
56	7153	3707	3446	162	158	4	6336	3238	3098
57	6840	3563	3277	165	163	2	5986	3090	2896
58	6939	3497	3442	181	178	3	6043	3030	3013
59	7095	3600	3495	166	164	1	6092	3092	3000
60-64	**30358**	**15389**	**14969**	**655**	**634**	**21**	**25440**	**13060**	**12379**
60	6583	3342	3241	145	141	4	5641	2862	2779
61	6871	3443	3429	160	155	5	5817	2935	2882
62	5870	2936	2935	125	120	5	4907	2495	2413
63	5575	2888	2687	115	112	3	4645	2440	2205
64	5458	2781	2677	110	106	4	4429	2328	2101
65+	**57091**	**27505**	**29586**	**1039**	**985**	**54**	**35108**	**19605**	**15503**

2-35 续表 2 continued

单位：人 (person)

年 龄 Age	再婚有配偶 Re-married	男 Male	女 Female	离 婚 Divorced	男 Male	女 Female	丧 偶 Widowed	男 Male	女 Female
总计 Total	**6942**	**3089**	**3852**	**5204**	**3834**	**1370**	**28818**	**9717**	**19101**
15-19	**13**	**6**	**7**	**23**	**5**	**18**	**9**	**4**	**4**
15	6	2	4	1		1			
16				5	2	3	1		1
17	2	2		4	1	3	3	2	1
18	2	2		4	1	3	2	1	1
19	3		3	9	2	7	3	1	2
20-24	**113**	**38**	**75**	**206**	**109**	**97**	**32**	**19**	**13**
20	13	2	11	14	9	5	3	2	2
21	8	3	5	18	8	10	6	3	3
22	17	2	14	30	15	15	4	2	1
23	35	13	22	61	26	36	8	5	3
24	41	18	23	82	51	31	10	7	3
25-29	**311**	**127**	**184**	**527**	**343**	**184**	**51**	**17**	**34**
25	41	17	24	82	43	40	6	1	6
26	59	19	40	92	69	23	11	3	8
27	74	31	43	116	80	36	9	3	7
28	61	25	36	129	86	43	12	6	6
29	76	35	41	108	66	42	12	3	8
30-34	**509**	**223**	**287**	**713**	**523**	**190**	**127**	**52**	**75**
30	81	41	41	126	100	26	17	12	5
31	107	47	60	133	82	51	28	10	18
32	99	44	55	130	95	35	20	12	8
33	125	53	72	147	107	40	28	5	23
34	97	38	58	178	140	38	33	12	21
35-39	**760**	**303**	**457**	**797**	**604**	**193**	**230**	**99**	**131**
35	129	48	82	129	85	44	35	16	18
36	128	53	75	167	124	43	32	10	21
37	144	66	78	170	129	41	50	20	30
38	171	62	109	167	136	32	43	20	23
39	188	75	113	163	130	33	70	32	38

2-35 续表 3 continued

单位：人 (person)

年 龄 Age	再婚有配偶 Re-married	男 Male	女 Female	离 婚 Divorced	男 Male	女 Female	丧 偶 Widowed	男 Male	女 Female
40-44	**1130**	**496**	**634**	**866**	**666**	**200**	**594**	**253**	**341**
40	211	98	113	202	159	43	73	34	39
41	201	80	121	168	120	48	97	42	55
42	240	107	133	171	134	38	116	42	74
43	256	114	143	180	140	39	146	61	84
44	221	98	123	145	113	32	162	74	89
45-49	**1049**	**453**	**596**	**723**	**571**	**152**	**1120**	**471**	**650**
45	252	113	139	174	137	38	183	80	103
46	180	85	95	131	98	33	178	65	114
47	213	90	123	134	109	25	206	103	103
48	206	86	120	150	119	30	265	107	159
49	198	78	120	135	108	27	287	116	171
50-54	**714**	**323**	**391**	**428**	**351**	**77**	**1252**	**445**	**807**
50	212	102	110	143	119	24	322	110	213
51	184	77	107	104	85	19	277	106	172
52	85	42	43	45	38	7	157	45	112
53	128	54	74	69	53	15	237	91	146
54	105	48	57	68	57	11	258	94	164
55-59	**756**	**357**	**399**	**352**	**279**	**73**	**2352**	**894**	**1457**
55	141	75	67	63	56	7	360	147	213
56	152	75	77	77	60	17	427	176	251
57	163	72	91	75	62	13	450	176	275
58	160	76	84	65	44	21	490	169	321
59	140	59	81	73	57	15	624	227	397
60-64	**643**	**292**	**351**	**228**	**165**	**62**	**3392**	**1237**	**2155**
60	147	76	72	63	51	12	587	212	375
61	126	49	77	43	31	12	724	272	453
62	117	49	68	40	27	13	681	245	436
63	122	55	67	37	27	10	657	254	403
64	131	64	67	45	30	16	743	254	489
65+	**943**	**471**	**472**	**342**	**218**	**124**	**19659**	**6225**	**13434**

2-36 各地区分性别、婚姻状况的人口

Population by Sex, Marital Status and Region

单位：人 (person)

地 区	Region	15岁及以上人口 Population Aged 15 and Over	男 Male	女 Female	未 婚 Never Married	男 Male	女 Female	初婚有配偶 First Married	男 Male	女 Female
全 国	**National Total**	**934935**	**474125**	**460810**	**188708**	**111561**	**77147**	**665734**	**330964**	**334770**
北 京	Beijing	15722	8149	7574	4704	2734	1970	10076	5062	5014
天 津	Tianjin	10790	5315	5476	2077	1041	1037	7868	3959	3909
河 北	Hebei	49745	25174	24571	8091	4744	3346	37632	18752	18880
山 西	Shanxi	25247	13006	12241	5141	2957	2184	18307	9323	8984
内蒙古	Inner Mongolia	17782	9223	8560	3075	1874	1201	13217	6720	6497
辽 宁	Liaoning	32457	16354	16103	7060	3940	3120	22149	11100	11050
吉 林	Jilin	20038	10293	9744	3096	1863	1234	14817	7493	7324
黑龙江	Heilongjiang	27859	14091	13768	4350	2489	1861	20509	10305	10205
上 海	Shanghai	18065	9264	8801	3456	1944	1512	13213	6818	6395
江 苏	jiangsu	56793	27932	28861	9757	5427	4330	41962	20617	21345
浙 江	Zhejiang	39959	20665	19294	10003	5876	4127	27112	13770	13341
安 徽	Anhui	40579	20257	20322	8356	4747	3609	28840	14165	14675
福 建	Fujian	25899	13292	12606	4759	2912	1847	19181	9718	9462
江 西	Jiangxi	29968	15317	14650	6640	4031	2609	21070	10454	10616
山 东	Shandong	67898	34119	33779	9948	5916	4032	52436	26034	26402
河 南	Henan	61555	29957	31597	12349	7030	5319	44335	20937	23397
湖 北	Hubei	40707	20446	20262	7915	4668	3248	29365	14457	14908
湖 南	Hunan	45131	22842	22289	8354	5028	3326	32367	16064	16303
广 东	Guangdong	73194	38115	35079	20453	12169	8284	48510	24541	23969
广 西	Guangxi	30586	15862	14724	7005	4488	2516	20811	10367	10444
海 南	Hainan	6004	3113	2891	1687	1023	665	3937	1963	1974
重 庆	Chongqing	20687	10448	10239	3849	2382	1467	14357	7042	7315
四 川	Sichuan	55831	28322	27510	11340	7088	4252	37941	18587	19354
贵 州	Guizhou	22520	11470	11050	5328	3059	2270	14920	7456	7464
云 南	Yunnan	30934	15956	14978	5810	3706	2104	22412	11166	11246
西 藏	Tibet	1976	1004	972	587	312	275	1229	629	600
陕 西	Shaanxi	26377	13409	12968	5152	3115	2036	19016	9396	9619
甘 肃	Gansu	17709	9037	8672	3685	2193	1492	12578	6271	6306
青 海	Qinghai	3821	1945	1876	795	466	330	2608	1314	1294
宁 夏	Ningxia	4306	2178	2128	862	495	367	3090	1548	1542
新 疆	Xinjiang	14795	7570	7225	3024	1845	1179	9871	4935	4937

2-36 续表 continued

单位：人 (person)

地 区	Region	再婚有配偶 Re-married	男 Male	女 Female	离 婚 Divorced	男 Male	女 Female	丧 偶 Widowed	男 Male	女 Female
全 国	National Total	15023	7175	7848	14778	8595	6183	50692	15830	34862
北 京	Beijing	247	123	124	217	101	116	478	128	350
天 津	Tianjin	142	69	73	188	90	99	515	157	359
河 北	Hebei	921	441	480	572	385	187	2529	851	1677
山 西	Shanxi	390	182	209	300	199	101	1109	346	763
内蒙古	Inner Mongolia	367	176	191	286	183	103	837	269	568
辽 宁	Liaoning	542	260	282	992	532	460	1714	523	1191
吉 林	Jilin	360	175	185	678	399	279	1087	364	724
黑龙江	Heilongjiang	614	300	314	975	563	412	1410	434	976
上 海	Shanghai	259	129	130	320	150	171	818	224	593
江 苏	jiangsu	887	417	470	783	473	310	3403	997	2406
浙 江	Zhejiang	568	263	305	535	303	231	1742	453	1289
安 徽	Anhui	646	283	363	473	298	175	2264	763	1500
福 建	Fujian	427	214	214	269	150	119	1263	298	964
江 西	Jiangxi	347	166	181	360	232	128	1552	435	1117
山 东	Shandong	990	428	562	684	440	245	3840	1301	2539
河 南	Henan	669	318	351	781	460	322	3421	1212	2208
湖 北	Hubei	621	295	325	551	296	255	2256	730	1526
湖 南	Hunan	782	359	423	738	451	288	2890	940	1949
广 东	Guangdong	592	317	275	547	304	244	3092	785	2307
广 西	Guangxi	339	169	170	455	286	169	1976	552	1425
海 南	Hainan	56	31	25	45	27	18	278	68	210
重 庆	Chongqing	489	227	262	493	269	224	1500	529	971
四 川	Sichuan	1404	629	776	1282	748	534	3864	1269	2594
贵 州	Guizhou	442	230	212	450	266	184	1379	459	920
云 南	Yunnan	493	238	256	488	271	217	1731	575	1156
西 藏	Tibet	15	9	6	44	15	29	102	39	63
陕 西	Shaanxi	344	168	176	321	225	97	1544	505	1039
甘 肃	Gansu	186	93	93	209	124	86	1050	356	694
青 海	Qinghai	81	39	42	118	62	57	218	65	153
宁 夏	Ningxia	80	41	38	93	47	46	181	47	134
新 疆	Xinjiang	719	386	333	529	248	281	651	155	496

2-37 各地区城市分性别、婚姻状况的人口
City Population by Sex, Marital Status and Region

单位：人 (person)

地 区	Region	15岁及以上人口 Population Aged 15 and Over	男 Male	女 Female	未 婚 Never Married	男 Male	女 Female	初婚有配偶 First Married	男 Male	女 Female
全 国	**National Total**	**307690**	**155722**	**151967**	**71470**	**39978**	**31492**	**213505**	**107333**	**106172**
北 京	Beijing	12844	6685	6158	4226	2463	1763	7943	3980	3963
天 津	Tianjin	7318	3551	3767	1447	683	764	5311	2676	2635
河 北	Hebei	10078	4948	5130	1701	894	808	7632	3777	3855
山 西	Shanxi	8548	4234	4314	1606	831	776	6476	3239	3237
内蒙古	Inner Mongolia	6618	3381	3236	1277	735	543	4798	2425	2373
辽 宁	Liaoning	18038	8804	9234	4574	2319	2255	11785	5889	5897
吉 林	Jilin	7692	3844	3848	1329	754	575	5467	2736	2731
黑龙江	Heilongjiang	10968	5450	5518	1856	1001	854	7875	3942	3933
上 海	Shanghai	14050	7145	6904	2937	1612	1325	10160	5196	4964
江 苏	Jiangsu	24018	12043	11975	4864	2584	2281	17479	8829	8650
浙 江	Zhejiang	15190	8121	7069	5440	3278	2163	9064	4602	4462
安 徽	Anhui	9031	4439	4592	2217	1074	1143	6134	3101	3033
福 建	Fujian	9087	4483	4604	2172	1113	1059	6362	3178	3184
江 西	Jiangxi	6035	2992	3043	1253	673	580	4281	2132	2149
山 东	Shandong	21978	11117	10861	3338	1895	1443	17169	8659	8510
河 南	Henan	12427	6237	6190	2777	1643	1134	8691	4255	4436
湖 北	Hubei	14072	6967	7105	3490	1945	1545	9605	4704	4901
湖 南	Hunan	9425	4677	4747	1696	948	748	6810	3382	3428
广 东	Guangdong	34878	18729	16149	11178	6674	4504	22360	11605	10755
广 西	Guangxi	7296	3681	3615	1824	1069	754	4819	2408	2412
海 南	Hainan	1243	616	627	440	237	203	750	365	385
重 庆	Chongqing	5311	2790	2521	1218	772	446	3528	1785	1743
四 川	Sichuan	13302	6723	6579	2826	1746	1080	9049	4418	4631
贵 州	Guizhou	4067	1812	2254	1185	413	772	2384	1208	1177
云 南	Yunnan	6608	3349	3259	1240	725	515	4821	2413	2408
西 藏	Tibet	213	115	98	53	29	23	141	77	64
陕 西	Shaanxi	5615	2807	2807	1050	555	495	4231	2100	2131
甘 肃	Gansu	3531	1768	1763	627	338	289	2620	1324	1296
青 海	Qinghai	1028	512	515	174	98	76	731	369	361
宁 夏	Ningxia	1678	840	838	297	166	131	1216	614	602
新 疆	Xinjiang	5503	2861	2642	1157	712	445	3812	1946	1866

2-37 续表 continued

单位：人 (person)

地 区	Region	再婚有配偶 Re-married	男 Male	女 Female	离 婚 Divorced	男 Male	女 Female	丧 偶 Widowed	男 Male	女 Female
全 国	**National Total**	**4630**	**2410**	**2220**	**6427**	**2995**	**3432**	**11657**	**3006**	**8651**
北 京	Beijing	158	83	75	181	76	105	337	84	253
天 津	Tianjin	73	37	36	139	57	82	348	97	250
河 北	Hebei	205	113	92	136	62	74	405	102	302
山 西	Shanxi	99	58	41	119	54	65	248	53	196
内蒙古	Inner Mongolia	153	74	79	141	80	62	248	68	179
辽 宁	Liaoning	234	118	115	625	290	336	820	188	632
吉 林	Jilin	125	68	57	342	166	176	429	121	308
黑龙江	Heilongjiang	187	100	88	512	264	248	538	143	395
上 海	Shanghai	204	100	104	276	125	151	473	113	360
江 苏	Jiangsu	308	156	153	403	208	194	964	266	698
浙 江	Zhejiang	150	73	77	160	74	85	376	94	282
安 徽	Anhui	199	101	99	173	83	90	308	80	229
福 建	Fujian	148	73	75	116	55	61	289	64	225
江 西	Jiangxi	72	40	31	148	80	68	281	66	215
山 东	Shandong	328	164	164	284	142	142	859	256	602
河 南	Henan	190	105	86	283	110	174	485	125	360
湖 北	Hubei	195	97	98	251	97	153	532	124	408
湖 南	Hunan	158	80	78	233	103	130	528	165	363
广 东	Guangdong	252	149	103	274	114	160	814	187	626
广 西	Guangxi	96	57	39	168	73	95	389	73	316
海 南	Hainan	5	3	3	11	5	6	36	7	30
重 庆	Chongqing	145	78	67	189	100	88	232	55	177
四 川	Sichuan	367	181	185	438	199	238	623	179	444
贵 州	Guizhou	114	62	52	175	83	92	208	46	162
云 南	Yunnan	128	65	63	165	68	97	255	78	177
西 藏	Tibet	4	2	2	8	4	5	6	2	4
陕 西	Shaanxi	73	39	34	105	53	52	156	60	95
甘 肃	Gansu	49	27	21	87	42	45	149	37	112
青 海	Qinghai	33	16	17	37	16	20	53	12	41
宁 夏	Ningxia	42	21	21	55	25	30	67	14	53
新 疆	Xinjiang	138	71	66	194	85	109	203	47	156

2-38 各地区镇分性别、婚姻状况的人口

Town Population by Sex, Marital Status and Region

单位：人 (person)

地 区	Region	15岁及以上人口 Population Aged 15 and Over	男 Male	女 Female	未 婚 Never Married	男 Male	女 Female	初婚有配偶 First Married	男 Male	女 Female
全 国	**National Total**	**211686**	**107429**	**104257**	**41512**	**24446**	**17065**	**153359**	**76434**	**76925**
北 京	Beijing	719	356	363	129	69	60	536	266	270
天 津	Tianjin	1631	825	806	331	181	150	1177	591	587
河 北	Hebei	14080	7229	6851	2446	1392	1054	10594	5372	5221
山 西	Shanxi	4583	2336	2247	921	516	405	3334	1687	1647
内蒙古	Inner Mongolia	3691	1882	1809	537	317	220	2905	1461	1444
辽 宁	Liaoning	3732	2003	1729	672	481	190	2620	1325	1295
吉 林	Jilin	3347	1701	1646	468	281	187	2513	1272	1241
黑龙江	Heilongjiang	5232	2632	2600	773	442	332	3903	1976	1927
上 海	Shanghai	2133	1160	973	331	222	110	1695	899	796
江 苏	Jiangsu	12742	6091	6651	1831	981	850	9744	4688	5056
浙 江	Zhejiang	10503	5235	5268	2362	1172	1190	7415	3772	3643
安 徽	Anhui	11030	5662	5367	2692	1593	1099	7557	3769	3788
福 建	Fujian	6693	3525	3168	1048	724	325	5204	2650	2554
江 西	Jiangxi	9158	4817	4341	2418	1534	884	6130	3052	3078
山 东	Shandong	14605	7270	7335	2141	1292	849	11278	5532	5746
河 南	Henan	15588	7526	8062	3287	1644	1643	11230	5461	5769
湖 北	Hubei	8442	4214	4228	1505	854	651	6291	3097	3194
湖 南	Hunan	12483	6286	6196	2201	1274	927	9198	4586	4612
广 东	Guangdong	16419	8494	7925	3771	2261	1510	11549	5860	5688
广 西	Guangxi	6999	3643	3356	1488	939	550	4951	2494	2458
海 南	Hainan	2000	1047	952	507	317	190	1358	681	677
重 庆	Chongqing	7065	3520	3545	1227	739	488	5081	2478	2603
四 川	Sichuan	12920	6669	6250	3155	1982	1172	8557	4185	4372
贵 州	Guizhou	4890	2641	2249	1252	838	414	3222	1635	1587
云 南	Yunnan	6281	3191	3090	1161	717	444	4609	2286	2322
西 藏	Tibet	293	154	139	101	58	42	170	89	81
陕 西	Shaanxi	7850	4016	3834	1486	916	569	5772	2876	2896
甘 肃	Gansu	3691	1868	1823	712	401	311	2763	1389	1374
青 海	Qinghai	884	444	440	186	99	87	610	311	299
宁 夏	Ningxia	609	303	306	119	63	56	450	225	225
新 疆	Xinjiang	1394	689	705	254	148	106	943	469	473

2-38 续表 continued

单位：人 (person)

地 区	Region	再婚有配偶 Re-married	男 Male	女 Female	离 婚 Divorced	男 Male	女 Female	丧 偶 Widowed	男 Male	女 Female
全 国	**National Total**	**3451**	**1676**	**1775**	**3147**	**1766**	**1381**	**10217**	**3107**	**7110**
北 京	Beijing	22	12	10	11	5	5	22	4	18
天 津	Tianjin	26	11	15	25	16	9	72	26	46
河 北	Hebei	298	134	163	152	107	45	591	224	366
山 西	Shanxi	89	39	50	47	36	12	192	58	134
内蒙古	Inner Mongolia	90	44	47	41	25	16	118	34	84
辽 宁	Liaoning	71	35	36	135	75	60	234	87	147
吉 林	Jilin	69	35	33	127	65	63	169	48	122
黑龙江	Heilongjiang	147	70	77	157	84	73	252	61	191
上 海	Shanghai	26	14	12	24	13	11	57	12	44
江 苏	Jiangsu	206	95	111	145	98	47	815	227	587
浙 江	Zhejiang	182	95	87	184	102	82	361	94	267
安 徽	Anhui	161	72	89	103	57	46	517	172	346
福 建	Fujian	92	48	44	60	34	26	288	69	219
江 西	Jiangxi	110	52	59	92	57	35	408	123	285
山 东	Shandong	224	98	126	146	93	52	815	254	561
河 南	Henan	135	61	74	190	99	91	746	261	485
湖 北	Hubei	135	70	65	120	55	65	393	139	254
湖 南	Hunan	239	115	124	154	88	66	690	223	467
广 东	Guangdong	123	73	50	112	73	39	863	226	637
广 西	Guangxi	87	44	43	102	67	34	371	99	271
海 南	Hainan	25	15	10	16	8	8	94	26	67
重 庆	Chongqing	198	94	104	200	91	108	358	118	240
四 川	Sichuan	308	158	150	335	168	167	566	177	389
贵 州	Guizhou	96	53	43	129	65	64	192	51	141
云 南	Yunnan	90	37	53	106	59	47	315	92	223
西 藏	Tibet	2	1	1	9	3	7	11	3	8
陕 西	Shaanxi	95	46	49	78	59	19	419	118	301
甘 肃	Gansu	31	14	17	35	14	22	149	50	100
青 海	Qinghai	18	8	9	29	15	14	42	11	31
宁 夏	Ningxia	7	4	2	11	6	6	22	5	17
新 疆	Xinjiang	48	26	22	73	31	42	76	15	61

2-39 各地区农村分性别、婚姻状况的人口
Rural Population by Sex, Marital Status and Region

单位：人 (person)

地区	Region	15岁及以上人口 Population Aged 15 and Over	男 Male	女 Female	未婚 Never Married	男 Male	女 Female	初婚有配偶 First Married	男 Male	女 Female
全国	**National Total**	**415559**	**210973**	**204586**	**75726**	**47136**	**28590**	**298870**	**147197**	**151673**
北京	Beijing	2159	1107	1052	349	202	147	1598	816	781
天津	Tianjin	1841	939	902	299	176	122	1379	692	688
河北	Hebei	25588	12998	12590	3944	2459	1485	19407	9603	9804
山西	Shanxi	12116	6437	5680	2614	1610	1004	8497	4397	4100
内蒙古	Inner Mongolia	7473	3960	3514	1261	822	439	5515	2834	2680
辽宁	Liaoning	10687	5548	5139	1814	1139	675	7744	3886	3858
吉林	Jilin	8999	4749	4250	1300	828	472	6837	3485	3351
黑龙江	Heilongjiang	11659	6009	5650	1721	1047	674	8731	4387	4344
上海	Shanghai	1883	959	924	188	110	78	1357	723	634
江苏	Jiangsu	20033	9798	10234	3062	1862	1199	14738	7099	7639
浙江	Zhejiang	14266	7310	6956	2200	1426	775	10632	5396	5236
安徽	Anhui	20518	10155	10363	3448	2080	1368	15149	7295	7854
福建	Fujian	10119	5284	4835	1539	1075	464	7614	3890	3724
江西	Jiangxi	14774	7509	7266	2969	1824	1145	10659	5270	5389
山东	Shandong	31315	15732	15583	4468	2729	1739	23989	11843	12146
河南	Henan	33539	16194	17346	6284	3743	2542	24414	11221	13193
湖北	Hubei	18194	9265	8929	2921	1869	1052	13470	6656	6813
湖南	Hunan	23224	11878	11345	4457	2806	1650	16359	8096	8263
广东	Guangdong	21897	10892	11005	5503	3233	2270	14601	7076	7526
广西	Guangxi	16290	8537	7753	3692	2480	1212	11040	5466	5574
海南	Hainan	2761	1450	1312	740	469	271	1829	918	911
重庆	Chongqing	8311	4138	4173	1404	871	533	5748	2779	2969
四川	Sichuan	29609	14929	14680	5359	3360	1999	20335	9984	10351
贵州	Guizhou	13563	7017	6546	2892	1808	1084	9313	4613	4700
云南	Yunnan	18045	9416	8629	3409	2264	1145	12982	6467	6515
西藏	Tibet	1471	735	735	433	224	209	917	463	455
陕西	Shaanxi	12913	6586	6326	2616	1644	972	9013	4421	4592
甘肃	Gansu	10486	5401	5086	2347	1454	893	7195	3558	3636
青海	Qinghai	1909	988	920	435	269	167	1267	633	634
宁夏	Ningxia	2019	1035	984	445	265	180	1424	709	715
新疆	Xinjiang	7898	4020	3878	1613	985	628	5117	2520	2597

2-39 续表 continued

单位：人 (person)

地 区	Region	再婚有配偶 Re-married	男 Male	女 Female	离 婚 Divorced	男 Male	女 Female	丧 偶 Widowed	男 Male	女 Female
全 国	**National Total**	**6942**	**3089**	**3852**	**5204**	**3834**	**1370**	**28818**	**9717**	**19101**
北 京	Beijing	67	29	39	25	20	5	119	40	80
天 津	Tianjin	42	20	22	25	17	8	96	33	63
河 北	Hebei	419	194	225	285	216	69	1533	525	1008
山 西	Shanxi	203	85	118	134	109	25	668	235	433
内蒙古	Inner Mongolia	124	59	65	103	78	25	471	166	305
辽 宁	Liaoning	237	107	130	232	168	64	660	248	412
吉 林	Jilin	166	72	94	208	169	40	489	195	294
黑龙江	Heilongjiang	280	131	149	307	215	91	620	230	391
上 海	Shanghai	29	14	14	21	12	9	288	99	189
江 苏	Jiangsu	373	166	207	235	166	68	1625	504	1121
浙 江	Zhejiang	236	95	141	191	127	64	1005	265	740
安 徽	Anhui	286	110	176	197	158	40	1438	512	926
福 建	Fujian	188	93	95	92	61	31	686	166	520
江 西	Jiangxi	165	74	91	120	95	24	862	246	616
山 东	Shandong	438	165	272	254	204	50	2166	791	1375
河 南	Henan	343	152	191	308	251	57	2190	826	1363
湖 北	Hubei	291	128	163	181	144	36	1331	466	864
湖 南	Hunan	385	164	221	351	259	92	1672	553	1119
广 东	Guangdong	217	95	122	161	116	45	1415	372	1043
广 西	Guangxi	156	67	89	185	145	40	1217	379	837
海 南	Hainan	26	14	12	18	14	5	148	35	113
重 庆	Chongqing	146	55	92	104	77	27	910	356	553
四 川	Sichuan	730	289	440	510	381	129	2675	914	1761
贵 州	Guizhou	232	115	117	147	118	29	978	362	617
云 南	Yunnan	275	136	139	217	144	73	1161	405	756
西 藏	Tibet	9	6	3	26	8	18	85	34	50
陕 西	Shaanxi	176	83	93	138	112	26	970	327	643
甘 肃	Gansu	106	51	55	87	68	19	752	269	483
青 海	Qinghai	30	15	15	53	30	22	123	41	82
宁 夏	Ningxia	31	16	15	27	16	10	92	29	64
新 疆	Xinjiang	534	289	245	262	133	129	372	93	279

2-40 全国育龄妇女分年龄、孩次的生育状况
(2012年11月1日至2013年10月31日)
Age-specific Fertility Rate of Women at Childbearing Ages by Age of Mother and Birth Order (2012.11.1-2013.10.31)

单位：人，‰ (person,‰)

年龄 Age	平均育龄妇女人数 Average Number of Childbearing Women	出生人数 Births	一孩 1st Birth	二孩 2nd Birth	三孩及以上 3rd Birth and Above	生育率 Fertility Rate	一孩 1st Birth	二孩 2nd Birth	三孩及以上 3rd Birth and Above
总计 Total	**308867**	**11022**	**7092**	**3431**	**490**	**35.68**	**22.96**	**11.11**	**1.59**
15-19	**33282**	**261**	**244**	**17**	**1**	**7.84**	**7.32**	**0.50**	**0.02**
15	6088	2	2			0.38	0.34	0.03	
16	6784	14	13	1		2.03	1.95	0.08	
17	7181	44	44	1		6.19	6.07	0.12	
18	6243	86	81	4	1	13.71	12.97	0.61	0.12
19	6986	115	104	11		16.42	14.84	1.58	
20-24	**47741**	**3320**	**2777**	**512**	**30**	**69.53**	**58.17**	**10.73**	**0.63**
20	8001	264	237	25	2	32.95	29.58	3.18	0.19
21	8385	451	395	55	1	53.75	47.08	6.55	0.12
22	9747	625	547	74	3	64.10	56.12	7.64	0.34
23	11302	968	807	156	5	85.63	71.38	13.80	0.45
24	10306	1013	792	201	19	98.26	76.85	19.54	1.87
25-29	**45289**	**4256**	**2772**	**1347**	**136**	**93.97**	**61.22**	**29.75**	**3.00**
25	10325	991	721	254	16	96.02	69.88	24.63	1.51
26	10045	963	671	264	28	95.89	66.82	26.28	2.78
27	8903	895	554	315	27	100.57	62.19	35.35	3.04
28	8199	790	482	276	33	96.39	58.79	33.61	3.99
29	7815	615	344	239	33	78.72	44.02	30.53	4.17
30-34	**40800**	**2074**	**932**	**985**	**153**	**50.84**	**22.84**	**24.15**	**3.76**
30	8330	512	270	209	33	61.50	32.45	25.05	4.00
31	8620	534	240	265	29	61.94	27.89	30.69	3.36
32	7705	384	159	196	30	49.84	20.60	25.41	3.83
33	8189	371	146	183	41	45.30	17.79	22.30	4.99
34	7956	273	117	134	21	34.33	14.67	16.83	2.59
35-39	**42037**	**785**	**250**	**418**	**113**	**18.68**	**5.96**	**9.95**	**2.68**
35	7437	220	77	116	25	29.60	10.35	15.64	3.36
36	7763	179	58	89	31	23.00	7.43	11.52	4.05
37	8352	141	44	81	15	16.87	5.23	9.70	1.84
38	8910	126	37	66	23	14.12	4.13	7.42	2.57
39	9576	120	35	66	18	12.53	3.68	6.85	1.86
40-44	**51856**	**242**	**79**	**122**	**41**	**4.66**	**1.52**	**2.35**	**0.78**
40	9920	77	26	36	16	7.81	2.61	3.64	1.57
41	9832	51	19	25	6	5.19	1.97	2.54	0.60
42	10449	40	13	22	5	3.86	1.21	2.14	0.52
43	10581	45	11	23	11	4.25	1.06	2.19	1.01
44	11075	28	10	15	3	2.52	0.86	1.38	0.28
45-49	**47862**	**84**	**38**	**29**	**17**	**1.76**	**0.80**	**0.61**	**0.35**
45	9274	27	11	8	7	2.89	1.21	0.90	0.78
46	8870	17	5	7	4	1.89	0.56	0.83	0.50
47	9973	17	5	11	2	1.75	0.53	1.06	0.16
48	9516	9	6	1	2	0.96	0.63	0.12	0.21
49	10229	14	11	2	1	1.37	1.05	0.19	0.13

2-41 全国城市育龄妇女分年龄、孩次的生育状况
(2012年11月1日至2013年10月31日)
Age-specific Fertility Rate of City Women at Childbearing Ages by Age of Mother and Birth Order (2012.11.1-2013.10.31)

单位：人，‰ (person,‰)

年 龄 Age	平均育龄妇女人数 Average Number of Childbearing Women	出生人数 Births	一孩 1st Birth	二孩 2nd Birth	三孩及以上 3rd Birth and Above	生育率 Fertility Rate	一孩 1st Birth	二孩 2nd Birth	三孩及以上 3rd Birth and Above
总计 Total	**108141**	**2927**	**2198**	**690**	**39**	**27.06**	**20.33**	**6.38**	**0.36**
15-19	**11306**	**26**	**25**	**1**		**2.28**	**2.24**	**0.05**	
15	1718								
16	2496	1		1		0.21		0.21	
17	2440	4	4			1.65	1.65		
18	2103	10	10			4.83	4.83		
19	2549	11	11			4.36	4.36		
20-24	**16932**	**571**	**514**	**52**	**5**	**33.75**	**30.35**	**3.09**	**0.31**
20	3055	35	32	3	1	11.54	10.49	0.85	0.19
21	3096	62	58	4		19.91	18.65	1.26	
22	3374	85	79	6		25.28	23.55	1.67	
23	3792	170	158	12		44.78	41.64	3.14	
24	3616	220	187	28	5	60.70	51.65	7.80	1.25
25-29	**17005**	**1261**	**1014**	**236**	**11**	**74.12**	**59.60**	**13.86**	**0.66**
25	3732	249	214	32	2	66.64	57.33	8.65	0.66
26	3712	275	237	37	1	74.04	63.85	9.84	0.35
27	3223	261	197	63	1	81.12	61.18	19.49	0.45
28	3212	247	196	47	4	76.84	61.11	14.50	1.23
29	3126	229	169	57	2	73.15	54.09	18.38	0.68
30-34	**16423**	**763**	**496**	**255**	**11**	**46.44**	**30.23**	**15.51**	**0.70**
30	3448	190	151	37	2	55.03	43.69	10.70	0.64
31	3630	203	136	63	4	55.93	37.43	17.45	1.05
32	2943	146	88	55	3	49.67	30.04	18.74	0.89
33	3293	123	67	53	3	37.36	20.39	16.13	0.84
34	3110	101	54	46		32.39	17.52	14.87	
35-39	**15176**	**232**	**109**	**116**	**7**	**15.30**	**7.21**	**7.63**	**0.46**
35	2838	66	35	31	1	23.25	12.21	10.77	0.27
36	2857	48	26	20	3	16.94	8.96	6.84	1.14
37	2960	46	17	29		15.46	5.77	9.69	
38	3182	29	13	14	2	9.09	4.20	4.24	0.65
39	3338	43	19	23	1	12.91	5.62	7.02	0.27
40-44	**17091**	**65**	**34**	**28**	**3**	**3.79**	**1.98**	**1.64**	**0.17**
40	3496	21	14	7		6.03	4.05	1.98	
41	3359	16	5	10	1	4.90	1.53	2.95	0.43
42	3459	10	5	3	2	2.83	1.41	0.98	0.44
43	3428	10	6	4		2.85	1.67	1.17	
44	3349	8	4	4		2.30	1.16	1.14	
45-49	**14208**	**9**	**5**	**3**	**1**	**0.64**	**0.38**	**0.21**	**0.05**
45	2736	2	1	1		0.82	0.48	0.34	
46	2535	3	2	1		1.23	0.72	0.51	
47	2899	3	2	1	1	1.14	0.63	0.27	0.25
48	2818								
49	3218								

2-42 全国镇育龄妇女分年龄、孩次的生育状况
(2012年11月1日至2013年10月31日)
Age-specific Fertility Rate of Town Women at Childbearing Ages by Age of Mother and Birth Order (2012.11.1-2013.10.31)

单位：人，‰ (person,‰)

年 龄 Age	平均育龄妇女人数 Average Number of Childbearing Women	出生人数 Births	一孩 1st Birth	二孩 2nd Birth	三孩及以上 3rd Birth and Above	生育率 Fertility Rate	一孩 1st Birth	二孩 2nd Birth	三孩及以上 3rd Birth and Above
总计 Total	**72372**	**2400**	**1510**	**791**	**96**	**33.17**	**20.87**	**10.93**	**1.32**
15-19	**7838**	**52**	**47**	**5**		**6.69**	**6.02**	**0.67**	
15	1526	2	2			1.37	1.37		
16	1505	1	1			0.66	0.66		
17	1698	7	7			3.84	3.84		
18	1472	15	12	3		10.27	8.27	1.99	
19	1638	28	25	2		16.94	15.50	1.44	
20-24	**10508**	**676**	**578**	**94**	**4**	**64.29**	**54.96**	**8.93**	**0.40**
20	1843	47	46	1		25.49	25.19	0.31	
21	1730	88	82	6		50.77	47.30	3.46	
22	2116	151	133	17	1	71.25	63.01	7.84	0.40
23	2412	173	136	37		71.64	56.30	15.20	
24	2407	217	180	34	3	90.24	74.86	14.13	1.25
25-29	**10431**	**978**	**641**	**317**	**21**	**93.77**	**61.41**	**30.37**	**1.99**
25	2364	226	168	56	1	95.48	71.28	23.79	0.41
26	2348	233	175	53	5	99.16	74.43	22.46	2.26
27	2116	202	118	79	6	95.68	55.78	37.17	2.72
28	1802	187	113	70	4	103.86	62.64	38.83	2.39
29	1802	130	66	59	4	72.17	36.88	32.86	2.42
30-34	**9582**	**427**	**169**	**228**	**30**	**44.53**	**17.59**	**23.83**	**3.12**
30	1936	106	43	59	4	54.80	22.20	30.55	2.05
31	1942	116	47	62	7	59.96	24.28	31.95	3.73
32	1861	67	25	38	5	36.21	13.23	20.46	2.52
33	1972	76	27	41	9	38.80	13.67	20.75	4.37
34	1873	60	27	28	5	32.24	14.33	15.06	2.86
35-39	**10279**	**178**	**45**	**105**	**25**	**17.35**	**4.41**	**10.26**	**2.40**
35	1764	52	17	29	5	29.41	9.54	16.43	3.01
36	1915	39	7	26	6	20.19	3.73	13.48	2.99
37	2144	34	6	23	4	15.86	2.61	10.90	1.93
38	2201	32	10	17	4	14.45	4.66	7.78	2.01
39	2255	22	5	10	5	9.76	2.42	4.53	2.23
40-44	**12486**	**59**	**17**	**31**	**11**	**4.76**	**1.38**	**2.50**	**0.88**
40	2434	22	6	12	5	9.22	2.51	4.72	1.98
41	2356	11	3	6	2	4.47	1.16	2.38	0.93
42	2538	10	3	5	2	4.02	1.32	1.88	0.82
43	2525	12	5	7		4.76	2.00	2.76	
44	2633	4		2	2	1.59		0.88	0.71
45-49	**11246**	**30**	**14**	**10**	**5**	**2.63**	**1.24**	**0.92**	**0.48**
45	2186	8	3	3	2	3.77	1.59	1.26	0.92
46	2106	6	1	2	3	2.91	0.70	1.01	1.20
47	2394	7	2	4	1	2.82	0.64	1.82	0.35
48	2188	7	6	1		3.25	2.75	0.50	
49	2372	1	1			0.59	0.59		

2-43 全国乡村育龄妇女分年龄、孩次的生育状况（2012年11月1日至2013年10月31日）

Age-specific Fertility Rate of Rural Women at Childbearing Ages by Age of Mother and Birth Order(2012.11.1-2013.10.31)

单位：人，‰ (person,‰)

年 龄 Age	平均育龄妇女人数 Average Number of Childbearing Women	出生人数 Births	一孩 1st Birth	二孩 2nd Birth	三孩及以上 3rd Birth and Above	生育率 Fertility Rate	一孩 1st Birth	二孩 2nd Birth	三孩及以上 3rd Birth and Above
总计 Total	**128354**	**5695**	**3384**	**1950**	**355**	**44.37**	**26.36**	**15.19**	**2.77**
15-19	**14138**	**183**	**171**	**11**	**1**	**12.91**	**12.10**	**0.76**	**0.05**
15	2845								
16	2783	12	12			4.41	4.41		
17	3043	34	33	1		11.14	10.85	0.29	
18	2668	60	59	1	1	22.60	21.98	0.34	0.28
19	2799	76	67	9		27.11	24.00	3.11	
20-24	**20300**	**2073**	**1686**	**366**	**21**	**102.09**	**83.03**	**18.03**	**1.02**
20	3103	181	158	22	1	58.47	50.98	7.18	0.31
21	3559	301	255	45	1	84.64	71.70	12.66	0.28
22	4257	389	334	52	2	91.31	78.50	12.28	0.53
23	5098	625	513	107	5	122.64	100.64	21.06	0.94
24	4283	576	425	139	12	134.47	99.23	32.49	2.75
25-29	**17852**	**2017**	**1118**	**795**	**104**	**112.99**	**62.64**	**44.52**	**5.82**
25	4230	517	339	166	12	122.23	80.16	39.20	2.87
26	3985	456	259	175	21	114.31	65.11	43.85	5.35
27	3565	432	238	173	20	121.07	66.90	48.60	5.57
28	3185	356	173	159	24	111.89	54.27	49.94	7.67
29	2887	257	108	122	26	88.85	37.57	42.23	9.04
30-34	**14794**	**885**	**267**	**502**	**112**	**59.82**	**18.04**	**33.96**	**7.57**
30	2947	217	77	113	27	73.48	26.05	38.23	9.21
31	3049	214	57	139	18	70.36	18.83	45.65	5.88
32	2901	170	46	103	22	58.77	15.75	35.35	7.67
33	2925	171	52	89	29	58.63	17.64	30.28	10.07
34	2973	112	35	59	15	37.67	11.91	19.99	5.14
35-39	**16583**	**375**	**96**	**197**	**81**	**22.60**	**5.77**	**11.89**	**4.88**
35	2834	102	25	57	19	36.06	8.99	20.02	6.66
36	2991	92	25	44	22	30.59	8.35	14.74	7.50
37	3248	61	21	29	11	18.83	6.46	8.93	3.45
38	3526	65	13	35	16	18.46	3.74	10.06	4.65
39	3983	55	11	32	12	13.77	2.77	8.01	2.99
40-44	**22279**	**118**	**28**	**63**	**27**	**5.28**	**1.24**	**2.81**	**1.20**
40	3989	34	6	18	11	8.51	1.39	4.43	2.69
41	4117	24	11	9	2	5.83	2.79	2.29	0.56
42	4452	20	4	14	2	4.57	0.99	3.17	0.40
43	4627	23		12	11	5.02	0.09	2.63	2.30
44	5093	16	6	9	1	3.15	1.11	1.81	0.23
45-49	**22408**	**45**	**19**	**16**	**10**	**2.03**	**0.85**	**0.71**	**0.47**
45	4352	16	6	5	5	3.75	1.48	1.06	1.21
46	4229	7	2	4	2	1.77	0.39	0.94	0.44
47	4680	7	2	5		1.58	0.42	1.16	
48	4510	2			2	0.44			0.44
49	4639	12	9	2	1	2.63	1.91	0.42	0.30

2-44 全国分年龄、性别的死亡人口状况
(2012年11月1日至2013年10月31日)
Status of Deaths by Age and Sex (2012.11.1-2013.10.31)

单位：人，‰ (person,‰)

年 龄 Age	年平均人口 Average Population	男 Male	女 Female	死亡人口 Deaths	男 Male	女 Female	死亡率 Death Rate	男 Male	女 Female
总计 Total	**1116709**	**572630**	**544080**	**6545**	**3863**	**2681**	**5.86**	**6.75**	**4.93**
0-4	**65025**	**35107**	**29917**	**58**	**36**	**22**	**0.89**	**1.03**	**0.73**
0	12642	6787	5855	35	26	9	2.76	3.83	1.51
1	11936	6370	5566	8	5	3	0.66	0.74	0.58
2	12522	6839	5684	9	3	6	0.75	0.49	1.07
3	14305	7728	6578	3		3	0.21	0.02	0.43
4	13620	7385	6235	3	2	1	0.21	0.26	0.15
5-9	**61225**	**33152**	**28073**	**11**	**10**	**2**	**0.18**	**0.29**	**0.06**
5	12936	6958	5978	3	2	1	0.21	0.26	0.15
6	12622	6803	5819	3	3		0.21	0.38	
7	12213	6702	5511	2	2		0.12	0.22	
8	12308	6690	5618	1	1		0.07	0.13	
9	11146	5998	5148	4	3	1	0.32	0.46	0.15
10-14	**58921**	**31885**	**27036**	**18**	**13**	**5**	**0.31**	**0.42**	**0.19**
10	11255	6141	5114	2	2		0.20	0.36	
11	11381	6232	5149	1	1		0.10	0.18	
12	12037	6475	5562	8	4	3	0.64	0.67	0.60
13	11805	6340	5465	4	3	2	0.37	0.44	0.28
14	12442	6697	5745	3	3		0.24	0.42	
15-19	**70244**	**36961**	**33283**	**32**	**21**	**11**	**0.46**	**0.56**	**0.35**
15	13375	7285	6090	8	6	2	0.57	0.81	0.29
16	14693	7909	6784	5	3	2	0.33	0.36	0.29
17	14624	7443	7181	6	3	3	0.42	0.44	0.40
18	13018	6775	6243	4	3	1	0.33	0.45	0.20
19	14534	7549	6986	9	6	4	0.64	0.76	0.51
20-24	**99473**	**51731**	**47742**	**42**	**29**	**13**	**0.42**	**0.56**	**0.27**
20	16950	8949	8001	4	4		0.24	0.46	
21	17537	9153	8385	5	5	1	0.30	0.51	0.08
22	20480	10733	9747	16	13	3	0.79	1.19	0.34
23	23425	12123	11302	8	5	3	0.36	0.43	0.28
24	21081	10774	10307	8	2	6	0.38	0.19	0.57
25-29	**90839**	**45551**	**45288**	**51**	**44**	**7**	**0.56**	**0.96**	**0.16**
25	20717	10391	10325	11	9	2	0.52	0.90	0.15
26	20075	10031	10044	7	5	2	0.35	0.50	0.19
27	17749	8846	8903	11	10	1	0.61	1.12	0.11
28	16471	8271	8199	10	9	1	0.60	1.04	0.15
29	15827	8012	7815	12	11	2	0.78	1.35	0.19

2-44 续表 1 continued

单位：人，‰ (person,‰)

年 龄 Age	年平均人口 Average Population	男 Male	女 Female	死亡人口 Deaths	男 Male	女 Female	死亡率 Death Rate	男 Male	女 Female
30-34	**83039**	**42243**	**40796**	**67**	**43**	**24**	**0.81**	**1.02**	**0.59**
30	16962	8632	8330	8	4	3	0.45	0.51	0.40
31	17740	9120	8620	17	9	7	0.93	0.99	0.87
32	15382	7678	7703	7	6	1	0.46	0.83	0.10
33	16805	8617	8188	10	4	6	0.62	0.51	0.74
34	16151	8194	7956	26	19	6	1.58	2.33	0.81
35-39	**85928**	**43893**	**42035**	**98**	**74**	**24**	**1.14**	**1.69**	**0.56**
35	15202	7765	7437	14	12	2	0.95	1.58	0.28
36	16062	8299	7763	16	14	2	0.99	1.68	0.25
37	17209	8859	8350	28	19	9	1.61	2.16	1.03
38	18047	9138	8908	19	14	4	1.03	1.55	0.49
39	19409	9832	9577	21	14	7	1.09	1.47	0.71
40-44	**106054**	**54204**	**51850**	**189**	**131**	**57**	**1.78**	**2.42**	**1.11**
40	20277	10358	9919	43	30	13	2.10	2.89	1.27
41	20343	10514	9829	30	21	9	1.47	1.98	0.93
42	21364	10916	10447	40	28	12	1.86	2.58	1.11
43	21523	10943	10580	45	31	15	2.10	2.79	1.39
44	22548	11473	11074	31	22	10	1.39	1.89	0.86
45-49	**97360**	**49499**	**47861**	**244**	**173**	**71**	**2.50**	**3.50**	**1.48**
45	18895	9621	9274	34	20	13	1.78	2.13	1.42
46	18132	9263	8869	54	37	17	2.98	3.96	1.96
47	20054	10080	9974	38	25	13	1.88	2.50	1.26
48	19386	9872	9514	64	52	12	3.30	5.32	1.21
49	20893	10664	10229	54	38	16	2.60	3.59	1.56
50-54	**65209**	**33209**	**32000**	**255**	**173**	**81**	**3.90**	**5.22**	**2.54**
50	20604	10579	10025	66	47	18	3.19	4.48	1.83
51	11577	5756	5821	33	18	15	2.89	3.21	2.57
52	9982	5001	4981	40	32	7	3.96	6.46	1.45
53	11155	5783	5372	51	37	15	4.61	6.32	2.76
54	11891	6089	5803	64	39	26	5.42	6.33	4.46
55-59	**71079**	**36018**	**35060**	**460**	**290**	**170**	**6.48**	**8.06**	**4.85**
55	14586	7523	7063	61	39	22	4.18	5.14	3.15
56	14264	7299	6965	91	59	32	6.35	8.08	4.54
57	13701	6949	6751	102	63	39	7.47	9.14	5.75
58	14652	7285	7367	92	52	40	6.30	7.11	5.49
59	13876	6962	6914	114	77	37	8.23	11.13	5.31

2-44 续表 2 continued

单位：人，‰ (person,‰)

年 龄 Age	年平均人口 Average Population	男 Male	女 Female	死亡人口 Deaths	男 Male	女 Female	死亡率 Death Rate	男 Male	女 Female
60-64	**56548**	**28469**	**28079**	**533**	**344**	**189**	**9.42**	**12.09**	**6.72**
60	13330	6681	6648	112	75	38	8.44	11.19	5.66
61	11850	5900	5950	91	57	35	7.69	9.58	5.82
62	10976	5568	5408	105	70	35	9.58	12.60	6.48
63	11040	5556	5484	120	71	49	10.84	12.81	8.85
64	9352	4763	4589	104	72	33	11.15	15.02	7.14
65-69	**37989**	**19006**	**18983**	**665**	**414**	**251**	**17.51**	**21.80**	**13.21**
65	8707	4306	4401	129	84	45	14.80	19.50	10.20
66	8306	4218	4088	104	69	35	12.50	16.37	8.50
67	7768	3798	3970	143	92	51	18.44	24.23	12.90
68	6799	3429	3370	140	85	55	20.61	24.76	16.38
69	6409	3255	3154	149	84	65	23.29	25.95	20.54
70-74	**27892**	**13707**	**14185**	**800**	**512**	**288**	**28.67**	**37.33**	**20.31**
70	6146	3015	3131	141	82	59	22.99	27.16	18.97
71	5938	2979	2959	163	99	64	27.48	33.16	21.75
72	5671	2792	2879	163	114	49	28.74	40.86	17.00
73	5109	2513	2597	158	98	60	30.88	38.90	23.13
74	5027	2408	2618	174	119	55	34.71	49.49	21.11
75-79	**21082**	**10003**	**11079**	**1068**	**617**	**451**	**50.65**	**61.64**	**40.72**
75	4745	2346	2399	204	128	75	42.93	54.72	31.41
76	4484	2154	2330	194	117	77	43.30	54.18	33.23
77	4289	2007	2282	231	141	90	53.77	70.07	39.43
78	3772	1737	2035	184	90	95	48.91	51.53	46.68
79	3792	1758	2034	255	141	113	67.18	80.37	55.78
80-84	**12057**	**5399**	**6658**	**961**	**502**	**459**	**79.72**	**93.04**	**68.92**
80	3126	1429	1698	228	127	100	72.82	89.21	59.02
81	2710	1244	1466	198	107	91	73.00	86.23	61.78
82	2464	1101	1363	177	96	81	71.90	87.66	59.18
83	2020	869	1151	182	84	98	89.96	96.33	85.15
84	1737	757	980	177	87	89	101.79	115.50	91.21
85-89	**5007**	**2001**	**3006**	**666**	**307**	**358**	**132.94**	**153.56**	**119.21**
85	1527	636	891	161	74	87	105.63	116.83	97.63
86	1103	453	650	146	73	74	132.72	160.55	113.32
87	927	363	563	127	54	74	137.47	147.94	130.71
88	785	293	492	118	54	64	150.17	183.27	130.46
89	666	256	410	113	53	60	169.34	206.41	146.17
90+	**1739**	**591**	**1148**	**327**	**130**	**198**	**188.04**	**219.97**	**172.47**

2-45 全国城市分年龄、性别的死亡人口状况
（2012年11月1日至2013年10月31日）
Status of City Deaths by Age and Sex (2012.11.1-2013.10.31)

单位：人，‰ (person,‰)

年 龄 Age	年平均人口 Average Population	男 Male	女 Female	死亡人口 Deaths	男 Male	女 Female	死亡率 Death Rate	男 Male	女 Female
总计 Total	**351815**	**179268**	**172547**	**1199**	**697**	**502**	**3.41**	**3.89**	**2.91**
0-4	**16281**	**8672**	**7608**	**10**	**7**	**3**	**0.60**	**0.75**	**0.42**
0	3270	1712	1558	6	5	1	1.77	2.94	0.47
1	3181	1666	1515	2	1	1	0.77	0.88	0.65
2	3201	1820	1381	1		1	0.46		1.06
3	3407	1798	1608						
4	3222	1676	1545						
5-9	**14537**	**7791**	**6746**						
5	3173	1701	1472						
6	2903	1558	1344						
7	2902	1564	1337						
8	3041	1650	1391						
9	2519	1318	1202						
10-14	**14389**	**7695**	**6694**						
10	2687	1438	1249						
11	2787	1532	1255						
12	2954	1534	1420						
13	2852	1491	1361						
14	3108	1699	1409						
15-19	**22691**	**11385**	**11306**	**1**		**1**	**0.04**		**0.09**
15	3634	1916	1718						
16	4921	2425	2496	1		1	0.20		0.39
17	4840	2400	2440						
18	4262	2159	2103						
19	5033	2484	2549						
20-24	**35821**	**18889**	**16932**	**4**	**4**		**0.11**	**0.21**	
20	6371	3316	3055	1	1		0.13	0.25	
21	6408	3312	3096	1	1		0.23	0.44	
22	7219	3845	3374	2	2		0.23	0.42	
23	8202	4410	3792						
24	7622	4006	3616						
25-29	**34109**	**17104**	**17005**	**9**	**8**	**1**	**0.27**	**0.49**	**0.06**
25	7539	3807	3732	1		1	0.10		0.20
26	7433	3721	3712						
27	6490	3267	3223	2	2		0.30	0.59	
28	6429	3216	3212	4	4		0.60	1.20	
29	6218	3092	3126	3	3		0.44	0.82	

2-45 续表 1 continued

单位：人，‰ (person,‰)

年 龄 Age	年平均人口 Average Population	男 Male	女 Female	死亡人口 Deaths	男 Male	女 Female	死亡率 Death Rate	男 Male	女 Female
30-34	**32850**	**16427**	**16423**	**8**	**7**	**1**	**0.23**	**0.41**	**0.06**
30	6808	3360	3448	1	1		0.08	0.15	
31	7182	3552	3630	2	2		0.24	0.49	
32	5884	2941	2943	1	1		0.22	0.44	
33	6602	3309	3293	1		1	0.15		0.30
34	6375	3265	3110	3	3		0.49	0.95	
35-39	**30975**	**15801**	**15174**	**13**	**8**	**5**	**0.42**	**0.50**	**0.33**
35	5747	2908	2838	1		1	0.25	0.14	0.37
36	5858	3001	2857	1	1		0.17	0.33	
37	6166	3207	2959	6	2	4	0.97	0.62	1.35
38	6369	3187	3182	3	3		0.55	1.09	
39	6836	3498	3338	1	1		0.16	0.31	
40-44	**35389**	**18300**	**17089**	**32**	**16**	**15**	**0.90**	**0.90**	**0.89**
40	7129	3632	3498	5	1	4	0.77	0.36	1.20
41	6996	3636	3360	3	1	1	0.38	0.40	0.35
42	7226	3769	3458	5	2	3	0.62	0.48	0.78
43	7018	3592	3426	9	5	5	1.34	1.28	1.40
44	7020	3672	3348	10	7	2	1.39	1.99	0.72
45-49	**29296**	**15089**	**14207**	**39**	**26**	**13**	**1.32**	**1.70**	**0.92**
45	5675	2940	2736	4	3	1	0.67	0.96	0.36
46	5179	2643	2535	6	4	3	1.21	1.40	1.02
47	5939	3039	2899	4	2	3	0.75	0.54	0.98
48	5735	2916	2818	14	10	3	2.41	3.55	1.24
49	6769	3551	3218	10	7	3	1.53	2.02	0.98
50-54	**20677**	**10686**	**9991**	**46**	**35**	**11**	**2.22**	**3.28**	**1.10**
50	6405	3367	3038	14	13	1	2.14	3.81	0.28
51	3512	1800	1712	4	3	1	1.04	1.68	0.36
52	3319	1707	1612	6	4	1	1.68	2.40	0.91
53	3739	1918	1821	9	5	4	2.51	2.71	2.29
54	3702	1894	1808	14	10	4	3.70	5.20	2.12
55-59	**20961**	**10477**	**10484**	**83**	**48**	**35**	**3.95**	**4.60**	**3.30**
55	4537	2292	2246	16	8	7	3.42	3.56	3.28
56	4201	2115	2086	16	10	6	3.77	4.55	2.98
57	4058	2031	2027	26	14	12	6.38	7.09	5.67
58	4283	2121	2163	10	6	4	2.25	2.75	1.76
59	3881	1918	1963	16	10	6	4.11	5.32	2.92

2-45 续表 2 continued

单位：人，‰ (person,‰)

年 龄 Age	年平均人口 Average Population	男 Male	女 Female	死亡人口 Deaths	男 Male	女 Female	死亡率 Death Rate	男 Male	女 Female
60-64	**15181**	**7376**	**7805**	**87**	**63**	**24**	**5.75**	**8.54**	**3.12**
60	3553	1724	1828	20	13	7	5.65	7.59	3.82
61	3223	1546	1677	14	9	4	4.22	5.91	2.65
62	2978	1481	1497	15	14	1	4.99	9.53	0.49
63	2923	1408	1514	24	15	8	8.04	10.96	5.33
64	2505	1216	1288	15	11	4	6.12	9.23	3.18
65-69	**9873**	**4833**	**5041**	**130**	**76**	**54**	**13.18**	**15.81**	**10.66**
65	2318	1123	1195	19	10	9	8.21	8.64	7.80
66	2159	1052	1106	26	18	9	12.17	16.71	7.84
67	2064	1021	1044	30	18	13	14.71	17.22	12.26
68	1747	842	905	26	16	11	15.09	18.67	11.76
69	1586	795	791	28	16	12	17.74	19.91	15.56
70-74	**7592**	**3601**	**3992**	**135**	**89**	**46**	**17.78**	**24.68**	**11.56**
70	1654	784	870	29	18	11	17.61	22.73	12.99
71	1565	763	802	18	10	9	11.54	12.52	10.61
72	1584	742	842	29	19	9	18.20	26.10	11.24
73	1408	664	744	34	22	13	24.30	32.48	17.00
74	1382	648	734	25	21	4	17.94	31.74	5.74
75-79	**6019**	**2786**	**3233**	**201**	**106**	**95**	**33.39**	**37.91**	**29.49**
75	1281	616	665	37	19	18	29.11	31.32	27.06
76	1334	640	694	47	28	19	35.54	43.83	27.90
77	1238	524	714	39	22	18	31.67	41.08	24.76
78	1108	504	604	34	13	20	30.27	26.36	33.53
79	1059	502	556	44	23	20	41.15	46.75	36.09
80-84	**3406**	**1628**	**1778**	**181**	**101**	**79**	**53.09**	**62.32**	**44.63**
80	912	428	484	50	27	23	54.80	63.32	47.26
81	739	365	375	45	27	18	60.96	74.95	47.35
82	706	332	375	37	25	12	52.53	74.81	32.82
83	540	255	285	22	12	10	41.36	47.11	36.24
84	509	250	259	26	10	16	51.78	41.05	62.10
85-89	**1337**	**567**	**770**	**151**	**74**	**77**	**113.17**	**130.94**	**100.09**
85	410	182	228	41	22	19	99.77	118.41	84.84
86	271	112	160	35	16	19	130.34	145.54	119.71
87	271	107	164	25	10	15	93.45	94.85	92.54
88	209	93	116	26	15	11	123.09	161.28	92.77
89	176	73	102	24	11	13	136.60	154.29	123.91
90+	**430**	**162**	**268**	**70**	**29**	**41**	**162.79**	**179.01**	**152.99**

2-46 全国镇分年龄、性别的死亡人口状况
（2012年11月1日至2013年10月31日）
Status of Town Deaths by Age and Sex (2012.11.1-2013.10.31)

单位：人，‰ (person,‰)

年 龄 Age	年平均人口 Average Population	男 Male	女 Female	死亡人口 Deaths	男 Male	女 Female	死亡率 Death Rate	男 Male	女 Female
总计 Total	**253743**	**130392**	**123351**	**1244**	**736**	**508**	**4.90**	**5.64**	**4.12**
0-4	**14527**	**7880**	**6646**	**12**	**9**	**4**	**0.86**	**1.09**	**0.59**
0	2766	1456	1310	10	6	4	3.64	4.34	2.86
1	2574	1402	1172						
2	2792	1549	1243	1	1		0.48	0.87	
3	3228	1723	1504						
4	3167	1751	1416	1	1		0.34	0.51	
5-9	**14365**	**7863**	**6501**	**1**	**1**		**0.06**	**0.11**	
5	3054	1623	1431						
6	2942	1594	1348						
7	2822	1558	1264						
8	2901	1621	1280						
9	2645	1467	1178	1	1		0.34	0.61	
10-14	**14128**	**7666**	**6462**	**4**	**1**	**3**	**0.26**	**0.13**	**0.42**
10	2690	1455	1236						
11	2705	1469	1237						
12	2947	1616	1332	1		1	0.46		1.01
13	2804	1524	1280	2	1	1	0.83	0.65	1.05
14	2981	1603	1378						
15-19	**17346**	**9508**	**7839**	**4**	**3**	**1**	**0.21**	**0.31**	**0.08**
15	3525	1999	1526	1	1		0.42	0.73	
16	3650	2146	1505						
17	3556	1858	1698	2	1		0.47	0.79	
18	3133	1661	1472						
19	3483	1844	1639						
20-24	**21823**	**11314**	**10509**	**8**	**3**	**5**	**0.36**	**0.28**	**0.46**
20	3818	1975	1843	1	1		0.20	0.39	
21	3744	2014	1730	1		1	0.14		0.30
22	4525	2408	2116	3	1	2	0.67	0.52	0.85
23	4992	2581	2412	3	1	1	0.52	0.43	0.61
24	4745	2337	2408	1		1	0.22		0.43
25-29	**20533**	**10102**	**10431**	**7**	**5**	**2**	**0.33**	**0.48**	**0.20**
25	4588	2224	2364	1		1	0.17		0.32
26	4566	2218	2348	1	1		0.28	0.58	
27	4121	2005	2116	2	2		0.49	1.00	
28	3619	1817	1802	1	1		0.36	0.71	
29	3639	1837	1802	2		1	0.42		0.72

2-46 续表 1 continued

单位：人，‰ (person,‰)

年 龄 Age	年平均人口 Average Population	男 Male	女 Female	死亡人口 Deaths	男 Male	女 Female	死亡率 Death Rate	男 Male	女 Female
30-34	**19279**	**9698**	**9581**	**11**	**7**	**3**	**0.55**	**0.77**	**0.34**
30	3852	1916	1936	1		1	0.26		0.51
31	3995	2054	1941	4	3	1	1.11	1.55	0.65
32	3645	1784	1861						
33	4003	2032	1971	1		1	0.29		0.50
34	3784	1911	1873	4	4		1.08	2.15	
35-39	**21110**	**10832**	**10278**	**22**	**19**	**4**	**1.06**	**1.73**	**0.35**
35	3662	1898	1764	3	3		0.89	1.71	
36	4016	2101	1915	1	1		0.22	0.41	
37	4266	2123	2144	11	8	3	2.58	3.87	1.31
38	4503	2301	2201	6	6		1.32	2.58	
39	4663	2409	2255	1		1	0.27		0.34
40-44	**25301**	**12816**	**12485**	**35**	**28**	**7**	**1.39**	**2.17**	**0.58**
40	4873	2438	2434	15	13	1	3.06	5.51	0.60
41	4872	2517	2355	5	3	2	1.10	1.25	0.93
42	5112	2574	2538	4	3	1	0.78	1.06	0.49
43	5128	2603	2525	7	6	1	1.33	2.24	0.39
44	5316	2684	2633	4	3	1	0.77	1.02	0.52
45-49	**22866**	**11623**	**11243**	**46**	**33**	**13**	**2.01**	**2.82**	**1.17**
45	4497	2312	2185	7	4	3	1.65	1.84	1.45
46	4301	2196	2105	16	11	5	3.80	5.05	2.51
47	4759	2365	2393	5	2	2	0.97	1.05	0.88
48	4497	2310	2188	14	12	2	3.10	5.32	0.75
49	4812	2440	2372	4	3	1	0.77	1.11	0.41
50-54	**14246**	**7269**	**6977**	**56**	**39**	**17**	**3.95**	**5.35**	**2.49**
50	4631	2361	2269	14	9	4	2.92	3.90	1.90
51	2610	1291	1319	4	2	2	1.50	1.47	1.53
52	2105	1098	1007	10	8	2	4.74	7.21	2.04
53	2356	1245	1111	15	14	1	6.42	11.10	1.16
54	2544	1274	1270	14	6	8	5.38	4.73	6.03
55-59	**15357**	**7668**	**7689**	**95**	**65**	**29**	**6.16**	**8.51**	**3.82**
55	3138	1623	1514	8	5	3	2.51	2.78	2.23
56	3107	1588	1519	24	17	7	7.75	10.54	4.84
57	2908	1460	1448	20	16	4	6.88	11.26	2.47
58	3204	1525	1679	18	9	9	5.56	5.98	5.18
59	3001	1472	1529	25	18	6	8.28	12.55	4.18

2-46 续表 2 continued

单位：人，‰ (person,‰)

年龄 Age	年平均人口 Average Population	男 Male	女 Female	死亡人口 Deaths	男 Male	女 Female	死亡率 Death Rate	男 Male	女 Female
60-64	**11685**	**5992**	**5693**	**108**	**70**	**39**	**9.25**	**11.60**	**6.78**
60	2787	1446	1341	16	11	5	5.81	7.73	3.73
61	2468	1253	1214	22	15	7	8.99	12.06	5.83
62	2255	1179	1076	25	17	8	11.17	14.27	7.77
63	2345	1186	1159	23	13	11	9.96	10.77	9.12
64	1831	928	903	21	14	8	11.57	14.67	8.39
65-69	**7660**	**3814**	**3846**	**115**	**74**	**41**	**14.99**	**19.41**	**10.60**
65	1757	848	909	16	11	4	8.85	13.34	4.67
66	1684	834	850	22	14	9	13.34	16.56	10.18
67	1550	764	787	27	19	7	17.22	25.23	9.43
68	1402	743	658	23	14	9	16.26	18.66	13.54
69	1267	625	642	27	16	12	21.55	25.24	17.97
70-74	**5643**	**2722**	**2921**	**161**	**102**	**59**	**28.61**	**37.57**	**20.27**
70	1232	596	636	26	17	9	21.01	27.85	14.60
71	1213	581	633	33	20	13	26.96	34.01	20.49
72	1107	537	570	37	27	9	33.07	50.65	16.52
73	1052	521	531	25	14	11	24.16	27.31	21.06
74	1038	487	551	41	24	16	39.32	50.26	29.65
75-79	**4204**	**2030**	**2174**	**183**	**104**	**79**	**43.53**	**51.21**	**36.36**
75	931	466	465	44	31	13	47.54	66.83	28.21
76	879	421	457	36	17	19	40.66	40.04	41.24
77	848	405	443	44	25	19	52.25	61.92	43.41
78	759	364	395	26	11	15	33.80	30.57	36.76
79	787	374	413	33	20	13	42.00	52.85	32.18
80-84	**2326**	**1066**	**1260**	**176**	**85**	**91**	**75.53**	**79.61**	**72.08**
80	607	278	329	45	24	20	73.82	87.92	61.89
81	519	231	288	33	15	18	63.62	64.85	62.62
82	467	237	230	28	12	15	58.93	51.80	66.29
83	383	162	221	35	13	21	90.28	81.30	96.87
84	350	157	193	36	20	16	102.15	126.92	82.01
85-89	**977**	**400**	**578**	**127**	**55**	**71**	**129.70**	**138.47**	**123.63**
85	292	124	168	25	10	14	84.69	83.64	85.47
86	228	99	130	35	19	16	152.78	194.95	120.72
87	167	69	98	26	11	15	153.96	158.45	150.82
88	158	63	95	32	13	19	202.34	207.53	198.88
89	132	45	87	9	2	8	71.47	38.50	88.60
90+	**367**	**130**	**237**	**73**	**34**	**39**	**198.91**	**261.54**	**164.56**

2-47 全国乡村分年龄、性别的死亡人口状况
(2012年11月1日至2013年10月31日)
Status of Rural Deaths by Age and Sex (2012.11.1-2013.10.31)

单位：人，‰ (person,‰)

年龄 Age	年平均人口 Average Population	男 Male	女 Female	死亡人口 Deaths	男 Male	女 Female	死亡率 Death Rate	男 Male	女 Female
总计 Total	**511151**	**262969**	**248182**	**4102**	**2430**	**1671**	**8.02**	**9.24**	**6.73**
0-4	**34217**	**18555**	**15663**	**36**	**21**	**15**	**1.05**	**1.13**	**0.95**
0	6606	3619	2987	19	15	4	2.88	4.04	1.46
1	6181	3302	2879	5	3	2	0.89	0.98	0.78
2	6529	3470	3059	7	2	5	1.01	0.57	1.50
3	7671	4206	3465	3		3	0.39		0.81
4	7230	3957	3273	2	1	1	0.25	0.26	0.24
5-9	**32323**	**17498**	**14826**	**10**	**9**	**2**	**0.32**	**0.50**	**0.11**
5	6709	3634	3075	3	2	1	0.41	0.51	0.29
6	6777	3650	3127	3	3		0.39	0.72	
7	6489	3579	2910	2	2		0.23	0.42	
8	6366	3419	2947	1	1		0.14	0.26	
9	5982	3214	2768	3	2	1	0.44	0.58	0.27
10-14	**30404**	**16525**	**13880**	**15**	**12**	**2**	**0.48**	**0.74**	**0.17**
10	5878	3248	2630	2	2		0.37	0.68	
11	5889	3231	2658	1	1		0.19	0.34	
12	6136	3326	2810	6	4	2	1.03	1.31	0.71
13	6149	3325	2824	2	2		0.33	0.55	
14	6353	3394	2958	3	3		0.48	0.83	
15-19	**30207**	**16068**	**14139**	**28**	**18**	**10**	**0.92**	**1.11**	**0.70**
15	6216	3370	2846	6	4	2	1.00	1.31	0.62
16	6121	3338	2783	4	3	1	0.63	0.86	0.35
17	6229	3186	3043	5	2	3	0.72	0.57	0.88
18	5623	2954	2668	4	3	1	0.72	1.02	0.39
19	6019	3221	2798	9	6	3	1.51	1.77	1.21
20-24	**41828**	**21528**	**20300**	**30**	**22**	**8**	**0.72**	**1.01**	**0.41**
20	6761	3658	3103	3	3		0.37	0.69	
21	7386	3827	3559	3	3		0.45	0.83	
22	8736	4479	4257	11	10	2	1.31	2.22	0.35
23	10230	5132	5098	6	4	2	0.57	0.80	0.34
24	8714	4431	4283	7	2	5	0.79	0.47	1.13
25-29	**36196**	**18345**	**17851**	**35**	**31**	**4**	**0.96**	**1.67**	**0.23**
25	8590	4360	4230	9	9		1.09	2.14	
26	8076	4091	3984	6	4	2	0.70	0.91	0.49
27	7138	3573	3565	7	6	1	0.98	1.68	0.28
28	6423	3238	3185	5	3	1	0.73	1.06	0.38
29	5970	3082	2887	8	8		1.35	2.62	

2-47 续表 1 continued

单位：人，‰ (person,‰)

年 龄 Age	年平均人口 Average Population	男 Male	女 Female	死亡人口 Deaths	男 Male	女 Female	死亡率 Death Rate	男 Male	女 Female
30-34	**30910**	**16118**	**14792**	**49**	**29**	**20**	**1.58**	**1.81**	**1.34**
30	6303	3356	2947	6	4	2	0.98	1.15	0.80
31	6563	3514	3049	10	4	6	1.58	1.17	2.04
32	5852	2954	2899	6	5	1	1.00	1.72	0.26
33	6200	3276	2924	8	4	4	1.33	1.28	1.39
34	5992	3018	2973	18	12	6	3.06	3.93	2.17
35-39	**33842**	**17260**	**16582**	**62**	**47**	**15**	**1.85**	**2.74**	**0.91**
35	5793	2958	2834	10	9	1	1.67	2.92	0.37
36	6188	3197	2991	14	12	2	2.27	3.79	0.65
37	6777	3529	3248	11	9	2	1.59	2.54	0.55
38	7175	3650	3525	9	5	4	1.27	1.30	1.24
39	7910	3926	3984	19	13	6	2.39	3.28	1.50
40-44	**45364**	**23088**	**22276**	**122**	**87**	**35**	**2.68**	**3.76**	**1.57**
40	8275	4288	3987	22	15	7	2.68	3.56	1.73
41	8476	4361	4115	22	16	6	2.59	3.72	1.40
42	9025	4574	4452	31	24	8	3.46	5.16	1.71
43	9377	4748	4629	29	20	9	3.09	4.23	1.93
44	10211	5118	5093	17	12	6	1.70	2.28	1.12
45-49	**45199**	**22788**	**22411**	**159**	**115**	**44**	**3.52**	**5.03**	**1.98**
45	8724	4370	4354	22	13	9	2.57	3.07	2.07
46	8652	4423	4229	31	22	10	3.64	4.95	2.26
47	9357	4675	4681	29	21	8	3.07	4.51	1.62
48	9154	4646	4508	36	30	6	3.96	6.42	1.42
49	9312	4673	4639	40	28	12	4.32	6.08	2.55
50-54	**30285**	**15253**	**15032**	**152**	**99**	**53**	**5.03**	**6.51**	**3.52**
50	9568	4851	4717	38	25	13	4.02	5.22	2.79
51	5454	2665	2789	26	14	12	4.75	5.09	4.43
52	4558	2196	2362	24	20	4	5.26	9.23	1.57
53	5059	2620	2440	27	18	9	5.31	6.70	3.83
54	5645	2921	2725	37	23	14	6.56	7.75	5.28
55-59	**34760**	**17874**	**16887**	**283**	**177**	**106**	**8.14**	**9.90**	**6.27**
55	6911	3608	3303	38	26	12	5.43	7.21	3.49
56	6956	3596	3360	51	33	18	7.29	9.06	5.38
57	6734	3459	3276	56	33	24	8.38	9.44	7.25
58	7165	3640	3525	65	37	28	9.04	10.12	7.93
59	6994	3572	3422	73	49	25	10.49	13.67	7.18

2-47 续表 2 continued

单位：人，‰ (person,‰)

年 龄 Age	年平均人口 Average Population	男 Male	女 Female	死亡人口 Deaths	男 Male	女 Female	死亡率 Death Rate	男 Male	女 Female
60-64	**29681**	**15100**	**14581**	**337**	**212**	**126**	**11.37**	**14.02**	**8.62**
60	6990	3511	3479	76	51	26	10.90	14.39	7.38
61	6160	3100	3059	55	32	23	8.99	10.41	7.55
62	5742	2908	2834	65	39	26	11.35	13.49	9.15
63	5772	2961	2810	73	43	30	12.62	14.51	10.64
64	5017	2619	2398	68	47	21	13.51	17.83	8.79
65-69	**20456**	**10359**	**10097**	**420**	**264**	**156**	**20.55**	**25.48**	**15.48**
65	4632	2336	2296	94	63	31	20.35	26.95	13.64
66	4463	2331	2132	55	38	17	12.34	16.15	8.17
67	4153	2013	2140	86	55	31	20.75	27.40	14.49
68	3651	1844	1807	91	55	36	24.91	29.99	19.73
69	3556	1835	1721	94	53	41	26.38	28.81	23.79
70-74	**14657**	**7385**	**7272**	**503**	**321**	**183**	**34.34**	**43.41**	**25.13**
70	3260	1635	1625	86	47	39	26.47	29.03	23.89
71	3160	1635	1524	112	69	43	35.57	42.49	28.14
72	2980	1513	1467	98	68	30	32.74	44.61	20.50
73	2650	1328	1322	98	62	36	37.05	46.66	27.41
74	2607	1274	1333	109	74	35	41.76	58.22	26.03
75-79	**10859**	**5187**	**5672**	**684**	**407**	**277**	**62.96**	**78.46**	**48.79**
75	2533	1264	1269	122	78	44	48.23	61.66	34.85
76	2272	1093	1178	111	72	39	48.87	65.69	33.27
77	2204	1079	1125	147	94	53	66.76	87.19	47.17
78	1904	869	1035	125	65	60	65.80	74.93	58.13
79	1946	882	1064	178	98	80	91.53	111.19	75.23
80-84	**6324**	**2704**	**3620**	**605**	**316**	**289**	**95.60**	**116.83**	**79.74**
80	1607	722	885	133	76	57	82.66	105.05	64.38
81	1451	648	803	120	65	55	82.49	100.21	68.20
82	1291	532	759	113	59	53	87.19	111.66	70.04
83	1097	452	645	125	59	66	113.76	129.41	102.78
84	878	350	528	115	57	57	130.64	163.48	108.87
85-89	**2693**	**1035**	**1658**	**388**	**178**	**210**	**143.93**	**171.78**	**126.55**
85	826	330	496	96	42	53	115.93	128.44	107.61
86	603	243	360	76	37	39	126.20	153.49	107.83
87	488	188	300	76	33	44	156.31	174.43	145.00
88	417	137	280	60	26	34	143.94	186.90	122.94
89	359	138	221	79	40	40	221.32	289.09	179.07
90+	**942**	**299**	**644**	**184**	**66**	**117**	**195.33**	**220.74**	**181.68**

2-48 各地区分性别的各种户口状况人口

单位：人

地 区	Region	人 口 数 Population			住本乡、镇、街道，户口在本乡、镇、街道 Residing in the Townships, Towns and Street Communities with Permanent Household Registration There		
		合 计 Total	男 Male	女 Female	小 计 Sub-total	男 Male	女 Female
全 国	**National Total**	**1118433**	**573428**	**545005**	**897422**	**459713**	**437710**
北 京	Beijing	17454	9047	8407	8139	4349	3790
天 津	Tianjin	12150	6040	6109	9242	4607	4635
河 北	Hebei	60517	31069	29449	54572	28175	26397
山 西	Shanxi	29957	15381	14576	23635	12157	11478
内蒙古	Inner Mongolia	20613	10699	9914	14904	7753	7151
辽 宁	Liaoning	36231	18292	17939	28085	14609	13476
吉 林	Jilin	22707	11696	11010	19086	9933	9153
黑龙江	Heilongjiang	31651	16055	15596	26678	13634	13044
上 海	Shanghai	19932	10268	9664	7839	3891	3948
江 苏	Jiangsu	65526	32754	32772	53232	26527	26705
浙 江	Zhejiang	45376	23512	21864	26392	13378	13014
安 徽	Anhui	49765	25383	24382	42915	22084	20830
福 建	Fujian	31148	16165	14982	19047	9768	9279
江 西	Jiangxi	37321	19423	17898	33680	17374	16306
山 东	Shandong	80331	40928	39403	71213	36188	35024
河 南	Henan	77688	39055	38633	70947	35675	35272
湖 北	Hubei	47860	24322	23538	37612	19200	18412
湖 南	Hunan	55219	28374	26845	49990	25728	24262
广 东	Guangdong	87847	46183	41665	56359	28999	27360
广 西	Guangxi	38947	20352	18595	33469	17668	15801
海 南	Hainan	7389	3899	3490	5978	3186	2792
重 庆	Chongqing	24512	12494	12018	19427	9887	9539
四 川	Sichuan	66904	34111	32793	56677	28870	27807
贵 州	Guizhou	28905	14944	13960	23902	12515	11387
云 南	Yunnan	38680	20044	18635	33645	17351	16294
西 藏	Tibet	2575	1308	1267	2398	1214	1184
陕 西	Shaanxi	31063	15912	15151	26012	13347	12665
甘 肃	Gansu	21311	10948	10363	19220	9867	9353
青 海	Qinghai	4769	2429	2339	3976	2029	1947
宁 夏	Ningxia	5399	2757	2642	4140	2112	2028
新 疆	Xinjiang	18688	9583	9105	15012	7636	7375

Population by Sex, Household Registration Status and Region

(person)

住本乡、镇、街道，户口在外乡、镇、街道，离开户口登记地半年以上 Residing in Townships, Towns and Street Communities, with Permanent Household Registration Elsewhere, Having Been Away from That Places For More Than 6 Months.			住本乡、镇、街道，户口待定 Residing in Townships, Towns and Street Communities, with Place of Permanent Household Registration Unsettled			居住港澳台或国外，户口在本乡、镇、街道 Residing in Taiwan, Macao, Hong Kong Special Administrative Region and other countries, with Place of Permanent Household Registration in Township, Towns and Street Communities		
小计 Sub-total	男 Male	女 Female	小计 Sub-total	男 Male	女 Female	小计 Sub-total	男 Male	女 Female
211539	**108946**	**102593**	**7797**	**3857**	**3939**	**1675**	**911**	**763**
9206	4644	4562	74	38	36	34	16	18
2881	1420	1461	14	7	7	13	7	6
5621	2741	2880	308	146	162	16	7	9
6181	3148	3033	139	74	64	3	2	1
5611	2892	2719	92	48	43	7	5	2
8028	3633	4395	63	26	37	55	25	30
3352	1624	1727	51	27	24	218	112	106
4889	2376	2512	58	25	33	26	20	6
11986	6318	5668	30	20	10	76	38	37
11806	5965	5841	360	189	172	127	73	54
18300	9773	8527	219	111	108	464	250	215
6341	3045	3297	488	240	247	22	14	7
11385	6039	5346	443	205	238	273	152	121
3335	1896	1439	296	146	150	10	6	3
8627	4460	4167	402	233	169	89	47	43
6424	3210	3214	296	155	142	20	15	6
9882	4944	4938	335	156	180	30	22	8
4896	2489	2407	311	147	164	22	10	12
30065	16461	13604	1351	688	663	72	35	38
4951	2426	2525	520	254	267	7	4	3
1356	689	666	52	24	29	3		3
5007	2566	2441	70	36	34	7	4	3
9598	4942	4656	594	272	322	36	27	8
4686	2289	2397	314	140	173	3		3
4668	2520	2148	346	161	185	21	12	9
162	86	76	15	7	7	1		1
4899	2488	2411	140	73	67	12	4	8
1966	1024	942	124	56	67	2	1	1
746	377	369	46	23	23	1	1	
1224	627	597	34	17	17	1		
3460	1832	1628	212	112	99	4	3	2

2-49 各地区城市分性别的各种户口状况人口

单位：人

地 区	Region	人口数 Population			住本乡、镇、街道，户口在本乡、镇、街道 Residing in the Townships, Towns and Street Communities with Permanent Household Registration There		
		合 计 Total	男 Male	女 Female	小 计 Sub-total	男 Male	女 Female
全 国	**National Total**	**352379**	**179587**	**172792**	**208792**	**105748**	**103044**
北 京	Beijing	14252	7420	6832	5805	3162	2643
天 津	Tianjin	8100	3964	4136	5500	2678	2822
河 北	Hebei	11794	5870	5924	8455	4246	4210
山 西	Shanxi	10239	5066	5173	5635	2791	2844
内蒙古	Inner Mongolia	7673	3918	3756	4071	2076	1995
辽 宁	Liaoning	19908	9748	10160	13125	6727	6398
吉 林	Jilin	8491	4250	4241	5853	2944	2909
黑龙江	Heilongjiang	12185	6071	6114	9567	4777	4790
上 海	Shanghai	15480	7901	7579	6393	3202	3191
江 苏	Jiangsu	27137	13755	13382	18276	9149	9127
浙 江	Zhejiang	17035	9116	7918	6959	3629	3330
安 徽	Anhui	10553	5239	5314	6333	3248	3085
福 建	Fujian	10752	5417	5335	4793	2469	2325
江 西	Jiangxi	7061	3556	3505	5079	2490	2589
山 东	Shandong	25756	13181	12576	18634	9431	9202
河 南	Henan	14835	7553	7282	10390	5326	5064
湖 北	Hubei	16049	8034	8015	8976	4496	4480
湖 南	Hunan	11247	5664	5583	7754	3872	3882
广 东	Guangdong	39554	21346	18208	15464	8036	7428
广 西	Guangxi	8704	4432	4272	5502	2785	2717
海 南	Hainan	1465	746	719	746	395	352
重 庆	Chongqing	5966	3135	2831	3410	1763	1646
四 川	Sichuan	15099	7650	7449	11333	5701	5632
贵 州	Guizhou	4614	2075	2539	2699	1333	1366
云 南	Yunnan	7708	3926	3782	5029	2466	2563
西 藏	Tibet	236	127	109	156	80	77
陕 西	Shaanxi	6563	3311	3252	3859	1969	1890
甘 肃	Gansu	4113	2063	2050	3076	1536	1540
青 海	Qinghai	1185	594	592	814	406	409
宁 夏	Ningxia	2019	1024	994	1256	630	626
新 疆	Xinjiang	6606	3436	3170	3850	1938	1912

City Population by Sex, Household Registration Status and Region

(person)

住本乡、镇、街道，户口在外乡、镇、街道，离开户口登记地半年以上 Residing in Townships, Towns and Street Communities, with Permanent Household Registration Elsewhere, Having Been Away from That Places For More Than 6 Months.			住本乡、镇、街道，户口待定 Residing in Townships, Towns and Street Communities, with Place of Permanent Household Registration Unsettled			居住港澳台或国外，户口在本乡、镇、街道 Residing in Taiwan, Macao, Hong Kong Special Administrative Region and other countries, with Place of Permanent Household Registration in Township, Towns and Street Communities		
小 计 Sub-total	男 Male	女 Female	小 计 Sub-total	男 Male	女 Female	小 计 Sub-total	男 Male	女 Female
141700	**72872**	**68828**	**1355**	**697**	**659**	**532**	**271**	**261**
8352	4211	4141	62	32	30	33	15	18
2578	1275	1303	9	5	5	12	6	6
3297	1609	1688	32	12	19	10	3	7
4561	2250	2311	44	26	18			
3545	1812	1733	57	29	28	1	1	
6722	2992	3730	16	7	9	46	22	24
2538	1256	1281	10	6	5	90	44	45
2587	1280	1307	23	9	15	7	6	2
8986	4645	4341	25	15	10	76	38	37
8728	4537	4191	95	54	41	39	16	23
9952	5416	4536	91	51	40	32	21	11
4181	1971	2210	36	19	16	4	2	2
5773	2859	2915	116	56	60	69	33	35
1942	1049	894	36	13	23	4	4	
7053	3706	3347	57	37	20	13	6	6
4402	2200	2202	38	24	14	4	2	2
6971	3486	3485	77	35	42	24	17	7
3434	1758	1676	43	28	14	17	6	11
23846	13186	10661	209	105	104	35	20	15
3146	1617	1528	56	30	27			
712	346	365	6	4	2			
2548	1366	1182	6	5	2	2	1	1
3725	1936	1789	34	8	26	6	4	2
1901	737	1164	14	5	9			
2621	1434	1188	55	25	31	3	2	1
77	46	32	2	1	1			
2689	1336	1352	15	6	9	1		1
1027	521	505	9	5	4	2	1	1
365	185	181	5	3	2	1		
754	388	365	9	6	3	1		
2687	1462	1224	66	35	32	2	1	2

2-50 各地区镇分性别的各种户口状况人口

单位：人

地区	Region	人口数 Population			住本乡、镇、街道，户口在本乡、镇、街道 Residing in the Townships, Towns and Street Communities with Permanent Household Registration There		
		合计 Total	男 Male	女 Female	小计 Sub-total	男 Male	女 Female
全国	**National Total**	**254184**	**130622**	**123562**	**204601**	**104764**	**99837**
北京	Beijing	812	402	411	485	235	251
天津	Tianjin	1864	954	909	1598	826	773
河北	Hebei	17328	9012	8315	15748	8229	7519
山西	Shanxi	5507	2787	2720	4709	2396	2314
内蒙古	Inner Mongolia	4429	2282	2147	2785	1441	1343
辽宁	Liaoning	4169	2221	1948	3515	1880	1635
吉林	Jilin	3816	1959	1857	3326	1720	1605
黑龙江	Heilongjiang	5983	3020	2963	4310	2185	2125
上海	Shanghai	2380	1302	1078	572	282	290
江苏	Jiangsu	14872	7287	7584	12909	6365	6544
浙江	Zhejiang	12007	6022	5985	6776	3445	3331
安徽	Anhui	13264	6936	6329	11467	6025	5442
福建	Fujian	8177	4345	3832	4792	2445	2347
江西	Jiangxi	11178	5949	5229	9856	5130	4725
山东	Shandong	17421	8824	8598	16233	8221	8011
河南	Henan	19192	9618	9574	17358	8692	8666
湖北	Hubei	10040	5058	4982	7851	3971	3880
湖南	Hunan	15236	7810	7426	13977	7165	6812
广东	Guangdong	19971	10432	9539	15958	8303	7655
广西	Guangxi	8749	4571	4178	7452	3943	3509
海南	Hainan	2433	1295	1138	1903	1005	898
重庆	Chongqing	8335	4197	4138	6094	3087	3007
四川	Sichuan	14942	7696	7246	10167	5091	5076
贵州	Guizhou	6322	3455	2867	3900	2052	1847
云南	Yunnan	7949	4093	3856	6892	3544	3348
西藏	Tibet	376	196	179	375	196	179
陕西	Shaanxi	9376	4801	4574	7309	3723	3586
甘肃	Gansu	4438	2279	2160	3551	1799	1752
青海	Qinghai	1128	566	562	799	402	397
宁夏	Ningxia	790	401	389	474	241	233
新疆	Xinjiang	1704	851	853	1459	723	736

Town Population by Sex, Household Registration Status and Region

(person)

住本乡、镇、街道，户口在外乡、镇、街道，离开户口登记地半年以上 Residing in Townships, Towns and Street Communities, with Permanent Household Registration Elsewhere, Having Been Away from That Places For More Than 6 Months.			住本乡、镇、街道，户口待定 Residing in Townships, Towns and Street Communities, with Place of Permanent Household Registration Unsettled			居住港澳台或国外，户口在本乡、镇、街道 Residing in Taiwan, Macao, Hong Kong Special Administrative Region and other countries, with Place of Permanent Household Registration in Township, Towns and Street Communities		
小计 Sub-total	男 Male	女 Female	小计 Sub-total	男 Male	女 Female	小计 Sub-total	男 Male	女 Female
47617	**24857**	**22760**	**1737**	**880**	**858**	**229**	**121**	**108**
325	166	159	2	1	1			
261	127	135	3	1	2			
1477	740	737	98	40	57	5	3	3
776	384	392	22	7	15			
1628	831	797	16	10	6			
643	338	305	6	2	4	4	1	3
439	213	227	7	3	4	44	23	21
1656	824	832	8	5	3	9	7	3
1802	1015	787	5	5	1			
1846	854	992	92	54	38	25	14	10
5153	2540	2613	55	28	27	22	9	14
1722	874	848	75	36	39			
3210	1806	1403	113	61	52	62	32	29
1258	786	472	60	30	29	4	2	3
1015	500	515	145	88	58	28	14	14
1787	906	881	48	20	28			
2114	1057	1057	75	30	45			
1142	589	552	114	52	62	3	3	
3520	1880	1640	481	245	236	12	4	8
1233	598	634	63	28	34	2	2	
516	284	232	13	6	7			
2224	1100	1124	15	9	6	1	1	
4741	2588	2153	32	15	17	2	2	
2362	1370	991	59	32	27	1		1
1007	522	485	49	26	23	1	1	
2017	1048	970	48	29	19	1	1	
876	473	402	11	6	6			
320	161	160	8	3	5			
309	157	152	6	3	3			
238	124	113	6	3	4	1	1	

2-51 各地区乡村分性别的各种户口状况人口

单位：人

地 区	Region	人口数 Population			住本乡、镇、街道，户口在本乡、镇、街道 Residing in the Townships, Towns and Street Communities with Permanent Household Registration There		
		合计 Total	男 Male	女 Female	小计 Sub-total	男 Male	女 Female
全 国	**National Total**	**511870**	**263219**	**248651**	**484029**	**249201**	**234829**
北 京	Beijing	2390	1225	1164	1849	953	897
天 津	Tianjin	2186	1122	1064	2143	1103	1041
河 北	Hebei	31396	16186	15210	30369	15700	14669
山 西	Shanxi	14211	7528	6683	13291	6971	6320
内蒙古	Inner Mongolia	8511	4499	4012	8049	4237	3813
辽 宁	Liaoning	12154	6324	5830	11445	6002	5443
吉 林	Jilin	10400	5487	4913	9907	5269	4638
黑龙江	Heilongjiang	13483	6964	6519	12802	6673	6129
上 海	Shanghai	2072	1065	1007	874	407	467
江 苏	Jiangsu	23517	11711	11806	22047	11013	11034
浙 江	Zhejiang	16335	8374	7961	12657	6304	6353
安 徽	Anhui	25947	13208	12740	25115	12811	12304
福 建	Fujian	12219	6403	5816	9461	4855	4607
江 西	Jiangxi	19082	9918	9164	18745	9754	8992
山 东	Shandong	37153	18923	18229	36346	18535	17811
河 南	Henan	43660	21884	21776	43199	21657	21542
湖 北	Hubei	21772	11230	10542	20784	10733	10051
湖 南	Hunan	28736	14900	13836	28259	14690	13569
广 东	Guangdong	28322	14404	13918	24937	12659	12278
广 西	Guangxi	21494	11349	10145	20515	10940	9575
海 南	Hainan	3491	1858	1633	3328	1786	1542
重 庆	Chongqing	10211	5162	5050	9923	5037	4886
四 川	Sichuan	36864	18766	18098	35177	18078	17099
贵 州	Guizhou	17968	9415	8554	17303	9130	8174
云 南	Yunnan	23022	12025	10997	21724	11342	10383
西 藏	Tibet	1964	985	979	1866	938	928
陕 西	Shaanxi	15123	7799	7324	14844	7655	7190
甘 肃	Gansu	12760	6607	6153	12592	6531	6061
青 海	Qinghai	2455	1270	1186	2362	1222	1141
宁 夏	Ningxia	2591	1332	1259	2410	1241	1169
新 疆	Xinjiang	10378	5296	5082	9702	4975	4728

Rural Population by Sex, Household Registration Status and Region

(person)

住本乡、镇、街道，户口在外乡、镇、街道，离开户口登记地半年以上 Residing in Townships, Towns and Street Communities, with Permanent Household Registration Elsewhere, Having Been Away from That Places For More Than 6 Months.			住本乡、镇、街道，户口待定 Residing in Townships, Towns and Street Communities, with Place of Permanent Household Registration Unsettled			居住港澳台或国外，户口在本乡、镇、街道 Residing in Taiwan, Macao, Hong Kong Special Administrative Region and other countries, with Place of Permanent Household Registration in Township, Towns and Street Communities		
小计 Sub-total	男 Male	女 Female	小计 Sub-total	男 Male	女 Female	小计 Sub-total	男 Male	女 Female
22222	**11218**	**11005**	**4704**	**2281**	**2423**	**915**	**520**	**395**
529	267	262	10	5	5	1	1	1
41	19	23	1	1	1			
847	392	455	179	93	85	1	1	
845	514	331	73	41	32	3	2	1
437	249	189	19	9	9	6	4	2
662	302	360	41	17	24	5	2	3
374	155	219	34	18	16	84	44	40
646	273	373	27	11	15	9	7	2
1198	658	541						
1233	574	659	174	81	93	64	43	21
3195	1817	1378	73	32	41	410	220	190
438	200	239	376	185	192	18	12	6
2402	1374	1028	213	88	126	142	87	56
134	61	73	201	103	98	2	1	1
559	254	304	200	108	92	48	26	23
235	104	131	210	110	100	17	13	4
798	402	396	183	90	93	6	5	1
321	142	179	154	67	87	2	1	1
2699	1396	1303	660	338	322	25	11	15
573	210	363	401	196	205	5	2	3
127	58	69	33	13	20	3		2
235	99	135	49	23	26	5	2	2
1132	418	714	528	249	279	27	21	6
423	182	242	240	103	137	2		2
1039	564	475	242	110	131	17	9	8
84	40	44	13	6	6	1		1
193	104	89	76	38	38	10	3	7
64	29	35	104	46	58			
60	31	29	33	16	16			
161	82	79	20	8	11			
536	246	291	139	75	64	2	2	

第三部分

Chapter Three

2013 年劳动力抽样调查主要数据

Main Data from 2013 Labor Force Survey

3-1 分地区全国就业人员受教育程度构成

Educational Attainment of Employed Persons by Region

单位：% (%)

地 区	Region	就业人员 Employed Persons	男 Male	女 Female	未上过学 No Schooling	小学 Primary School	初中 Junior Secondary School	高中 Senior Secondary School	大学专科 College	大学本科 University	研究生及以上 Graduate and Higher Level
全 国	**National Total**	**100.0**	**55.0**	**45.0**	**1.9**	**18.5**	**47.9**	**17.1**	**8.5**	**5.5**	**0.51**
北 京	Beijing	100.0	57.5	42.5	0.3	3.7	22.6	21.9	18.3	26.0	7.09
天 津	Tianjin	100.0	59.8	40.2	0.5	7.5	39.3	20.8	15.2	15.3	1.21
河 北	Hebei	100.0	56.1	43.9	2.2	16.1	55.5	15.1	6.9	3.9	0.26
山 西	Shanxi	100.0	60.0	40.0	0.8	10.4	53.2	20.3	9.7	5.4	0.20
内蒙古	Inner Mongolia	100.0	57.5	42.5	1.5	19.0	46.5	15.7	10.9	6.1	0.35
辽 宁	Liaoning	100.0	55.3	44.7	0.3	13.5	56.0	14.7	9.3	6.0	0.32
吉 林	Jilin	100.0	55.2	44.8	1.2	18.5	51.2	15.2	7.2	6.2	0.48
黑龙江	Heilongjiang	100.0	56.1	43.9	1.6	21.5	53.2	12.7	6.6	4.1	0.23
上 海	Shanghai	100.0	58.7	41.3	0.4	5.8	34.2	24.5	16.5	16.4	2.15
江 苏	Jiangsu	100.0	52.2	47.8	1.8	15.9	46.1	19.3	10.3	6.1	0.59
浙 江	Zhejiang	100.0	56.1	43.9	2.4	19.4	41.9	17.1	10.9	7.7	0.56
安 徽	Anhui	100.0	53.4	46.6	5.7	22.8	50.0	11.4	6.1	3.7	0.31
福 建	Fujian	100.0	57.0	43.0	1.8	21.8	41.8	17.5	9.2	7.4	0.44
江 西	Jiangxi	100.0	53.4	46.6	1.3	18.6	50.9	18.5	7.0	3.5	0.32
山 东	Shandong	100.0	53.5	46.5	2.0	14.8	47.5	19.6	9.4	6.2	0.48
河 南	Henan	100.0	51.8	48.2	1.9	15.6	54.5	17.7	6.6	3.4	0.26
湖 北	Hubei	100.0	55.1	44.9	1.7	16.4	48.1	20.4	8.6	4.4	0.43
湖 南	Hunan	100.0	55.8	44.2	0.8	15.0	45.5	23.8	10.0	4.5	0.27
广 东	Guangdong	100.0	56.2	43.8	0.6	14.0	49.3	21.8	8.6	5.2	0.41
广 西	Guangxi	100.0	53.6	46.4	1.2	19.0	57.7	13.7	5.3	2.8	0.23
海 南	Hainan	100.0	55.8	44.2	0.8	12.3	52.8	19.8	9.2	4.8	0.19
重 庆	Chongqing	100.0	54.1	45.9	2.6	28.5	40.3	16.2	6.9	5.0	0.53
四 川	Sichuan	100.0	56.0	44.0	1.9	26.6	46.7	14.1	6.4	3.9	0.35
贵 州	Guizhou	100.0	53.2	46.8	3.6	31.6	47.7	7.8	5.7	3.6	0.06
云 南	Yunnan	100.0	54.0	46.0	2.9	38.7	40.1	8.2	5.8	3.9	0.30
西 藏	Tibet	100.0	52.2	47.8	8.0	57.0	22.9	6.2	3.3	2.6	
陕 西	Shaanxi	100.0	58.6	41.4	1.3	11.1	50.2	18.6	11.5	6.4	0.78
甘 肃	Gansu	100.0	54.1	45.9	5.9	24.8	40.6	14.8	8.0	5.4	0.37
青 海	Qinghai	100.0	57.4	42.6	6.3	25.2	35.9	15.0	10.7	6.5	0.25
宁 夏	Ningxia	100.0	55.9	44.1	5.8	25.0	41.5	13.7	8.9	5.1	0.11
新 疆	Xinjiang	100.0	56.8	43.2	0.9	24.8	42.7	13.5	11.3	6.4	0.41

资料来源：2013年9月劳动力调查资料(下表同)。
Data Source: Labor Force Survey in Sep.2013. The same applies to the tables following.

3-2 分地区全国男性就业人员受教育程度构成
Educational Attainment of Male Employed Persons by Region

单位：% (%)

地区	Region	男性就业人员 Male Employed Persons	未上过学 No Schooling	小学 Primary School	初中 Junior Secondary School	高中 Senior Secondary School	大学专科 College	大学本科 University	研究生及以上 Graduate and Higher Level
全国	**National Total**	**100.0**	**1.0**	**15.6**	**49.5**	**19.0**	**8.7**	**5.7**	**0.53**
北京	Beijing	100.0	0.2	3.5	24.6	23.6	16.7	24.5	6.96
天津	Tianjin	100.0	0.4	7.7	42.0	22.1	13.6	12.9	1.22
河北	Hebei	100.0	1.1	13.7	58.5	16.3	6.4	3.9	0.20
山西	Shanxi	100.0	0.7	8.8	55.2	21.5	8.9	4.8	0.13
内蒙古	Inner Mongolia	100.0	0.5	16.0	48.7	17.4	11.0	6.0	0.35
辽宁	Liaoning	100.0	0.3	13.3	56.1	15.5	9.0	5.6	0.33
吉林	Jilin	100.0	1.1	16.6	52.3	16.4	7.2	6.1	0.40
黑龙江	Heilongjiang	100.0	1.2	18.5	55.1	14.2	6.8	4.0	0.20
上海	Shanghai	100.0	0.1	4.7	35.4	27.3	15.8	14.4	2.19
江苏	Jiangsu	100.0	0.8	11.9	46.9	22.8	10.6	6.3	0.69
浙江	Zhejiang	100.0	1.3	18.6	43.6	17.8	10.4	7.7	0.61
安徽	Anhui	100.0	3.2	18.9	52.8	13.9	6.7	4.2	0.31
福建	Fujian	100.0	0.7	17.8	45.3	19.7	8.6	7.5	0.48
江西	Jiangxi	100.0	0.6	13.7	51.0	22.6	7.6	4.3	0.36
山东	Shandong	100.0	0.9	11.5	48.7	21.7	9.9	6.8	0.45
河南	Henan	100.0	0.9	12.1	55.0	20.6	7.2	3.9	0.31
湖北	Hubei	100.0	1.1	12.7	49.0	22.3	9.5	4.9	0.45
湖南	Hunan	100.0	0.4	13.5	45.5	25.5	10.1	4.7	0.35
广东	Guangdong	100.0	0.3	11.1	48.9	24.8	9.2	5.3	0.42
广西	Guangxi	100.0	0.6	16.6	59.7	14.6	5.4	2.8	0.27
海南	Hainan	100.0	0.3	8.0	52.4	23.4	10.0	5.7	0.23
重庆	Chongqing	100.0	1.1	26.5	43.1	16.7	7.0	5.1	0.60
四川	Sichuan	100.0	1.2	24.8	48.0	15.3	5.9	4.4	0.38
贵州	Guizhou	100.0	1.8	25.0	54.0	9.1	6.2	3.7	0.07
云南	Yunnan	100.0	1.6	33.6	45.5	9.2	5.9	3.9	0.34
西藏	Tibet	100.0	7.4	53.7	26.6	6.7	3.3	2.3	
陕西	Shaanxi	100.0	0.5	9.7	52.0	19.1	11.4	6.6	0.68
甘肃	Gansu	100.0	3.0	20.9	43.2	18.0	8.5	6.1	0.42
青海	Qinghai	100.0	4.4	23.5	37.3	17.1	10.8	6.5	0.23
宁夏	Ningxia	100.0	3.2	22.3	45.9	15.1	8.6	4.8	0.09
新疆	Xinjiang	100.0	0.9	23.6	46.0	13.6	9.8	5.7	0.43

3-3 分地区全国女性就业人员受教育程度构成

Educational Attainment of Female Employed Persons by Region

单位：% (%)

地 区	Region	女性就业人员 Female Employed Persons	未上过学 No Schooling	小学 Primary School	初中 Junior Secondary School	高中 Senior Secondary School	大学专科 College	大学本科 University	研究生及以上 Graduate and Higher Level
全 国	**National Total**	**100.0**	**3.0**	**22.0**	**46.1**	**14.7**	**8.4**	**5.4**	**0.48**
北 京	Beijing	100.0	0.6	4.1	20.0	19.5	20.5	28.1	7.26
天 津	Tianjin	100.0	0.6	7.3	35.3	18.9	17.7	19.0	1.19
河 北	Hebei	100.0	3.7	19.2	51.8	13.5	7.5	4.1	0.33
山 西	Shanxi	100.0	1.1	12.7	50.3	18.5	10.9	6.3	0.30
内蒙古	Inner Mongolia	100.0	2.9	23.1	43.5	13.3	10.7	6.2	0.35
辽 宁	Liaoning	100.0	0.3	13.9	55.8	13.7	9.6	6.4	0.30
吉 林	Jilin	100.0	1.4	20.9	50.0	13.6	7.1	6.5	0.58
黑龙江	Heilongjiang	100.0	2.1	25.3	50.8	10.8	6.4	4.3	0.26
上 海	Shanghai	100.0	0.8	7.3	32.6	20.6	17.5	19.1	2.09
江 苏	Jiangsu	100.0	2.8	20.3	45.3	15.4	9.9	5.9	0.47
浙 江	Zhejiang	100.0	3.9	20.3	39.8	16.1	11.6	7.8	0.48
安 徽	Anhui	100.0	8.5	27.2	46.8	8.6	5.4	3.2	0.31
福 建	Fujian	100.0	3.3	27.2	37.0	14.6	10.1	7.3	0.39
江 西	Jiangxi	100.0	2.0	24.2	50.8	13.9	6.3	2.5	0.27
山 东	Shandong	100.0	3.3	18.7	46.3	17.1	8.7	5.4	0.52
河 南	Henan	100.0	3.0	19.4	54.0	14.6	5.9	2.9	0.20
湖 北	Hubei	100.0	2.4	20.8	47.0	18.0	7.6	3.8	0.40
湖 南	Hunan	100.0	1.3	17.0	45.5	21.8	10.0	4.3	0.16
广 东	Guangdong	100.0	1.0	17.8	49.9	17.9	7.8	5.2	0.40
广 西	Guangxi	100.0	1.9	21.7	55.5	12.7	5.3	2.7	0.19
海 南	Hainan	100.0	1.5	17.7	53.4	15.2	8.3	3.8	0.14
重 庆	Chongqing	100.0	4.3	30.9	36.9	15.6	6.9	5.0	0.45
四 川	Sichuan	100.0	2.8	28.9	45.0	12.7	7.0	3.3	0.31
贵 州	Guizhou	100.0	5.7	39.1	40.5	6.2	5.1	3.4	0.04
云 南	Yunnan	100.0	4.5	44.6	33.9	7.2	5.6	3.9	0.25
西 藏	Tibet	100.0	8.6	60.5	18.8	5.7	3.4	2.9	
陕 西	Shaanxi	100.0	2.4	13.1	47.7	17.9	11.7	6.2	0.91
甘 肃	Gansu	100.0	9.5	29.5	37.7	11.0	7.5	4.6	0.31
青 海	Qinghai	100.0	8.9	27.5	34.1	12.2	10.6	6.5	0.27
宁 夏	Ningxia	100.0	9.0	28.4	35.9	11.9	9.3	5.3	0.12
新 疆	Xinjiang	100.0	1.0	26.3	38.5	13.3	13.2	7.3	0.39

3-4 按年龄、性别分的全国就业人员受教育程度构成

Educational Attainment of Employed Persons by Age and Sex

单位：% (%)

年龄 Age	就业人员 Employed Persons	未上过学 No Schooling	小学 Primary School	初中 Junior Secondary School	高中 Senior Secondary School	大学专科 College	大学本科 University	研究生及以上 Graduate and Higher Level
总计 Total	**100.0**	**1.9**	**18.5**	**47.9**	**17.1**	**8.5**	**5.5**	**0.5**
16-19	100.0	0.3	5.1	67.6	24.2	2.6	0.3	
20-24	100.0	0.3	3.3	48.2	27.0	14.7	6.4	0.1
25-29	100.0	0.2	4.4	44.9	21.7	15.8	12.0	1.0
30-34	100.0	0.4	6.5	47.8	20.3	13.0	10.7	1.4
35-39	100.0	0.4	10.5	52.6	18.7	10.2	6.8	0.8
40-44	100.0	0.7	14.6	56.7	15.9	7.1	4.6	0.4
45-49	100.0	1.1	19.9	55.4	14.6	5.5	3.2	0.3
50-54	100.0	1.8	23.5	47.7	18.6	5.4	2.8	0.2
55-59	100.0	4.4	41.6	39.3	10.4	3.0	1.2	0.1
60-64	100.0	8.0	58.4	29.1	3.5	0.7	0.3	0.0
65+	100.0	14.8	62.5	19.5	2.6	0.3	0.2	0.0
男 Male	**100.0**	**1.0**	**15.6**	**49.5**	**19.0**	**8.7**	**5.7**	**0.5**
16-19	100.0	0.5	5.4	67.3	24.5	2.1	0.3	
20-24	100.0	0.3	3.4	49.2	28.8	12.5	5.6	0.1
25-29	100.0	0.2	4.1	45.3	23.5	15.0	11.1	0.8
30-34	100.0	0.3	5.3	47.3	21.6	13.2	10.8	1.4
35-39	100.0	0.3	8.4	52.3	20.0	10.7	7.3	0.9
40-44	100.0	0.4	11.5	57.1	17.4	7.8	5.3	0.5
45-49	100.0	0.6	14.9	57.2	16.8	6.2	4.0	0.4
50-54	100.0	0.7	16.1	49.7	23.1	6.6	3.5	0.3
55-59	100.0	1.6	31.8	45.6	14.5	4.6	1.8	0.1
60-64	100.0	3.8	53.0	36.6	5.2	1.0	0.4	0.0
65+	100.0	8.0	61.8	25.6	3.9	0.5	0.3	0.0
女 Female	**100.0**	**3.0**	**22.0**	**46.1**	**14.7**	**8.4**	**5.4**	**0.5**
16-19	100.0	0.1	4.7	68.0	23.8	3.1	0.2	
20-24	100.0	0.2	3.1	47.0	24.8	17.3	7.4	0.2
25-29	100.0	0.3	4.8	44.4	19.6	16.7	13.1	1.1
30-34	100.0	0.4	7.8	48.2	18.9	12.8	10.5	1.4
35-39	100.0	0.6	12.8	53.0	17.2	9.6	6.2	0.7
40-44	100.0	1.0	18.2	56.3	14.2	6.3	3.7	0.3
45-49	100.0	1.6	26.1	53.1	12.0	4.6	2.4	0.1
50-54	100.0	3.4	33.8	45.0	12.2	3.9	1.7	0.1
55-59	100.0	8.4	56.1	30.0	4.3	0.7	0.3	0.0
60-64	100.0	13.1	65.1	19.8	1.5	0.3	0.1	
65+	100.0	24.5	63.5	11.0	0.8	0.1	0.0	

3-5 按受教育程度、性别分的全国就业人员年龄构成

Age Composition of Employed Persons by Educational Attainment and Sex

单位：% (%)

年龄 Age	就业人员 Employed Persons	未上过学 No Schooling	小学 Primary School	初中 Junior Secondary School	高中 Senior Secondary School	大学专科 College	大学本科 University	研究生及以上 Graduate and Higher Level
总计 Total	**100.0**	**100.0**	**100.0**	**100.0**	**100.0**	**100.0**	**100.0**	**100.0**
16-19	2.0	0.3	0.5	2.8	2.8	0.6	0.1	
20-24	9.4	1.3	1.7	9.5	14.9	16.3	10.9	2.4
25-29	11.6	1.4	2.8	10.8	14.7	21.4	25.1	21.7
30-34	12.3	2.3	4.3	12.2	14.6	18.7	23.7	34.3
35-39	11.4	2.7	6.5	12.6	12.5	13.6	14.0	18.1
40-44	14.9	5.2	11.8	17.6	13.9	12.4	12.3	12.2
45-49	13.1	7.2	14.1	15.1	11.2	8.4	7.6	6.9
50-54	8.4	8.0	10.7	8.3	9.1	5.3	4.2	3.1
55-59	7.7	17.5	17.3	6.3	4.7	2.7	1.7	1.2
60-64	5.1	21.4	16.2	3.1	1.1	0.4	0.2	0.1
65+	4.2	32.7	14.2	1.7	0.6	0.2	0.1	0.0
男 Male	**100.0**	**100.0**	**100.0**	**100.0**	**100.0**	**100.0**	**100.0**	**100.0**
16-19	1.9	0.9	0.7	2.6	2.5	0.5	0.1	
20-24	9.3	2.9	2.0	9.2	14.0	13.4	9.1	1.3
25-29	11.4	2.1	3.0	10.4	14.1	19.7	22.3	17.4
30-34	11.9	3.7	4.0	11.4	13.5	18.2	22.7	31.6
35-39	11.2	3.5	6.0	11.8	11.8	13.8	14.3	19.5
40-44	14.6	5.8	10.7	16.8	13.3	13.1	13.7	13.8
45-49	13.0	7.4	12.4	15.0	11.5	9.3	9.1	9.6
50-54	8.8	6.2	9.1	8.8	10.7	6.7	5.5	4.6
55-59	8.3	12.9	16.9	7.6	6.3	4.4	2.7	1.9
60-64	5.1	19.2	17.4	3.8	1.4	0.6	0.3	0.3
65+	4.5	35.4	17.7	2.3	0.9	0.2	0.2	0.1
女 Female	**100.0**	**100.0**	**100.0**	**100.0**	**100.0**	**100.0**	**100.0**	**100.0**
16-19	2.0	0.1	0.4	3.0	3.3	0.7	0.1	
20-24	9.6	0.6	1.4	9.8	16.2	19.8	13.3	3.9
25-29	11.8	1.1	2.6	11.4	15.7	23.5	28.8	27.5
30-34	12.7	1.7	4.5	13.3	16.3	19.3	24.9	37.9
35-39	11.7	2.3	6.9	13.5	13.7	13.4	13.6	16.1
40-44	15.3	5.0	12.7	18.7	14.8	11.5	10.6	10.0
45-49	13.1	7.1	15.6	15.1	10.7	7.2	5.8	3.2
50-54	7.8	8.7	12.0	7.6	6.5	3.6	2.5	1.2
55-59	6.9	19.4	17.6	4.5	2.0	0.6	0.4	0.3
60-64	5.1	22.3	15.1	2.2	0.5	0.2	0.1	
65+	3.9	31.6	11.2	0.9	0.2	0.0	0.0	

3-6 按行业、性别分的全国就业人员受教育程度构成
Educational Attainment of Employed Persons by Sector and Sex

单位：% (%)

受教育程度	Educational Attainment	就业人员 Employed Persons	农、林、牧、渔业 Agriculture, Forestry, Animal Husbandry and Fishery	采矿业 Mining	制造业 Manu-facturing	电力、热力、燃气及水生产和供应业 Production and Supply of Electricity Power, Heat Power, Gas and Water	建筑业 Construction	批发和零售业 Wholesale and Retail Trades	交通运输、仓储和邮政业 Transport, Storage and Post
总 计	**Total**	**100.0**	**100.0**	**100.0**	**100.0**	**100.0**	**100.0**	**100.0**	**100.0**
未上过学	No Schooling	1.9	4.2	0.3	0.7	0.1	0.8	0.6	0.3
小 学	Primary School	18.5	35.1	8.1	9.9	4.1	16.6	8.5	7.3
初 中	Junior Secondary School	47.9	53.3	48.7	53.0	24.0	61.1	46.8	51.6
高 中	Senior Secondary School	17.1	6.6	23.6	23.1	32.0	14.0	28.5	26.3
大学专科	College	8.5	0.6	12.6	8.9	24.2	4.9	11.1	9.7
大学本科	University	5.5	0.14	6.2	4.2	15.0	2.5	4.3	4.7
研究生及以上	Graduate and Higher Level	0.5	0.01	0.3	0.3	0.6	0.1	0.2	0.2
男	**Male**	**100.0**	**100.0**	**100.0**	**100.0**	**100.0**	**100.0**	**100.0**	**100.0**
未上过学	No Schooling	1.0	2.4	0.4	0.4	0.2	0.6	0.4	0.2
小 学	Primary School	15.6	31.0	7.9	8.3	4.5	15.9	8.0	7.4
初 中	Junior Secondary School	49.5	57.1	52.2	50.3	26.0	63.0	46.3	54.5
高 中	Senior Secondary School	19.0	8.6	22.0	26.0	32.0	14.2	28.5	26.2
大学专科	College	8.7	0.7	11.4	9.8	22.8	4.1	11.5	8.0
大学本科	University	5.7	0.2	5.8	4.8	13.9	2.1	5.0	3.5
研究生及以上	Graduate and Higher Level	0.5	0.02	0.3	0.4	0.6	0.1	0.3	0.2
女	**Female**	**100.0**	**100.0**	**100.0**	**100.0**	**100.0**	**100.0**	**100.0**	**100.0**
未上过学	No Schooling	3.0	5.9	0.2	1.1	0.0	1.6	0.7	0.5
小 学	Primary School	22.0	38.8	9.1	11.9	3.3	21.4	8.9	6.5
初 中	Junior Secondary School	46.1	50.0	34.3	56.5	18.9	48.1	47.2	37.2
高 中	Senior Secondary School	14.7	4.8	30.3	19.1	32.0	12.4	28.6	26.6
大学专科	College	8.4	0.4	17.9	7.8	27.4	10.4	10.7	18.2
大学本科	University	5.4	0.12	7.8	3.4	17.8	5.7	3.7	10.7
研究生及以上	Graduate and Higher Level	0.5	0.00	0.4	0.2	0.6	0.4	0.1	0.3

注：劳动力调查自2011年开始使用新国民经济行业分类(下表同)。
Note: The new industry classification has been used since 2011 in Labor Force Survey. The same applies to the tables following.

3-6 续表 1 continued

单位：% (%)

受教育程度	Educational Attainment	住宿和餐饮业 Hotels and Catering Services	信息传输、软件和信息技术服务业 Information Transmission, Software and Information Technical Services	金融业 Financial Intermediation	房地产业 Real Estate	租赁和商务服务业 Leasing and Business Services	科学研究和技术服务业 Scientific Research and Technical Services	水利、环境和公共设施管理业 Management of Water Conservancy, Environment and Public Facilities
总 计	**Total**	**100.0**	**100.0**	**100.0**	**100.0**	**100.0**	**100.0**	**100.0**
未上过学	No Schooling	1.0	0.3	0.1	0.4	0.3	0.1	0.9
小 学	Primary School	11.1	4.7	2.6	7.4	5.4	1.4	15.0
初 中	Junior Secondary School	55.3	37.3	19.1	28.2	27.6	15.6	36.7
高 中	Senior Secondary School	24.1	25.6	20.8	28.5	25.5	21.8	20.5
大学专科	College	6.2	17.5	27.5	22.2	22.9	23.9	15.6
大学本科	University	2.2	13.0	27.3	12.6	16.3	29.3	10.5
研究生及以上	Graduate and Higher Level	0.0	1.7	2.6	0.6	2.1	7.9	0.8
男	**Male**	**100.0**	**100.0**	**100.0**	**100.0**	**100.0**	**100.0**	**100.0**
未上过学	No Schooling	0.6	0.3	0.0	0.3	0.1	0.1	0.5
小 学	Primary School	9.3	3.3	2.3	7.7	6.0	1.7	13.9
初 中	Junior Secondary School	53.1	32.5	17.8	30.6	31.0	16.3	34.3
高 中	Senior Secondary School	27.4	26.0	22.3	29.9	27.1	23.1	22.6
大学专科	College	6.9	19.4	27.0	19.1	20.5	22.4	16.4
大学本科	University	2.7	16.2	28.2	11.9	13.4	28.7	11.5
研究生及以上	Graduate and Higher Level	0.1	2.3	2.5	0.6	1.9	7.9	0.8
女	**Female**	**100.0**	**100.0**	**100.0**	**100.0**	**100.0**	**100.0**	**100.0**
未上过学	No Schooling	1.3	0.3	0.1	0.6	0.6	0.1	1.5
小 学	Primary School	12.8	6.1	2.9	7.0	4.4	0.9	16.7
初 中	Junior Secondary School	57.3	42.2	20.4	24.4	22.2	14.5	40.1
高 中	Senior Secondary School	21.2	25.2	19.5	26.4	23.0	19.5	17.5
大学专科	College	5.6	15.5	27.9	27.1	26.5	26.6	14.5
大学本科	University	1.8	9.6	26.5	13.7	21.0	30.5	9.0
研究生及以上	Graduate and Higher Level	0.0	1.0	2.7	0.7	2.3	7.8	0.7

3-6 续表 2 continued

单位：% (%)

受教育程度	Educational Attainment	居民服务、修理和其他服务业 Services to Households, Repair and Other Services	教育 Education	卫生和社会工作 Health and Society	文化、体育和娱乐业 Culture, Sports and Entertainment	公共管理、社会保障和社会组织 Public Management Social Security and Social Organizations	国际组织 International Organizations
总 计	**Total**	**100.0**	**100.0**	**100.0**	**100.0**	**100.0**	**100.0**
未上过学	No Schooling	0.8	0.4	0.3	0.4	0.2	1.6
小 学	Primary School	11.8	2.3	3.2	5.7	3.5	8.7
初 中	Junior Secondary School	53.8	13.0	16.3	25.9	13.0	11.9
高 中	Senior Secondary School	24.0	15.8	21.4	25.6	21.0	52.1
大学专科	College	6.8	28.8	33.7	23.6	31.7	7.3
大学本科	University	2.7	35.0	22.4	17.0	28.6	18.5
研究生及以上	Graduate and Higher Level	0.1	4.8	2.7	1.7	2.0	
男	**Male**	**100.0**	**100.0**	**100.0**	**100.0**	**100.0**	**100.0**
未上过学	No Schooling	0.3	0.1	0.2	0.4	0.1	2.7
小 学	Primary School	11.3	2.8	4.1	5.8	3.3	7.6
初 中	Junior Secondary School	53.7	14.4	20.6	26.7	13.8	17.4
高 中	Senior Secondary School	25.6	15.3	21.4	26.1	21.4	34.4
大学专科	College	6.7	27.3	27.8	22.0	31.5	7.9
大学本科	University	2.4	35.0	22.9	17.3	27.8	30.0
研究生及以上	Graduate and Higher Level	0.1	5.0	3.0	1.6	2.0	
女	**Female**	**100.0**	**100.0**	**100.0**	**100.0**	**100.0**	**100.0**
未上过学	No Schooling	1.5	0.5	0.3	0.5	0.3	
小 学	Primary School	12.5	1.8	2.6	5.6	3.8	10.3
初 中	Junior Secondary School	53.9	11.9	13.4	25.1	11.2	4.3
高 中	Senior Secondary School	22.0	16.1	21.5	25.0	20.3	76.7
大学专科	College	7.1	29.8	37.8	25.3	32.1	6.4
大学本科	University	3.0	35.1	22.0	16.7	30.3	2.4
研究生及以上	Graduate and Higher Level	0.1	4.7	2.4	1.9	2.0	

3-7 按职业、性别分的全国就业人员受教育程度构成

Educational Attainment of Employed Persons by Occupation and Sex

单位：% (%)

受教育程度	Educational Attainment	就业人员 Employed Persons	单位负责人 Unit Head	专业技术人员 Technical Personnel	办事人员和有关人员 Clerk and Related Workers	商业、服务业人员 Business Service Personnel	农林牧渔水利业生产人员 Producers in the Sectors of Agriculture, Forestry, Animal Husbandry, Fishery and Water Conservancy	生产运输设备操作人员及有关人员 Production, Transport Equipment Operators and Related Workers	其他 Others
总计	**Total**	**100.0**	**100.0**	**100.0**	**100.0**	**100.0**	**100.0**	**100.0**	**100.0**
未上过学	No Schooling	1.9	0.1	0.3	0.2	0.7	4.2	0.8	1.1
小学	Primary School	18.5	6.3	3.5	4.2	9.7	35.1	12.4	15.2
初中	Junior Secondary School	47.9	32.0	19.7	21.5	48.9	53.2	59.5	48.7
高中	Senior Secondary School	17.1	26.6	20.6	24.4	26.7	6.7	20.0	18.8
大学专科	College	8.5	19.3	27.6	26.4	10.0	0.6	5.4	9.1
大学本科	University	5.5	14.3	25.2	21.4	3.8	0.2	1.9	7.0
研究生及以上	Graduate and Higher Level	0.5	1.4	3.0	1.8	0.2	0.0	0.1	0.3
男	**Male**	**100.0**	**100.0**	**100.0**	**100.0**	**100.0**	**100.0**	**100.0**	**100.0**
未上过学	No Schooling	1.0	0.1	0.3	0.2	0.4	2.4	0.5	1.0
小学	Primary School	15.6	6.1	3.9	4.9	8.8	31.0	11.3	11.6
初中	Junior Secondary School	49.5	31.2	22.9	23.8	48.2	56.8	58.8	49.8
高中	Senior Secondary School	19.0	27.1	20.2	24.8	27.4	8.8	21.6	20.4
大学专科	College	8.7	19.8	24.5	24.7	10.6	0.8	5.7	7.7
大学本科	University	5.7	14.1	25.0	19.9	4.4	0.2	2.0	9.0
研究生及以上	Graduate and Higher Level	0.5	1.6	3.2	1.6	0.2	0.0	0.1	0.4
女	**Female**	**100.0**	**100.0**	**100.0**	**100.0**	**100.0**	**100.0**	**100.0**	**100.0**
未上过学	No Schooling	3.0	0.3	0.3	0.3	1.0	5.9	1.4	1.2
小学	Primary School	22.0	6.9	3.1	3.1	10.6	38.7	14.7	20.2
初中	Junior Secondary School	46.1	34.5	16.5	17.3	49.5	50.0	61.1	47.0
高中	Senior Secondary School	14.7	25.0	21.1	23.6	25.9	4.9	16.4	16.5
大学专科	College	8.4	17.6	30.7	29.5	9.5	0.4	4.8	11.0
大学本科	University	5.4	14.8	25.5	24.2	3.3	0.1	1.5	4.0
研究生及以上	Graduate and Higher Level	0.5	0.9	2.8	2.0	0.2	0.0	0.1	0.1

3-8 按受教育程度、性别分的全国就业人员职业构成

Occupation of Employed Persons by Educational Attainment and Sex

单位：%　　(%)

受教育程度	Educational Attainment	就业人员 Employed Persons	单位负责人 Unit Head	专业技术人员 Technical Personnel	办事人员和有关人员 Clerk and Related Workers	商业、服务业人员 Business Service Personnel	农林牧渔水利业生产人员 Producers in the Sectors of Agriculture, Forestry, Animal Husbandry, Fishery and Water Conservancy	生产运输设备操作人员及有关人员 Production, Transport Equipment Operators and Related Workers	其他 Others
总　计	**Total**	**100.0**	**2.3**	**9.9**	**6.5**	**20.7**	**36.1**	**24.2**	**0.3**
未上过学	No Schooling	100.0	0.2	1.7	0.8	7.5	79.9	9.7	0.2
小　学	Primary School	100.0	0.8	1.9	1.5	10.9	68.6	16.2	0.3
初　中	Junior Secondary School	100.0	1.5	4.1	2.9	21.1	40.1	30.0	0.4
高　中	Senior Secondary School	100.0	3.5	12.0	9.3	32.3	14.2	28.3	0.4
大学专科	College	100.0	5.1	32.2	20.1	24.3	2.5	15.4	0.4
大学本科	University	100.0	5.8	45.2	25.1	14.3	1.1	8.1	0.4
研究生及以上	Graduate and Higher Level	100.0	6.2	58.7	22.5	8.0	0.9	3.6	0.2
男	**Male**	**100.0**	**3.1**	**8.9**	**7.6**	**18.7**	**30.9**	**30.4**	**0.4**
未上过学	No Schooling	100.0	0.2	2.7	1.7	7.7	72.2	15.1	0.4
小　学	Primary School	100.0	1.2	2.2	2.4	10.6	61.3	22.1	0.3
初　中	Junior Secondary School	100.0	2.0	4.1	3.6	18.3	35.5	36.1	0.4
高　中	Senior Secondary School	100.0	4.4	9.5	9.9	27.0	14.3	34.5	0.4
大学专科	College	100.0	7.1	25.2	21.6	22.8	2.7	20.1	0.3
大学本科	University	100.0	7.7	39.1	26.4	14.4	1.2	10.6	0.6
研究生及以上	Graduate and Higher Level	100.0	9.2	53.8	23.1	7.9	1.5	4.2	0.3
女	**Female**	**100.0**	**1.2**	**11.2**	**5.2**	**23.1**	**42.5**	**16.5**	**0.3**
未上过学	No Schooling	100.0	0.1	1.3	0.5	7.4	83.1	7.5	0.1
小　学	Primary School	100.0	0.4	1.6	0.7	11.1	74.9	11.0	0.3
初　中	Junior Secondary School	100.0	0.9	4.0	2.0	24.8	46.1	21.9	0.3
高　中	Senior Secondary School	100.0	2.1	16.1	8.3	40.7	14.1	18.4	0.4
大学专科	College	100.0	2.5	41.0	18.2	26.2	2.3	9.4	0.4
大学本科	University	100.0	3.3	53.2	23.4	14.2	0.9	4.8	0.2
研究生及以上	Graduate and Higher Level	100.0	2.1	65.2	21.6	8.2	0.1	2.7	0.1

3-9 按年龄、性别分的全国就业人员就业身份构成

Employment Status of Employed Persons by Age and Sex

单位：% (%)

年 龄 Age	就业人员 Employed Persons	雇 员 Employee	雇 主 Employer	自营劳动者 Self-Employed	家庭帮工 Unpaid Familial Worker
总计 Total	**100.0**	**48.7**	**4.0**	**44.7**	**2.6**
16-19	100.0	64.3	1.0	31.3	3.5
20-24	100.0	68.8	2.0	26.2	3.1
25-29	100.0	64.7	3.7	28.5	3.0
30-34	100.0	59.3	5.3	32.4	2.9
35-39	100.0	53.8	5.7	37.8	2.7
40-44	100.0	49.3	5.5	42.7	2.6
45-49	100.0	43.9	4.6	49.1	2.4
50-54	100.0	40.4	4.1	53.0	2.4
55-59	100.0	29.6	2.8	65.6	2.0
60-64	100.0	17.5	1.7	78.9	1.8
65+	100.0	8.5	1.0	88.9	1.6
男 Male	**100.0**	**51.8**	**5.2**	**41.9**	**1.1**
16-19	100.0	61.2	1.0	33.9	3.9
20-24	100.0	69.1	2.6	25.6	2.7
25-29	100.0	65.5	4.4	28.1	1.9
30-34	100.0	60.6	6.7	31.6	1.1
35-39	100.0	55.8	7.1	36.6	0.6
40-44	100.0	51.7	7.3	40.5	0.5
45-49	100.0	48.5	6.2	44.9	0.4
50-54	100.0	49.3	5.4	44.7	0.6
55-59	100.0	40.1	3.7	55.5	0.6
60-64	100.0	24.5	2.5	72.1	0.9
65+	100.0	11.9	1.4	85.6	1.1
女 Female	**100.0**	**44.8**	**2.6**	**48.1**	**4.5**
16-19	100.0	68.0	1.0	28.1	2.9
20-24	100.0	68.3	1.3	26.9	3.5
25-29	100.0	63.8	2.9	29.0	4.4
30-34	100.0	57.9	3.7	33.4	5.0
35-39	100.0	51.6	4.1	39.2	5.1
40-44	100.0	46.4	3.4	45.2	5.0
45-49	100.0	38.3	2.7	54.1	4.9
50-54	100.0	28.2	2.3	64.6	5.0
55-59	100.0	14.3	1.3	80.4	4.0
60-64	100.0	8.8	0.8	87.4	3.0
65+	100.0	3.6	0.3	93.7	2.4

3-10 按就业身份、性别分的全国就业人员年龄构成

Age Composition of Employed Persons by Employment Status and Sex

单位：%　　(%)

年龄 Age	就业人员 Employed Persons	雇员 Employee	雇主 Employer	自营劳动者 Self-Employed	家庭帮工 Unpaid Familial Worker
总计 Total	**100.0**	**100.0**	**100.0**	**100.0**	**100.0**
16-19	2.0	2.6	0.5	1.4	2.6
20-24	9.4	13.3	4.7	5.5	11.1
25-29	11.6	15.4	10.6	7.4	13.5
30-34	12.3	15.0	16.1	8.9	13.8
35-39	11.4	12.7	16.1	9.7	11.7
40-44	14.9	15.1	20.2	14.2	14.8
45-49	13.1	11.8	14.9	14.3	12.3
50-54	8.4	6.9	8.5	9.9	7.8
55-59	7.7	4.7	5.2	11.2	6.0
60-64	5.1	1.8	2.2	9.0	3.6
65+	4.2	0.7	1.0	8.4	2.7
男 Male	**100.0**	**100.0**	**100.0**	**100.0**	**100.0**
16-19	1.9	2.3	0.4	1.6	7.1
20-24	9.3	12.4	4.6	5.7	23.2
25-29	11.4	14.4	9.7	7.7	20.3
30-34	11.9	14.0	15.4	9.0	12.2
35-39	11.2	12.0	15.2	9.8	5.8
40-44	14.6	14.5	20.4	14.1	7.0
45-49	13.0	12.2	15.5	13.9	5.4
50-54	8.8	8.4	9.2	9.4	5.1
55-59	8.3	6.4	6.0	11.0	4.9
60-64	5.1	2.4	2.4	8.8	4.3
65+	4.5	1.0	1.2	9.1	4.7
女 Female	**100.0**	**100.0**	**100.0**	**100.0**	**100.0**
16-19	2.0	3.0	0.8	1.2	1.3
20-24	9.6	14.7	4.9	5.4	7.6
25-29	11.8	16.8	12.7	7.1	11.6
30-34	12.7	16.4	17.9	8.8	14.3
35-39	11.7	13.5	18.3	9.6	13.5
40-44	15.3	15.9	19.7	14.4	17.1
45-49	13.1	11.2	13.6	14.7	14.3
50-54	7.8	4.9	6.7	10.5	8.7
55-59	6.9	2.2	3.4	11.5	6.3
60-64	5.1	1.0	1.6	9.3	3.4
65+	3.9	0.3	0.5	7.5	2.1

3-11 按受教育程度、性别分的全国就业人员就业身份构成
Employment Status of Employed Persons by Educational Attainment and Sex

单位：% (%)

受教育程度	Educational Attainment	就业人员 Employed Persons	雇 员 Employee	雇 主 Employer	自营劳动者 Self-Employed	家庭帮工 Unpaid Familial Worker
总 计	**Total**	**100.0**	**48.7**	**4.0**	**44.7**	**2.6**
未上过学	No Schooling	100.0	13.2	0.8	83.5	2.4
小 学	Primary School	100.0	20.6	2.2	74.9	2.4
初 中	Junior Secondary School	100.0	41.6	4.1	51.2	3.1
高 中	Senior Secondary School	100.0	66.6	6.4	24.1	2.9
大学专科	College	100.0	88.9	4.4	5.6	1.1
大学本科	University	100.0	94.3	3.1	2.1	0.5
研究生及以上	Graduate and Higher Level	100.0	96.4	2.1	1.4	0.1
男	**Male**	**100.0**	**51.8**	**5.2**	**41.9**	**1.1**
未上过学	No Schooling	100.0	19.2	1.2	78.4	1.2
小 学	Primary School	100.0	25.9	3.1	70.2	0.8
初 中	Junior Secondary School	100.0	44.1	5.2	49.5	1.1
高 中	Senior Secondary School	100.0	65.0	7.4	26.0	1.6
大学专科	College	100.0	87.4	5.4	6.5	0.7
大学本科	University	100.0	93.2	3.9	2.5	0.4
研究生及以上	Graduate and Higher Level	100.0	94.8	2.9	2.3	
女	**Female**	**100.0**	**44.8**	**2.6**	**48.1**	**4.5**
未上过学	No Schooling	100.0	10.8	0.6	85.7	3.0
小 学	Primary School	100.0	15.9	1.3	78.9	3.9
初 中	Junior Secondary School	100.0	38.2	2.7	53.4	5.7
高 中	Senior Secondary School	100.0	69.0	4.9	21.1	5.0
大学专科	College	100.0	90.8	3.1	4.6	1.5
大学本科	University	100.0	95.6	2.1	1.7	0.6
研究生及以上	Graduate and Higher Level	100.0	98.6	0.9	0.3	0.2

3-12 按就业身份、性别分的全国就业人员受教育程度构成
Educational Attainment of Employed Persons by Employment Status and Sex

单位：% (%)

受教育程度	Educational Attainment	就业人员 Employed Persons	雇员 Employee	雇主 Employer	自营劳动者 Self-Employed	家庭帮工 Unpaid Familial Worker
总计	**Total**	**100.0**	**100.0**	**100.0**	**100.0**	**100.0**
未上过学	No Schooling	1.9	0.5	0.4	3.6	1.8
小学	Primary School	18.5	7.8	9.8	30.9	17.4
初中	Junior Secondary School	47.9	40.9	48.9	54.9	57.3
高中	Senior Secondary School	17.1	23.4	27.2	9.2	19.0
大学专科	College	8.5	15.6	9.2	1.1	3.5
大学本科	University	5.5	10.7	4.2	0.3	1.1
研究生及以上	Graduate and Higher Level	0.5	1.0	0.3	0.0	0.0
男	**Male**	**100.0**	**100.0**	**100.0**	**100.0**	**100.0**
未上过学	No Schooling	1.0	0.4	0.2	1.9	1.1
小学	Primary School	15.6	7.8	9.4	26.1	11.5
初中	Junior Secondary School	49.5	42.1	49.6	58.5	51.7
高中	Senior Secondary School	19.0	23.9	27.3	11.8	27.6
大学专科	College	8.7	14.6	9.0	1.3	5.8
大学本科	University	5.7	10.2	4.3	0.3	2.3
研究生及以上	Graduate and Higher Level	0.5	1.0	0.3	0.0	
女	**Female**	**100.0**	**100.0**	**100.0**	**100.0**	**100.0**
未上过学	No Schooling	3.0	0.7	0.7	5.3	2.0
小学	Primary School	22.0	7.8	11.0	36.0	19.1
初中	Junior Secondary School	46.1	39.3	47.1	51.2	59.0
高中	Senior Secondary School	14.7	22.6	27.1	6.5	16.4
大学专科	College	8.4	17.0	9.8	0.8	2.8
大学本科	University	5.4	11.5	4.2	0.2	0.7
研究生及以上	Graduate and Higher Level	0.5	1.1	0.2	0.0	0.0

3-13 按年龄、性别分的城镇就业人员就业身份构成

Employment Status of Urban Employed Persons by Age and Sex

单位：% (%)

年龄 Age	城镇就业人员 Urban Employed Persons	雇员 Employee	雇主 Employer	自营劳动者 Self-Employed	家庭帮工 Unpaid Familial Worker
总计 Total	**100.0**	**67.2**	**6.0**	**23.7**	**3.1**
16-19	100.0	78.7	1.7	15.0	4.7
20-24	100.0	81.2	2.4	12.9	3.5
25-29	100.0	77.1	4.8	15.0	3.1
30-34	100.0	72.9	6.7	17.6	2.9
35-39	100.0	67.9	7.7	21.5	2.9
40-44	100.0	65.0	7.6	24.4	3.1
45-49	100.0	62.4	6.8	27.6	3.2
50-54	100.0	61.6	6.2	29.2	3.0
55-59	100.0	53.2	4.9	39.3	2.6
60-64	100.0	33.0	4.1	59.8	3.2
65+	100.0	20.6	2.4	74.5	2.5
男 Male	**100.0**	**67.6**	**7.1**	**24.0**	**1.3**
16-19	100.0	74.6	1.8	18.1	5.5
20-24	100.0	79.9	2.9	13.9	3.3
25-29	100.0	75.7	5.6	16.6	2.1
30-34	100.0	71.9	8.0	19.0	1.1
35-39	100.0	67.1	9.0	23.2	0.7
40-44	100.0	64.8	9.3	25.2	0.6
45-49	100.0	63.5	8.4	27.5	0.6
50-54	100.0	66.5	7.2	25.6	0.7
55-59	100.0	63.0	5.5	30.7	0.8
60-64	100.0	41.9	5.0	51.4	1.7
65+	100.0	26.7	3.0	68.9	1.4
女 Female	**100.0**	**66.7**	**4.5**	**23.4**	**5.4**
16-19	100.0	84.0	1.5	11.0	3.5
20-24	100.0	82.6	1.9	11.8	3.8
25-29	100.0	78.7	3.9	13.1	4.3
30-34	100.0	74.0	5.1	15.9	5.0
35-39	100.0	68.9	6.0	19.5	5.5
40-44	100.0	65.2	5.4	23.3	6.1
45-49	100.0	61.0	4.7	27.8	6.5
50-54	100.0	52.5	4.4	35.8	7.2
55-59	100.0	30.6	3.5	59.0	6.9
60-64	100.0	18.8	2.7	73.1	5.5
65+	100.0	10.6	1.3	83.9	4.3

3-14 按就业身份、性别分的城镇就业人员年龄构成
Age Composition of Urban Employed Persons by Employment Status and Sex

单位：% (%)

年龄 Age	城镇就业人员 Urban Employed Persons	雇员 Employee	雇主 Employer	自营劳动者 Self-Employed	家庭帮工 Unpaid Familial Worker
总计 Total	**100.0**	**100.0**	**100.0**	**100.0**	**100.0**
16-19	1.6	1.9	0.4	1.0	2.4
20-24	9.8	11.9	4.0	5.3	11.2
25-29	13.5	15.4	10.9	8.5	13.7
30-34	15.0	16.2	16.8	11.1	14.1
35-39	13.3	13.5	17.2	12.1	12.5
40-44	16.4	15.8	20.8	16.8	16.4
45-49	13.0	12.0	14.7	15.1	13.4
50-54	7.9	7.2	8.3	9.7	7.7
55-59	5.5	4.4	4.6	9.2	4.7
60-64	2.5	1.2	1.7	6.2	2.5
65+	1.6	0.5	0.6	5.0	1.3
男 Male	**100.0**	**100.0**	**100.0**	**100.0**	**100.0**
16-19	1.6	1.7	0.4	1.2	6.7
20-24	9.3	11.0	3.8	5.4	23.7
25-29	12.7	14.3	10.0	8.8	21.1
30-34	14.3	15.2	16.2	11.3	12.7
35-39	12.9	12.8	16.4	12.5	6.6
40-44	15.9	15.3	20.8	16.8	8.0
45-49	13.0	12.2	15.3	14.9	6.5
50-54	9.1	9.0	9.2	9.7	5.1
55-59	6.8	6.4	5.3	8.7	4.2
60-64	2.7	1.7	1.9	5.7	3.5
65+	1.7	0.7	0.7	5.0	2.0
女 Female	**100.0**	**100.0**	**100.0**	**100.0**	**100.0**
16-19	1.6	2.0	0.6	0.8	1.1
20-24	10.5	13.1	4.4	5.3	7.4
25-29	14.4	17.0	12.8	8.1	11.5
30-34	15.8	17.5	18.1	10.7	14.6
35-39	14.0	14.4	18.9	11.6	14.3
40-44	16.9	16.5	20.6	16.9	19.0
45-49	12.9	11.8	13.6	15.4	15.6
50-54	6.4	5.0	6.3	9.7	8.5
55-59	3.9	1.8	3.1	9.7	4.9
60-64	2.2	0.6	1.3	6.9	2.2
65+	1.4	0.2	0.4	4.9	1.1

3-15 按受教育程度、性别分的城镇就业人员就业身份构成

Employment Status of Urban Employed Persons by Educational Attainment and Sex

单位：%　　(%)

受教育程度	Educational Attainment	城镇就业人员 Urban Employed Persons	雇员 Employee	雇主 Employer	自营劳动者 Self-Employed	家庭帮工 Unpaid Familial Worker
总　计	**Total**	**100.0**	**67.2**	**6.0**	**23.7**	**3.1**
未上过学	No Schooling	100.0	29.8	2.5	63.3	4.4
小　学	Primary School	100.0	36.4	4.9	54.5	4.2
初　中	Junior Secondary School	100.0	55.0	6.7	34.0	4.3
高　中	Senior Secondary School	100.0	73.3	7.6	16.0	3.1
大学专科	College	100.0	89.9	4.6	4.5	1.0
大学本科	University	100.0	94.5	3.1	1.9	0.5
研究生及以上	Graduate and Higher Level	100.0	96.9	2.1	0.9	0.1
男	**Male**	**100.0**	**67.6**	**7.1**	**24.0**	**1.3**
未上过学	No Schooling	100.0	36.2	2.9	60.1	0.7
小　学	Primary School	100.0	40.0	6.2	52.4	1.4
初　中	Junior Secondary School	100.0	55.7	7.9	34.9	1.5
高　中	Senior Secondary School	100.0	71.7	8.7	17.9	1.7
大学专科	College	100.0	88.4	5.6	5.3	0.7
大学本科	University	100.0	93.6	3.8	2.2	0.4
研究生及以上	Graduate and Higher Level	100.0	95.6	3.0	1.4	
女	**Female**	**100.0**	**66.7**	**4.5**	**23.4**	**5.4**
未上过学	No Schooling	100.0	26.4	2.3	65.0	6.3
小　学	Primary School	100.0	32.9	3.7	56.5	6.9
初　中	Junior Secondary School	100.0	54.1	5.1	32.8	8.1
高　中	Senior Secondary School	100.0	75.7	5.9	13.1	5.3
大学专科	College	100.0	91.9	3.2	3.5	1.4
大学本科	University	100.0	95.7	2.1	1.5	0.6
研究生及以上	Graduate and Higher Level	100.0	98.7	1.0	0.2	0.2

3-16 按就业身份、性别分的城镇就业人员受教育程度构成

Educational Attainment of Urban Employed Persons by Employment Status and Sex

单位：% (%)

受教育程度	Educational Attainment	城镇就业人员 Urban Employed Persons	雇员 Employee	雇主 Employer	自营劳动者 Self-Employed	家庭帮工 Unpaid Familial Worker
总　计	**Total**	**100.0**	**100.0**	**100.0**	**100.0**	**100.0**
未上过学	No Schooling	0.9	0.4	0.4	2.3	1.2
小　学	Primary School	9.5	5.1	7.8	21.8	13.0
初　中	Junior Secondary School	39.0	31.9	43.7	55.9	54.7
高　中	Senior Secondary School	24.1	26.3	30.8	16.2	24.5
大学专科	College	15.0	20.1	11.6	2.9	4.9
大学本科	University	10.4	14.7	5.4	0.8	1.7
研究生及以上	Graduate and Higher Level	1.0	1.5	0.4	0.0	0.0
男	**Male**	**100.0**	**100.0**	**100.0**	**100.0**	**100.0**
未上过学	No Schooling	0.5	0.3	0.2	1.3	0.3
小　学	Primary School	8.2	4.9	7.2	18.0	9.2
初　中	Junior Secondary School	39.3	32.4	43.5	57.2	45.4
高　中	Senior Secondary School	25.7	27.2	31.4	19.2	33.7
大学专科	College	14.8	19.3	11.8	3.3	8.0
大学本科	University	10.4	14.4	5.5	1.0	3.5
研究生及以上	Graduate and Higher Level	1.0	1.5	0.4	0.1	
女	**Female**	**100.0**	**100.0**	**100.0**	**100.0**	**100.0**
未上过学	No Schooling	1.3	0.5	0.7	3.6	1.5
小　学	Primary School	11.1	5.5	9.2	26.9	14.2
初　中	Junior Secondary School	38.7	31.3	44.2	54.2	57.5
高　中	Senior Secondary School	22.1	25.1	29.5	12.4	21.6
大学专科	College	15.3	21.1	11.1	2.3	3.9
大学本科	University	10.4	15.0	5.0	0.7	1.2
研究生及以上	Graduate and Higher Level	1.0	1.5	0.2	0.0	0.0

3-17 按年龄、性别分的城镇就业人员行业构成

Urban Employed Persons by Age, Sex and Sector

单位：%　　　　(%)

年龄 Age	城镇就业人员 Urban Employed Persons	农、林、牧、渔业 Agriculture, Forestry, Animal Husbandry and Fishery	采矿业 Mining	制造业 Manu-facturing	电力、热力、燃气及水生产和供应业 Production and Supply of Electricity Power, Heat Power, Gas and Water	建筑业 Construction	批发和零售业 Wholesale and Retail Trades	交通运输、仓储和邮政业 Transport, Storage and Post
总计 Total	**100.0**	**12.6**	**1.6**	**22.0**	**1.4**	**6.5**	**17.1**	**5.6**
16-19	100.0	11.0	0.5	37.3	0.2	5.0	16.3	2.1
20-24	100.0	6.8	0.9	29.0	1.0	5.8	18.9	4.3
25-29	100.0	6.4	1.2	24.5	1.2	5.6	19.6	5.2
30-34	100.0	6.6	1.6	22.5	1.4	5.6	19.6	5.7
35-39	100.0	8.7	1.7	22.1	1.6	6.4	18.7	6.3
40-44	100.0	10.9	2.1	21.8	1.7	7.6	17.2	6.7
45-49	100.0	13.9	2.1	20.6	1.6	7.9	15.2	6.2
50-54	100.0	17.3	2.0	18.0	1.6	7.3	13.5	6.3
55-59	100.0	28.2	1.3	15.4	1.2	6.8	12.1	4.9
60-64	100.0	49.1	0.5	11.4	0.6	7.1	10.2	2.2
65+	100.0	66.4	0.3	7.9	0.1	2.7	6.8	1.1
男 Male	**100.0**	**10.8**	**2.2**	**22.6**	**1.7**	**9.7**	**13.9**	**8.1**
16-19	100.0	12.2	0.8	35.0	0.1	8.3	12.8	2.8
20-24	100.0	6.4	1.3	31.8	1.2	9.1	15.2	6.2
25-29	100.0	6.0	1.7	26.2	1.5	8.5	16.1	7.3
30-34	100.0	5.9	2.2	23.9	1.6	8.1	15.4	8.5
35-39	100.0	7.6	2.3	22.1	2.0	9.8	15.0	9.5
40-44	100.0	9.3	2.8	21.1	2.1	11.3	14.1	9.8
45-49	100.0	11.4	2.8	20.4	1.8	11.8	12.7	8.9
50-54	100.0	12.3	2.6	19.2	2.0	10.0	12.0	8.7
55-59	100.0	18.9	1.7	17.6	1.5	9.1	11.1	6.6
60-64	100.0	39.4	0.8	13.6	0.9	10.9	10.1	3.3
65+	100.0	58.9	0.4	9.6	0.2	4.3	7.0	1.7
女 Female	**100.0**	**15.0**	**0.8**	**21.2**	**0.9**	**2.4**	**21.2**	**2.4**
16-19	100.0	9.4	0.2	40.1	0.4	0.9	20.7	1.2
20-24	100.0	7.2	0.5	25.8	0.6	2.1	23.2	2.3
25-29	100.0	7.0	0.6	22.6	0.7	2.2	23.6	2.7
30-34	100.0	7.5	0.7	20.9	1.1	2.6	24.4	2.4
35-39	100.0	9.9	1.0	22.0	1.2	2.2	23.3	2.5
40-44	100.0	12.9	1.3	22.6	1.1	3.1	21.1	2.8
45-49	100.0	17.1	1.2	20.8	1.2	2.7	18.6	2.7
50-54	100.0	26.6	0.7	15.9	0.8	2.3	16.4	2.0
55-59	100.0	49.6	0.3	10.4	0.4	1.7	14.4	0.8
60-64	100.0	64.4	0.1	8.0	0.0	1.2	10.5	0.5
65+	100.0	78.8	0.0	5.1		0.1	6.5	0.3

3-17 续表 1 continued

单位：% (%)

年 龄 Age	住宿和餐饮业 Hotels and Catering Services	信息传输、软件和信息技术服务业 Information Transmission, Software and Information Technical Services	金融业 Financial Intermediation	房地产业 Real Estate	租赁和商务服务业 Leasing and Business Services	科学研究和技术服务业 Scientific Research and Technical Services	水利、环境和公共设施管理业 Management of Water Conservancy, Environment and Public Facilities
总计 Total	**4.4**	**3.2**	**2.2**	**1.5**	**1.9**	**0.9**	**0.8**
16-19	8.9	2.6	1.2	0.9	1.3	0.4	0.3
20-24	5.9	4.3	2.9	1.4	2.3	0.8	0.4
25-29	4.4	5.0	3.3	1.6	2.5	1.2	0.5
30-34	4.3	4.1	2.5	1.6	2.3	1.2	0.7
35-39	4.3	3.2	2.1	1.2	1.8	0.8	0.8
40-44	4.5	2.6	2.1	1.4	1.6	0.8	0.9
45-49	4.3	2.2	2.1	1.4	1.4	0.7	0.9
50-54	3.7	2.1	1.9	1.7	1.7	0.9	1.0
55-59	3.2	1.4	1.3	2.1	1.8	0.7	1.2
60-64	2.1	0.8	0.5	1.3	1.2	0.4	1.1
65+	1.6	0.5	0.1	1.5	0.9	0.3	0.8
男 Male	**3.7**	**2.9**	**1.9**	**1.6**	**2.0**	**1.0**	**0.8**
16-19	10.0	2.3	0.6	0.9	1.7	0.2	0.3
20-24	5.8	3.8	2.3	1.3	2.0	0.7	0.4
25-29	4.1	4.9	2.7	1.5	2.3	1.3	0.5
30-34	3.9	4.1	2.2	1.7	2.4	1.3	0.7
35-39	3.3	3.0	1.8	1.3	2.0	1.0	0.9
40-44	3.5	2.3	1.8	1.4	1.8	0.9	0.8
45-49	2.9	2.0	2.0	1.5	1.6	0.8	0.7
50-54	3.0	1.9	1.8	2.1	2.0	1.1	1.1
55-59	2.5	1.4	1.4	2.4	2.3	1.0	1.3
60-64	2.0	0.8	0.6	1.7	1.5	0.6	1.0
65+	1.3	0.6	0.2	1.9	1.1	0.4	0.9
女 Female	**5.3**	**3.5**	**2.6**	**1.3**	**1.7**	**0.7**	**0.7**
16-19	7.6	3.0	2.0	0.8	0.7	0.7	0.4
20-24	6.1	5.0	3.5	1.6	2.6	0.9	0.3
25-29	4.7	5.2	4.0	1.7	2.7	1.1	0.5
30-34	4.7	4.2	2.9	1.5	2.1	1.0	0.6
35-39	5.3	3.4	2.4	1.1	1.6	0.7	0.6
40-44	5.9	3.0	2.4	1.3	1.5	0.6	0.9
45-49	6.1	2.5	2.1	1.2	1.1	0.5	1.1
50-54	5.0	2.4	2.1	1.1	1.0	0.5	1.0
55-59	4.8	1.3	1.0	1.4	0.6	0.1	0.9
60-64	2.4	0.9	0.3	0.6	0.6	0.0	1.3
65+	2.0	0.4	0.1	0.7	0.4	0.0	0.8

3-17 续表 2 continued

单位：% (%)

年 龄 Age	居民服务、修理和其他服务业 Services to Households, Repair and Other Services	教 育 Education	卫生和社会工作 Health and Society	文化、体育和娱乐业 Culture, Sports and Entertainment	公共管理、社会保障和社会组织 Public Management Social Security and Social Organizations	国际组织 International Organizations
总计 Total	**3.9**	**4.2**	**3.1**	**1.4**	**6.0**	**0.01**
16-19	5.8	1.5	1.9	2.0	0.8	
20-24	4.6	2.5	3.1	2.0	3.2	
25-29	3.7	3.9	3.1	1.8	5.4	0.01
30-34	3.4	5.6	3.9	1.5	6.0	0.01
35-39	4.0	5.1	3.5	1.2	6.6	0.02
40-44	3.8	4.1	2.7	1.1	6.4	0.01
45-49	4.1	4.4	2.9	1.1	7.0	0.01
50-54	4.0	4.5	3.1	1.2	8.1	0.01
55-59	3.7	3.9	2.6	0.9	7.5	0.06
60-64	3.7	2.0	2.0	0.7	3.0	
65+	3.3	0.9	2.2	0.5	2.0	0.03
男 Male	**3.8**	**3.1**	**2.1**	**1.2**	**7.0**	**0.01**
16-19	6.9	1.1	1.0	2.1	1.0	
20-24	5.1	1.0	1.1	1.6	3.7	
25-29	4.1	2.0	1.6	1.5	6.1	0.01
30-34	3.5	3.4	2.6	1.6	6.8	0.02
35-39	3.7	3.7	2.6	1.1	7.3	0.00
40-44	3.4	3.3	2.1	1.0	7.3	
45-49	3.4	3.7	2.0	1.0	8.2	0.01
50-54	3.5	3.8	2.5	1.0	9.6	0.00
55-59	3.5	4.4	2.7	1.0	9.6	0.08
60-64	3.8	2.1	2.1	0.9	4.0	
65+	4.1	1.4	2.8	0.4	2.8	
女 Female	**4.0**	**5.7**	**4.3**	**1.5**	**4.6**	**0.01**
16-19	4.4	2.1	3.0	1.9	0.5	
20-24	4.0	4.1	5.4	2.4	2.7	
25-29	3.3	6.2	4.8	2.0	4.6	
30-34	3.2	8.1	5.5	1.5	5.0	
35-39	4.3	6.7	4.6	1.4	5.7	0.04
40-44	4.3	5.1	3.5	1.2	5.3	0.02
45-49	5.1	5.3	3.9	1.3	5.5	0.00
50-54	5.0	5.9	4.2	1.6	5.4	0.02
55-59	4.0	2.8	2.3	0.6	2.6	
60-64	3.6	1.7	1.8	0.5	1.5	
65+	1.9	0.2	1.4	0.6	0.6	0.09

3-18 按行业、性别分的城镇就业人员年龄构成
Age Composition of Urban Employed Persons by Sector and Sex

单位：% (%)

年龄 Age	城镇就业人员 Urban Employed Persons	农、林、牧、渔业 Agriculture, Forestry, Animal Husbandry and Fishery	采矿业 Mining	制造业 Manu-facturing	电力、热力、燃气及水生产和供应业 Production and Supply of Electricity Power, Heat Power, Gas and Water	建筑业 Construction	批发和零售业 Wholesale and Retail Trades	交通运输、仓储和邮政业 Transport, Storage and Post
总计 Total	**100.0**	**100.0**	**100.0**	**100.0**	**100.0**	**100.0**	**100.0**	**100.0**
16-19	1.6	1.4	0.5	2.7	0.3	1.2	1.5	0.6
20-24	9.8	5.3	5.7	13.0	6.9	8.8	10.9	7.6
25-29	13.5	6.9	10.4	15.0	11.4	11.5	15.4	12.4
30-34	15.0	7.8	14.6	15.3	15.1	12.8	17.1	15.3
35-39	13.3	9.2	14.2	13.4	16.1	13.0	14.6	15.1
40-44	16.4	14.1	22.0	16.2	20.1	19.0	16.5	19.5
45-49	13.0	14.2	17.3	12.1	14.9	15.7	11.6	14.4
50-54	7.9	10.8	9.8	6.5	9.2	8.9	6.3	9.0
55-59	5.5	12.4	4.5	3.9	4.8	5.8	3.9	4.8
60-64	2.5	9.6	0.8	1.3	1.1	2.7	1.5	1.0
65+	1.6	8.3	0.3	0.6	0.1	0.7	0.6	0.3
男 Male	**100.0**	**100.0**	**100.0**	**100.0**	**100.0**	**100.0**	**100.0**	**100.0**
16-19	1.6	1.8	0.6	2.4	0.1	1.3	1.4	0.5
20-24	9.3	5.5	5.5	13.1	6.8	8.7	10.2	7.1
25-29	12.7	7.0	10.2	14.8	11.5	11.2	14.7	11.5
30-34	14.3	7.8	14.8	15.2	13.7	11.9	15.9	15.1
35-39	12.9	9.1	13.5	12.6	15.3	13.0	13.8	15.2
40-44	15.9	13.7	20.5	14.9	19.8	18.5	16.1	19.3
45-49	13.0	13.6	17.0	11.7	14.2	15.8	11.8	14.4
50-54	9.1	10.4	11.2	7.7	10.9	9.4	7.8	9.8
55-59	6.8	11.9	5.4	5.3	6.1	6.4	5.4	5.6
60-64	2.7	9.8	0.9	1.6	1.5	3.0	1.9	1.1
65+	1.7	9.5	0.3	0.7	0.2	0.8	0.9	0.4
女 Female	**100.0**	**100.0**	**100.0**	**100.0**	**100.0**	**100.0**	**100.0**	**100.0**
16-19	1.6	1.0	0.4	3.1	0.7	0.6	1.6	0.8
20-24	10.5	5.0	6.1	12.8	7.2	9.2	11.6	10.0
25-29	14.4	6.7	10.8	15.4	11.3	13.1	16.0	16.3
30-34	15.8	7.9	14.0	15.6	18.5	17.1	18.2	16.2
35-39	14.0	9.2	16.7	14.5	18.0	13.2	15.3	14.7
40-44	16.9	14.6	26.9	18.1	20.8	21.9	16.9	20.2
45-49	12.9	14.8	18.2	12.7	16.6	14.7	11.3	14.5
50-54	6.4	11.3	5.2	4.8	5.3	6.3	4.9	5.2
55-59	3.9	12.8	1.2	1.9	1.6	2.7	2.6	1.4
60-64	2.2	9.5	0.3	0.8	0.1	1.1	1.1	0.5
65+	1.4	7.2	0.1	0.3		0.1	0.4	0.1

3-18 续表 1 continued

单位：%　　　　(%)

年　龄 Age	住宿和餐饮业 Hotels and Catering Services	信息传输、软件和信息技术服务业 Information Transmission, Software and Information Technical Services	金融业 Financial Intermediation	房地产业 Real Estate	租赁和商务服务业 Leasing and Business Services	科学研究和技术服务业 Scientific Research and Technical Services	水利、环境和公共设施管理业 Management of Water Conservancy, Environment and Public Facilities
总计 Total	**100.0**	**100.0**	**100.0**	**100.0**	**100.0**	**100.0**	**100.0**
16-19	3.2	1.3	0.9	0.9	1.1	0.7	0.7
20-24	13.3	13.4	12.6	9.4	11.8	8.7	5.0
25-29	13.5	21.4	19.9	14.6	17.7	18.2	8.7
30-34	14.7	19.4	16.7	16.2	18.3	20.4	13.1
35-39	13.0	13.3	12.3	11.0	12.7	12.9	13.8
40-44	17.0	13.6	15.4	15.0	14.1	15.0	18.4
45-49	12.8	9.2	11.8	12.1	9.8	10.0	15.2
50-54	6.7	5.2	6.7	9.3	7.0	8.0	11.0
55-59	4.1	2.4	3.2	7.7	5.3	4.5	8.7
60-64	1.2	0.6	0.6	2.2	1.5	1.1	3.6
65+	0.6	0.3	0.1	1.6	0.7	0.5	1.8
男 Male	**100.0**	**100.0**	**100.0**	**100.0**	**100.0**	**100.0**	**100.0**
16-19	4.3	1.2	0.5	0.9	1.3	0.3	0.6
20-24	14.6	12.0	11.2	7.4	9.3	6.4	5.2
25-29	14.3	21.6	17.5	12.3	14.6	16.6	7.9
30-34	15.3	20.0	16.2	15.4	17.5	19.2	12.7
35-39	11.8	13.2	11.9	10.4	12.6	12.9	15.5
40-44	15.0	12.7	15.1	14.4	14.0	15.1	16.1
45-49	10.4	9.0	13.3	12.1	10.7	10.5	12.5
50-54	7.5	6.0	8.4	12.0	9.1	9.9	12.7
55-59	4.7	3.2	5.0	10.1	7.9	6.8	11.5
60-64	1.4	0.7	0.9	2.9	2.0	1.7	3.4
65+	0.6	0.4	0.1	2.1	1.0	0.7	2.0
女 Female	**100.0**	**100.0**	**100.0**	**100.0**	**100.0**	**100.0**	**100.0**
16-19	2.3	1.4	1.2	1.0	0.7	1.5	0.8
20-24	12.1	14.9	13.9	12.5	15.6	12.7	4.8
25-29	12.7	21.2	22.1	18.1	22.4	21.0	9.7
30-34	14.1	18.7	17.1	17.6	19.4	22.5	13.7
35-39	14.1	13.4	12.6	11.8	12.9	13.0	11.4
40-44	18.7	14.6	15.7	16.0	14.4	14.9	21.7
45-49	15.0	9.3	10.5	12.0	8.4	9.0	19.0
50-54	6.0	4.4	5.0	5.2	3.7	4.7	8.7
55-59	3.5	1.5	1.5	3.9	1.3	0.6	5.0
60-64	1.0	0.6	0.2	1.0	0.7	0.1	3.8
65+	0.5	0.1	0.0	0.8	0.3	0.1	1.5

3-18 续表 2 continued

单位：% (%)

年 龄 Age	居民服务、修理和其他服务业 Services to Households, Repair and Other Services	教 育 Education	卫生和社会工作 Health and Society	文化、体育和娱乐业 Culture, Sports and Entertainment	公共管理、社会保障和社会组织 Public Management Social Security and Social Organizations	国际组织 International Organizations
总计 Total	**100.0**	**100.0**	**100.0**	**100.0**	**100.0**	**100.0**
16-19	2.4	0.6	1.0	2.3	0.2	
20-24	11.6	5.8	9.8	14.2	5.3	
25-29	12.8	12.6	13.5	17.5	12.3	8.2
30-34	13.0	19.9	18.9	17.1	15.0	13.9
35-39	13.6	16.2	15.1	11.9	14.8	22.5
40-44	15.9	16.0	14.4	13.4	17.6	11.4
45-49	13.7	13.7	12.0	10.9	15.3	8.9
50-54	8.1	8.5	7.9	7.2	10.8	5.9
55-59	5.2	5.2	4.6	3.6	7.0	24.8
60-64	2.4	1.2	1.6	1.3	1.3	
65+	1.3	0.4	1.2	0.6	0.5	4.4
男 Male	**100.0**	**100.0**	**100.0**	**100.0**	**100.0**	**100.0**
16-19	2.8	0.5	0.7	2.6	0.2	
20-24	12.4	3.1	4.7	11.7	5.0	
25-29	13.7	8.2	9.7	15.7	11.2	14.0
30-34	13.4	16.1	17.3	18.7	13.9	23.9
35-39	12.7	15.6	15.5	11.4	13.5	2.9
40-44	14.1	17.1	15.4	13.4	16.7	
45-49	11.7	15.8	12.5	10.9	15.2	14.0
50-54	8.3	11.1	10.7	7.6	12.5	2.7
55-59	6.3	9.9	8.6	5.5	9.4	42.5
60-64	2.7	1.9	2.6	1.9	1.5	
65+	1.9	0.8	2.3	0.6	0.7	
女 Female	**100.0**	**100.0**	**100.0**	**100.0**	**100.0**	**100.0**
16-19	1.8	0.6	1.1	2.0	0.2	
20-24	10.5	7.7	13.1	16.9	6.0	
25-29	11.8	15.7	15.9	19.5	14.3	
30-34	12.5	22.7	20.0	15.3	17.0	
35-39	14.8	16.7	14.8	12.5	17.2	49.8
40-44	18.0	15.3	13.7	13.4	19.4	27.4
45-49	16.2	12.2	11.7	10.9	15.3	1.9
50-54	7.9	6.6	6.2	6.7	7.4	10.3
55-59	3.9	1.9	2.1	1.6	2.2	
60-64	2.0	0.7	0.9	0.7	0.7	
65+	0.7	0.0	0.4	0.5	0.2	10.6

3-19 按受教育程度、性别分的城镇就业人员行业构成
Urban Employed Persons by Sex, Educational Attainment and Sector

单位：% (%)

受教育程度	Educational Attainment	城镇就业人员 Urban Employed Persons	农、林、牧、渔业 Agriculture, Forestry, Animal Husbandry and Fishery	采矿业 Mining	制造业 Manu-facturing	电力、热力、燃气及水生产和供应业 Production and Supply of Electricity Power, Heat Power, Gas and Water	建筑业 Construction	批发和零售业 Wholesale and Retail Trades	交通运输、仓储和邮政业 Transport, Storage and Post
总　计	**Total**	**100.0**	**12.6**	**1.6**	**22.0**	**1.4**	**6.5**	**17.1**	**5.6**
未上过学	No Schooling	100.0	54.0	0.5	13.5	0.2	5.1	9.5	1.5
小　学	Primary School	100.0	40.8	0.5	17.3	0.3	8.6	12.4	3.3
初　中	Junior Secondary School	100.0	17.6	1.6	25.5	0.7	8.7	18.6	6.3
高　中	Senior Secondary School	100.0	4.9	2.0	25.1	1.8	5.3	22.1	7.1
大学专科	College	100.0	1.1	1.8	18.0	2.5	4.2	15.1	4.8
大学本科	University	100.0	0.6	1.4	13.4	2.3	3.4	8.6	3.4
研究生及以上	Graduate and Higher Level	100.0	0.3	0.8	11.6	1.0	1.4	4.4	1.8
男	**Male**	**100.0**	**10.8**	**2.2**	**22.6**	**1.7**	**9.7**	**13.9**	**8.1**
未上过学	No Schooling	100.0	48.4	1.2	13.0	0.6	10.6	7.5	3.5
小　学	Primary School	100.0	35.2	0.9	16.1	0.4	14.7	11.1	5.7
初　中	Junior Secondary School	100.0	15.5	2.3	24.5	0.9	13.3	14.5	9.7
高　中	Senior Secondary School	100.0	5.0	2.4	26.5	2.2	7.7	17.1	9.7
大学专科	College	100.0	1.3	2.4	20.5	3.0	5.4	13.2	5.9
大学本科	University	100.0	0.7	1.8	15.3	2.8	4.3	8.3	3.6
研究生及以上	Graduate and Higher Level	100.0	0.4	1.0	14.1	1.2	1.2	5.6	2.4
女	**Female**	**100.0**	**15.0**	**0.8**	**21.2**	**0.9**	**2.4**	**21.2**	**2.4**
未上过学	No Schooling	100.0	56.9	0.2	13.8	0.0	2.2	10.6	0.5
小　学	Primary School	100.0	46.1	0.2	18.5	0.2	2.7	13.7	1.0
初　中	Junior Secondary School	100.0	20.3	0.6	26.8	0.4	2.6	24.0	1.8
高　中	Senior Secondary School	100.0	4.7	1.4	22.9	1.3	1.7	29.6	3.2
大学专科	College	100.0	0.9	1.1	14.8	1.8	2.7	17.5	3.3
大学本科	University	100.0	0.6	0.8	10.9	1.8	2.2	9.0	3.1
研究生及以上	Graduate and Higher Level	100.0	0.1	0.5	8.1	0.7	1.6	2.7	1.0

3-19 续表 1 continued

单位：% (%)

受教育程度	Educational Attainment	住宿和餐饮业 Hotels and Catering Services	信息传输、软件和信息技术服务业 Information Transmission, Software and Information Technical Services	金融业 Financial Intermediation	房地产业 Real Estate	租赁和商务服务业 Leasing and Business Services	科学研究和技术服务业 Scientific Research and Technical Services	水利、环境和公共设施管理业 Management of Water Conservancy, Environment and Public Facilities
总计	**Total**	**4.4**	**3.2**	**2.2**	**1.5**	**1.9**	**0.9**	**0.8**
未上过学	No Schooling	4.1	1.3	0.1	0.5	0.4	0.1	0.7
小学	Primary School	4.5	1.1	0.4	1.2	0.8	0.1	0.9
初中	Junior Secondary School	5.6	2.4	0.8	1.0	1.2	0.3	0.6
高中	Senior Secondary School	5.0	3.4	2.0	1.8	2.0	0.8	0.7
大学专科	College	2.3	4.7	4.4	2.3	3.0	1.4	0.9
大学本科	University	1.3	5.2	6.7	1.8	3.3	2.7	1.0
研究生及以上	Graduate and Higher Level	0.3	7.1	6.8	1.0	4.4	7.7	0.7
男	**Male**	**3.7**	**2.9**	**1.9**	**1.6**	**2.0**	**1.0**	**0.8**
未上过学	No Schooling	3.4	1.6	0.1	0.7	0.4	0.2	0.6
小学	Primary School	3.4	0.9	0.3	1.5	1.0	0.2	0.8
初中	Junior Secondary School	4.5	1.8	0.6	1.2	1.5	0.3	0.6
高中	Senior Secondary School	4.4	2.8	1.7	1.9	2.2	0.9	0.8
大学专科	College	2.2	4.8	3.8	2.2	2.9	1.5	1.0
大学本科	University	1.3	5.7	5.9	1.8	2.9	3.0	1.1
研究生及以上	Graduate and Higher Level	0.4	8.7	5.4	1.0	4.3	8.7	0.8
女	**Female**	**5.3**	**3.5**	**2.6**	**1.3**	**1.7**	**0.7**	**0.7**
未上过学	No Schooling	4.5	1.2	0.1	0.4	0.5	0.0	0.8
小学	Primary School	5.7	1.3	0.5	0.9	0.6	0.0	0.9
初中	Junior Secondary School	7.2	3.1	1.0	0.8	0.9	0.2	0.7
高中	Senior Secondary School	6.0	4.2	2.4	1.6	1.8	0.6	0.6
大学专科	College	2.4	4.6	5.2	2.5	3.1	1.2	0.8
大学本科	University	1.2	4.4	7.8	1.8	3.8	2.4	0.8
研究生及以上	Graduate and Higher Level	0.2	5.0	8.7	1.1	4.5	6.5	0.6

3-19 续表 2 continued

单位：% (%)

受教育程度	Educational Attainment	居民服务、修理和其他服务业 Services to Households, Repair and Other Services	教 育 Education	卫生和社会工作 Health and Society	文化、体育和娱乐业 Culture, Sports and Entertainment	公共管理、社会保障和社会组织 Public Management Social Security and Social Organizations	国际组织 International Organizations
总 计	**Total**	**3.9**	**4.2**	**3.1**	**1.4**	**6.0**	**0.0**
未上过学	No Schooling	4.0	1.2	0.8	0.9	1.2	0.0
小 学	Primary School	4.5	0.7	0.8	0.5	1.1	0.0
初 中	Junior Secondary School	4.9	1.1	0.9	0.8	1.6	0.0
高 中	Senior Secondary School	4.4	2.4	2.6	1.5	5.1	0.0
大学专科	College	2.1	8.4	7.4	2.2	13.3	0.0
大学本科	University	1.3	15.5	7.7	2.6	17.7	0.0
研究生及以上	Graduate and Higher Level	0.4	24.0	10.0	2.9	13.3	
男	**Male**	**3.8**	**3.1**	**2.1**	**1.2**	**7.0**	**0.0**
未上过学	No Schooling	3.4	1.1	0.8	1.1	1.6	0.1
小 学	Primary School	4.4	0.7	0.8	0.6	1.4	0.0
初 中	Junior Secondary School	4.7	0.8	0.8	0.7	2.0	0.0
高 中	Senior Secondary School	4.3	1.7	1.7	1.3	5.7	0.0
大学专科	College	2.2	5.9	4.3	1.8	15.7	0.0
大学本科	University	1.2	11.6	5.9	2.5	20.3	0.0
研究生及以上	Graduate and Higher Level	0.3	18.5	8.0	2.3	15.5	
女	**Female**	**4.0**	**5.7**	**4.3**	**1.5**	**4.6**	**0.0**
未上过学	No Schooling	4.3	1.3	0.8	0.7	1.0	
小 学	Primary School	4.6	0.8	0.8	0.5	0.9	0.0
初 中	Junior Secondary School	5.1	1.4	1.1	0.8	1.1	0.0
高 中	Senior Secondary School	4.6	3.4	3.9	1.8	4.2	0.0
大学专科	College	2.1	11.5	11.4	2.7	10.3	0.0
大学本科	University	1.5	20.6	10.2	2.7	14.4	0.0
研究生及以上	Graduate and Higher Level	0.5	31.5	12.7	3.6	10.5	

3-20 按行业、性别分的城镇就业人员受教育程度构成

Educational Attainment of Urban Employed Persons by Sector and Sex

单位：% (%)

受教育程度	Educational Attainment	城镇就业人员 Urban Employed Persons	农、林、牧、渔业 Agriculture, Forestry, Animal Husbandry and Fishery	采矿业 Mining	制造业 Manu-facturing	电力、热力、燃气及水生产和供应业 Production and Supply of Electricity Power, Heat Power, Gas and Water	建筑业 Construction	批发和零售业 Wholesale and Retail Trades	交通运输、仓储和邮政业 Transport, Storage and Post
总　计	**Total**	**100.0**	**100.0**	**100.0**	**100.0**	**100.0**	**100.0**	**100.0**	**100.0**
未上过学	No Schooling	0.9	3.7	0.3	0.5	0.1	0.7	0.5	0.2
小　学	Primary School	9.5	30.7	3.2	7.5	2.1	12.5	6.9	5.7
初　中	Junior Secondary School	39.0	54.4	39.0	45.3	19.4	51.8	42.5	44.0
高　中	Senior Secondary School	24.1	9.3	30.5	27.5	32.5	19.7	31.3	30.7
大学专科	College	15.0	1.4	17.2	12.3	27.2	9.7	13.3	12.8
大学本科	University	10.4	0.5	9.2	6.3	18.0	5.4	5.3	6.3
研究生及以上	Graduate and Higher Level	1.0	0.0	0.5	0.5	0.7	0.2	0.3	0.3
男	**Male**	**100.0**	**100.0**	**100.0**	**100.0**	**100.0**	**100.0**	**100.0**	**100.0**
未上过学	No Schooling	0.5	2.3	0.3	0.3	0.2	0.6	0.3	0.2
小　学	Primary School	8.2	26.9	3.4	5.9	2.2	12.5	6.6	5.9
初　中	Junior Secondary School	39.3	56.4	42.0	42.6	20.5	53.7	40.9	47.2
高　中	Senior Secondary School	25.7	11.9	28.7	30.1	32.9	20.3	31.6	30.9
大学专科	College	14.8	1.8	16.3	13.4	26.3	8.2	14.0	10.8
大学本科	University	10.4	0.7	8.8	7.0	17.1	4.6	6.2	4.7
研究生及以上	Graduate and Higher Level	1.0	0.0	0.5	0.6	0.8	0.1	0.4	0.3
女	**Female**	**100.0**	**100.0**	**100.0**	**100.0**	**100.0**	**100.0**	**100.0**	**100.0**
未上过学	No Schooling	1.3	4.9	0.3	0.8	0.0	1.2	0.7	0.3
小　学	Primary School	11.1	34.3	2.5	9.7	1.9	12.7	7.2	4.8
初　中	Junior Secondary School	38.7	52.5	28.9	49.0	16.6	41.7	43.9	29.6
高　中	Senior Secondary School	22.1	6.9	36.7	24.0	31.6	16.3	31.0	29.6
大学专科	College	15.3	1.0	20.6	10.7	29.2	17.6	12.6	21.5
大学本科	University	10.4	0.4	10.4	5.4	20.0	9.8	4.5	13.8
研究生及以上	Graduate and Higher Level	1.0	0.0	0.6	0.4	0.7	0.7	0.1	0.4

3-20 续表 1 continued

单位：% (%)

受教育程度	Educational Attainment	住宿和餐饮业 Hotels and Catering Services	信息传输、软件和信息技术服务业 Information Transmission, Software and Information Technical Services	金融业 Financial Intermediation	房地产业 Real Estate	租赁和商务服务业 Leasing and Business Services	科学研究和技术服务业 Scientific Research and Technical Services	水利、环境和公共设施管理业 Management of Water Conservancy, Environment and Public Facilities
总　计	**Total**	**100.0**	**100.0**	**100.0**	**100.0**	**100.0**	**100.0**	**100.0**
未上过学	No Schooling	0.8	0.4	0.0	0.3	0.2	0.1	0.9
小　学	Primary School	9.9	3.4	1.6	7.4	3.9	1.3	11.1
初　中	Junior Secondary School	50.4	29.0	13.0	26.2	25.8	12.4	32.5
高　中	Senior Secondary School	27.8	25.7	21.2	29.1	25.8	21.5	22.0
大学专科	College	7.9	22.2	29.7	23.3	24.0	23.4	18.9
大学本科	University	3.1	17.0	31.3	12.9	18.0	32.3	13.6
研究生及以上	Graduate and Higher Level	0.1	2.3	3.1	0.7	2.4	9.0	1.0
男	**Male**	**100.0**	**100.0**	**100.0**	**100.0**	**100.0**	**100.0**	**100.0**
未上过学	No Schooling	0.5	0.3	0.0	0.2	0.1	0.1	0.4
小　学	Primary School	7.6	2.7	1.1	7.6	4.0	1.7	8.8
初　中	Junior Secondary School	48.1	24.3	12.0	29.1	29.6	13.0	29.4
高　中	Senior Secondary School	30.9	24.9	22.7	30.2	27.6	22.6	25.4
大学专科	College	8.9	24.3	29.3	20.2	21.6	22.1	19.6
大学本科	University	3.8	20.5	31.9	12.0	14.9	31.5	15.2
研究生及以上	Graduate and Higher Level	0.1	3.1	2.9	0.7	2.2	9.0	1.1
女	**Female**	**100.0**	**100.0**	**100.0**	**100.0**	**100.0**	**100.0**	**100.0**
未上过学	No Schooling	1.1	0.4	0.1	0.4	0.4	0.1	1.4
小　学	Primary School	11.9	4.2	2.0	7.2	3.7	0.5	14.3
初　中	Junior Secondary School	52.6	34.2	14.0	21.8	19.9	11.3	36.8
高　中	Senior Secondary School	25.0	26.6	19.8	27.3	23.0	19.5	17.4
大学专科	College	7.0	20.0	30.0	28.2	27.6	25.9	17.8
大学本科	University	2.3	13.2	30.8	14.2	22.8	33.8	11.4
研究生及以上	Graduate and Higher Level	0.0	1.4	3.3	0.8	2.6	8.9	0.9

3-20 续表 2 continued

单位：%　　(%)

受教育程度	Educational Attainment	居民服务、修理和其他服务业 Services to Households, Repair and Other Services	教　育 Education	卫生和社会工作 Health and Society	文化、体育和娱乐业 Culture, Sports and Entertainment	公共管理、社会保障和社会组织 Public Management Social Security and Social Organizations	国际组织 International Organizations
总　计	**Total**	**100.0**	**100.0**	**100.0**	**100.0**	**100.0**	**100.0**
未上过学	No Schooling	0.9	0.2	0.2	0.5	0.2	1.6
小　学	Primary School	11.0	1.7	2.5	3.8	1.8	8.7
初　中	Junior Secondary School	48.8	9.9	11.4	22.1	10.4	11.9
高　中	Senior Secondary School	27.5	13.7	20.1	26.9	20.7	52.1
大学专科	College	8.2	30.0	36.3	24.8	33.6	7.3
大学本科	University	3.6	38.6	26.1	19.7	31.0	18.5
研究生及以上	Graduate and Higher Level	0.1	5.8	3.3	2.2	2.3	
男	**Male**	**100.0**	**100.0**	**100.0**	**100.0**	**100.0**	**100.0**
未上过学	No Schooling	0.5	0.2	0.2	0.5	0.1	2.7
小　学	Primary School	9.6	1.8	3.0	3.7	1.7	7.6
初　中	Junior Secondary School	48.6	10.0	14.0	23.1	11.0	17.4
高　中	Senior Secondary School	29.3	14.0	20.5	28.0	21.1	34.4
大学专科	College	8.6	28.4	29.8	22.0	33.5	7.9
大学本科	University	3.4	39.4	28.7	20.7	30.4	30.0
研究生及以上	Graduate and Higher Level	0.1	6.2	3.9	1.9	2.3	
女	**Female**	**100.0**	**100.0**	**100.0**	**100.0**	**100.0**	**100.0**
未上过学	No Schooling	1.4	0.3	0.3	0.6	0.3	
小　学	Primary School	12.7	1.6	2.2	3.9	2.2	10.3
初　中	Junior Secondary School	49.0	9.8	9.7	21.0	9.1	4.3
高　中	Senior Secondary School	25.2	13.5	19.9	25.8	20.0	76.7
大学专科	College	7.8	31.2	40.5	27.7	33.9	6.4
大学本科	University	3.8	38.1	24.5	18.6	32.3	2.4
研究生及以上	Graduate and Higher Level	0.1	5.6	2.9	2.4	2.2	

3-21 按年龄、性别分的城镇就业人员职业构成

Occupation of Urban Employed Persons by Age and Sex

单位：% (%)

年龄 Age	城镇就业人员 Urban Employed Persons	单位负责人 Unit Head	专业技术人员 Technical Personnel	办事人员和有关人员 Clerk and Related Workers	商业、服务业人员 Business Service Personnel	农林牧渔水利业生产人员 Producers in the Sectors of Agriculture, Forestry, Animal Husbandry, Fishery and Water Conservancy	生产运输设备操作人员及有关人员 Production, Transport Equipment Operators and Related Workers	其他 Others
总计 Total	**100.0**	**3.8**	**15.8**	**11.1**	**30.0**	**12.8**	**26.0**	**0.5**
16-19	100.0	0.3	6.1	4.8	35.6	11.1	41.7	0.5
20-24	100.0	1.2	15.3	10.1	35.0	7.1	30.6	0.6
25-29	100.0	2.5	19.8	12.8	32.2	6.8	25.5	0.4
30-34	100.0	3.9	20.4	12.4	31.6	7.0	24.3	0.4
35-39	100.0	4.5	17.8	10.9	30.8	9.2	26.3	0.6
40-44	100.0	4.5	14.9	10.5	30.1	11.2	28.3	0.5
45-49	100.0	4.9	13.8	10.6	29.0	13.9	27.5	0.4
50-54	100.0	5.2	13.6	12.7	26.6	17.4	24.1	0.5
55-59	100.0	4.5	10.6	12.2	23.3	27.6	21.1	0.6
60-64	100.0	2.7	5.5	6.3	21.4	48.3	15.4	0.3
65+	100.0	1.3	4.8	5.8	14.0	66.1	7.6	0.3
男 Male	**100.0**	**5.0**	**13.4**	**12.5**	**25.7**	**11.1**	**31.8**	**0.5**
16-19	100.0	0.3	4.2	4.8	32.7	12.5	45.1	0.4
20-24	100.0	1.5	11.0	9.5	30.9	6.9	39.7	0.6
25-29	100.0	2.9	15.8	12.5	29.2	6.4	32.7	0.5
30-34	100.0	5.1	16.7	13.0	27.9	6.4	30.7	0.4
35-39	100.0	5.9	14.9	12.6	25.7	8.3	32.0	0.6
40-44	100.0	6.3	13.0	12.2	24.7	9.6	33.7	0.6
45-49	100.0	6.7	12.9	12.4	23.1	11.4	33.1	0.3
50-54	100.0	6.6	12.4	15.6	22.9	12.6	29.3	0.6
55-59	100.0	5.6	12.1	16.1	21.7	18.3	25.4	0.8
60-64	100.0	3.5	6.4	9.3	21.6	38.7	20.1	0.4
65+	100.0	1.9	6.4	8.3	14.6	58.7	9.6	0.5
女 Female	**100.0**	**2.1**	**18.9**	**9.3**	**35.6**	**15.1**	**18.4**	**0.4**
16-19	100.0	0.2	8.5	4.8	39.1	9.3	37.4	0.6
20-24	100.0	0.9	20.3	10.9	39.8	7.3	20.3	0.6
25-29	100.0	1.9	24.5	13.2	35.7	7.3	17.1	0.3
30-34	100.0	2.5	24.8	11.7	36.0	7.8	16.8	0.3
35-39	100.0	2.8	21.2	8.9	37.0	10.2	19.4	0.6
40-44	100.0	2.3	17.2	8.4	36.8	13.1	21.8	0.4
45-49	100.0	2.5	15.0	8.1	36.7	17.1	20.1	0.5
50-54	100.0	2.5	15.7	7.1	33.5	26.4	14.3	0.5
55-59	100.0	2.0	7.3	3.2	27.1	48.9	11.3	0.3
60-64	100.0	1.6	4.1	1.6	21.0	63.5	8.2	0.1
65+	100.0	0.3	2.3	1.6	13.0	78.3	4.4	0.1

3-22 按职业、性别分的城镇就业人员年龄构成
Age Composition of Urban Employed Persons by Occupation and Sex

单位：% (%)

年龄 Age	城镇就业人员 Urban Employed Persons	单位负责人 Unit Head	专业技术人员 Technical Personnel	办事人员和有关人员 Clerk and Related Workers	商业、服务业人员 Business Service Personnel	农林牧渔水利业生产人员 Producers in the Sectors of Agriculture, Forestry, Animal Husbandry, Fishery and Water Conservancy	生产运输设备操作人员及有关人员 Production, Transport Equipment Operators and Related Workers	其他 Others
总计 Total	**100.0**	**100.0**	**100.0**	**100.0**	**100.0**	**100.0**	**100.0**	**100.0**
16-19	1.6	0.1	0.6	0.7	1.9	1.4	2.5	1.6
20-24	9.8	3.2	9.6	9.0	11.5	5.4	11.6	11.6
25-29	13.5	8.9	16.9	15.6	14.4	7.1	13.2	11.6
30-34	15.0	15.6	19.3	16.7	15.8	8.2	14.0	11.7
35-39	13.3	15.9	15.0	13.1	13.7	9.5	13.5	16.2
40-44	16.4	19.6	15.4	15.4	16.4	14.2	17.8	17.3
45-49	13.0	16.8	11.3	12.3	12.5	14.0	13.7	11.2
50-54	7.9	10.9	6.8	9.0	7.0	10.7	7.3	8.7
55-59	5.5	6.7	3.7	6.1	4.3	11.9	4.5	7.4
60-64	2.5	1.8	0.9	1.4	1.8	9.3	1.5	1.5
65+	1.6	0.6	0.5	0.8	0.7	8.1	0.5	1.1
男 Male	**100.0**	**100.0**	**100.0**	**100.0**	**100.0**	**100.0**	**100.0**	**100.0**
16-19	1.6	0.1	0.5	0.6	2.0	1.8	2.2	1.2
20-24	9.3	2.9	7.6	7.0	11.1	5.8	11.6	10.3
25-29	12.7	7.5	15.0	12.8	14.5	7.4	13.1	11.8
30-34	14.3	14.6	17.8	14.9	15.5	8.2	13.8	11.3
35-39	12.9	15.2	14.3	13.0	12.8	9.7	13.0	14.6
40-44	15.9	20.0	15.5	15.5	15.3	13.8	16.9	17.5
45-49	13.0	17.4	12.5	12.9	11.7	13.4	13.5	8.9
50-54	9.1	12.1	8.5	11.4	8.1	10.3	8.4	10.0
55-59	6.8	7.7	6.2	8.8	5.8	11.2	5.4	10.6
60-64	2.7	1.9	1.3	2.0	2.2	9.3	1.7	2.2
65+	1.7	0.7	0.8	1.2	1.0	9.2	0.5	1.6
女 Female	**100.0**	**100.0**	**100.0**	**100.0**	**100.0**	**100.0**	**100.0**	**100.0**
16-19	1.6	0.2	0.7	0.8	1.8	1.0	3.3	2.3
20-24	10.5	4.4	11.3	12.3	11.8	5.1	11.6	13.6
25-29	14.4	12.9	18.7	20.4	14.4	6.9	13.4	11.3
30-34	15.8	18.5	20.7	19.8	16.0	8.2	14.4	12.4
35-39	14.0	18.0	15.6	13.3	14.5	9.4	14.7	18.6
40-44	16.9	18.5	15.4	15.3	17.5	14.7	20.0	17.1
45-49	12.9	14.9	10.2	11.3	13.3	14.7	14.1	14.6
50-54	6.4	7.4	5.3	4.8	6.0	11.1	4.9	6.8
55-59	3.9	3.5	1.5	1.3	2.9	12.5	2.4	2.4
60-64	2.2	1.6	0.5	0.4	1.3	9.3	1.0	0.6
65+	1.4	0.2	0.2	0.2	0.5	7.1	0.3	0.3

3-23 按受教育程度、性别分的城镇就业人员职业构成

Occupation of Urban Employed Persons by Educational Attainment and Sex

单位：% (%)

受教育程度	Educational Attainment	城镇就业人员 Urban Employed Persons	单位负责人 Unit Head	专业技术人员 Technical Personnel	办事人员和有关人员 Clerk and Related Workers	商业、服务业人员 Business Service Personnel	农林牧渔水利业生产人员 Producers in the Sectors of Agriculture, Forestry, Animal Husbandry, Fishery and Water Conservancy	生产运输设备操作人员及有关人员 Production, Transport Equipment Operators and Related Workers	其他 Others
总 计	**Total**	**100.0**	**3.8**	**15.8**	**11.1**	**30.0**	**12.8**	**26.0**	**0.5**
未上过学	No Schooling	100.0	0.6	3.2	2.3	20.9	52.9	19.7	0.3
小 学	Primary School	100.0	1.7	3.1	3.0	25.6	40.3	26.0	0.4
初 中	Junior Secondary School	100.0	2.6	5.3	4.8	33.8	17.9	35.0	0.5
高 中	Senior Secondary School	100.0	4.4	13.4	11.5	37.1	5.3	27.8	0.5
大学专科	College	100.0	5.5	32.5	21.5	24.4	1.4	14.3	0.4
大学本科	University	100.0	6.0	44.9	25.9	14.4	0.8	7.8	0.4
研究生及以上	Graduate and Higher Level	100.0	6.2	58.8	22.9	7.9	0.3	3.6	0.2
男	**Male**	**100.0**	**5.0**	**13.4**	**12.5**	**25.7**	**11.1**	**31.8**	**0.5**
未上过学	No Schooling	100.0	0.6	4.4	3.6	17.6	47.2	26.0	0.7
小 学	Primary School	100.0	2.4	3.4	4.8	22.0	34.8	32.2	0.4
初 中	Junior Secondary School	100.0	3.3	5.1	6.1	27.6	15.9	41.4	0.6
高 中	Senior Secondary School	100.0	5.6	10.5	12.4	31.0	5.4	34.5	0.5
大学专科	College	100.0	7.6	25.3	23.0	23.2	1.6	18.9	0.4
大学本科	University	100.0	7.9	39.0	27.1	14.3	1.0	10.1	0.5
研究生及以上	Graduate and Higher Level	100.0	9.3	54.3	23.6	7.6	0.6	4.3	0.3
女	**Female**	**100.0**	**2.1**	**18.9**	**9.3**	**35.6**	**15.1**	**18.4**	**0.4**
未上过学	No Schooling	100.0	0.7	2.6	1.6	22.7	55.9	16.4	0.2
小 学	Primary School	100.0	1.0	2.8	1.2	29.0	45.6	19.9	0.4
初 中	Junior Secondary School	100.0	1.6	5.6	3.0	42.1	20.6	26.5	0.5
高 中	Senior Secondary School	100.0	2.6	17.8	10.2	46.3	5.0	17.7	0.4
大学专科	College	100.0	2.8	41.5	19.6	25.9	1.1	8.5	0.5
大学本科	University	100.0	3.4	52.5	24.2	14.5	0.5	4.6	0.3
研究生及以上	Graduate and Higher Level	100.0	2.2	64.9	21.9	8.2	0.1	2.7	0.1

3-24 按职业、性别分的城镇就业人员受教育程度构成

Educational Attainment of Urban Employed Persons by Occupation and Sex

单位：% (%)

受教育程度	Educational Attainment	城镇就业人员 Urban Employed Persons	单位负责人 Unit Head	专业技术人员 Technical Personnel	办事人员和有关人员 Clerk and Related Workers	商业、服务业人员 Business Service Personnel	农林牧渔水利业生产人员 Producers in the Sectors of Agriculture, Forestry, Animal Husbandry, Fishery and Water Conservancy	生产运输设备操作人员及有关人员 Production, Transport Equipment Operators and Related Workers	其他 Others
总　计	**Total**	**100.0**	**100.0**	**100.0**	**100.0**	**100.0**	**100.0**	**100.0**	**100.0**
未上过学	No Schooling	0.9	0.1	0.2	0.2	0.6	3.5	0.7	0.6
小　学	Primary School	9.5	4.3	1.9	2.6	8.1	29.8	9.5	7.3
初　中	Junior Secondary School	39.0	26.8	13.1	16.8	44.0	54.5	52.5	45.1
高　中	Senior Secondary School	24.1	28.5	20.5	25.0	29.8	9.9	25.8	25.1
大学专科	College	15.0	21.9	30.9	29.1	12.2	1.6	8.3	12.9
大学本科	University	10.4	16.6	29.6	24.3	5.0	0.6	3.1	8.5
研究生及以上	Graduate and Higher Level	1.0	1.7	3.8	2.1	0.3	0.0	0.1	0.5
男	**Male**	**100.0**	**100.0**	**100.0**	**100.0**	**100.0**	**100.0**	**100.0**	**100.0**
未上过学	No Schooling	0.5	0.1	0.2	0.1	0.4	2.2	0.4	0.7
小　学	Primary School	8.2	4.0	2.1	3.2	7.1	25.8	8.3	5.9
初　中	Junior Secondary School	39.3	25.9	15.0	19.2	42.1	56.3	51.2	45.7
高　中	Senior Secondary School	25.7	29.0	20.1	25.5	31.0	12.5	27.8	26.4
大学专科	College	14.8	22.5	28.0	27.3	13.3	2.2	8.8	10.8
大学本科	University	10.4	16.6	30.4	22.7	5.8	0.9	3.3	9.9
研究生及以上	Graduate and Higher Level	1.0	1.9	4.2	1.9	0.3	0.1	0.1	0.6
女	**Female**	**100.0**	**100.0**	**100.0**	**100.0**	**100.0**	**100.0**	**100.0**	**100.0**
未上过学	No Schooling	1.3	0.4	0.2	0.2	0.8	4.8	1.2	0.5
小　学	Primary School	11.1	5.4	1.7	1.5	9.1	33.6	12.0	9.5
初　中	Junior Secondary School	38.7	29.4	11.4	12.6	45.7	52.7	55.7	44.2
高　中	Senior Secondary School	22.1	27.0	20.8	24.1	28.8	7.4	21.3	23.1
大学专科	College	15.3	20.2	33.6	32.1	11.2	1.1	7.1	16.2
大学本科	University	10.4	16.6	28.9	27.0	4.2	0.3	2.6	6.3
研究生及以上	Graduate and Higher Level	1.0	1.0	3.4	2.3	0.2	0.0	0.1	0.2

3-25 城镇就业人员调查周平均工作时间

Weekly Working Hours of Urban Employed Persons

单位：小时／周 (hours/per week)

分 组	Group	2009年11月 Nov.2009	2010年11月 Nov.2010	2011年11月 Nov.2011	2012年11月 Nov.2012	2013年9月 Sep.2013
全 部	**Total**	**44.7**	**47.0**	**46.2**	**46.3**	**46.6**
一、按年龄分组	**By Age**					
	16-19	46.8	49.1	48.0	47.7	49.3
	20-24	46.1	47.8	46.8	47.1	47.6
	25-29	45.9	47.1	46.6	46.8	47.0
	30-34	46.1	47.5	47.0	46.9	47.2
	35-39	46.1	47.8	47.2	47.3	47.6
	40-44	45.4	47.6	46.9	47.1	47.6
	45-49	44.5	46.8	46.0	46.2	46.8
	50-54	42.9	45.8	44.8	45.2	45.5
	55-59	41.1	44.7	43.4	43.6	43.8
	60-64	37.8	42.6	40.1	41.4	41.2
	65+	33.4	38.5	35.0	35.7	35.7
二、按职业分组	**By Occupation**					
单位负责人	Unit Head	47.5	47.1	47.7	48.2	48.4
专业技术人员	Technical Personnel	42.8	43.1	43.7	43.7	43.9
办事人员和有关人员	Clerk and Related Workers	43.3	44.0	43.9	44.0	44.0
商业、服务业人员	Business Service Personnel	49.0	49.8	49.5	49.6	49.9
农林牧渔水利业生产人员	Producers in the Sectors of Agriculture, Forestry,Animal Husbandry,Fishery and Water Conservancy	37.7	41.5	38.2	38.3	38.2
生产、运输设备操作人员及有关人员	Production, Transport Equipment Operators and Related Workers	48.9	49.7	48.7	48.8	49.5
其 他	Others	46.3	47.8	47.7	49.8	49.2
三、按受教育程度分组	**By Educational Attaiment**					
未上过学	No Schooling	36.9	43.5	40.1	39.8	39.6
小 学	Primary School	42.3	47.2	45.0	44.5	44.8
初 中	Junior Secondary School	46.1	48.9	48.1	48.2	48.8
高 中	Senior Secondary School	46.1	47.2	47.1	47.4	47.6
大 专	College	42.9	43.7	43.8	44.0	44.3
大学本科	University	41.5	42.1	42.4	42.4	42.5
研究生及以上	Graduate and Higher Level	41.1	41.1	41.7	41.6	41.8

注：9月相对应的调查周是9月3-9日(下表同)。
Note: The neferent week in |September is 3rd to 9th, September. The same applies to the tables following.

3-26 城镇男性就业人员调查周平均工作时间
Weekly Working Hours of Urban Male Employed Persons

单位：小时／周 (hours/per week)

分　组	Group	2009年11月 Nov.2009	2010年11月 Nov.2010	2011年11月 Nov.2011	2012年11月 Nov.2012	2013年9月 Sep.2013
全 部	**Total**	**45.9**	**47.7**	**47.0**	**47.1**	**47.5**
一、按年龄分组	**By Age**					
	16-19	46.7	49.3	48.0	47.9	49.5
	20-24	47.2	48.5	47.5	47.7	48.5
	25-29	47.1	47.9	47.4	47.7	47.8
	30-34	47.2	48.2	47.8	47.6	47.9
	35-39	47.3	48.4	48.0	48.0	48.3
	40-44	46.7	48.3	47.9	47.9	48.4
	45-49	45.8	47.5	46.8	47.1	47.7
	50-54	44.7	46.6	45.5	46.0	46.4
	55-59	43.3	45.7	44.8	45.2	45.4
	60-64	40.7	44.4	42.1	44.0	43.8
	65+	35.2	40.1	37.4	38.0	38.3
二、按职业分组	**By Occupation**					
单位负责人	Unit Head	47.6	47.0	47.7	48.2	48.5
专业技术人员	Technical Personnel	43.3	43.6	44.2	44.2	44.6
办事人员和有关人员	Clerk and Related Workers	43.8	44.6	44.4	44.5	44.6
商业、服务业人员	Business Service Personnel	49.5	50.2	50.1	50.1	50.3
农林牧渔水利业生产人员	Producers in the Sectors of Agriculture, Forestry,Animal Husbandry,Fishery and Water Conservancy	40.2	43.3	40.6	40.8	40.8
生产、运输设备操作人员及有关人员	Production, Transport Equipment Operators and Related Workers	49.0	49.9	48.9	48.9	49.7
其　他	Others	47.2	48.2	49.2	50.2	48.9
三、按受教育程度分组	**By Educational Attaiment**					
未上过学	No Schooling	40.2	45.2	42.6	43.7	42.9
小　学	Primary School	44.4	48.4	46.8	46.3	46.8
初　中	Junior Secondary School	47.3	49.6	48.9	49.1	49.7
高　中	Senior Secondary School	46.7	47.6	47.4	47.8	48.1
大　专	College	43.1	44.0	44.5	44.4	44.7
大学本科	University	41.6	42.4	42.6	42.8	42.9
研究生及以上	Graduate and Higher Level	41.3	41.3	41.8	41.9	42.4

3-27 城镇女性就业人员调查周平均工作时间
Weekly Working Hours of Urban Female Employed Persons

单位：小时／周 (hours/per week)

分组	Group	2009年11月 Nov.2009	2010年11月 Nov.2010	2011年11月 Nov.2011	2012年11月 Nov.2012	2013年9月 Sep.2013
全 部	**Total**	**43.2**	**46.1**	**45.2**	**45.2**	**45.5**
一、按年龄分组	**By Age**					
	16-19	46.9	48.8	48.1	47.4	49.2
	20-24	45.0	47.0	46.1	46.3	46.7
	25-29	44.6	46.1	45.8	45.7	46.0
	30-34	44.9	46.6	46.1	46.0	46.3
	35-39	44.8	46.9	46.2	46.4	46.6
	40-44	44.0	46.7	45.8	46.2	46.6
	45-49	43.0	45.8	45.0	45.0	45.6
	50-54	39.8	44.2	43.1	43.5	43.7
	55-59	37.0	42.2	40.1	40.1	40.2
	60-64	33.4	39.3	36.6	37.2	36.9
	65+	30.1	35.3	31.2	31.8	31.4
二、按职业分组	**By Occupation**					
单位负责人	Unit Head	46.9	47.2	47.8	48.2	48.1
专业技术人员	Technical Personnel	42.4	42.7	43.2	43.2	43.3
办事人员和有关人员	Clerk and Related Workers	42.2	42.8	43.0	43.1	43.0
商业、服务业人员	Business Service Personnel	48.6	49.5	49.0	49.1	49.4
农林牧渔水利业生产人员	Producers in the Sectors of Agriculture, Forestry,Animal Husbandry,Fishery and Water Conservancy	35.3	39.6	35.7	35.8	35.6
生产、运输设备操作人员及有关人员	Production, Transport Equipment Operators and Related Workers	48.7	49.5	48.4	48.6	49.0
其 他	Others	44.7	47.1	44.9	49.2	49.6
三、按受教育程度分组	**By Educational Attaiment**					
未上过学	No Schooling	35.5	42.6	38.9	37.7	38.0
小 学	Primary School	40.4	45.9	43.1	42.6	42.9
初 中	Junior Secondary School	44.5	47.9	47.1	46.9	47.5
高 中	Senior Secondary School	45.3	46.5	46.5	46.7	46.8
大 专	College	42.6	43.2	43.0	43.6	43.8
大学本科	University	41.3	41.7	42.0	42.0	42.1
研究生及以上	Graduate and Higher Level	40.7	40.7	41.4	41.1	41.0

3-28 按年龄、性别分的城镇就业人员工作时间构成
Working Hours of Urban Employed Persons by Age and Sex

单位：% (%)

年龄 Age	城镇就业人员 Urban Employed Persons	1-8小时 1-8 Hours	9-19小时 9-19 Hours	20-39小时 20-39 Hours	40小时 40 Hours	41-48小时 41-48 Hours	48小时以上 48 Hours Above
总计 Total	**100.0**	**0.5**	**1.3**	**8.4**	**36.0**	**19.9**	**33.9**
16-19	100.0	0.6	1.8	8.2	21.4	22.0	46.1
20-24	100.0	0.5	0.8	5.8	33.1	24.9	35.0
25-29	100.0	0.4	0.6	5.5	39.4	22.2	32.0
30-34	100.0	0.3	0.6	5.6	40.1	20.4	33.0
35-39	100.0	0.4	0.8	6.2	37.7	19.0	35.9
40-44	100.0	0.4	0.9	7.3	35.3	19.5	36.6
45-49	100.0	0.4	1.2	9.1	35.4	19.1	34.7
50-54	100.0	0.6	1.7	10.9	37.9	17.5	31.4
55-59	100.0	1.2	3.1	15.6	34.0	15.9	30.2
60-64	100.0	2.5	5.7	26.0	21.2	15.6	28.9
65+	100.0	3.6	11.3	35.8	17.2	11.1	20.9
男 Male	**100.0**	**0.4**	**1.0**	**6.8**	**35.7**	**19.8**	**36.3**
16-19	100.0	0.6	2.4	8.9	19.0	20.4	48.6
20-24	100.0	0.4	0.6	5.6	30.3	24.7	38.5
25-29	100.0	0.3	0.5	4.7	37.4	21.8	35.4
30-34	100.0	0.2	0.5	4.4	38.7	20.7	35.5
35-39	100.0	0.3	0.6	4.8	37.2	18.7	38.5
40-44	100.0	0.2	0.5	5.7	35.3	19.3	38.9
45-49	100.0	0.3	0.8	6.9	35.8	19.3	36.9
50-54	100.0	0.4	0.9	7.7	40.6	18.3	32.1
55-59	100.0	0.7	1.8	10.7	38.6	16.6	31.6
60-64	100.0	1.4	4.5	20.4	23.2	16.5	34.0
65+	100.0	3.1	9.0	32.0	18.2	12.6	25.2
女 Female	**100.0**	**0.7**	**1.8**	**10.5**	**36.3**	**20.0**	**30.7**
16-19	100.0	0.5	1.0	7.2	24.4	24.0	42.8
20-24	100.0	0.5	0.9	6.0	36.3	25.3	30.9
25-29	100.0	0.5	0.7	6.5	41.7	22.7	27.9
30-34	100.0	0.3	0.8	7.1	41.8	20.0	30.0
35-39	100.0	0.5	1.1	8.0	38.3	19.5	32.7
40-44	100.0	0.5	1.3	9.3	35.3	19.8	33.7
45-49	100.0	0.6	1.7	12.1	34.9	18.8	31.8
50-54	100.0	1.0	3.1	16.9	32.9	16.0	30.1
55-59	100.0	2.4	6.0	27.1	23.5	14.1	26.9
60-64	100.0	4.3	7.7	35.0	18.1	14.2	20.7
65+	100.0	4.6	15.2	42.2	15.6	8.7	13.8

3-29 按受教育程度、性别分的城镇就业人员工作时间构成

Working Hours of Urban Employed Persons by Educational Attainment and Sex

单位：% (%)

受教育程度	Educational Attainment	城镇就业人员 Urban Employed Persons	1-8小时 1-8 Hours	9-19小时 9-19 Hours	20-39小时 20-39 Hours	40小时 40 Hours	41-48小时 41-48 Hours	48小时以上 48 Hours Above
总　计	**Total**	**100.0**	**0.5**	**1.3**	**8.4**	**36.0**	**19.9**	**33.9**
未上过学	No Schooling	100.0	4.1	9.5	27.9	14.8	11.7	32.1
小　学	Primary School	100.0	1.5	4.4	21.2	17.3	16.3	39.2
初　中	Junior Secondary School	100.0	0.6	1.5	10.5	21.6	20.3	45.5
高　中	Senior Secondary School	100.0	0.3	0.6	4.9	37.0	23.1	34.1
大学专科	College	100.0	0.2	0.2	3.5	57.5	20.6	18.0
大学本科	University	100.0	0.2	0.2	3.2	70.9	15.0	10.5
研究生及以上	Graduate and Higher Level	100.0	0.4	0.2	3.4	77.5	9.3	9.2
男	**Male**	**100.0**	**0.4**	**1.0**	**6.8**	**35.7**	**19.8**	**36.3**
未上过学	No Schooling	100.0	2.0	7.5	23.8	13.5	13.9	39.3
小　学	Primary School	100.0	1.2	3.4	16.9	17.8	17.5	43.2
初　中	Junior Secondary School	100.0	0.4	1.2	8.5	21.7	19.9	48.3
高　中	Senior Secondary School	100.0	0.2	0.6	4.5	36.3	22.3	36.2
大学专科	College	100.0	0.2	0.2	3.2	56.2	20.4	19.7
大学本科	University	100.0	0.2	0.2	2.9	69.4	15.4	11.9
研究生及以上	Graduate and Higher Level	100.0	0.1	0.2	3.1	75.7	9.2	11.7
女	**Female**	**100.0**	**0.7**	**1.8**	**10.5**	**36.3**	**20.0**	**30.7**
未上过学	No Schooling	100.0	5.1	10.6	30.0	15.4	10.5	28.4
小　学	Primary School	100.0	1.9	5.5	25.4	16.8	15.2	35.2
初　中	Junior Secondary School	100.0	0.8	2.0	13.0	21.6	20.7	41.8
高　中	Senior Secondary School	100.0	0.4	0.7	5.5	38.2	24.2	31.0
大学专科	College	100.0	0.3	0.3	3.8	59.1	20.8	15.7
大学本科	University	100.0	0.2	0.2	3.5	72.7	14.5	8.7
研究生及以上	Graduate and Higher Level	100.0	0.8	0.1	3.9	80.0	9.4	5.7

3-30 按户口性质、性别分的城镇就业人员工作时间构成

Working Hours of Urban Employed Persons by Household Registration and Sex

单位：% (%)

户口性质	Household Registration	城镇就业人员 Urban Employed Persons	1-8小时 1-8 Hours	9-19小时 9-19 Hours	20-39小时 20-39 Hours	40小时 40 Hours	41-48小时 41-48 Hours	48小时以上 48 Hours Above
总　计	**Total**	**100.0**	**0.5**	**1.3**	**8.4**	**36.0**	**19.9**	**33.9**
农　业	Agriculture	100.0	0.8	2.3	13.1	20.6	20.4	42.8
非农业	Non-Agriculture	100.0	0.3	0.4	4.3	49.5	19.4	26.0
男	**Male**	**100.0**	**0.4**	**1.0**	**6.8**	**35.7**	**19.8**	**36.3**
农　业	Agriculture	100.0	0.5	1.7	10.3	20.0	20.6	46.8
非农业	Non-Agriculture	100.0	0.3	0.4	3.8	49.1	19.1	27.3
女	**Female**	**100.0**	**0.7**	**1.8**	**10.5**	**36.3**	**20.0**	**30.7**
农　业	Agriculture	100.0	1.2	3.1	16.5	21.3	20.1	37.8
非农业	Non-Agriculture	100.0	0.3	0.5	5.0	50.0	19.9	24.3

3-31 按就业身份、性别分的城镇就业人员工作时间构成

Working Hours of Urban Employed Persons by Employment Status and Sex

单位：% (%)

就业身份	Employment Status	城镇就业人员 Urban Employed Persons	1-8小时 1-8 Hours	9-19小时 9-19 Hours	20-39小时 20-39 Hours	40小时 40 Hours	41-48小时 41-48 Hours	48小时以上 48 Hours Above
总　计	**Total**	**100.0**	**0.5**	**1.3**	**8.4**	**36.0**	**19.9**	**33.9**
雇　员	Employee	100.0	0.6	1.4	8.5	41.1	21.6	26.8
雇　主	Employer	100.0	0.2	1.0	4.2	21.3	15.3	58.0
自营劳动者	Self-Employed	100.0	0.3	1.0	9.1	16.0	13.4	60.2
家庭帮工	Unpaid Familial Worker	100.0	0.5	1.9	11.8	16.9	13.2	55.6
男	**Male**	**100.0**	**0.4**	**1.0**	**6.8**	**35.7**	**19.8**	**36.3**
雇　员	Employee	100.0	0.4	1.0	6.8	41.3	21.5	28.9
雇　主	Employer	100.0	0.2	0.9	4.1	21.3	15.3	58.2
自营劳动者	Self-Employed	100.0	0.3	0.8	8.1	15.6	13.6	61.7
家庭帮工	Unpaid Familial Worker	100.0	1.0	2.0	10.9	17.1	12.9	56.2
女	**Female**	**100.0**	**0.7**	**1.8**	**10.5**	**36.3**	**20.0**	**30.7**
雇　员	Employee	100.0	0.8	1.8	10.6	40.9	21.6	24.2
雇　主	Employer	100.0	0.2	1.1	4.5	21.3	15.3	57.5
自营劳动者	Self-Employed	100.0	0.4	1.5	11.0	16.8	13.0	57.3
家庭帮工	Unpaid Familial Worker	100.0	0.4	1.9	12.1	16.9	13.3	55.5

3-32 按行业、性别分的城镇就业人员工作时间构成

Working Hours of Urban Employed Persons by Sector and Sex

单位：% (%)

项目	Item	城镇就业人员 Urban Employed Persons	1-8小时 1-8 Hours	9-19小时 9-19 Hours	20-39小时 20-39 Hours	40小时 40 Hours	41-48小时 41-48 Hours	48小时以上 48 Hours Above
总计	**National Total**	**100.0**	**0.5**	**1.3**	**8.4**	**36.0**	**19.9**	**33.9**
农、林、牧、渔业	Agriculture,Forestry,Animal Husbandry and Fishery	100.0	2.5	7.3	34.7	20.1	14.3	21.1
采矿业	Mining	100.0	0.1	0.2	3.8	51.1	20.8	23.9
制造业	Manufacturing	100.0	0.2	0.3	3.8	30.8	27.2	37.8
电力、热力、燃气及水生产和供应业	Production and Supply of Electricity Power, Heat Power, Gas and Water	100.0	0.4	0.2	3.2	64.0	16.0	16.1
建筑业	Construction	100.0	0.3	0.5	6.0	26.6	19.4	47.2
批发和零售业	Wholesale and Retail Trades	100.0	0.3	0.6	5.3	25.9	19.7	48.3
交通运输、仓储和邮政业	Transport,Storage and Post	100.0	0.3	0.4	5.0	34.0	18.9	41.3
住宿和餐饮业	Hotels and Catering Services	100.0	0.2	0.7	5.5	21.8	21.9	49.9
信息传输、软件和信息技术服务业	Information Transmission, Software and Information Technical Services	100.0	0.3	0.5	3.8	42.6	18.8	34.0
金融业	Financial Intermediation	100.0	0.2	0.1	3.8	64.4	16.3	15.2
房地产业	Real Estate	100.0	0.5	1.0	3.0	45.2	25.2	25.0
租赁和商务服务业	Leasing and Business Services	100.0	0.6	0.4	5.0	48.6	19.1	26.4
科学研究和技术服务业	Scientific Research and Technical Services	100.0	0.3	0.2	3.6	60.6	19.3	16.0
水利、环境和公共设施管理业	Management of Water Conservancy, Environment and Public Facilities	100.0	0.5	0.3	5.6	51.8	18.4	23.4
居民服务、修理和其他服务业	Services to Households, Repair and Other Services	100.0	0.4	1.0	7.2	25.2	19.6	46.7
教育	Education	100.0	0.3	0.6	4.5	68.7	13.5	12.4
卫生和社会工作	Health and Society	100.0	0.2	0.3	4.4	56.1	20.4	18.6
文化体育和娱乐业	Culture, Sports and Entertainment	100.0	0.5	0.4	4.4	48.6	19.8	26.3
公共管理、社会保障和社会组织	Public Management, Social Security and Social	100.0	0.2	0.3	5.1	73.9	11.2	9.2
国际组织	Organizations International Organizations	100.0				55.0	29.8	15.2
男	**Male**	**100.0**	**0.4**	**1.0**	**6.8**	**35.7**	**19.8**	**36.3**
农、林、牧、渔业	Agriculture,Forestry,Animal Husbandry and Fishery	100.0	1.7	5.5	28.7	21.7	16.5	25.8
采矿业	Mining	100.0	0.2	0.1	3.4	49.3	20.9	26.1
制造业	Manufacturing	100.0	0.1	0.3	2.8	31.9	26.5	38.3
电力、热力、燃气及水生产和供应业	Production and Supply of Electricity Power, Heat Power, Gas and Water	100.0	0.4	0.4	3.4	60.6	16.9	18.4
建筑业	Construction	100.0	0.3	0.6	5.7	24.6	19.1	49.7
批发和零售业	Wholesale and Retail Trades	100.0	0.3	0.6	5.1	25.4	18.0	50.7
交通运输、仓储和邮政业	Transport,Storage and Post	100.0	0.4	0.4	5.0	30.4	19.0	44.9
住宿和餐饮业	Hotels and Catering Services	100.0	0.2	0.6	4.5	22.0	20.6	52.1
信息传输、软件和信息技术服务业	Information Transmission, Software and Information Technical Services	100.0	0.4	0.5	3.5	46.4	17.3	31.9

3-32 续表 continued

单位：% (%)

项　目	Item	城镇就业人员 Urban Employed Persons	1-8小时 1-8 Hours	9-19小时 9-19 Hours	20-39小时 20-39 Hours	40小时 40 Hours	41-48小时 41-48 Hours	48小时以上 48 Hours Above
金融业	Financial Intermediation	100.0	0.1	0.1	3.8	63.3	17.1	15.6
房地产业	Real Estate	100.0	0.5	0.6	2.9	42.3	25.1	28.6
租赁和商务服务业	Leasing and Business Services	100.0	0.5	0.3	4.6	44.1	20.3	30.2
科学研究和技术服务业	Scientific Research and Technical Services	100.0	0.1	0.1	2.8	59.7	19.0	18.3
水利、环境和公共设施管理业	Management of Water Conservancy, Environment and Public Facilities	100.0	0.7	0.4	4.6	53.3	17.6	23.5
居民服务、修理和其他服务业	Services to Households, Repair and Other Services	100.0	0.2	0.8	6.1	24.1	19.3	49.5
教育	Education	100.0	0.3	0.7	4.1	65.7	14.3	14.9
卫生和社会工作	Health and Society	100.0	0.3	0.3	3.7	52.3	21.2	22.3
文化体育和娱乐业	Culture, Sports and Entertainment	100.0	0.2	0.5	4.1	47.9	18.7	28.6
公共管理、社会保障和社会组织	Public Management, Social Security and Social Organizations	100.0	0.2	0.2	4.6	73.3	11.4	10.3
国际组织	International Organizations	100.0				50.8	30.5	18.7
女	**Female**	**100.0**	**0.7**	**1.8**	**10.5**	**36.3**	**20.0**	**30.7**
农、林、牧、渔业	Agriculture,Forestry,Animal Husbandry and Fishery	100.0	3.3	8.9	40.3	18.6	12.2	16.7
采矿业	Mining	100.0		0.5	5.1	57.2	20.7	16.5
制造业	Manufacturing	100.0	0.2	0.4	5.1	29.3	28.0	37.1
电力、热力、燃气及水生产和供应业	Production and Supply of Electricity Power, Heat Power, Gas and Water	100.0	0.5		2.7	72.0	14.0	10.8
建筑业	Construction	100.0	0.3	0.3	7.4	37.4	20.9	33.7
批发和零售业	Wholesale and Retail Trades	100.0	0.3	0.6	5.4	26.3	21.1	46.3
交通运输、仓储和邮政业	Transport,Storage and Post	100.0	0.2	0.7	5.2	50.3	18.6	25.0
住宿和餐饮业	Hotels and Catering Services	100.0	0.3	0.7	6.4	21.6	23.1	47.9
信息传输、软件和信息技术服务业	Information Transmission, Software and Information Technical Services	100.0	0.2	0.5	4.1	38.4	20.4	36.3
金融业	Financial Intermediation	100.0	0.2	0.2	3.8	65.5	15.5	14.8
房地产业	Real Estate	100.0	0.6	1.6	3.2	49.8	25.4	19.5
租赁和商务服务业	Leasing and Business Services	100.0	0.8	0.6	5.5	55.4	17.2	20.5
科学研究和技术服务业	Scientific Research and Technical Services	100.0	0.7	0.4	5.0	62.1	19.9	12.0
水利、环境和公共设施管理业	Management of Water Conservancy, Environment and Public Facilities	100.0	0.3	0.2	7.1	49.8	19.4	23.2
居民服务、修理和其他服务业	Services to Households, Repair and Other Services	100.0	0.6	1.2	8.4	26.6	19.9	43.2
教育	Education	100.0	0.3	0.6	4.8	70.7	13.0	10.7
卫生和社会工作	Health and Society	100.0	0.2	0.3	4.7	58.6	20.0	16.2
文化体育和娱乐业	Culture, Sports and Entertainment	100.0	0.8	0.2	4.7	49.3	21.1	23.9
公共管理、社会保障和社会组织	Public Management, Social Security and Social Organizations	100.0	0.2	0.4	6.1	75.2	10.8	7.2
国际组织	International Organizations	100.0				60.9	28.9	10.3

3-33 按职业、性别分的城镇就业人员工作时间构成
Working Hours of Urban Employed Persons by Occupation and Sex

单位：% (%)

职 业	Occupation	城镇就业人员 Urban Employed Persons	1-8小时 1-8 Hours	9-19小时 9-19 Hours	20-39小时 20-39 Hours	40小时 40 Hours	41-48小时 41-48 Hours	48小时以上 48 Hours Above
合 计	**Total**	**100.0**	**0.5**	**1.3**	**8.4**	**36.0**	**19.9**	**33.9**
单位负责人	Unit Head	100.0	0.1	0.3	3.7	41.2	17.5	37.4
专业技术人员	Technical Personnel	100.0	0.3	0.4	4.2	59.0	18.2	17.9
办事人员和有关人员	Clerk and Related Workers	100.0	0.3	0.3	4.0	62.0	16.3	17.2
商业、服务业人员	Business Service Personnel	100.0	0.3	0.7	5.6	27.4	20.8	45.2
农林牧渔水利业生产人员	Producers in the Sectors of Agriculture, Forestry, Animal Husbandry, Fishery and Water Conservancy	100.0	2.4	7.1	33.3	20.5	14.6	22.1
生产运输设备操作人员及有关人员	Production,Transport Equipment Operators and Related Workers	100.0	0.2	0.4	4.8	27.6	24.3	42.6
其 他	Others	100.0	0.0	0.5	5.9	34.2	17.8	41.6
男	**Male**	**100.0**	**0.4**	**1.0**	**6.8**	**35.7**	**19.8**	**36.3**
单位负责人	Unit Head	100.0	0.1	0.3	3.3	40.9	17.3	38.2
专业技术人员	Technical Personnel	100.0	0.3	0.3	3.6	56.7	17.9	21.1
办事人员和有关人员	Clerk and Related Workers	100.0	0.2	0.2	3.8	59.7	16.3	19.7
商业、服务业人员	Business Service Personnel	100.0	0.3	0.6	5.2	27.4	19.9	46.7
农林牧渔水利业生产人员	Producers in the Sectors of Agriculture, Forestry, Animal Husbandry, Fishery and Water Conservancy	100.0	1.6	5.3	27.4	22.3	16.6	26.7
生产运输设备操作人员及有关人员	Production,Transport Equipment Operators and Related Workers	100.0	0.2	0.4	4.3	28.1	23.4	43.6
其 他	Others	100.0	0.1	0.8	5.6	34.6	17.6	41.4
女	**Female**	**100.0**	**0.7**	**1.8**	**10.5**	**36.3**	**20.0**	**30.7**
单位负责人	Unit Head	100.0	0.0	0.3	4.7	41.9	18.0	35.1
专业技术人员	Technical Personnel	100.0	0.4	0.4	4.7	61.2	18.4	14.9
办事人员和有关人员	Clerk and Related Workers	100.0	0.3	0.3	4.3	66.1	16.2	12.8
商业、服务业人员	Business Service Personnel	100.0	0.3	0.8	6.0	27.5	21.7	43.7
农林牧渔水利业生产人员	Producers in the Sectors of Agriculture, Forestry, Animal Husbandry, Fishery and Water Conservancy	100.0	3.3	8.7	39.1	18.7	12.6	17.7
生产运输设备操作人员及有关人员	Production,Transport Equipment Operators and Related Workers	100.0	0.2	0.5	6.2	26.5	26.4	40.2
其 他	Others	100.0		0.1	6.4	33.5	18.1	42.0

3-34 按年龄、性别分的城镇失业人员失业原因构成
Reason for Unemployment of Urban Unemployed Persons by Age and Sex

单位：% (%)

年龄 Age	城镇失业人员 Urban Unemployed Persons	离退休 Retired	料理家务 Do Housework	毕业后未工作 Job-off After Graduated	因单位原因失去工作 Lost Job for Working Unit Reasons	因个人原因失去工作 Lost Job for Individual Reasons	承包土地被征用 Land Expropriated	其他 Others
总计 Total	**100.0**	**5.9**	**23.0**	**18.7**	**16.2**	**25.9**	**1.7**	**8.5**
16-19	100.0		1.7	64.6	3.2	22.7	0.4	7.4
20-24	100.0		8.4	56.9	4.0	24.3	0.4	6.0
25-29	100.0		22.0	23.3	7.5	36.6	0.7	9.9
30-34	100.0		34.6	8.0	10.8	35.2	1.2	10.2
35-39	100.0		36.7	2.9	18.0	29.7	2.0	10.8
40-44	100.0	0.3	30.7	1.6	27.7	26.2	2.4	10.9
45-49	100.0	3.1	28.7	0.8	34.8	21.5	3.0	8.1
50-54	100.0	20.7	21.5	1.6	29.9	15.6	3.0	7.6
55-59	100.0	33.7	15.8	0.2	26.4	13.6	4.5	5.8
60-64	100.0	61.1	16.4		8.4	4.3	4.4	5.4
65+	100.0	65.3	25.7	0.3	3.9	1.7	0.2	2.8
男 Male	**100.0**	**6.4**	**4.1**	**25.0**	**20.9**	**29.6**	**2.3**	**11.8**
16-19	100.0		0.4	69.9	2.6	18.6	0.5	8.1
20-24	100.0		0.6	63.1	4.5	25.0	0.1	6.6
25-29	100.0		3.0	32.7	10.8	39.9	1.4	12.2
30-34	100.0		4.4	14.2	17.1	44.4	2.0	18.0
35-39	100.0		6.5	3.5	21.5	45.3	3.8	19.4
40-44	100.0	0.8	4.9	2.5	33.1	36.8	3.8	18.1
45-49	100.0	0.1	7.4	0.6	45.4	29.9	3.8	12.8
50-54	100.0	5.8	5.3	1.1	48.4	23.3	3.7	12.5
55-59	100.0	24.0	6.7	0.3	39.2	16.3	4.9	8.6
60-64	100.0	64.7	7.4		11.4	3.3	5.3	7.8
65+	100.0	79.2	10.2		5.7	1.5	0.2	3.1
女 Female	**100.0**	**5.6**	**36.8**	**14.2**	**12.7**	**23.2**	**1.3**	**6.1**
16-19	100.0		3.9	56.1	4.1	29.3	0.2	6.4
20-24	100.0		16.1	50.7	3.5	23.6	0.8	5.4
25-29	100.0		34.6	17.1	5.3	34.3	0.2	8.4
30-34	100.0		48.3	5.2	8.0	31.0	0.9	6.7
35-39	100.0		50.0	2.7	16.4	22.8	1.2	7.0
40-44	100.0	0.1	43.9	1.2	25.0	20.9	1.7	7.2
45-49	100.0	4.8	40.7	0.9	28.8	16.8	2.6	5.4
50-54	100.0	33.8	35.9	2.1	13.7	8.9	2.5	3.2
55-59	100.0	50.0	30.9		5.0	8.9	3.9	1.2
60-64	100.0	53.3	36.0		1.8	6.4	2.3	0.3
65+	100.0	42.7	50.9	0.8	1.1	1.9	0.2	2.3

3-35 按失业原因、性别分的城镇失业人员年龄构成

Age Composition of Urban Unemployed Persons by Reason and Sex

单位：% (%)

年 龄 Age	城 镇 失业人员 Urban Unemployed Persons	离退休 Retired	料理家务 Do Housework	毕业后未工作 Job-off After Graduated	因单位原因失去工作 Lost Job for Working Unit Reasons	因个人原因失去工作 Lost Job for Individual Reasons	承包土地被征用 Land Expropriated	其 他 Others
总计 Total	**100.0**	**100.0**	**100.0**	**100.0**	**100.0**	**100.0**	**100.0**	**100.0**
16-19	3.6		0.3	12.4	0.7	3.1	0.8	3.1
20-24	19.9		7.3	60.4	4.9	18.6	5.0	14.0
25-29	14.5		13.9	18.1	6.7	20.5	5.7	16.9
30-34	12.0		18.1	5.1	8.1	16.4	8.5	14.4
35-39	11.1		17.6	1.7	12.3	12.7	12.4	14.0
40-44	12.2	0.7	16.2	1.1	20.9	12.3	16.9	15.6
45-49	10.4	5.5	13.0	0.4	22.5	8.7	18.2	9.9
50-54	7.4	26.0	7.0	0.6	13.8	4.5	12.9	6.6
55-59	5.3	30.2	3.6	0.1	8.7	2.8	13.7	3.6
60-64	2.3	23.4	1.6		1.2	0.4	5.7	1.5
65+	1.3	14.3	1.4	0.0	0.3	0.1	0.2	0.4
男 Male	**100.0**	**100.0**	**100.0**	**100.0**	**100.0**	**100.0**	**100.0**	**100.0**
16-19	5.3		0.5	14.7	0.7	3.3	1.0	3.6
20-24	23.5		3.7	59.4	5.1	19.9	1.1	13.1
25-29	13.7		10.2	18.0	7.1	18.5	8.2	14.2
30-34	9.0		9.7	5.1	7.3	13.4	7.6	13.6
35-39	8.0		12.8	1.1	8.3	12.3	13.1	13.2
40-44	9.8	1.3	11.7	1.0	15.5	12.1	16.0	15.0
45-49	9.0	0.1	16.3	0.2	19.5	9.1	14.7	9.7
50-54	8.3	7.6	10.7	0.4	19.2	6.5	13.0	8.8
55-59	7.9	29.8	13.0	0.1	14.8	4.4	16.5	5.7
60-64	3.7	37.6	6.7		2.0	0.4	8.5	2.5
65+	1.9	23.7	4.7		0.5	0.1	0.2	0.5
女 Female	**100.0**	**100.0**	**100.0**	**100.0**	**100.0**	**100.0**	**100.0**	**100.0**
16-19	2.4		0.3	9.4	0.8	3.0	0.4	2.5
20-24	17.2		7.5	61.7	4.8	17.5	9.9	15.3
25-29	15.1		14.2	18.3	6.3	22.3	2.5	20.6
30-34	14.3		18.8	5.2	8.9	19.1	9.7	15.5
35-39	13.3		18.0	2.5	17.1	13.0	11.6	15.0
40-44	13.9	0.1	16.6	1.2	27.3	12.5	18.1	16.4
45-49	11.5	9.9	12.7	0.7	26.0	8.3	22.7	10.1
50-54	6.8	41.2	6.7	1.0	7.3	2.6	12.8	3.6
55-59	3.4	30.6	2.9		1.3	1.3	10.1	0.7
60-64	1.2	11.7	1.2		0.2	0.3	2.1	0.1
65+	0.9	6.5	1.2	0.1	0.1	0.1	0.1	0.3

3-36 按受教育程度、性别分的城镇失业人员失业原因构成
Reason for Unemployment of Urban Unemployed Persons by Educational Attainment and Sex

单位：% (%)

受教育程度	Educational Attainment	城镇失业人员 Urban Unemployed Persons	离退休 Retired	料理家务 Do Housework	毕业后未工作 Job-off After Graduated	因单位原因失去工作 Lost Job for Working Unit Reasons	因个人原因失去工作 Lost Job for Individual Reasons	承包土地被征用 Land Expropriated	其他 Others
总　计	**Total**	**100.0**	**5.9**	**23.0**	**18.7**	**16.2**	**25.9**	**1.7**	**8.5**
未上过学	No Schooling	100.0	9.3	51.2	2.4	11.1	16.8	0.7	8.5
小　学	Primary School	100.0	6.9	45.2	4.3	10.9	19.1	5.4	8.3
初　中	Junior Secondary School	100.0	7.4	31.2	7.6	15.6	26.2	2.6	9.5
高　中	Senior Secondary School	100.0	6.2	17.8	16.1	22.0	27.4	1.2	9.3
大学专科	College	100.0	3.5	12.7	37.1	12.5	27.4	0.2	6.5
大学本科	University	100.0	2.0	6.6	55.6	8.1	22.8	0.1	4.8
研究生及以上	Graduate and Higher Level	100.0		11.3	60.7	14.6	11.2		2.0
男	**Male**	**100.0**	**6.4**	**4.1**	**25.0**	**20.9**	**29.6**	**2.3**	**11.8**
未上过学	No Schooling	100.0	4.0	4.2	7.9	32.9	36.1	2.4	12.6
小　学	Primary School	100.0	11.2	12.8	6.5	18.7	29.4	7.8	13.6
初　中	Junior Secondary School	100.0	9.7	5.3	12.3	21.4	31.2	4.0	16.1
高　中	Senior Secondary School	100.0	4.7	3.0	21.5	26.9	30.8	1.4	11.6
大学专科	College	100.0	3.5	2.4	43.3	14.5	29.3	0.2	6.9
大学本科	University	100.0	2.4	1.9	62.2	9.4	19.5	0.2	4.4
研究生及以上	Graduate and Higher Level	100.0			51.7	22.2	26.1		
女	**Female**	**100.0**	**5.6**	**36.8**	**14.2**	**12.7**	**23.2**	**1.3**	**6.1**
未上过学	No Schooling	100.0	11.6	72.3		1.3	8.1		6.6
小　学	Primary School	100.0	4.7	61.8	3.2	6.9	13.8	4.1	5.5
初　中	Junior Secondary School	100.0	5.9	47.5	4.6	11.9	23.0	1.8	5.4
高　中	Senior Secondary School	100.0	7.4	30.0	11.6	18.0	24.6	0.9	7.4
大学专科	College	100.0	3.6	21.2	32.0	10.9	25.8	0.2	6.3
大学本科	University	100.0	1.6	10.9	49.6	6.9	25.7	0.1	5.2
研究生及以上	Graduate and Higher Level	100.0		15.8	64.3	11.6	5.5		2.8

3-37 按失业原因、性别分的城镇失业人员受教育程度构成
Educational Attainment of Urban Unemployed Persons by Reason and Sex

单位：% (%)

受教育程度	Educational Attainment	城镇失业人员 Urban Unemployed Persons	离退休 Retired	料理家务 Do Housework	毕业后未工作 Job-off After Graduated	因单位原因失去工作 Lost Job for Working Unit Reasons	因个人原因失去工作 Lost Job for Individual Reasons	承包土地被征用 Land Expropriated	其他 Others
总　计	**Total**	**100.0**	**100.0**	**100.0**	**100.0**	**100.0**	**100.0**	**100.0**	**100.0**
未上过学	No Schooling	0.5	0.7	1.0	0.1	0.3	0.3	0.2	0.5
小　学	Primary School	6.3	7.4	12.4	1.4	4.2	4.7	19.5	6.1
初　中	Junior Secondary School	38.0	47.3	51.4	15.4	36.6	38.4	57.3	42.6
高　中	Senior Secondary School	31.1	32.5	24.0	26.7	42.4	32.9	20.7	34.1
大学专科	College	15.6	9.3	8.6	30.8	12.1	16.4	1.8	11.9
大学本科	University	8.2	2.7	2.4	24.4	4.1	7.2	0.5	4.6
研究生及以上	Graduate and Higher Level	0.4		0.2	1.2	0.3	0.2		0.1
男	**Male**	**100.0**	**100.0**	**100.0**	**100.0**	**100.0**	**100.0**	**100.0**	**100.0**
未上过学	No Schooling	0.3	0.2	0.4	0.1	0.5	0.4	0.4	0.4
小　学	Primary School	5.1	8.9	16.0	1.3	4.6	5.1	17.1	5.9
初　中	Junior Secondary School	34.9	53.2	44.9	17.2	35.8	36.8	60.3	47.6
高　中	Senior Secondary School	33.4	24.9	24.8	28.7	43.0	34.8	20.5	33.0
大学专科	College	16.7	9.2	9.6	28.9	11.6	16.5	1.2	9.7
大学本科	University	9.4	3.6	4.4	23.3	4.2	6.2	0.6	3.5
研究生及以上	Graduate and Higher Level	0.3			0.5	0.3	0.2		
女	**Female**	**100.0**	**100.0**	**100.0**	**100.0**	**100.0**	**100.0**	**100.0**	**100.0**
未上过学	No Schooling	0.6	1.2	1.1		0.1	0.2		0.6
小　学	Primary School	7.2	6.1	12.1	1.6	3.9	4.3	22.5	6.5
初　中	Junior Secondary School	40.3	42.4	51.9	13.1	37.4	39.8	53.4	35.7
高　中	Senior Secondary School	29.4	38.9	24.0	24.1	41.6	31.1	21.1	35.7
大学专科	College	14.7	9.4	8.5	33.3	12.6	16.4	2.7	15.0
大学本科	University	7.4	2.1	2.2	25.8	4.0	8.2	0.3	6.3
研究生及以上	Graduate and Higher Level	0.5		0.2	2.2	0.4	0.1		0.2

3-38 按年龄、性别分的城镇失业人员受教育程度构成
Educational Attainment of Urban Unemployed Persons by Age and Sex

单位：% (%)

年龄 Age	城镇失业人员 Urban Unemployed Persons	未上过学 No Schooling	小学 Primary School	初中 Junior Secondary School	高中 Senior Secondary School	大学专科 College	大学本科 University	研究生及以上 Graduate and Higher Level
总计 Total	**100.0**	**0.5**	**6.3**	**38.0**	**31.1**	**15.6**	**8.2**	**0.4**
16-19	100.0		3.6	52.9	35.2	6.1	2.2	
20-24	100.0	0.2	1.2	20.9	28.8	29.3	19.4	0.3
25-29	100.0	0.2	1.6	28.1	29.4	24.1	15.1	1.5
30-34	100.0	0.2	3.2	37.4	32.6	17.7	8.4	0.4
35-39	100.0	0.1	6.1	44.5	33.4	11.9	3.8	0.3
40-44	100.0	0.3	8.1	49.7	31.0	9.0	1.9	
45-49	100.0	0.5	11.0	50.0	31.8	5.4	1.2	0.1
50-54	100.0	0.6	10.8	41.4	40.6	4.9	1.7	
55-59	100.0	1.5	17.5	46.6	27.9	5.3	0.9	0.2
60-64	100.0	4.4	20.7	44.8	19.1	8.0	3.1	
65+	100.0	4.2	23.5	47.1	15.5	6.3	3.4	
男 Male	**100.0**	**0.3**	**5.1**	**34.9**	**33.4**	**16.7**	**9.4**	**0.3**
16-19	100.0		4.5	55.5	32.0	6.1	1.9	
20-24	100.0	0.1	1.3	17.8	30.7	31.4	18.6	0.1
25-29	100.0	0.4	1.1	22.1	33.7	24.5	17.0	1.2
30-34	100.0		3.2	29.5	35.9	19.8	11.3	0.2
35-39	100.0		3.6	42.5	37.8	10.3	5.8	
40-44	100.0	0.2	5.4	44.6	35.8	10.4	3.6	
45-49	100.0	0.6	6.8	51.5	31.3	7.2	2.6	0.1
50-54	100.0	0.8	7.9	38.6	44.5	5.5	2.7	
55-59	100.0	0.4	14.5	47.2	32.1	4.8	0.7	0.3
60-64	100.0	2.5	15.9	46.9	21.4	9.6	3.8	
65+	100.0	0.2	16.3	56.6	16.5	7.3	3.0	
女 Female	**100.0**	**0.6**	**7.2**	**40.3**	**29.4**	**14.7**	**7.4**	**0.5**
16-19	100.0		2.0	48.7	40.3	6.3	2.7	
20-24	100.0	0.3	1.2	24.0	26.8	27.1	20.1	0.5
25-29	100.0		2.0	32.1	26.5	23.8	13.8	1.7
30-34	100.0	0.3	3.2	41.0	31.1	16.7	7.1	0.5
35-39	100.0	0.2	7.2	45.3	31.5	12.5	2.9	0.4
40-44	100.0	0.3	9.5	52.3	28.5	8.3	1.0	
45-49	100.0	0.5	13.4	49.2	32.1	4.4	0.5	
50-54	100.0	0.5	13.4	43.8	37.2	4.4	0.8	
55-59	100.0	3.3	22.6	45.7	20.9	6.2	1.4	
60-64	100.0	8.6	31.1	40.2	14.1	4.5	1.5	
65+	100.0	10.7	35.1	31.8	13.7	4.8	3.9	

3-39 按受教育程度、性别分的城镇失业人员年龄构成

Age Composition of Urban Unemployed Persons by Educational Attainment and Sex

单位：% (%)

年龄 Age	城镇失业人员 Urban Unemployed Persons	未上过学 No Schooling	小学 Primary School	初中 Junior Secondary School	高中 Senior Secondary School	大学专科 College	大学本科 University	研究生及以上 Graduate and Higher Level
总计 Total	**100.0**	**100.0**	**100.0**	**100.0**	**100.0**	**100.0**	**100.0**	**100.0**
16-19	3.6		2.0	5.0	4.1	1.4	1.0	
20-24	19.9	8.3	3.9	10.9	18.4	37.4	47.0	17.1
25-29	14.5	4.7	3.8	10.7	13.7	22.5	26.7	58.2
30-34	12.0	5.9	6.2	11.9	12.6	13.7	12.3	13.0
35-39	11.1	3.3	10.6	12.9	11.9	8.4	5.1	7.4
40-44	12.2	6.6	15.7	15.9	12.1	7.1	2.8	
45-49	10.4	11.6	18.2	13.7	10.7	3.6	1.6	1.4
50-54	7.4	9.8	12.8	8.1	9.7	2.3	1.5	
55-59	5.3	16.8	14.7	6.5	4.8	1.8	0.6	2.8
60-64	2.3	21.3	7.4	2.7	1.4	1.2	0.8	
65+	1.3	11.6	4.8	1.6	0.6	0.5	0.5	
男 Male	**100.0**	**100.0**	**100.0**	**100.0**	**100.0**	**100.0**	**100.0**	**100.0**
16-19	5.3		4.7	8.4	5.0	1.9	1.1	
20-24	23.5	8.2	5.9	12.0	21.6	44.3	46.8	10.3
25-29	13.7	15.1	2.8	8.7	13.9	20.2	25.1	66.4
30-34	9.0		5.7	7.6	9.6	10.7	10.8	8.0
35-39	8.0		5.6	9.8	9.1	5.0	5.0	
40-44	9.8	5.2	10.4	12.5	10.5	6.1	3.8	
45-49	9.0	15.1	11.9	13.3	8.4	3.9	2.5	5.1
50-54	8.3	18.1	12.9	9.2	11.0	2.7	2.4	
55-59	7.9	10.1	22.5	10.7	7.6	2.2	0.6	10.1
60-64	3.7	27.0	11.6	5.0	2.4	2.1	1.5	
65+	1.9	1.3	6.1	3.1	0.9	0.8	0.6	
女 Female	**100.0**	**100.0**	**100.0**	**100.0**	**100.0**	**100.0**	**100.0**	**100.0**
16-19	2.4		0.7	2.9	3.3	1.0	0.9	
20-24	17.2	8.3	2.8	10.3	15.7	31.7	47.1	19.7
25-29	15.1		4.3	12.0	13.6	24.4	28.3	55.0
30-34	14.3	8.6	6.4	14.6	15.1	16.2	13.7	14.9
35-39	13.3	4.8	13.2	14.9	14.2	11.3	5.2	10.3
40-44	13.9	7.2	18.4	18.1	13.5	7.9	1.9	
45-49	11.5	10.1	21.4	14.1	12.6	3.4	0.7	
50-54	6.8	6.1	12.7	7.4	8.6	2.0	0.7	
55-59	3.4	19.9	10.8	3.9	2.4	1.4	0.6	
60-64	1.2	18.8	5.3	1.2	0.6	0.4	0.3	
65+	0.9	16.3	4.2	0.7	0.4	0.3	0.5	

3-40 按年龄、性别分的城镇失业人员寻找工作方式构成
Method of Job-seeking of Urban Unemployed Persons by Age and Sex

单位：% (%)

年龄 Age	城镇失业人员 Urban Unemployed Persons	在职业介绍机构登记 Register in Employment Agency Office	委托亲友找工作 Ask Friends Relatives about Job	参加招聘会 Take Part in Employment Advertise Meeting	应答或刊登广告 Answer or Advertise	浏览招聘广告 Scan and Want Ads	为自己经营作准备 Prepare for Own Business	其他 Others
总计 Total	**100.0**	**7.7**	**50.2**	**7.7**	**0.9**	**11.4**	**6.9**	**15.2**
16-19	100.0	5.5	51.3	8.3	1.6	14.4	3.3	15.6
20-24	100.0	10.2	41.7	18.4	1.0	12.9	4.8	11.2
25-29	100.0	9.9	41.6	10.2	1.6	13.9	7.8	14.9
30-34	100.0	8.3	45.7	6.0	0.8	16.1	8.5	14.8
35-39	100.0	6.8	51.8	4.5	0.8	10.2	8.9	17.0
40-44	100.0	6.6	52.4	4.2	0.6	11.5	9.1	15.7
45-49	100.0	6.1	59.0	2.9	0.8	8.3	6.4	16.5
50-54	100.0	5.9	58.6	1.3	0.7	7.8	6.1	19.6
55-59	100.0	6.7	63.8	2.2	0.3	5.8	5.2	15.9
60-64	100.0	4.0	71.9	0.4	0.5	2.6	4.1	16.6
65+	100.0	0.3	65.9		0.1	3.4	9.0	21.2
男 Male	**100.0**	**8.6**	**48.0**	**9.0**	**0.9**	**11.5**	**8.1**	**14.0**
16-19	100.0	4.1	51.9	7.1	1.2	14.3	3.5	17.8
20-24	100.0	10.2	41.6	19.6	0.5	13.9	4.5	9.7
25-29	100.0	9.9	38.5	12.7	2.0	14.9	9.1	13.0
30-34	100.0	12.7	37.8	8.3	1.4	14.3	11.2	14.4
35-39	100.0	8.6	47.4	4.5	1.6	11.5	13.8	12.6
40-44	100.0	6.3	49.7	3.7	0.2	12.0	13.6	14.6
45-49	100.0	8.3	52.0	4.3	0.9	9.7	8.9	15.9
50-54	100.0	6.9	57.0	1.6	0.7	7.5	7.4	18.9
55-59	100.0	7.9	62.3	3.0	0.5	4.5	5.3	16.4
60-64	100.0	5.8	70.7	0.6	0.4	3.0	3.8	15.6
65+	100.0		67.2		0.2	5.1	8.8	18.6
女 Female	**100.0**	**7.2**	**51.7**	**6.7**	**0.9**	**11.3**	**6.1**	**16.1**
16-19	100.0	7.7	50.3	10.2	2.2	14.6	3.1	12.1
20-24	100.0	10.2	41.7	17.1	1.4	11.8	5.0	12.6
25-29	100.0	9.9	43.7	8.6	1.4	13.3	7.0	16.1
30-34	100.0	6.3	49.3	4.9	0.5	16.9	7.2	14.9
35-39	100.0	6.0	53.8	4.5	0.4	9.6	6.7	18.9
40-44	100.0	6.7	53.8	4.5	0.8	11.2	6.7	16.2
45-49	100.0	4.9	63.0	2.1	0.7	7.5	4.9	16.8
50-54	100.0	5.0	60.0	1.0	0.6	8.0	5.0	20.2
55-59	100.0	4.7	66.2	0.9		8.0	5.1	15.1
60-64	100.0		74.5		0.9	1.6	4.5	18.5
65+	100.0	0.8	63.8			0.7	9.4	25.3

3-41　按受教育程度、性别分的城镇失业人员寻找工作方式构成
Method of Job-seeking of Urban Unemployed Persons by Educational Attainment and Sex

单位：%　　　　(%)

受教育程度	Educational Attainment	城镇失业人员 Urban Unemployed Persons	在职业介绍机构登记 Register in Employment Agency Office	委托亲友找工作 Ask Friends Relatives about Job	参加招聘会 Take Part in Employment Advertise Meeting	应答或刊登广告 Answer or Advertise	浏览招聘广告 Scan and Want Ads	为自己经营作准备 Prepare for Own Business	其他 Others
总　计	**Total**	**100.0**	**7.7**	**50.2**	**7.7**	**0.9**	**11.4**	**6.9**	**15.2**
未上过学	No Schooling	100.0		63.6	4.1	0.4	3.6	6.3	22.0
小　学	Primary School	100.0	2.6	66.9	1.2	0.1	5.9	3.5	19.8
初　中	Junior Secondary School	100.0	5.2	56.4	3.4	0.9	9.0	7.9	17.1
高　中	Senior Secondary School	100.0	7.9	51.9	6.2	0.6	11.8	7.0	14.7
大学专科	College	100.0	13.3	36.6	14.8	1.6	15.6	5.9	12.2
大学本科	University	100.0	12.8	28.3	23.4	1.4	17.4	6.7	10.0
研究生及以上	Graduate and Higher Level	100.0	11.1	15.5	39.2	2.0	20.1	0.9	11.2
男	**Male**	**100.0**	**8.6**	**48.0**	**9.0**	**0.9**	**11.5**	**8.1**	**14.0**
未上过学	No Schooling	100.0		53.9	13.1		4.4	1.4	27.1
小　学	Primary School	100.0	3.3	72.8	2.1	0.2	3.3	4.5	13.9
初　中	Junior Secondary School	100.0	6.2	54.6	3.8	0.9	8.2	9.3	16.9
高　中	Senior Secondary School	100.0	8.0	49.3	7.2	0.7	12.1	8.8	13.9
大学专科	College	100.0	14.1	36.7	16.7	1.5	15.0	6.2	10.0
大学本科	University	100.0	12.5	26.5	24.2	1.0	19.6	6.6	9.6
研究生及以上	Graduate and Higher Level	100.0	16.1	10.1	25.2	7.0	30.4		11.2
女	**Female**	**100.0**	**7.2**	**51.7**	**6.7**	**0.9**	**11.3**	**6.1**	**16.1**
未上过学	No Schooling	100.0		68.0		0.5	3.2	8.5	19.7
小　学	Primary School	100.0	2.2	63.8	0.8		7.3	3.1	22.9
初　中	Junior Secondary School	100.0	4.6	57.5	3.2	0.8	9.6	7.1	17.2
高　中	Senior Secondary School	100.0	7.7	54.1	5.4	0.5	11.5	5.5	15.3
大学专科	College	100.0	12.6	36.6	13.2	1.8	16.1	5.8	14.0
大学本科	University	100.0	13.1	30.0	22.6	1.7	15.4	6.8	10.4
研究生及以上	Graduate and Higher Level	100.0	9.2	17.6	44.6		16.1	1.3	11.2

3-42 按年龄、性别分的城镇失业人员失业前的行业构成
Sector of Urban Unemployed Persons (Prior to Unemployment) by Age and Sex

单位：% (%)

年龄 Age	城镇失业人员 Urban Unemployed Persons	农、林、牧、渔业 Agriculture, Forestry, Animal Husbandry and Fishery	采矿业 Mining	制造业 Manufacturing	电力、热力、燃气及水生产和供应业 Production and Supply of Electricity Power, Heat Power, Gas and Water	建筑业 Construction	批发和零售业 Wholesale and Retail Trades	交通运输、仓储和邮政业 Transport, Storage and Post
总计 Total	**100.0**	**7.6**	**2.6**	**25.6**	**0.6**	**5.2**	**24.3**	**4.5**
16-19	100.0	6.8	6.1	23.2		2.6	22.1	1.0
20-24	100.0	4.9	0.4	24.4	0.3	3.1	29.6	1.3
25-29	100.0	5.5	0.8	20.1	0.6	4.2	30.7	3.6
30-34	100.0	4.6	1.0	22.7	0.4	3.8	32.9	5.3
35-39	100.0	8.7	2.8	24.4	0.6	4.4	26.9	4.9
40-44	100.0	6.9	2.1	28.1	0.2	6.0	24.4	5.4
45-49	100.0	8.1	3.1	27.6	0.4	6.0	21.4	5.5
50-54	100.0	9.2	2.7	32.7	1.3	7.9	15.2	5.7
55-59	100.0	11.4	6.2	31.8	1.3	8.2	10.9	4.3
60-64	100.0	14.7	9.6	22.1	0.8	6.5	6.4	6.7
65+	100.0	19.3	9.7	17.9	1.8	3.6	11.3	2.8
男 Male	**100.0**	**6.8**	**4.0**	**28.0**	**0.8**	**8.7**	**15.8**	**7.9**
16-19	100.0	5.3	4.9	24.5		4.9	25.0	1.9
20-24	100.0	5.4	0.3	29.1		4.2	20.6	2.8
25-29	100.0	4.5	1.7	20.7	0.5	8.5	24.9	6.2
30-34	100.0	4.0	2.5	22.0	0.5	5.2	19.0	11.8
35-39	100.0	9.6	3.4	28.5	1.2	8.5	12.8	10.3
40-44	100.0	7.2	3.3	29.0	0.3	11.9	15.3	11.3
45-49	100.0	8.5	5.0	28.1	0.8	8.7	14.0	10.7
50-54	100.0	6.6	3.3	38.3	1.1	12.9	10.6	8.1
55-59	100.0	7.6	7.9	34.5	1.9	11.1	10.5	5.1
60-64	100.0	9.4	10.1	20.6	1.1	9.1	6.9	7.1
65+	100.0	7.6	13.7	20.2	2.2	5.2	12.3	3.3
女 Female	**100.0**	**8.1**	**1.6**	**23.9**	**0.4**	**2.7**	**30.3**	**2.1**
16-19	100.0	8.5	7.4	21.7			18.9	
20-24	100.0	4.4	0.4	20.4	0.6	2.2	37.2	0.2
25-29	100.0	6.2	0.3	19.7	0.6	1.6	34.3	2.1
30-34	100.0	4.9	0.3	23.0	0.3	3.1	39.7	2.1
35-39	100.0	8.2	2.6	22.4	0.3	2.4	33.9	2.3
40-44	100.0	6.8	1.4	27.6	0.2	2.7	29.4	2.1
45-49	100.0	7.9	1.8	27.2	0.2	4.3	26.0	2.2
50-54	100.0	11.8	2.0	27.3	1.4	3.1	19.6	3.5
55-59	100.0	17.9	3.3	27.1	0.3	3.2	11.4	3.1
60-64	100.0	26.8	8.7	25.4		0.6	5.1	5.8
65+	100.0	40.0	2.5	13.7	1.2	0.8	9.5	2.0

3-42 续表 1 continued

单位：% (%)

年 龄 Age	住宿和餐饮业 Hotels and Catering Services	信息传输、软件和信息技术服务业 Information Transmission, Software and Information Technical Services	金融业 Financial Intermediation	房地产业 Real Estate	租赁和商务服务业 Leasing and Business Services	科学研究和技术服务业 Scientific Research and Technical Services	水利、环境和公共设施管理业 Management of Water Conservancy, Environment and Public Facilities
总计 Total	**6.8**	**3.6**	**2.4**	**2.1**	**1.7**	**0.7**	**0.6**
16-19	21.6	6.1			1.2		
20-24	7.0	4.2	2.2	3.1	3.0	0.7	0.3
25-29	7.7	4.4	4.2	2.6	2.2	0.9	0.9
30-34	7.3	5.0	2.4	2.3	1.5	1.3	0.1
35-39	7.3	2.6	2.6	1.9	1.5	0.6	0.4
40-44	7.1	4.3	2.9	1.7	1.7	0.2	0.2
45-49	6.4	3.5	2.2	2.5	1.3	0.7	0.9
50-54	5.2	2.5	1.3	1.1	0.6	0.3	1.3
55-59	4.6	2.0	1.6	1.8	1.7	0.6	1.3
60-64	2.5	0.2	1.2	1.6	1.7		1.1
65+	2.9	0.2	0.4	0.7		2.1	
男 Male	**5.4**	**2.8**	**2.6**	**2.4**	**1.4**	**0.6**	**0.6**
16-19	23.4				2.2		
20-24	5.2	4.4	2.3	3.9	2.4	0.2	0.6
25-29	6.5	4.0	4.5	2.4	1.3	0.7	1.2
30-34	4.9	6.4	4.3	2.9	0.6	2.1	
35-39	5.2	1.7	3.4	3.6	0.7	0.3	0.8
40-44	6.2	2.0	2.6	1.7	2.2	0.1	0.2
45-49	4.8	2.8	2.9	2.6	1.6	0.9	1.4
50-54	3.6	1.9	1.3	0.9	0.9	0.3	
55-59	4.7	1.5	1.0	2.2	2.0	0.4	0.9
60-64	3.0	0.3	1.6	2.3	0.5		1.5
65+	1.7		0.6	1.1		2.2	
女 Female	**7.9**	**4.1**	**2.3**	**1.9**	**1.8**	**0.7**	**0.6**
16-19	19.7	13.0					
20-24	8.6	4.0	2.1	2.5	3.5	1.0	
25-29	8.4	4.6	4.0	2.7	2.6	0.9	0.7
30-34	8.5	4.3	1.5	2.1	1.9	0.9	0.2
35-39	8.3	3.1	2.2	1.1	1.9	0.8	0.2
40-44	7.6	5.5	3.1	1.7	1.4	0.3	0.3
45-49	7.4	3.9	1.8	2.4	1.1	0.6	0.6
50-54	6.8	3.0	1.2	1.3	0.4	0.3	2.6
55-59	4.4	2.7	2.6	1.0	1.1	1.0	2.1
60-64	1.3		0.3		4.5		
65+	5.0	0.5				2.0	

3-42 续表 2 continued

单位：% (%)

年 龄 Age	居民服务、修理和其他服务业 Services to Households, Repair and Other Services	教 育 Education	卫生和社会工作 Health and Society	文化、体育和娱乐业 Culture, Sports and Entertainment	公共管理、社会保障和社会组织 Public Management Social Security and Social Organizations	国际组织 International Organizations
总计 Total	**4.2**	**2.3**	**1.4**	**1.1**	**2.8**	**0.01**
16-19	5.2	2.3	0.1	1.2	0.5	
20-24	5.2	2.2	1.5	3.3	3.3	
25-29	3.5	2.4	1.1	1.6	2.9	0.09
30-34	3.4	1.6	1.6	0.7	2.0	
35-39	4.8	1.4	1.3	0.9	1.9	
40-44	3.2	1.8	0.7	0.3	2.9	
45-49	5.0	1.9	1.0	0.7	1.9	
50-54	5.1	2.8	1.5	0.6	3.1	
55-59	3.8	2.6	2.0	0.7	3.2	
60-64	6.4	4.1	4.7	1.4	8.4	
65+	0.8	13.9	6.6	1.4	4.6	
男 Male	**4.2**	**1.6**	**1.2**	**1.3**	**3.8**	**0.03**
16-19	5.7	0.9		0.5	1.0	
20-24	7.3	0.8	1.4	3.7	5.2	
25-29	3.3	2.5	0.8	2.2	3.3	0.24
30-34	6.1	1.3	0.7	1.0	4.7	
35-39	5.0	0.5	1.0	0.9	2.7	
40-44	1.7	0.8	0.2	0.4	3.7	
45-49	3.8	0.7	0.8	0.5	1.4	
50-54	4.2	0.7	1.0	0.3	3.9	
55-59	2.8	1.1	1.6	1.0	2.1	
60-64	5.4	4.5	5.4	1.1	10.2	
65+	0.8	15.7	4.4	1.8	7.2	
女 Female	**4.2**	**2.7**	**1.6**	**1.0**	**2.0**	
16-19	4.8	3.9	0.2	2.1		
20-24	3.4	3.3	1.6	2.9	1.7	
25-29	3.7	2.4	1.3	1.3	2.6	
30-34	2.1	1.7	2.1	0.6	0.7	
35-39	4.7	1.9	1.4	0.9	1.4	
40-44	4.1	2.3	0.9	0.3	2.4	
45-49	5.8	2.6	1.1	0.9	2.2	
50-54	5.9	4.7	1.9	0.8	2.5	
55-59	5.5	5.2	2.7	0.3	5.1	
60-64	8.8	3.4	3.1	1.9	4.3	
65+	0.8	10.6	10.6	0.8		

3-43 按受教育程度、性别分的城镇失业人员失业前的行业构成
Sector of Urban Unemployed Persons (Prior to Unemployment) by Educational Attainment and Sex

单位: % (%)

受教育程度	Educational Attainment	城镇失业人员 Urban Unemployed Persons	农、林、牧、渔业 Agriculture, Forestry, Animal Husbandry and Fishery	采矿业 Mining	制造业 Manufacturing	电力、热力、燃气及水生产和供应业 Production and Supply of Electricity Power, Heat Power, Gas and Water	建筑业 Construction	批发和零售业 Wholesale and Retail Trades
总　计	**Total**	**100.0**	**7.6**	**2.6**	**25.6**	**0.6**	**5.2**	**24.3**
未上过学	No Schooling	100.0	31.7		23.4		3.9	12.8
小　学	Primary School	100.0	21.3	3.7	24.1	0.1	6.4	15.5
初　中	Junior Secondary School	100.0	9.9	3.7	26.1	0.5	6.2	25.1
高　中	Senior Secondary School	100.0	4.1	1.5	27.8	0.6	4.6	25.2
大学专科	College	100.0	2.7	1.7	21.9	1.1	3.6	23.9
大学本科	University	100.0	0.7	0.9	19.7	0.2	3.2	24.8
研究生及以上	Graduate and Higher Level	100.0			12.2	5.1	2.8	25.3
男	**Male**	**100.0**	**6.8**	**4.0**	**28.0**	**0.8**	**8.7**	**15.8**
未上过学	No Schooling	100.0	13.7		19.0		9.6	5.2
小　学	Primary School	100.0	15.4	7.0	20.0		13.2	9.3
初　中	Junior Secondary School	100.0	9.8	6.2	27.1	0.9	10.9	14.8
高　中	Senior Secondary School	100.0	3.9	1.8	32.4	0.7	7.6	15.3
大学专科	College	100.0	2.9	2.6	23.2	1.1	4.7	21.0
大学本科	University	100.0	1.4	1.6	26.3	0.5	4.2	23.0
研究生及以上	Graduate and Higher Level	100.0			28.5	14.6		10.6
女	**Female**	**100.0**	**8.1**	**1.6**	**23.9**	**0.4**	**2.7**	**30.3**
未上过学	No Schooling	100.0	40.3		25.5		1.2	16.5
小　学	Primary School	100.0	24.7	1.8	26.5	0.1	2.5	19.2
初　中	Junior Secondary School	100.0	10.0	2.0	25.4	0.2	3.1	32.0
高　中	Senior Secondary School	100.0	4.3	1.2	24.0	0.6	2.2	33.2
大学专科	College	100.0	2.6	1.1	20.9	1.2	2.7	26.0
大学本科	University	100.0	0.3	0.5	15.1		2.4	26.0
研究生及以上	Graduate and Higher Level	100.0			3.6		4.3	33.1

3-43 续表 1 continued

单位：% (%)

受教育程度	Educational Attainment	交通运输、仓储和邮政业 Transport, Storage and Post	住宿和餐饮业 Hotels and Catering Services	信息传输、软件和信息技术服务业 Information Transmission, Software and Information Technical Services	金融业 Financial Intermediation	房地产业 Real Estate	租赁和商务服务业 Leasing and Business Services	科学研究和技术服务业 Scientific Research and Technical Services
总　计	**Total**	**4.5**	**6.8**	**3.6**	**2.4**	**2.1**	**1.7**	**0.7**
未上过学	No Schooling	3.9	0.3	5.8	0.4			
小　学	Primary School	4.3	7.0	1.4	0.8	1.3	0.7	0.1
初　中	Junior Secondary School	3.9	8.2	2.5	1.2	1.2	0.9	0.2
高　中	Senior Secondary School	5.7	6.1	4.5	3.2	2.2	1.6	0.6
大学专科	College	4.8	4.5	4.9	5.4	4.5	3.7	2.2
大学本科	University	2.0	6.8	6.2	3.5	4.1	4.1	2.4
研究生及以上	Graduate and Higher Level		3.3	7.3			19.8	
男	**Male**	**7.9**	**5.4**	**2.8**	**2.6**	**2.4**	**1.4**	**0.6**
未上过学	No Schooling	12.0		14.3				
小　学	Primary School	10.5	4.9	2.4	0.8	3.0	0.5	
初　中	Junior Secondary School	7.3	6.2	1.3	0.8	1.5	1.3	0.3
高　中	Senior Secondary School	9.5	5.0	2.6	3.8	2.6	1.4	0.4
大学专科	College	6.0	3.9	6.3	5.8	4.7	2.2	1.7
大学本科	University	2.9	6.3	7.5	4.0	2.3	2.1	2.8
研究生及以上	Graduate and Higher Level							
女	**Female**	**2.1**	**7.9**	**4.1**	**2.3**	**1.9**	**1.8**	**0.7**
未上过学	No Schooling		0.5	1.8	0.7			
小　学	Primary School	0.7	8.3	0.8	0.8	0.4	0.9	0.2
初　中	Junior Secondary School	1.7	9.4	3.3	1.4	1.1	0.7	0.1
高　中	Senior Secondary School	2.5	7.0	6.1	2.6	1.8	1.7	0.7
大学专科	College	4.0	4.9	3.8	5.1	4.4	4.8	2.5
大学本科	University	1.4	7.2	5.3	3.2	5.4	5.5	2.1
研究生及以上	Graduate and Higher Level		5.1	11.1			30.2	

3-43 续表 2 continued

单位：% (%)

受教育程度	Educational Attainment	水利、环境和公共设施管理业 Management of Water Conservancy, Environment and Public Facilities	居民服务、修理和其他服务业 Services to Households, Repair and Other Services	教育 Education	卫生和社会工作 Health and Society	文化、体育和娱乐业 Culture, Sports and Entertainment	公共管理、社会保障和社会组织 Public Management Social Security and Social Organizations	国际组织 International Organizations
总　计	**Total**	**0.6**	**4.2**	**2.3**	**1.4**	**1.1**	**2.8**	**0.01**
未上过学	No Schooling		13.1	1.6	0.7	2.3		
小　学	Primary School	1.1	7.2	0.6	1.0	0.9	2.4	
初　中	Junior Secondary School	0.6	4.8	1.5	1.2	0.7	1.6	
高　中	Senior Secondary School	0.6	3.8	1.9	1.1	1.5	3.5	
大学专科	College	0.5	2.6	3.5	2.6	1.4	4.4	0.10
大学本科	University	0.5	1.3	9.7	3.5	1.9	4.3	
研究生及以上	Graduate and Higher Level		5.9	18.2				
男	**Male**	**0.6**	**4.2**	**1.6**	**1.2**	**1.3**	**3.8**	**0.03**
未上过学	No Schooling		24.1	2.1				
小　学	Primary School	1.3	8.5	0.1	0.7	0.4	2.0	
初　中	Junior Secondary School	0.4	4.9	1.7	1.6	0.9	2.1	
高　中	Senior Secondary School	1.0	3.5	0.5	0.8	1.7	5.5	
大学专科	College		2.3	3.7	1.4	1.4	5.0	0.22
大学本科	University	0.8	1.7	4.3	1.1	2.2	5.1	
研究生及以上	Graduate and Higher Level		17.2	29.1				
女	**Female**	**0.6**	**4.2**	**2.7**	**1.6**	**1.0**	**2.0**	
未上过学	No Schooling		7.8	1.3	**1.0**	**3.4**		
小　学	Primary School	1.0	6.4	0.8	1.1	1.2	2.6	
初　中	Junior Secondary School	0.7	4.7	1.4	0.8	0.6	1.3	
高　中	Senior Secondary School	0.3	4.0	3.2	1.4	1.3	1.9	
大学专科	College	0.8	2.9	3.4	3.6	1.4	4.0	
大学本科	University	0.3	1.0	13.5	5.2	1.6	3.8	
研究生及以上	Graduate and Higher Level			12.5				

3-44 按年龄、性别分的城镇失业人员失业前的职业构成
Occupation of Urban Unemployed Persons (Prior to Unemployment) by Age and Sex

单位：% (%)

年 龄 Age	城镇失业人员 Urban Unemployed Persons	单位负责人 Unit Head	专业技术人员 Technical Personnel	办事人员和有关人员 Clerk and Related Workers	商业、服务业人员 Business Service Personnel	农林牧渔水利业生产人员 Producers in the Sectors of Agriculture, Forestry, Animal Husbandry, Fishery and Water Conservancy	生产运输设备操作人员及有关人员 Production, Transport Equipment Operators and Related Workers	其他 Others
总计 Total	**100.0**	**1.8**	**12.9**	**8.8**	**41.7**	**7.4**	**26.8**	**0.6**
16-19	100.0	0.5	9.4	2.1	52.9	7.1	28.1	
20-24	100.0	0.7	10.6	10.2	50.3	4.9	22.8	0.4
25-29	100.0	0.7	15.4	11.1	45.8	6.2	19.8	1.0
30-34	100.0	2.2	14.1	9.1	49.4	4.5	20.4	0.3
35-39	100.0	2.6	10.9	7.3	43.6	7.8	26.5	1.4
40-44	100.0	1.8	12.6	6.9	41.3	6.9	29.8	0.7
45-49	100.0	2.2	13.0	6.0	40.5	7.7	30.2	0.4
50-54	100.0	2.4	11.9	8.3	32.5	8.7	35.7	0.4
55-59	100.0	1.8	13.4	11.2	29.0	11.6	33.0	0.1
60-64	100.0	2.1	11.0	16.0	21.1	16.4	32.6	0.7
65+	100.0	1.7	25.9	14.8	22.4	16.0	19.3	
男 Male	**100.0**	**2.2**	**11.0**	**10.5**	**32.2**	**7.0**	**36.6**	**0.4**
16-19	100.0	0.9	4.2	3.4	48.9	5.9	36.6	
20-24	100.0	1.4	7.1	12.1	43.7	5.4	29.3	0.9
25-29	100.0	0.7	10.4	10.2	42.4	4.6	31.3	0.4
30-34	100.0	2.8	16.7	11.2	38.5	4.5	25.9	0.4
35-39	100.0	3.0	10.7	7.1	25.5	10.8	41.9	1.0
40-44	100.0	1.6	9.9	8.3	30.1	7.3	42.0	0.8
45-49	100.0	4.0	10.7	8.9	30.0	7.7	38.6	0.2
50-54	100.0	3.3	11.1	9.7	24.3	6.0	45.6	0.1
55-59	100.0	1.9	9.1	11.9	26.4	8.1	42.5	0.1
60-64	100.0	2.1	12.1	19.0	20.4	11.9	34.6	
65+	100.0		29.9	21.8	18.6	5.8	23.9	
女 Female	**100.0**	**1.5**	**14.2**	**7.5**	**48.6**	**7.8**	**19.7**	**0.8**
16-19	100.0		15.2	0.5	57.4	8.5	18.4	
20-24	100.0	0.2	13.5	8.6	55.9	4.4	17.4	
25-29	100.0	0.7	18.5	11.6	47.9	7.1	12.8	1.4
30-34	100.0	1.8	12.8	8.1	54.7	4.6	17.7	0.3
35-39	100.0	2.4	11.0	7.4	52.5	6.4	18.8	1.6
40-44	100.0	1.9	14.1	6.1	47.6	6.7	23.0	0.6
45-49	100.0	1.1	14.4	4.2	47.1	7.7	24.9	0.6
50-54	100.0	1.6	12.6	6.9	40.5	11.4	26.2	0.7
55-59	100.0	1.6	20.7	10.0	33.5	17.7	16.5	
60-64	100.0	2.3	8.6	9.2	22.8	26.9	27.9	2.3
65+	100.0	4.7	18.8	2.3	29.0	34.1	11.1	

3-45 按受教育程度、性别分的城镇失业人员失业前的职业构成

Occupation of Urban Unemployed Persons (Prior to Unemployment) by Educational Attainment and Sex

单位：%

(%)

受教育程度	Educational Attainment	城镇失业人员 Urban Unemployed Persons	单位负责人 Unit Head	专业技术人员 Technical Personnel	办事人员和有关人员 Clerk and Related Workers	商业、服务业人员 Business Service Personnel	农林牧渔水利业生产人员 Producers in the Sectors of Agriculture, Forestry, Animal Husbandry, Fishery and Water Conservancy	生产运输设备操作人员及有关人员 Production, Transport Equipment Operators and Related Workers	其他 Others
总　计	**Total**	**100.0**	**1.8**	**12.9**	**8.8**	**41.7**	**7.4**	**26.8**	**0.6**
未上过学	No Schooling	100.0	2.9	7.6	3.1	24.5	31.7	30.2	
小　学	Primary School	100.0	1.6	6.1	4.8	34.0	20.7	32.2	0.5
初　中	Junior Secondary School	100.0	1.3	7.6	5.5	43.4	9.9	31.6	0.7
高　中	Senior Secondary School	100.0	2.1	13.7	9.8	43.7	4.0	26.3	0.5
大学专科	College	100.0	2.3	24.9	15.2	39.2	2.5	15.4	0.5
大学本科	University	100.0	2.9	32.2	19.9	34.2	0.7	9.0	1.0
研究生及以上	Graduate and Higher Level	100.0		33.2	34.7	32.2			
男	**Male**	**100.0**	**2.2**	**11.0**	**10.5**	**32.2**	**7.0**	**36.6**	**0.4**
未上过学	No Schooling	100.0		1.4	2.3	27.7	13.7	55.0	
小　学	Primary School	100.0	2.6	4.9	9.6	28.6	14.0	40.1	0.2
初　中	Junior Secondary School	100.0	1.7	7.3	8.1	29.5	10.0	43.1	0.4
高　中	Senior Secondary School	100.0	2.4	9.9	12.2	33.1	4.5	37.4	0.4
大学专科	College	100.0	1.7	22.8	13.8	38.7	2.7	20.1	0.2
大学本科	University	100.0	6.3	27.7	11.7	36.2	1.2	15.3	1.6
研究生及以上	Graduate and Higher Level	100.0		36.7	35.5	27.8			
女	**Female**	**100.0**	**1.5**	**14.2**	**7.5**	**48.6**	**7.8**	**19.7**	**0.8**
未上过学	No Schooling	100.0	4.3	10.6	3.5	23.0	40.3	18.3	
小　学	Primary School	100.0	1.1	6.8	2.0	37.2	24.7	27.6	0.7
初　中	Junior Secondary School	100.0	1.0	7.9	3.8	52.6	9.8	24.0	0.9
高　中	Senior Secondary School	100.0	1.9	16.7	7.8	52.3	3.5	17.2	0.5
大学专科	College	100.0	2.8	26.4	16.1	39.5	2.4	12.0	0.8
大学本科	University	100.0	0.6	35.4	25.7	32.7	0.4	4.6	0.6
研究生及以上	Graduate and Higher Level	100.0		31.3	34.3	34.5			

3-46 按受教育程度、性别分的城镇失业人员未工作时间构成
Unemployment Duration of Urban Unemployed Persons by Educational Attainment and Sex

单位：%　　(%)

受教育程度	Educational Attainment	城镇失业人员 Urban Unemployed Persons	1个月 1 Month	2-3个月 2-3 Months	4-6个月 4-6 Months	7-12个月 7-12 Months	13-24个月 13-24 Months	25个月以上 25+ Months+
总　计	**Total**	**100.0**	**6.0**	**13.8**	**13.5**	**27.3**	**17.4**	**21.9**
未上过学	No Schooling	100.0	7.4	12.4	26.5	15.8	17.7	20.3
小　学	Primary School	100.0	5.3	13.2	11.0	24.7	19.4	26.4
初　中	Junior Secondary School	100.0	5.4	11.0	13.4	29.1	17.2	24.0
高　中	Senior Secondary School	100.0	5.1	12.6	13.5	27.2	18.1	23.5
大学专科	College	100.0	5.8	18.5	15.9	26.8	16.5	16.6
大学本科	University	100.0	13.3	22.8	11.1	22.8	16.3	13.7
研究生及以上	Graduate and Higher Level	100.0	16.3	30.2	6.3	28.1	14.2	4.9
男	**Male**	**100.0**	**7.0**	**16.3**	**15.0**	**26.2**	**15.7**	**19.8**
未上过学	No Schooling	100.0	2.3	27.3	36.6	6.9	17.7	9.2
小　学	Primary School	100.0	6.9	12.7	12.0	26.2	18.6	23.7
初　中	Junior Secondary School	100.0	6.9	12.7	14.1	28.4	15.1	22.8
高　中	Senior Secondary School	100.0	6.0	15.8	16.2	24.8	16.4	20.9
大学专科	College	100.0	6.3	20.3	17.5	26.8	14.8	14.2
大学本科	University	100.0	12.8	25.7	11.1	22.8	14.8	12.8
研究生及以上	Graduate and Higher Level	100.0	15.7	21.1	5.1	12.8	27.9	17.4
女	**Female**	**100.0**	**5.3**	**12.1**	**12.4**	**28.1**	**18.7**	**23.4**
未上过学	No Schooling	100.0	9.6	5.7	21.9	19.8	17.7	25.2
小　学	Primary School	100.0	4.5	13.5	10.5	23.9	19.8	27.7
初　中	Junior Secondary School	100.0	4.5	9.9	13.0	29.5	18.5	24.7
高　中	Senior Secondary School	100.0	4.3	10.0	11.3	29.2	19.5	25.7
大学专科	College	100.0	5.3	16.9	14.6	26.8	17.9	18.5
大学本科	University	100.0	13.8	20.1	11.1	22.9	17.6	14.5
研究生及以上	Graduate and Higher Level	100.0	16.5	33.7	6.8	34.1	8.9	

3-47 按年龄、性别分的城镇失业人员未工作时间构成
Unemployment Duration of Urban Unemployed Persons by Age and Sex

单位：% (%)

年龄 Age	城镇失业人员 Urban Unemployed Persons	1个月 1 Month	2-3个月 2-3 Months	4-6个月 4-6 Months	7-12个月 7-12 Months	13-24个月 13-24 Months	25个月以上 25+ Months+
总计 Total	**100.0**	**6.0**	**13.8**	**13.5**	**27.3**	**17.4**	**21.9**
16-19	100.0	10.8	28.3	12.7	27.0	14.4	6.8
20-24	100.0	10.2	23.2	14.3	25.6	15.7	11.1
25-29	100.0	5.5	13.5	15.8	28.2	18.9	18.2
30-34	100.0	6.3	12.2	13.8	28.2	15.9	23.6
35-39	100.0	4.8	12.8	14.4	28.9	17.1	22.1
40-44	100.0	4.3	11.3	12.8	28.3	18.1	25.2
45-49	100.0	5.6	9.5	11.7	27.3	15.9	30.1
50-54	100.0	2.8	6.1	12.9	24.5	21.6	32.1
55-59	100.0	2.2	7.0	11.0	25.5	21.7	32.6
60-64	100.0	3.4	7.9	11.7	35.1	17.8	24.1
65+	100.0	3.2	1.1	7.2	22.0	15.4	51.1
男 Male	**100.0**	**7.0**	**16.3**	**15.0**	**26.2**	**15.7**	**19.8**
16-19	100.0	9.0	27.0	14.3	25.1	15.4	9.2
20-24	100.0	10.7	26.1	13.7	24.7	14.3	10.4
25-29	100.0	6.0	14.4	18.1	29.4	15.8	16.2
30-34	100.0	9.6	16.9	16.4	28.1	11.0	18.0
35-39	100.0	8.4	16.4	18.8	28.6	12.5	15.3
40-44	100.0	4.5	12.7	17.7	28.9	15.3	20.9
45-49	100.0	7.3	14.0	13.4	22.9	15.2	27.1
50-54	100.0	3.6	6.1	12.6	21.4	21.1	35.1
55-59	100.0	2.3	6.1	12.8	23.6	22.0	33.1
60-64	100.0	3.1	11.0	12.9	34.1	18.2	20.7
65+	100.0	0.3	1.2	6.7	22.7	16.0	53.1
女 Female	**100.0**	**5.3**	**12.1**	**12.4**	**28.1**	**18.7**	**23.4**
16-19	100.0	13.7	30.5	10.2	29.9	12.8	2.8
20-24	100.0	9.6	20.3	14.8	26.5	17.1	11.7
25-29	100.0	5.1	12.9	14.2	27.4	20.9	19.4
30-34	100.0	4.8	10.1	12.7	28.2	18.1	26.1
35-39	100.0	3.3	11.2	12.4	29.0	19.1	25.1
40-44	100.0	4.1	10.6	10.3	27.9	19.6	27.5
45-49	100.0	4.6	6.9	10.7	29.8	16.3	31.7
50-54	100.0	2.1	6.0	13.3	27.2	22.0	29.4
55-59	100.0	2.1	8.3	8.0	28.7	21.2	31.7
60-64	100.0	4.2	1.1	9.1	37.2	17.0	31.4
65+	100.0	7.8	0.9	7.9	21.0	14.6	47.9

第四部分

Chapter Four

2013 年城镇单位就业人员统计数据

Data from Statistics on Employment in Urban Units in 2013

4-1 各地区分行业国有单位就业人员数

Employed Persons in State-owned Units by Sector and Region

单位：人 (person)

地区	Region	国有单位合计 Total	(一)中央 I. Under Central Government	(二)省、自治区、直辖市 II. Under Provincial Government	(三)地区 III. Under Prefectural Government	(四)县及县以下 IV. At and Below County Level	(五)其他 V. Other	(一)企业 I. Enterprises	#地方 Local
总　计	**National Total**	**63651039**	**9535502**	**9260483**	**11850852**	**31999617**	**1004585**	**19682769**	**12146971**
北　京	Beijing	1894772	834712	411088	523443	99667	25862	593566	244627
天　津	Tianjin	778523	121710	304792	238239	96708	17074	273604	183972
河　北	Hebei	2989446	249277	268480	527164	1919978	24547	667990	476652
山　西	Shanxi	2100052	171200	455927	355502	1106945	10478	602139	457159
内蒙古	Inner Mongolia	1708361	272749	226504	344919	858151	6038	586709	338609
辽　宁	Liaoning	2924933	608799	288393	698974	1267937	60830	1218135	672306
吉　林	Jilin	1739627	424344	235338	327721	745103	7121	650578	284002
黑龙江	Heilongjiang	2965334	511101	1083544	409288	953970	7431	1648178	1169881
上　海	Shanghai	1114941	267066	338777	439217	44666	25215	375565	224997
江　苏	Jiangsu	2933426	349234	360962	539154	1564841	119235	871919	597392
浙　江	Zhejiang	2129794	183612	229392	346414	1329114	41262	411193	271680
安　徽	Anhui	1969789	209540	284307	388664	1035676	51602	502064	327609
福　建	Fujian	1552321	157897	205351	340079	817005	31989	443560	322490
江　西	Jiangxi	1872002	108866	343150	325842	1086264	7880	585167	499541
山　东	Shandong	4117898	512741	395781	768741	2368205	72430	1131268	717865
河　南	Henan	3698362	317461	356941	624520	2313746	85694	954675	665071
湖　北	Hubei	2686091	578816	204836	438844	1426155	37440	899939	425514
湖　南	Hunan	2690947	325370	305613	463083	1567001	29880	672280	393763
广　东	Guangdong	4027642	353182	386461	1006519	2128657	152823	1168952	918935
广　西	Guangxi	2109342	219698	326935	414313	1135439	12957	541792	365363
海　南	Hainan	443956	29617	137098	64887	205546	6808	128526	109692
重　庆	Chongqing	1212226	144664	245755	236651	555584	29572	327019	237553
四　川	Sichuan	3613136	647251	381931	661197	1857259	65498	1208436	683992
贵　州	Guizhou	1661467	216884	218792	175018	1045141	5632	460763	257557
云　南	Yunnan	1862388	177669	307093	231281	1141286	5059	418716	265502
西　藏	Tibet	267185	16300	52475	54367	144043		44131	33179
陕　西	Shaanxi	2370488	452631	307224	375420	1200278	34935	812012	427562
甘　肃	Gansu	1482682	236261	251338	191607	797166	6310	436898	225677
青　海	Qinghai	348166	54247	84467	38756	169433	1263	92841	46420
宁　夏	Ningxia	367379	59404	79458	87068	139463	1986	100033	48196
新　疆	Xinjiang	2018363	723199	182280	213960	879190	19734	854121	254213

4-1 续表 1 continued

单位：人 (person)

地 区	Region	(二) 事业 II. Institutions	#地方 Local	(三) 机关 III. Agencies and Organizations	#地方 Local	(四)民间非营利组织 IV. Civil Nonprofit Organizations	(五)其他 V. Other	(一) 农、林、牧、渔业 I. Agriculture, Forestry, Animal Husbandry and Fishery	1.农业 1.Farming	2.林业 2.Forestry
总 计	**National Total**	**30620545**	**29175400**	**13141365**	**12613391**	**32474**	**173886**	**2802934**	**1649187**	**709099**
北 京	Beijing	940408	516559	341292	288708	13541	5965	7969	1663	1150
天 津	Tianjin	360855	341231	140469	128150	1216	2379	5120	883	545
河 北	Hebei	1603259	1565808	714858	695087	375	2964	50338	36519	4894
山 西	Shanxi	1023193	1012378	472931	457695	5	1784	20045	3696	7970
内蒙古	Inner Mongolia	758658	747910	361508	347607		1486	233038	101122	81776
辽 宁	Liaoning	1241614	1202416	461620	438045		3564	227274	206772	11331
吉 林	Jilin	802855	757636	282621	270072	32	3541	134607	29372	75221
黑龙江	Heilongjiang	944161	917249	372770	356201		225	790820	468249	283724
上 海	Shanghai	560703	460608	173191	156795	2814	2668	5618	2500	196
江 苏	Jiangsu	1482975	1421013	570938	551038		7594	64253	51742	3438
浙 江	Zhejiang	1162111	1141047	541998	522121	2429	12063	4850	1259	1509
安 徽	Anhui	1036164	1012635	425073	413856		6488	48192	26873	9222
福 建	Fujian	755116	736351	352407	332849	106	1132	41786	15590	11097
江 西	Jiangxi	862176	845139	421454	411444		3205	51184	20304	17795
山 东	Shandong	2105638	2035980	862710	835191		18282	15221	2478	4473
河 南	Henan	1949491	1934753	761581	748699	6400	26215	36486	19616	6835
湖 北	Hubei	1315446	1229520	453939	435474		16767	89996	67656	4222
湖 南	Hunan	1421357	1388022	586240	573131	2472	8598	18937	4239	11275
广 东	Guangdong	1920902	1869830	920081	865066	1311	16396	58807	31493	18540
广 西	Guangxi	1167150	1154024	384684	368079	57	15659	84753	47905	26112
海 南	Hainan	216835	212235	95210	89248	1003	2382	45333	2592	41161
重 庆	Chongqing	633718	613075	249074	242635		2415	8171	246	1758
四 川	Sichuan	1618455	1514081	783847	761749	5	2393	33531	1234	17521
贵 州	Guizhou	814442	807603	383349	376578	135	2778	11925	1886	4891
云 南	Yunnan	963147	953665	479667	464893		858	65689	20361	20996
西 藏	Tibet	89966	89466	133088	128240			8454	383	7179
陕 西	Shaanxi	1082390	1023445	473905	464952	200	1981	24588	3975	9122
甘 肃	Gansu	707290	687517	336761	331495	72	1661	51083	21837	12706
青 海	Qinghai	166414	162745	88733	84445		178	11041	2128	3162
宁 夏	Ningxia	183785	180335	83479	79362		82	19149	11047	2434
新 疆	Xinjiang	729871	641124	431887	394486	301	2183	534676	443567	6844

4-1 续表 2 continued

单位：人 (person)

地 区	Region	3.畜牧业 3.Animal Husbandry	4.渔业 4.Fishery	5.农、林、牧、渔服务业 5.Service in Support of Agriculture	(二) 采矿业 II. Mining	1.煤炭开采和洗选业 1.Mining and Washing of Coal	2.石油和天然气开采业 2.Extraction of Petroleum and Natural Gas	3.黑色金属矿采选业 3.Mining and Processing of Ferrous Metal Ores
总 计	**National Total**	**138729**	**19330**	**286589**	**972183**	**621202**	**90689**	**31978**
北 京	Beijing	3753	180	1223				
天 津	Tianjin	1280	129	2283	3619			
河 北	Hebei	2910	41	5974	51857	30749	26	11608
山 西	Shanxi	643	117	7619	58841	57981		488
内蒙古	Inner Mongolia	21332	3831	24977	37837	36583		
辽 宁	Liaoning	931	1063	7177	67600	5803		1039
吉 林	Jilin	6801	2220	20993	27501	23781	473	
黑龙江	Heilongjiang	16287	2700	19860	109076	102550		8
上 海	Shanghai	1030	32	1860	72			
江 苏	Jiangsu	2543	683	5847	27058	3141	17897	3010
浙 江	Zhejiang	237	44	1801	1411			70
安 徽	Anhui	504	558	11035	28930	26287		223
福 建	Fujian	206	195	14698	6891	3244		516
江 西	Jiangxi	733	1047	11305	46885	42760		166
山 东	Shandong	267	375	7628	119437	74804	274	10714
河 南	Henan	1621	395	8019	82904	42170	22727	
湖 北	Hubei	903	2574	14641	11928	1588	126	
湖 南	Hunan	375	1198	1850	34449	28398	53	11
广 东	Guangdong	405	894	7475	7251		1974	2089
广 西	Guangxi	588	215	9933	13669	1663		553
海 南	Hainan	341	180	1059	738			
重 庆	Chongqing	24	16	6127	9285	9285		
四 川	Sichuan	2061	83	12632	53135	37667	5356	287
贵 州	Guizhou	189	144	4815	23759	22378		117
云 南	Yunnan	753	31	23548	25154	23762		130
西 藏	Tibet	130		762	2203	22		128
陕 西	Shaanxi	627	57	10807	68392	35651	17291	601
甘 肃	Gansu	797	111	15632	33118	7437	24492	
青 海	Qinghai	1592	41	4118	2457	852		
宁 夏	Ningxia	2058	4	3606	320	320		
新 疆	Xinjiang	66808	172	17285	16406	2326		220

4-1 续表 3 continued

单位：人 (person)

地 区	Region	4.有色金属矿采选业 4.Mining and Processing of Non-ferrous Metal Ores	5.非金属矿采选业 5.Mining and Processing of Non-metal Ores	6.开采辅助活动 6.Support Activities for Mining	7.其他采矿业 7.Mining of Other Ores	(三) 制造业 III. Manufacturing	1.农副食品加工业 1.Processing of Food from Agricultural Products	2.食品制造业 2.Manufacture of Foods	3.酒、饮料和精制茶制造业 3.Manufacture of Liquor, Beverages and Refined Tea
总 计	**National Total**	**32425**	**40950**	**153786**	**1153**	**2326052**	**63102**	**20107**	**48933**
北 京	Beijing					50982	1640	194	8111
天 津	Tianjin		286	3333		66296	1749	172	643
河 北	Hebei	85	9104	13	272	65591	1423	686	149
山 西	Shanxi	6	366			48488	2098	852	406
内蒙古	Inner Mongolia	443	792	19		29006	302	432	288
辽 宁	Liaoning	706	513	59219	320	217184	6039	699	231
吉 林	Jilin	3158	89			190467	787	447	19
黑龙江	Heilongjiang	21	469	6028		68798	1368	1296	329
上 海	Shanghai		72			45175	327	378	675
江 苏	Jiangsu	474	2536			90455	1417	1088	431
浙 江	Zhejiang	6	1335			30547	3090	741	102
安 徽	Anhui	1726	694			59174	1367	463	3654
福 建	Fujian	132	2979		20	15128	388	67	904
江 西	Jiangxi	2712	598	428	221	103748	4308	902	1097
山 东	Shandong	2009	887	30749		116546	9059	3242	3004
河 南	Henan	1304	92	16611		81374	2596	2573	1332
湖 北	Hubei	18	836	9350	10	204305	2876	956	888
湖 南	Hunan	3381	2575		31	97696	2899	415	60
广 东	Guangdong	572	1871	729	16	61205	5504	2057	1202
广 西	Guangxi	10242	1161		50	77652	6128	410	651
海 南	Hainan	25	713			6358	1050	230	1073
重 庆	Chongqing					34128	833	17	23
四 川	Sichuan	289	9031	505		162039	1086	694	1028
贵 州	Guizhou	395	806	46	17	79273	715	214	20326
云 南	Yunnan	802	460			46639	1034	85	1278
西 藏	Tibet	1907	135		11	2858	153	194	
陕 西	Shaanxi	1021	355	13473		215205	822	408	97
甘 肃	Gansu	973		52	164	40679	1090	2	529
青 海	Qinghai		1605			5397	219		77
宁 夏	Ningxia					1464	117	113	
新 疆	Xinjiang	18	590	13231	21	12195	618	80	326

4-1 续表 4 continued

单位：人 (person)

地 区	Region	4.烟草制品业 4.Manufacture of Tobacco	5.纺织业 5.Manufacture of Textile	6.纺织服装、服饰业 6.Manufacture of Textile Wearing Apparel, and Accessories	7.皮革、毛皮、羽毛及其制品和制鞋业 7.Manufacture of Leather, Fur, Feather and Related Products and Footwear	8.木材加工和木、竹、藤、棕、草制品业 8.Processing of Timbers, Manufacture of Wood, Bamboo, Rattan, Palm and Straw Products	9.家具制造业 9.Manufacture of Furniture	10.造纸和纸制品业 10.Manufacture of Paper and Paper Products
总 计	**National Total**	**81807**	**28578**	**30123**	**9533**	**18563**	**3866**	**12688**
北 京	Beijing	937	459	162	13	14	12	232
天 津	Tianjin	1065	574	216	46	236		81
河 北	Hebei	1589	320	3496	1070		257	
山 西	Shanxi		2112	87	3		5	
内蒙古	Inner Mongolia						269	168
辽 宁	Liaoning		817	521	290	367	28	770
吉 林	Jilin	1456	74	81	33	5508	17	
黑龙江	Heilongjiang	5084	692	34	827	2693	580	143
上 海	Shanghai		1023	387	50	493	53	258
江 苏	Jiangsu	5738	3832	6432	129		8	1360
浙 江	Zhejiang	3662		272	31	93		
安 徽	Anhui	13552	737	43	9	3		200
福 建	Fujian	291	178	139		14	71	148
江 西	Jiangxi	1803	301	4762	207	502	1117	1023
山 东	Shandong	6344	1806	785	931	425	160	2615
河 南	Henan	7451	2819	771	1723	79		112
湖 北	Hubei	1263	3613	7918	174	650		609
湖 南	Hunan	12775	662	58	32	643		1495
广 东	Guangdong	7279	6190	626	720	1096	379	643
广 西	Guangxi	1966	165	842	70	1801	91	1953
海 南	Hainan		78	3		87	57	
重 庆	Chongqing		56				272	41
四 川	Sichuan	2253	115	389		309		41
贵 州	Guizhou	457	109	15	1748	584	35	34
云 南	Yunnan	5087	15	1118	1335	1276	206	512
西 藏	Tibet		58		92	926	90	
陕 西	Shaanxi	711	1031	159		760	83	160
甘 肃	Gansu		190				52	55
青 海	Qinghai			553				
宁 夏	Ningxia	29		68				12
新 疆	Xinjiang	1015	552	186		4	24	23

4-1 续表 5 continued

单位：人 (person)

地 区	Region	11.印刷和记录媒介复制业 11.Printing and Reproduction of Recording Media	12.文教工美、体育和娱乐用品制造业 12.Manufacture of Articles for Culture, Education, Arts and Crafts, Sport and Entertainment Activities	13.石油加工、炼焦和核燃料加工业 13.Processing of Petroleum , Coking, Processing of Nuclear Fuel	14.化学原料和化学制品制造业 14.Manufacture of Chemical Raw Material and Chemical Products	15.医药制造业 15.Manufacture of Medicines	16.化学纤维制造业 16.Manufacture of Chemical Fibres	17.橡胶和塑料制品业 17.Manufacture of Rubber and Plastics Products
总 计	**National Total**	**52713**	**7179**	**51024**	**162897**	**35842**	**4648**	**21684**
北 京	Beijing	5652	312	181	2465	2214		215
天 津	Tianjin	703	886	9689	763	115	16	166
河 北	Hebei	5132		3723	3875	1023	2236	139
山 西	Shanxi	1463	94	787	3705	180	31	1031
内蒙古	Inner Mongolia	1258		4492	3492	235		
辽 宁	Liaoning	3768	52	13923	11338	757	8	515
吉 林	Jilin	419			18383	608		490
黑龙江	Heilongjiang	1784	272	99	3006	818	616	2042
上 海	Shanghai	2175	500		4227	1607		832
江 苏	Jiangsu	1955	8	1550	11643	8831	355	496
浙 江	Zhejiang	162	18	899	279	219		134
安 徽	Anhui	234	138		1622	809		1707
福 建	Fujian	1031	80		3064	49		166
江 西	Jiangxi	1435	652	99	2979	1824		63
山 东	Shandong	3493	145	2722	16376	829	36	110
河 南	Henan	1307	170		9555	447		31
湖 北	Hubei	1914	17	12	3624	428	1	131
湖 南	Hunan	1106	305	49	12960	1958		254
广 东	Guangdong	3472	2839		2519	3618		1494
广 西	Guangxi	1827	46	801	4973	889		784
海 南	Hainan	647	120		96	125		
重 庆	Chongqing	946			3953	88		282
四 川	Sichuan	748	73	429	6852	1690		250
贵 州	Guizhou	1252	89	12	2828	122	1	531
云 南	Yunnan	1586	41	1452	10832	1548		3773
西 藏	Tibet	271	28			640		
陕 西	Shaanxi	978	72	5167	9914	1027		4940
甘 肃	Gansu	3542		4938	5487	2275	1348	439
青 海	Qinghai	596	77		469	792		
宁 夏	Ningxia	166			453	26		
新 疆	Xinjiang	1691	145		1165	51		669

4-1 续表 6 continued

单位：人 (person)

地 区	Region	18.非金属矿物制品业 18.Manufacture of Non-metallic Mineral Products	19.黑色金属冶炼和压延加工业 19.Smelting and Processing of Ferrous Metals	20.有色金属冶炼和压延加工业 20.Smelting and Processing of Non-ferrous Metals	21.金属制品业 21.Manufacture of Metal Products	22.通用设备制造业 22.Manufacture of General Purpose Machinery	23.专用设备制造业 23.Manufacture of Special Purpose Machinery	24.汽车制造业 24.Manufacture of Automobiles
总 计	**National Total**	**124654**	**381325**	**92524**	**55395**	**112838**	**118728**	**271481**
北 京	Beijing	1264	222	175	702	1738	6810	114
天 津	Tianjin	1165	11585	53	1881	1885	2449	1472
河 北	Hebei	5656	572	529	2868	8316	4720	1273
山 西	Shanxi	5844	2896	563	1442	11182	1891	2998
内蒙古	Inner Mongolia	3440	3380	4671		3989	345	
辽 宁	Liaoning	5010	128266	1051	5092	10959	5173	3429
吉 林	Jilin	1637	152		524	1791	6116	150795
黑龙江	Heilongjiang	2308	125	1210	811	7091	11025	6448
上 海	Shanghai	1152	556	93	1237	3706	3437	2581
江 苏	Jiangsu	4504	2564	408	2468	5409	2700	3714
浙 江	Zhejiang	760	9763	615	305	3721	440	
安 徽	Anhui	5256	203	38	1924	6204	7344	1010
福 建	Fujian	607	76		237	285	928	77
江 西	Jiangxi	5535	106	27781	1767	1469	1872	29771
山 东	Shandong	5025	1465	68	1015	12506	9352	3738
河 南	Henan	12288	369	17189	1030	2995	3927	2753
湖 北	Hubei	19132	103162	630	2272	7273	876	9681
湖 南	Hunan	7742	17821	1017	14868	2304	6282	1646
广 东	Guangdong	1345	276	436	2280	689	1533	1428
广 西	Guangxi	6401	16531	7746	2348	480	2452	3652
海 南	Hainan	180			585	4	160	4
重 庆	Chongqing	667		454	201	3349	581	9128
四 川	Sichuan	11022	67756	3647	2305	2578	18593	4604
贵 州	Guizhou	1662	3001	12374	2541	2406	3506	4271
云 南	Yunnan	4128	2112	333	2196	4140	774	184
西 藏	Tibet	337		69				
陕 西	Shaanxi	5532	7949	4330	1420	5007	12883	26685
甘 肃	Gansu	2610	39	6299	884	1105	1504	
青 海	Qinghai	73	11	637				25
宁 夏	Ningxia	313				137	18	
新 疆	Xinjiang	2059	367	108	192	120	1037	

4-1 续表 7 continued

单位：人 (person)

地 区	Region	25.铁路、船舶、航空航天和其他运输设备制造业 25. Manu-facture of Railway,Ship, Aerospace and Other Transport Equipment	26.电气机械和器材制造业 26.Manu-facture of Electrical Machinery and Apparatus	27.计算机、通信和其他电子设备制造业 27.Manu-facture of Computers, Communication and Other Electronic Equipment	28.仪器仪表制造业 28.Manu-facture of Measuring Instruments and Machinery	29.其他制造业 29. Other Manufature	30.废弃资源综合利用业 30. Utilization of Waste Resources	31.金属制品、机械和设备修理业 31. Repair Service of Metal Products, Machinery and Eguipment
总 计	**National Total**	**240595**	**81975**	**87175**	**46254**	**27725**	**5742**	**26354**
北 京	Beijing	10045	587	2437	1950	1851	148	126
天 津	Tianjin	25586	751	1639	473	151		86
河 北	Hebei	6294	2429	853	1249	182		5532
山 西	Shanxi	4081	1220	763	1683	988	83	
内蒙古	Inner Mongolia	1498	731	13		3		
辽 宁	Liaoning	9156	995	2392	1554	3629	30	325
吉 林	Jilin	403	126	546	20	19	16	
黑龙江	Heilongjiang	9511	2864	297	515	3175	338	1397
上 海	Shanghai	11165	740	1003	996	200	16	5308
江 苏	Jiangsu	8140	6708	2417	6093	7	50	
浙 江	Zhejiang	2648	295	170	676	467	8	977
安 徽	Anhui	1957	414	6915	253	858		2260
福 建	Fujian	2990	393	1691	42	5	1165	42
江 西	Jiangxi	676	1090	1361	9013	228	5	
山 东	Shandong	6073	7228	17417	214	211	15	137
河 南	Henan	2000	4455	784	1979		53	586
湖 北	Hubei	9313	1567	22411	1252	1443	54	165
湖 南	Hunan	5255	2413	2180	327		170	
广 东	Guangdong	4390	2192	3270	388	1233	19	2088
广 西	Guangxi	11897	1214	1264	178			92
海 南	Hainan	6	208	634				1011
重 庆	Chongqing	5136	998	1354	3317	2394	38	
四 川	Sichuan	21121	1391	3714	101	4518		4732
贵 州	Guizhou	8162	12	21	8679	57	3509	
云 南	Yunnan	756	300	487	51			
西 藏	Tibet							
陕 西	Shaanxi	68680	39404	10928	5251	807		
甘 肃	Gansu	2093	822	36		4671		669
青 海	Qinghai		348	178		616		726
宁 夏	Ningxia					12		
新 疆	Xinjiang	1563	80				25	95

4-1 续表 8 continued

单位：人 (person)

地 区	Region	(四) 电力、热力、燃气及水生产和供应业 Production and Supply of Electricity, Heat, Gas and Water	1.电力、热力生产和供应业 1.Production and Supply of Electric Power and Heat Power	2.燃气生产和供应业 2.Production and Supply of Gas	3.水的生产和供应业 3.Production and Supply of Water	(五) 建筑业 V. Construction	1.房屋建筑业 1. Construction of Buildings	2.土木工程建筑业 2. Civil Engineering
总 计	**National Total**	**1989723**	**1664087**	**31897**	**293739**	**2674925**	**1387811**	**993584**
北 京	Beijing	24014	21510	1483	1021	36165	13877	16753
天 津	Tianjin	16067	15110	259	698	21927	4456	13858
河 北	Hebei	108445	86528	4758	17159	68678	19965	43673
山 西	Shanxi	63846	47475	3621	12750	75129	27935	42271
内蒙古	Inner Mongolia	61486	50319	432	10735	15034	4703	10289
辽 宁	Liaoning	81772	52037	3589	26146	131472	42103	68462
吉 林	Jilin	50062	35406	1467	13189	37700	18286	12659
黑龙江	Heilongjiang	89002	77721	535	10746	96563	58240	29505
上 海	Shanghai	22076	18860	591	2625	13342	2439	9814
江 苏	Jiangsu	99928	84133	648	15147	135494	32843	78165
浙 江	Zhejiang	81105	71194	856	9055	27311	1635	22096
安 徽	Anhui	61613	53242	164	8207	88482	58037	22459
福 建	Fujian	31181	25151	259	5771	90826	66513	20181
江 西	Jiangxi	15510	8224	66	7220	112781	78856	30058
山 东	Shandong	129172	106608	1169	21395	171835	43378	120940
河 南	Henan	131653	115685	984	14984	77684	23531	45997
湖 北	Hubei	131100	117058	741	13301	93747	30870	47461
湖 南	Hunan	114430	96658	308	17464	124200	46289	70338
广 东	Guangdong	105940	82193	463	23284	294452	161310	48476
广 西	Guangxi	52311	42977	37	9297	86211	34099	47113
海 南	Hainan	14206	12320	74	1812	18196	16154	1705
重 庆	Chongqing	8156	2973	3049	2134	61450	38692	20140
四 川	Sichuan	154107	137241	4764	12102	349898	271384	50332
贵 州	Guizhou	109846	104130	337	5379	105930	79985	24544
云 南	Yunnan	38183	33078	67	5038	56414	32112	18580
西 藏	Tibet	9996	9109	8	879	4590	3043	1526
陕 西	Shaanxi	56191	43873	1090	11228	116896	84571	24714
甘 肃	Gansu	69832	61986	20	7826	82030	52630	20712
青 海	Qinghai	10424	9408		1016	17022	4444	11159
宁 夏	Ningxia	19360	17342		2018	14731	8324	5184
新 疆	Xinjiang	28709	24538	58	4113	48735	27107	14420

4-1 续表 9 continued

单位：人 (person)

地 区	Region	3.建筑安装业 3.Building Installation	4.建筑装饰和其他建筑业 4.Building Decoration and Other Constructions	(六) 批发和零售业 VI. Wholesale and Retail Trades	1.批发业 1.Wholesale Trade	2.零售业 2.Retail Trade	(七) 交通运输、仓储和邮政业 VII. Transport, Storage and Post	1.铁路运输业 1.Railway Transport
总 计	**National Total**	**200896**	**92634**	**1100792**	**797991**	**302801**	**4102869**	**1676537**
北 京	Beijing	2807	2728	29458	19095	10363	112843	78067
天 津	Tianjin	3064	549	11969	7180	4789	55390	19324
河 北	Hebei	2968	2072	43539	28248	15291	167440	48227
山 西	Shanxi	913	4010	69913	54117	15796	180647	112883
内蒙古	Inner Mongolia	35	7	32723	18351	14372	160871	100243
辽 宁	Liaoning	13066	7841	38486	26287	12199	232270	113783
吉 林	Jilin	5879	876	26021	22869	3152	127653	68130
黑龙江	Heilongjiang	6207	2611	53452	39446	14006	254107	138084
上 海	Shanghai	260	829	17508	8946	8562	97128	43254
江 苏	Jiangsu	8958	15528	44337	33571	10766	164656	21490
浙 江	Zhejiang	525	3055	18808	15171	3637	88640	23561
安 徽	Anhui	4794	3192	34561	26810	7751	98158	40089
福 建	Fujian	2056	2076	35924	26895	9029	109493	39430
江 西	Jiangxi	2457	1410	37230	27206	10024	131837	61339
山 东	Shandong	3137	4380	66432	45070	21362	229904	79506
河 南	Henan	6640	1516	116202	83043	33159	230065	109046
湖 北	Hubei	10784	4632	44817	28655	16162	198004	83266
湖 南	Hunan	5127	2446	35949	26567	9382	154343	74268
广 东	Guangdong	79520	5146	80936	61109	19827	229376	965
广 西	Guangxi	1663	3336	32187	23188	8999	121012	60428
海 南	Hainan	8	329	7351	3755	3596	14067	
重 庆	Chongqing	395	2223	18339	13860	4479	108334	28503
四 川	Sichuan	23056	5126	47657	37178	10479	210864	59348
贵 州	Guizhou	651	750	32951	29330	3621	61479	30468
云 南	Yunnan	2405	3317	44890	39487	5403	83692	37216
西 藏	Tibet		21	4319	2200	2119	6499	67
陕 西	Shaanxi	4003	3608	37634	22563	15071	179571	62666
甘 肃	Gansu	6398	2290	13816	9609	4207	90119	50924
青 海	Qinghai	1419		3093	2174	919	36185	21877
宁 夏	Ningxia	890	333	4054	2855	1199	27020	14744
新 疆	Xinjiang	811	6397	16236	13156	3080	141202	55341

4-1 续表 10 continued

单位：人 (person)

地 区	Region	2.道路运输业 2.Road Transport	3.水上运输业 3.Water Transport	4.航空运输业 4.Air Transport	5.管道运输业 5.Transport Via Pipeline	6.装卸搬运和运输代理业 6.Loading Unloading and Forwarding Ageney	7.仓储业 7.Storage	8.邮政业 8.Post
总 计	**National Total**	**1180544**	**119931**	**83188**	**9233**	**47429**	**140976**	**845031**
北 京	Beijing	2818		8		1132	5480	25338
天 津	Tianjin	25054	1390	1962		1687	1873	4100
河 北	Hebei	79246	177	1081	113	1172	6965	30459
山 西	Shanxi	37328	44	663	117	855	6794	21963
内蒙古	Inner Mongolia	33035	31	1883		253	4462	20964
辽 宁	Liaoning	68531	8617	9227	2020	1784	6632	21676
吉 林	Jilin	28493	151	5252	32	532	8335	16728
黑龙江	Heilongjiang	61675	2827	4166	767	1655	15574	29359
上 海	Shanghai	5146	21209	3303		2241	1539	20436
江 苏	Jiangsu	59425	9364	5692	2988	3951	5951	55795
浙 江	Zhejiang	27642	3151	2751		1415	1454	28666
安 徽	Anhui	20856	243	803		922	6170	29075
福 建	Fujian	23261	4163	3314		5331	2445	31549
江 西	Jiangxi	37364	984	4844	91	705	5607	20903
山 东	Shandong	63971	30167	842	1264	3864	6567	43723
河 南	Henan	70482	292	393		2201	15400	32251
湖 北	Hubei	44162	6836	3076	746	1793	4345	53780
湖 南	Hunan	42817	641	2763		1271	4153	28430
广 东	Guangdong	91571	11503	7463		4687	5251	107936
广 西	Guangxi	23407	1587	5223		2085	4252	24030
海 南	Hainan	5512	2158	2005		336	745	3311
重 庆	Chongqing	47569	3826			545	745	27146
四 川	Sichuan	63661	9683	1000	48	3599	5348	68177
贵 州	Guizhou	16171	707	105		288	2489	11251
云 南	Yunnan	27793	30	1755		570	1330	14998
西 藏	Tibet	3920		372			239	1901
陕 西	Shaanxi	71200	100	5154	1047	695	4252	34457
甘 肃	Gansu	17924	46	1374		294	2559	16998
青 海	Qinghai	9935	4	207		19	858	3285
宁 夏	Ningxia	7604				214	641	3817
新 疆	Xinjiang	62971		6507		1333	2521	12529

4-1 续表 11 continued

单位：人 (person)

地 区	Region	(八) 住宿和餐饮业 VIII. Hotels and Catering Services	1.住宿业 1.Hotels	2.餐饮业 2.Catering Services	(九) 信息传输、软件和信息技术服务业 Information Transmission, Software and Information Technology	1.电信、广播电视和卫星传输服务 1.Telecommunication, Radio and Television and Satellite Transmission Service	2.互联网和相关服务 2.Internet and Related Service	3.软件和信息技术服务业 3.Software and Information Technology
总 计	**National Total**	**457104**	**390055**	**67049**	**494860**	**448192**	**12900**	**33768**
北 京	Beijing	42312	39277	3035	12732	1693	1827	9212
天 津	Tianjin	7088	5761	1327	997	254	193	550
河 北	Hebei	22322	19781	2541	23496	23124	280	92
山 西	Shanxi	18278	13813	4465	11260	10225	518	517
内蒙古	Inner Mongolia	9998	7999	1999	23802	23051	439	312
辽 宁	Liaoning	23395	21548	1847	17654	15285	399	1970
吉 林	Jilin	10956	9708	1248	21828	21045	442	341
黑龙江	Heilongjiang	23025	19426	3599	21779	19862	1012	905
上 海	Shanghai	18806	16955	1851	2849	980	285	1584
江 苏	Jiangsu	22462	19096	3366	28534	26132	324	2078
浙 江	Zhejiang	11622	10391	1231	13308	12248	235	825
安 徽	Anhui	7994	6530	1464	16156	15985	26	145
福 建	Fujian	10802	9432	1370	12983	10965	1624	394
江 西	Jiangxi	9951	8777	1174	17165	15797	306	1062
山 东	Shandong	39403	28948	10455	39002	38346	273	383
河 南	Henan	26129	22972	3157	27084	26001	515	568
湖 北	Hubei	11012	8650	2362	16880	15136	626	1118
湖 南	Hunan	14141	13050	1091	13122	12439	306	377
广 东	Guangdong	30946	25904	5042	41843	37149	379	4315
广 西	Guangxi	12626	10686	1940	14778	14306	31	441
海 南	Hainan	5633	5120	513	953	534	63	356
重 庆	Chongqing	5628	4000	1628	3236	2676	395	165
四 川	Sichuan	13024	11504	1520	52016	50369	410	1237
贵 州	Guizhou	6033	5051	982	3060	2786	161	113
云 南	Yunnan	10846	9744	1102	22298	19560	124	2614
西 藏	Tibet	4036	4036		3780	3780		
陕 西	Shaanxi	12835	10511	2324	6236	4099	712	1425
甘 肃	Gansu	10412	9269	1143	11529	10884	227	418
青 海	Qinghai	1908	1875	33	2678	2624		54
宁 夏	Ningxia	1482	1123	359	2943	2397	541	5
新 疆	Xinjiang	11999	9118	2881	8879	8460	227	192

4-1 续表 12 continued

单位：人 (person)

地区	Region	(十) 金融业 X. Financial Intermediation	1.货币金融服务 1.Monetay and Financial Service	2.资本市场服务 2.Capital Market Service	3.保险业 3.Insurance	4.其他金融业 4.Other Financial Activities	(十一) 房地产业 XI. Real Estate
总　计	**National Total**	**1479215**	**1169861**	**37269**	**260371**	**11714**	**371254**
北　京	Beijing	10364	6716	2556	832	260	31930
天　津	Tianjin	11095	10155	10	806	124	12617
河　北	Hebei	41266	28806	315	11710	435	10263
山　西	Shanxi	52533	45208	570	6314	441	8268
内蒙古	Inner Mongolia	46174	36931	675	8269	299	6545
辽　宁	Liaoning	82314	69123	1017	11837	337	21202
吉　林	Jilin	47249	40632	986	5483	148	9633
黑龙江	Heilongjiang	51414	46613	55	4365	381	15039
上　海	Shanghai	34918	29439	3342	1302	835	17037
江　苏	Jiangsu	99439	72790	677	25565	407	15236
浙　江	Zhejiang	50744	44005	3092	3310	337	11354
安　徽	Anhui	59418	38194	1865	19076	283	11467
福　建	Fujian	53015	37870	817	13589	739	20621
江　西	Jiangxi	48280	38300	762	8863	355	8971
山　东	Shandong	87839	71530	840	15166	303	22130
河　南	Henan	66571	47474	2528	16430	139	9267
湖　北	Hubei	70660	58508	346	11489	317	10252
湖　南	Hunan	38664	29740	548	8330	46	11667
广　东	Guangdong	107804	86208	2019	18901	676	40818
广　西	Guangxi	53842	42724	435	9319	1364	12200
海　南	Hainan	8981	7606	79	317	979	5066
重　庆	Chongqing	38861	36633	169	1644	415	9054
四　川	Sichuan	111332	79168	9836	21843	485	9572
贵　州	Guizhou	20893	18787	282	1500	324	4630
云　南	Yunnan	45659	34626	496	9978	559	4268
西　藏	Tibet	7764	7703		12	49	47
陕　西	Shaanxi	41055	28443	2685	9590	337	16634
甘　肃	Gansu	30726	25760	30	4831	105	7890
青　海	Qinghai	15797	12612	13	3047	125	1144
宁　夏	Ningxia	13273	11422		1851		2662
新　疆	Xinjiang	31271	26135	224	4802	110	3770

4-1 续表 13 continued

单位：人 (person)

地 区	Region	#房地产开发经营 Development and Management of Real Estate	#物业管理 Property Management	#房地产中介服务 Agency Services for Real Estate	(十二)租赁和商务服务业 XII. Leasing and Business Services	1.租赁业 1.Leasing	2.商务服务业 2.Business Services
总 计	**National Total**	**110852**	**151160**	**19820**	**1235726**	**10825**	**1224901**
北 京	Beijing	3225	20705	380	172155	837	171318
天 津	Tianjin	5087	5429	154	7090	444	6646
河 北	Hebei	2510	3566	783	60404	122	60282
山 西	Shanxi	4496	1616	299	37559	546	37013
内蒙古	Inner Mongolia	1222	571	1082	21483	18	21465
辽 宁	Liaoning	5214	9765	911	64109	156	63953
吉 林	Jilin	841	3241	1375	24517	321	24196
黑龙江	Heilongjiang	2399	8123	530	26606	85	26521
上 海	Shanghai	4562	8285	173	58494	130	58364
江 苏	Jiangsu	5806	4772	287	91266	987	90279
浙 江	Zhejiang	2576	3310	181	67852	156	67696
安 徽	Anhui	4141	2150	720	24012	64	23948
福 建	Fujian	5228	11974	1008	34242	196	34046
江 西	Jiangxi	3139	1602	975	34380	220	34160
山 东	Shandong	8172	9231	1166	93032	369	92663
河 南	Henan	3668	2147	1144	38587	410	38177
湖 北	Hubei	5558	2158	805	37276	1648	35628
湖 南	Hunan	4019	3860	1101	28881	775	28106
广 东	Guangdong	5817	27091	2781	118612	344	118268
广 西	Guangxi	3715	3802	723	35005	772	34233
海 南	Hainan	2459	1549	257	7284	286	6998
重 庆	Chongqing	2615	5150	349	21902	4	21898
四 川	Sichuan	3820	2345	620	43220	621	42599
贵 州	Guizhou	997	691	315	8973	759	8214
云 南	Yunnan	1559	1461	253	16606	15	16591
西 藏	Tibet	16			463		463
陕 西	Shaanxi	9168	3327	838	15303	304	14999
甘 肃	Gansu	5700	522	166	13762	37	13725
青 海	Qinghai	647	132	76	1473	17	1456
宁 夏	Ningxia	2023	381	180	7060	18	7042
新 疆	Xinjiang	453	2204	188	24118	164	23954

4-1 续表 14 continued

单位：人 (person)

地 区	Region	(十三) 科学研究和技术服务业 XIII. Scientific Research and Technical Services	1.研究和试验发展 1.Research and Experimental Development	2.专业技术服务业 2.Professional Technical Services	3.科技推广和应用服务业 3.Science and Technology Popularization and Application Services	(十四) 水利、环境和公共设施管理业 XIV. Management of Water Conservancy, Enviroment and Public Facilities	1.水利管理业 1.Management of Water Conservancy	2.生态保护和环境治理业 2.Ecological Protection and Environmental Treatment
总 计	**National Total**	**2237352**	**651685**	**1275740**	**309927**	**2076963**	**470537**	**87781**
北 京	Beijing	219818	133316	67984	18518	61092	6997	1765
天 津	Tianjin	42313	10655	28358	3300	35615	5952	720
河 北	Hebei	75666	16275	54100	5291	105012	23049	4824
山 西	Shanxi	59897	16026	38423	5448	77611	14935	2965
内蒙古	Inner Mongolia	45992	5911	33449	6632	71803	15605	2440
辽 宁	Liaoning	117666	31011	72024	14631	143927	19723	5775
吉 林	Jilin	58568	12722	36825	9021	69180	18210	2735
黑龙江	Heilongjiang	99043	12897	78126	8020	95203	16394	2780
上 海	Shanghai	83160	46739	28099	8322	27680	4337	1164
江 苏	Jiangsu	85610	32066	43705	9839	89163	29128	2898
浙 江	Zhejiang	73141	13481	51270	8390	66597	8804	1721
安 徽	Anhui	58110	10164	39624	8322	69005	21422	1742
福 建	Fujian	43992	5144	32533	6315	44748	7710	1821
江 西	Jiangxi	46979	9914	31110	5955	63792	10782	1180
山 东	Shandong	93672	19762	64682	9228	122951	30184	2814
河 南	Henan	89009	22187	51636	15186	105544	33355	4233
湖 北	Hubei	85565	24144	49286	12135	77333	25040	2897
湖 南	Hunan	78250	17491	53539	7220	86578	19125	1854
广 东	Guangdong	88062	16401	63221	8440	113593	26034	6218
广 西	Guangxi	75340	13063	42172	20105	89573	14741	3461
海 南	Hainan	12815	4092	7462	1261	22829	3792	1527
重 庆	Chongqing	39507	8839	24964	5704	35814	3072	1547
四 川	Sichuan	159396	71675	75488	12233	97281	13084	7670
贵 州	Guizhou	50185	6992	21241	21952	40036	5478	1655
云 南	Yunnan	72215	9784	38062	24369	55150	13653	4889
西 藏	Tibet	10783	1369	8352	1062	2196	210	86
陕 西	Shaanxi	130388	54977	51549	23862	75793	26650	5938
甘 肃	Gansu	59359	13116	34536	11707	52853	23193	4354
青 海	Qinghai	20230	2478	11877	5875	9717	3917	534
宁 夏	Ningxia	10319	1786	6840	1693	18822	5404	913
新 疆	Xinjiang	52302	7208	35203	9891	50472	20557	2661

4-1 续表 15 continued

单位：人 (person)

地 区	Region	3.公共设施管理业 3.Management of Public Facilities	(十五)居民服务、修理和其他服务业 XV. Service to Households, Repair and Other Services	1.居民服务业 1.Service to Households	2.机动车、电子产品和日用产品修理业 2.Repair of Motor Vehicle, Electronics and Household Products	3.其他服务业 3.Other Sevices	(十六)教育 XVI. Education	#初等教育 Primary Education	#中等教育 Secondary Education	#高等教育 Senior Education
总 计	**National Total**	**1518645**	**228926**	**121364**	**22270**	**85292**	**15738116**	**5657367**	**7121018**	**1942119**
北 京	Beijing	52330	14596	7575	2384	4637	350749	58351	92032	154071
天 津	Tianjin	28943	45200	2176	1469	41555	180574	31113	61857	47893
河 北	Hebei	77139	5676	3648	864	1164	881241	343149	410198	78910
山 西	Shanxi	59711	4138	1986	1004	1148	505966	192090	236244	44297
内蒙古	Inner Mongolia	53758	4333	3468	39	826	346921	137649	148844	33590
辽 宁	Liaoning	118429	15776	8803	693	6280	565263	159049	245801	106221
吉 林	Jilin	48235	4144	2863	378	903	360773	134640	148451	58103
黑龙江	Heilongjiang	76029	37922	31473	37	6412	447296	152159	197072	66550
上 海	Shanghai	22179	9295	4854	2847	1594	268589	42051	84438	79441
江 苏	Jiangsu	57137	5020	3740	525	755	831644	269905	377049	128836
浙 江	Zhejiang	56072	5809	4012	325	1472	574134	185384	240840	90753
安 徽	Anhui	45841	2857	2443	181	233	596871	228118	284953	64271
福 建	Fujian	35217	7228	3297	483	3448	449735	173289	191374	53355
江 西	Jiangxi	51830	3877	1496	711	1670	446337	200315	185969	39154
山 东	Shandong	89953	7961	4532	1782	1647	1107408	350982	578334	121585
河 南	Henan	67956	6128	4569	363	1196	1016980	345870	536177	78769
湖 北	Hubei	49396	5780	2783	1490	1507	640978	190807	309110	113853
湖 南	Hunan	65599	2995	1795	182	1018	665963	182263	371677	82816
广 东	Guangdong	81341	14816	9969	2023	2824	1058249	427031	499799	80512
广 西	Guangxi	71371	2024	1686	176	162	597052	292494	229484	44984
海 南	Hainan	17510	449	154	295		110606	46550	48003	9484
重 庆	Chongqing	31195	1569	1305	144	120	365354	136728	174270	37600
四 川	Sichuan	76527	4917	3665	578	674	865037	337640	384053	104274
贵 州	Guizhou	32903	3131	2146	775	210	462218	225745	181439	23342
云 南	Yunnan	36608	1785	1116	266	403	546027	267062	215935	28738
西 藏	Tibet	1900	61	41		20	44178	22238	16105	3622
陕 西	Shaanxi	43205	4119	2340	882	897	562168	200754	240152	89468
甘 肃	Gansu	25306	1897	1008	889		363847	129984	176344	36366
青 海	Qinghai	5266	251	181	70		73790	22870	36880	5188
宁 夏	Ningxia	12505	458	431	12	15	84639	34621	38157	6332
新 疆	Xinjiang	27254	4714	1809	403	2502	367529	136466	179977	29741

4-1 续表 16 continued

单位：人 (person)

地 区	Region	(十七) 卫生和社会工作 XVII. Health and Social Service	1.卫生 1.Health	2.社会工作 2.Social Service	(十八) 文化、体育和娱乐业 XVIII. Culture, Sports and Entertainment	1.新闻和出版业 1.Journalism and Publishing Activities	2.广播、电视、电影和影视录音制作业 2.Radio, Television, Motion Picture and Videotape Programme Production Services
总 计	**National Total**	**6727438**	**6548486**	**178952**	**1098685**	**258613**	**358297**
北 京	Beijing	203422	196232	7190	113389	53433	25250
天 津	Tianjin	86217	84458	1759	14569	1835	4105
河 北	Hebei	309415	301671	7744	45911	8447	18598
山 西	Shanxi	164901	161095	3806	42004	8924	13476
内蒙古	Inner Mongolia	125103	121020	4083	33629	7077	10762
辽 宁	Liaoning	302715	280527	22188	44156	8764	14370
吉 林	Jilin	158106	153540	4566	30112	6461	9176
黑龙江	Heilongjiang	214061	206002	8059	39893	7393	13418
上 海	Shanghai	162578	156988	5590	30131	6506	4600
江 苏	Jiangsu	321652	315353	6299	46744	8600	18882
浙 江	Zhejiang	321644	314665	6979	54851	11665	20443
安 徽	Anhui	197365	193741	3624	28037	4588	14029
福 建	Fujian	155541	150650	4891	28962	4558	10698
江 西	Jiangxi	181013	171489	9524	29767	9258	9130
山 东	Shandong	481870	475297	6573	56832	11436	23121
河 南	Henan	423838	417763	6075	65007	14894	21805
湖 北	Hubei	335175	326685	8490	46034	10756	16820
湖 南	Hunan	322310	317309	5001	37302	5552	16268
广 东	Guangdong	498357	487557	10800	62538	13713	16992
广 西	Guangxi	270311	265953	4358	27012	3628	8822
海 南	Hainan	44738	43631	1107	6366	1126	2754
重 庆	Chongqing	136780	133827	2953	17801	5450	5612
四 川	Sichuan	359122	347691	11431	48535	16594	12195
贵 州	Guizhou	158118	155001	3117	15363	4350	4240
云 南	Yunnan	198487	193345	5142	26330	5494	7728
西 藏	Tibet	16482	15936	546	6407	711	2853
陕 西	Shaanxi	214984	210021	4963	35803	6263	9591
甘 肃	Gansu	123395	119699	3696	22749	2806	7833
青 海	Qinghai	35283	33053	2230	6736	815	2449
宁 夏	Ningxia	39888	38740	1148	6947	1792	1684
新 疆	Xinjiang	164567	159547	5020	28768	5724	10593

4-1 续表 17 continued

单位：人 (person)

地区	Region	3.文化艺术业 3.Cultural and Art Activities	4.体育 4.Sports Activities	5.娱乐业 5.Entertainment	(十九) 公共管理、社会保障和社会组织 XIX.Public Management, Social Security and Social Organization	#中国共产党机关 Organs of Communist Party of China	#国家机构 Government Agencies	#人民政协、民主党派 People's Political Consultative Conference and Democratic Parties	#社会保障 Social Security	#群众社团、社会团体和其他成员组织 Non-Governmental Organizations, Social Organizations and Membership Organizations
总计	**National Total**	**389351**	**66642**	**25782**	**15535922**	**578316**	**14372472**	**102340**	**152933**	**313289**
北京	Beijing	25890	7857	959	400782	11246	366990	2128	2805	17613
天津	Tianjin	6607	1482	540	154760	3517	145302	440	2714	1924
河北	Hebei	13845	2151	2870	852886	33942	795424	5076	6925	11519
山西	Shanxi	16936	2184	484	600728	20606	558107	3445	7028	11055
内蒙古	Inner Mongolia	14288	1168	334	402583	19200	364518	4506	5015	8272
辽宁	Liaoning	17923	2406	693	530698	24374	481708	3270	7662	13269
吉林	Jilin	11837	1973	665	350550	12692	325303	2209	4024	6255
黑龙江	Heilongjiang	14979	2387	1716	432235	14836	402624	2562	5874	5567
上海	Shanghai	11638	6661	726	200485	3192	187994	766	4953	3156
江苏	Jiangsu	15755	2203	1304	670475	14573	640191	2943	5421	7347
浙江	Zhejiang	20184	1968	591	626066	19922	588370	3643	5279	8785
安徽	Anhui	7697	1535	188	479387	16528	450646	2727	3232	5882
福建	Fujian	10065	2927	714	359223	14398	328241	3013	4924	7372
江西	Jiangxi	8672	2022	685	482315	17955	438846	3452	4131	17271
山东	Shandong	18119	3226	930	1117251	41654	1044466	6272	8746	16113
河南	Henan	24883	2184	1241	1067850	32106	997969	5976	8511	23225
湖北	Hubei	15137	1749	1572	575249	14254	530305	3934	6675	19889
湖南	Hunan	13323	1494	665	811070	28759	763058	4246	6514	8493
广东	Guangdong	19173	6600	6060	1014037	35246	942696	3743	7256	24623
广西	Guangxi	11742	2223	597	451784	18269	413262	3077	8836	7268
海南	Hainan	2001	202	283	111987	4165	104373	607	237	2561
重庆	Chongqing	5588	1138	13	288857	8873	269121	1740	3024	6099
四川	Sichuan	17673	1694	379	838453	37476	756422	6890	9560	27570
贵州	Guizhou	5840	821	112	463664	18862	427903	3553	3888	9458
云南	Yunnan	11652	1130	326	502056	25003	454741	5960	5439	8902
西藏	Tibet	2422	390	31	132069	9020	115903	1308	328	5510
陕西	Shaanxi	18306	1527	116	556693	26263	506180	4622	4399	10075
甘肃	Gansu	10439	1350	321	403586	21966	367584	4866	2193	6552
青海	Qinghai	2893	384	195	93540	5171	82425	1440	1383	3121
宁夏	Ningxia	2642	740	89	92788	2374	84908	1162	776	3568
新疆	Xinjiang	11202	866	383	471815	21874	436892	2764	5181	4975

4-2 各地区分行业城镇集体单位就业人员数
Employed Persons in Urban Collective-owned Units by Sector and Region

单位：人 (person)

地 区	Region	城镇集体单位合计 Total	(一)企业 I. Enterprises	(二)事业 II. Institutions	(三)机关 III. Agencies and Organizations	(四)民间非营利组织 IV. Civil Nonprofit Organizations	(五)其他 V. Other	(一)农、林、牧、渔业 I.Agriculture, Forestry, Animal Husbandry and Fishery	1.农业 1.Farming	2.林业 2.Forestry
总 计	**National Total**	**5661703**	**4750170**	**842952**	**7892**	**17449**	**43240**	**24740**	**6416**	**7666**
北 京	Beijing	175341	141804	20050		6903	6584	3513	1807	690
天 津	Tianjin	71037	65880	4793		169	195	1		
河 北	Hebei	179959	147199	32344	327		89	840	13	423
山 西	Shanxi	214152	182651	30621	203		677	813	365	59
内蒙古	Inner Mongolia	72806	57709	15050			47	491	278	
辽 宁	Liaoning	367325	346458	18958	1185	515	209	618	93	71
吉 林	Jilin	74054	58108	15717	200		29	459	17	72
黑龙江	Heilongjiang	158466	146295	11813	358			1538	290	806
上 海	Shanghai	119979	89940	28019		1324	696	222		
江 苏	Jiangsu	387546	272447	113377	736		986	609	365	
浙 江	Zhejiang	222690	139702	76226	334	3579	2849	296	85	67
安 徽	Anhui	163996	109756	51889	1632	484	235	529	55	
福 建	Fujian	140841	104692	35534	75	257	283	266	42	157
江 西	Jiangxi	153894	142144	11182	216	15	337	438	145	91
山 东	Shandong	591711	499590	83854	399	516	7352	836	28	8
河 南	Henan	460928	364508	87402	879	1178	6961	4158	1858	269
湖 北	Hubei	152522	120157	30457	318	244	1346	586	32	18
湖 南	Hunan	236522	206803	27932		1191	596	883	177	432
广 东	Guangdong	585200	551542	25954	287	345	7072	718	120	105
广 西	Guangxi	143910	139168	3929	315	80	418	273	89	152
海 南	Hainan	30324	23048	6845	59	144	228	656	214	367
重 庆	Chongqing	90925	72290	18133	87	215	200	634	22	250
四 川	Sichuan	313964	248025	62046	115	20	3758	2737		1657
贵 州	Guizhou	61517	59005	1188		200	1124	169	3	149
云 南	Yunnan	140252	128340	11647	75		190	1739	154	1469
西 藏	Tibet	5413	5412	1				25		
陕 西	Shaanxi	188936	176445	12084	13	55	339	407	48	307
甘 肃	Gansu	107389	103584	3312	53		440	142	18	47
青 海	Qinghai	12643	12190	453				71	59	
宁 夏	Ningxia	8338	7801	537				7		
新 疆	Xinjiang	29123	27477	1605	26	15		66	39	

4-2 续表 1 continued

单位：人 (person)

地 区	Region	3.畜牧业 3.Animal Husbandry	4.渔业 4.Fishery	5.农、林、牧、渔服务业 5.Service in support of Agriculture	(二)采矿业 II. Mining	1.煤炭开采和洗选业 1.Mining and Washing of Coal	2.石油和天然气开采业 2.Extraction of Petroleum and Natural Gas	3.黑色金属矿采选业 3.Mining and Processing of Ferrous Metal Ores
总 计	**National Total**	**1537**	**1374**	**7747**	**158065**	**94800**		**13487**
北 京	Beijing	636	62	318	721			617
天 津	Tianjin			1	143			143
河 北	Hebei	13	38	353	3656	2604		1052
山 西	Shanxi			389	12416	11988		376
内蒙古	Inner Mongolia	57		156	1459	816		541
辽 宁	Liaoning	4	337	113	8769	3713		2901
吉 林	Jilin		60	310	2088	1130		127
黑龙江	Heilongjiang	94	18	330	12591	10861		
上 海	Shanghai			222				
江 苏	Jiangsu	56	112	76	1004			185
浙 江	Zhejiang	28	33	83	1115			32
安 徽	Anhui		76	398	3320	2289		878
福 建	Fujian		11	56	5886	3862		514
江 西	Jiangxi	2	128	72	2786	2047		312
山 东	Shandong	40	22	738	8291	2882		168
河 南	Henan	203		1828	21551	1867		1177
湖 北	Hubei	83	61	392	8112	3171		1311
湖 南	Hunan		274		32692	28318		1560
广 东	Guangdong	89	94	310	1364			3
广 西	Guangxi			32	853			33
海 南	Hainan	12	15	48	19			
重 庆	Chongqing		33	329	4728	3695		
四 川	Sichuan	21		1059	4071	3002		328
贵 州	Guizhou	17			1894	995		537
云 南	Yunnan	116			7124	5503		150
西 藏	Tibet	1		24	169			161
陕 西	Shaanxi			52	4975	3631		381
甘 肃	Gansu	46		31	5997	2258		
青 海	Qinghai			12	46			
宁 夏	Ningxia			7				
新 疆	Xinjiang	19		8	225	168		

4-2 续表 2 continued

单位：人 (person)

地 区	Region	4.有色金属矿采选业 4.Mining and Processing of Non-ferrous Metal Ores	5.非金属矿采选业 5.Mining and Processing of Non-metal Ores	6.开采辅助活动 6.Support Activities for Mining	7.其他采矿业 7.Mining of Other Ores	(三)制造业 III. Manufacturing	1.农副食品加工业 1.Processing of Food from Agricultural Products	2.食品制造业 2.Manufacture of Foods	3.酒、饮料和精制茶制造业 3.Manufacture of Liquor, Beverages and Refined Tea
总 计	**National Total**	**20034**	**24338**	**5282**	**124**	**974077**	**39014**	**7613**	**6661**
北 京	Beijing		104			26266	642	202	442
天 津	Tianjin					11373	170	42	35
河 北	Hebei					35072	2568	131	354
山 西	Shanxi	17	35			46695	432	240	115
内蒙古	Inner Mongolia		102			12209	178	66	184
辽 宁	Liaoning	292	1863			125051	1805	252	201
吉 林	Jilin		109	722		14073	529	43	5
黑龙江	Heilongjiang		100	1630		46735	96	694	243
上 海	Shanghai					30940	42	211	
江 苏	Jiangsu		819			67520	439	443	91
浙 江	Zhejiang		1083			12562	109	8	12
安 徽	Anhui		29		124	12917	136	32	22
福 建	Fujian	390	1120			12569	320	168	573
江 西	Jiangxi	399	28			11186	705	653	61
山 东	Shandong	3052	2189			111444	10946	565	967
河 南	Henan	10895	7612			77625	8701	790	1193
湖 北	Hubei	588	3042			21303	1137	384	356
湖 南	Hunan	1284	1530			35075	853	377	246
广 东	Guangdong		1361			160223	862	1202	174
广 西	Guangxi	158	662			24029	707	234	441
海 南	Hainan		19			820	69	37	43
重 庆	Chongqing		1025	8		9939	601	47	74
四 川	Sichuan	141	600			15638	87	82	80
贵 州	Guizhou	60	302			6883	161	107	242
云 南	Yunnan	1103	368			9199	85	279	69
西 藏	Tibet		8			1641			27
陕 西	Shaanxi	732	97	134		20532	6370	244	99
甘 肃	Gansu	877	77	2785		9554	253		305
青 海	Qinghai	46				1309			
宁 夏	Ningxia					383			
新 疆	Xinjiang		54	3		3312	11	80	7

4-2 续表 3 continued

单位：人 (person)

地 区	Region	4.烟草制品业 4.Manufacture of Tobacco	5.纺织业 5.Manufacture of Textile	6.纺织服装、服饰业 6.Manufacture of Textile Wearing Apparel, and Accessories	7.皮革、毛皮、羽毛及其制品和制鞋业 7.Manufacture of Leather, Fur, Feather and Related Products and Footwear	8.木材加工和木、竹、藤、棕、草制品业 8.Processing of Timbers, Manufacture of Wood, Bamboo, Rattan, Palm and Straw Products	9.家具制造业 9.Manufacture of Furniture	10.造纸和纸制品业 10.Manufacture of Paper and Paper Products
总 计	**National Total**	**4870**	**29243**	**35743**	**34474**	**11315**	**3986**	**22260**
北 京	Beijing		345	2430	137	160	220	1239
天 津	Tianjin		514	973		31	12	589
河 北	Hebei		1153	736	180	162	249	2008
山 西	Shanxi		320	922	145	473	145	474
内蒙古	Inner Mongolia		31	454	4	14	51	189
辽 宁	Liaoning	259	1131	1316	163	869	363	1150
吉 林	Jilin		136	325	82	1252	201	341
黑龙江	Heilongjiang	135	158	680	1590	4087	237	719
上 海	Shanghai		631	667	571	275	18	63
江 苏	Jiangsu		4031	1322	286	112	272	846
浙 江	Zhejiang		719	398		54	74	383
安 徽	Anhui	1198	144	58	117	105	39	340
福 建	Fujian		528	638	656	63	88	1023
江 西	Jiangxi		158	330	133	419	191	91
山 东	Shandong		5515	3277	1672	202	229	2687
河 南	Henan	2151	2695	3011	254	528	406	1755
湖 北	Hubei		857	882	35	22	36	661
湖 南	Hunan		888	302	285	455	164	1193
广 东	Guangdong		8142	15228	26026	925	499	3416
广 西	Guangxi		98	373	174	440	61	575
海 南	Hainan			9		12	33	30
重 庆	Chongqing		68	119	389	429	118	59
四 川	Sichuan	207	138	87	77	92		187
贵 州	Guizhou		18	34	827	96	120	191
云 南	Yunnan	888	247	497	158	28	23	1223
西 藏	Tibet		115	133			64	
陕 西	Shaanxi	32	271	89	39		43	419
甘 肃	Gansu		163	372	448		12	300
青 海	Qinghai			3	21			
宁 夏	Ningxia						5	
新 疆	Xinjiang		29	78	5	10	13	109

4-2 续表 4 continued

单位：人 (person)

地 区	Region	11.印刷业和记录媒介的复制 11.Printing and Reproduction of Recording Media	12.文教工美、体育和娱乐用品制造业 12.Manufacture of Articles for Culture, Education, Arts and Crafts, Sport and Entertainment Activities	13.石油加工、炼焦和核燃料加工业 13.Processing of Petroleum , Coking, Processing of Nuclear Fuel	14.化学原料和化学制品制造业 14.Manufacture of Chemical Raw Material and Chemical Products	15.医药制造业 15.Manufacture of Medicines	16.化学纤维制造业 16.Manufacture of Chemical Fibres	17.橡胶和塑料制品业 17.Manufacture of Rubber and Plastics Products
总 计	**National Total**	**28429**	**44508**	**9310**	**66081**	**17109**	**1445**	**42335**
北 京	Beijing	3088	230	47	822	249		1355
天 津	Tianjin	49	33	55	2325	10	6	1211
河 北	Hebei	904	41	139	1624	146	51	581
山 西	Shanxi	1130	144	51	557	5		1146
内蒙古	Inner Mongolia	923	56		623	203		162
辽 宁	Liaoning	2738	620	7551	11677	194	241	7602
吉 林	Jilin	1245	112		2112	108		824
黑龙江	Heilongjiang	1745	508	119	7779	13		1039
上 海	Shanghai	710	889	47	1175	408	146	895
江 苏	Jiangsu	980	1847	78	3636	182	509	1683
浙 江	Zhejiang	444	139	10	384	20		447
安 徽	Anhui	817	740		350	367		259
福 建	Fujian	760	728		881	110		590
江 西	Jiangxi	915	48		285	92		584
山 东	Shandong	1214	466	142	5404	444	355	2756
河 南	Henan	3031	909	1009	3432	12618		1858
湖 北	Hubei	281	6		1452	50		800
湖 南	Hunan	904	825		2889	388		1573
广 东	Guangdong	1935	33776		1412	520		12932
广 西	Guangxi	474	970		10141	104		859
海 南	Hainan	121	16		374			10
重 庆	Chongqing	154	17		498	83		141
四 川	Sichuan	866	270		1768	50	32	730
贵 州	Guizhou	385	11		137	40		334
云 南	Yunnan	824	35		491	141		325
西 藏	Tibet		460		70	195		
陕 西	Shaanxi	1237	458		999	369	105	666
甘 肃	Gansu	270	62	58	2116			671
青 海	Qinghai	155	22		82			
宁 夏	Ningxia	80	14		74			6
新 疆	Xinjiang	50	56	4	512			296

4-2 续表 5 continued

单位：人 (person)

地 区	Region	18.非金属矿物制品业 18.Manufacture of Non-metallic Mineral Products	19.黑色金属冶炼和压延加工业 19.Smelting and Processing of Ferrous Metals	20.有色金属冶炼和压延加工业 20.Smelting and Processing of Non-ferrous Metals	21.金属制品业 21.Manufacture of Metal Products	22.通用设备制造业 22.Manufacture of General Purpose Machinery	23.专用设备制造业 23.Manufacture of Special Purpose Machinery	24.汽车制造业 24.Manufacture of Automobiles
总 计	**National Total**	**75403**	**56172**	**16178**	**65585**	**95568**	**44474**	**23566**
北 京	Beijing	2579	405	306	2857	2473	1503	1146
天 津	Tianjin	69	760	462	1254	775	649	556
河 北	Hebei	4057	1885	262	4419	4045	4869	319
山 西	Shanxi	1431	1022	65	7420	5130	13000	131
内蒙古	Inner Mongolia	1259	2468	133	1158	538		449
辽 宁	Liaoning	8386	10781	4280	16126	12583	4988	3901
吉 林	Jilin	2741	614	28	237	806	276	707
黑龙江	Heilongjiang	3175	2067	85	1839	7529	945	1064
上 海	Shanghai	608	539	143	2144	15726	1237	1378
江 苏	Jiangsu	2314	21127	815	2216	4208	805	891
浙 江	Zhejiang	1191	534	38	1165	885	528	32
安 徽	Anhui	1901	83		505	307	3694	47
福 建	Fujian	1314	107	10	1167	1370	187	260
江 西	Jiangxi	2094	1037	1015	96	162	238	295
山 东	Shandong	5173	2474	3048	10086	19816	2559	2789
河 南	Henan	6383	178	856	4404	5661	4261	1055
湖 北	Hubei	3798	942	897	1765	861	391	1215
湖 南	Hunan	13808	2352	689	394	1807	585	926
广 东	Guangdong	1798	77	1109	2194	3674	1004	244
广 西	Guangxi	3044	225	32	425	1063	336	1398
海 南	Hainan	4			24		7	22
重 庆	Chongqing	735	425	120	245	577	301	2026
四 川	Sichuan	1898	903	190	885	2454	1219	601
贵 州	Guizhou	1347	568	113	466	501	115	671
云 南	Yunnan	986	573	332	651	486	325	265
西 藏	Tibet	561					16	
陕 西	Shaanxi	1205	514	376	1135	1784	369	1156
甘 肃	Gansu	615	2843		85	297	13	
青 海	Qinghai	20	30	630	84			14
宁 夏	Ningxia	58		52	26	50	10	8
新 疆	Xinjiang	851	639	92	113		44	

4-2 续表 6 continued

单位：人 (person)

地 区	Region	25.铁路、船舶、航空航天和其他运输设备制造业 25. Manufacture of Railway,Ship, Aerospace and Other Transport Equipment	26.电气机械和器材制造业 26.Manufacture of Electrical Machinery and Apparatus	27.计算机、通信和其他电子设备制造业 27.Manufacture of Computers, Communication and Other Electronic Equipment	28.仪器仪表制造业 28.Manufacture of Measuring Instruments and Machinery	29.其他制造业 29. Other Manufature	30.废弃资源综合利用业 30. Utilization of Waste Resources	31.金属制品、机械和设备修理业 31. Repair Service of Metal Products, Machinery and Eguipment
总 计	**National Total**	**33838**	**72323**	**48374**	**12198**	**6631**	**5636**	**13735**
北 京	Beijing	725	1002	606	495	152	248	161
天 津	Tianjin	172	401	155	62	3		
河 北	Hebei	1439	2137	20	114	5		474
山 西	Shanxi	2607	3408	148	3433	2420	10	171
内蒙古	Inner Mongolia	1710	544			761		51
辽 宁	Liaoning	10318	3641	4261	929	1082	376	5267
吉 林	Jilin	429	783	4	24		54	55
黑龙江	Heilongjiang	3317	3244	1890	317	80	156	1185
上 海	Shanghai	428	1502	31	72	45		339
江 苏	Jiangsu	2255	6534	7677	934	403	352	232
浙 江	Zhejiang	253	1407	643	265		3	2417
安 徽	Anhui	718	848	55		19	16	
福 建	Fujian	78	374	64	308	32		172
江 西	Jiangxi	96	399	514	1	11	204	359
山 东	Shandong	617	26322	305	1063	44	205	102
河 南	Henan	1335	5270	2679	505	82	45	570
湖 北	Hubei	809	305	36	215		1937	1173
湖 南	Hunan	269	726	281	234		1506	156
广 东	Guangdong	345	10554	28748	1863	1435	112	17
广 西	Guangxi	733	391	25	691	15		
海 南	Hainan		9					
重 庆	Chongqing	2295	64	87	50		217	
四 川	Sichuan	1245	820	25	310	6	2	327
贵 州	Guizhou	206	141		45	7		
云 南	Yunnan	5	99	4	33	29	81	17
西 藏	Tibet							
陕 西	Shaanxi	1389	976	116	42		27	3
甘 肃	Gansu	45	395				85	146
青 海	Qinghai		2		193			53
宁 夏	Ningxia							
新 疆	Xinjiang		25					288

4-2 续表 7 continued

单位：人 (person)

地 区	Region	(四) 电力、热力、燃气及水生产和供应业 Production and Supply of Electricity, Heat, Gas and Water	1.电力、热力生产和供应业 1.Production and Supply of Electric Power and Heat Power	2.燃气生产和供应业 2.Production and Supply of Gas	3.水的生产和供应业 3.Production and Supply of Water	(五) 建筑业 V. Construction	1.房屋建筑业 1. Construction of Buildings	2.土木工程建筑业 2. Civil Engineering
总 计	**National Total**	**42035**	**22407**	**989**	**18639**	**1815700**	**1529645**	**152739**
北 京	Beijing	1012	744		268	18036	11729	2723
天 津	Tianjin	341	288		53	26995	19849	1834
河 北	Hebei	339	206	12	121	31502	26932	2716
山 西	Shanxi	298	164		134	27550	18989	3721
内蒙古	Inner Mongolia	781	244	60	477	4939	2320	2193
辽 宁	Liaoning	1659	1076	192	391	117234	71793	18648
吉 林	Jilin	266	95	56	115	14451	9717	2966
黑龙江	Heilongjiang	829	683		146	34237	20742	8845
上 海	Shanghai	1064	1014		50	9273	7227	595
江 苏	Jiangsu	2235	1114	18	1103	91857	70501	12608
浙 江	Zhejiang	2063	771	99	1193	73599	58836	12174
安 徽	Anhui	1109	1003		106	44570	32394	3643
福 建	Fujian	2490	2344	8	138	33832	30713	1012
江 西	Jiangxi	104			104	100414	92427	5686
山 东	Shandong	1084	521	129	434	215124	194906	11151
河 南	Henan	3737	980	156	2601	103838	85465	9048
湖 北	Hubei	1418	727		691	45353	38002	4890
湖 南	Hunan	2361	1656		705	95164	87130	4192
广 东	Guangdong	11293	4279	28	6986	185199	171397	7326
广 西	Guangxi	603	386		217	68223	65118	2492
海 南	Hainan	97	86	11		13327	13047	245
重 庆	Chongqing	1220	584	38	598	44720	38544	1814
四 川	Sichuan	3167	1595	182	1390	160897	139913	11700
贵 州	Guizhou	508	369		139	22750	21884	667
云 南	Yunnan	342	183		159	64332	54949	7441
西 藏	Tibet					3234	2604	396
陕 西	Shaanxi	935	897		38	92257	83417	5351
甘 肃	Gansu	384	346		38	61953	53416	2313
青 海	Qinghai					5562	3054	2175
宁 夏	Ningxia					2120	2026	87
新 疆	Xinjiang	296	52		244	3158	604	2087

4-2 续表 8 continued

单位：人 (person)

地 区	Region	3.建筑安装业 3.Building Installation	4.建筑装饰和其他建筑业 4.Building Decoration and Other Constructions	(六)批发和零售业 VI. Wholesale and Retail Trades	1.批发业 1.Wholesale Trade	2.零售业 2.Retail Trade	(七)交通运输、仓储和邮政业 VII. Transport, Storage and Post	1.铁路运输业 1.Railway Transport
总 计	**National Total**	**103101**	**30215**	**383042**	**151148**	**231894**	**189524**	**9922**
北 京	Beijing	2367	1217	9102	3886	5216	7366	
天 津	Tianjin	2907	2405	6776	2065	4711	7112	28
河 北	Hebei	1442	412	23511	9886	13625	5274	125
山 西	Shanxi	4151	689	32538	14489	18049	3694	451
内蒙古	Inner Mongolia	363	63	2605	1138	1467	2636	101
辽 宁	Liaoning	25250	1543	12993	4834	8159	16521	1063
吉 林	Jilin	1553	215	2511	1116	1395	1000	73
黑龙江	Heilongjiang	3287	1363	12299	3586	8713	2115	97
上 海	Shanghai	1038	413	4721	1999	2722	5012	688
江 苏	Jiangsu	3235	5513	15699	5587	10112	17064	1135
浙 江	Zhejiang	1851	738	5604	2489	3115	5402	1491
安 徽	Anhui	7340	1193	5468	2337	3131	10912	234
福 建	Fujian	783	1324	11669	3161	8508	3713	67
江 西	Jiangxi	1895	406	4022	2164	1858	4193	13
山 东	Shandong	7884	1183	43913	18204	25709	14688	213
河 南	Henan	7142	2183	71430	27474	43956	18987	3147
湖 北	Hubei	1978	483	17741	3329	14412	5912	19
湖 南	Hunan	3050	792	7206	1763	5443	10658	
广 东	Guangdong	5210	1266	31953	16704	15249	10847	
广 西	Guangxi	508	105	9905	4797	5108	7196	
海 南	Hainan	31	4	1931	231	1700	357	
重 庆	Chongqing	1710	2652	4358	1640	2718	2648	32
四 川	Sichuan	8194	1090	10161	3685	6476	12710	217
贵 州	Guizhou	80	119	4674	2630	2044	1565	76
云 南	Yunnan	1554	388	7743	2652	5091	4062	
西 藏	Tibet		234	178	10	168	11	
陕 西	Shaanxi	1520	1969	12785	3860	8925	4773	270
甘 肃	Gansu	6008	216	4956	1928	3028	2034	90
青 海	Qinghai	319	14	675	156	519	308	292
宁 夏	Ningxia	7		355	177	178		
新 疆	Xinjiang	444	23	3560	3171	389	754	

4-2 续表 9 continued

单位：人 (person)

地　区	Region	2.道路运输业 2.Road Transport	3.水上运输业 3.Water Transport	4.航空运输业 4.Air Transport	5.管道运输业 5.Transport Via Pipeline	6.装卸搬运和运输代理业 6.Loading Unloading and Forwarding Ageney	7.仓储业 7.Storage	8.邮政业 8.Post
总　计	**National Total**	**103224**	**25907**	**577**	**110**	**39029**	**8333**	**2422**
北　京	Beijing	4791				1591	984	
天　津	Tianjin	6571				96	417	
河　北	Hebei	3131				1832	186	
山　西	Shanxi	2129				736	378	
内蒙古	Inner Mongolia	750				573	1212	
辽　宁	Liaoning	13204	31	13		1970	200	40
吉　林	Jilin	825				46	56	
黑龙江	Heilongjiang	1084	89			725	120	
上　海	Shanghai	3188	54			354	603	125
江　苏	Jiangsu	6897	4084	51		4645	158	94
浙　江	Zhejiang	1919	725			1089	71	107
安　徽	Anhui	5636	4495			547		
福　建	Fujian	1693	323			1338	292	
江　西	Jiangxi	936	2251			728	265	
山　东	Shandong	11746	727	145		1053	804	
河　南	Henan	6829	3231			4624	1093	63
湖　北	Hubei	3978	532			1264	119	
湖　南	Hunan	5352	1610			3588	108	
广　东	Guangdong	6565	1887	25		1244	788	338
广　西	Guangxi	1811	4611		72	573	129	
海　南	Hainan	138	145	43		31		
重　庆	Chongqing	959	301			1268	88	
四　川	Sichuan	9224	563		38	2655	13	
贵　州	Guizhou	124	157			1185	13	10
云　南	Yunnan	664		18		3290	90	
西　藏	Tibet	11						
陕　西	Shaanxi	1171	91	282		1298	16	1645
甘　肃	Gansu	1814					130	
青　海	Qinghai	16						
宁　夏	Ningxia							
新　疆	Xinjiang	68				686		

4-2 续表 10 continued

单位：人 (person)

地 区	Region	(八) 住宿和餐饮业 VIII. Hotels and Catering Services	1.住宿业 1.Hotels	2.餐饮业 2.Catering Services	(九) 信息传输、软件和信息技术服务业 Information Transmission, Software and Information Technology	1.电信、广播电视和卫星传输服务 1.Telecommunication, Radio and Television and Satellite Transmission Service	2.互联网和相关服务 2.Internet and Related Service	3.软件和信息技术服务业 3.Software and Information Technology
总 计	**National Total**	**99896**	**64537**	**35359**	**8775**	**5352**	**387**	**3036**
北 京	Beijing	9356	7226	2130	633	137	10	486
天 津	Tianjin	1333	1109	224	116			116
河 北	Hebei	2240	1674	566	336	291		45
山 西	Shanxi	3519	2987	532	242	236		6
内蒙古	Inner Mongolia	1306	958	348	26			26
辽 宁	Liaoning	3924	3294	630	258	177	34	47
吉 林	Jilin	842	472	370	57	23		34
黑龙江	Heilongjiang	3684	2814	870	193	174		19
上 海	Shanghai	3165	1589	1576	9			9
江 苏	Jiangsu	3512	2448	1064	830	669	156	5
浙 江	Zhejiang	2835	2630	205	1083	915	64	104
安 徽	Anhui	997	544	453	221	208		13
福 建	Fujian	1327	857	470	80	17	37	26
江 西	Jiangxi	292	106	186	392	167		225
山 东	Shandong	30305	12561	17744	273	113		160
河 南	Henan	7244	5972	1272	1636	1344	25	267
湖 北	Hubei	2074	1734	340	105	8		97
湖 南	Hunan	1219	1180	39	96	29		67
广 东	Guangdong	7278	4266	3012	879	529	22	328
广 西	Guangxi	1420	993	427	794	13		781
海 南	Hainan	194	194		43		35	8
重 庆	Chongqing	2103	817	1286	31	21		10
四 川	Sichuan	2313	1751	562	181	86		95
贵 州	Guizhou	798	777	21	37	20		17
云 南	Yunnan	2401	2029	372	71	63		8
西 藏	Tibet	90	90					
陕 西	Shaanxi	1830	1303	527	84	56	4	24
甘 肃	Gansu	971	901	70	48	35		13
青 海	Qinghai	419	366	53				
宁 夏	Ningxia	121	121		14	14		
新 疆	Xinjiang	784	774	10	7	7		

4-2 续表 11 continued

单位：人 (person)

地 区	Region	(十) 金融业 X. Financial Intermediation	1.货币金融服务 1.Monetay and Financial Service	2.资本市场服务 2.Capital Market Service	3.保险业 3.Insurance	4.其他金融业 4.Other Financial Activities	(十一) 房地产业 XI. Real Estate
总 计	**National Total**	**487228**	**476502**	**317**	**8406**	**2003**	**82784**
北 京	Beijing	6		1		5	15884
天 津	Tianjin	27	11	13		3	1013
河 北	Hebei	25777	25688			89	1296
山 西	Shanxi	43433	42748	8	529	148	1664
内蒙古	Inner Mongolia	26393	26393				59
辽 宁	Liaoning	23634	22234		1110	290	2079
吉 林	Jilin	16809	16563		195	51	195
黑龙江	Heilongjiang	19208	18643		419	146	1412
上 海	Shanghai	68	13			55	4999
江 苏	Jiangsu	21853	21840	13			4344
浙 江	Zhejiang	4474	4424	48	2		2959
安 徽	Anhui	18027	17746		43	238	1160
福 建	Fujian	10743	10340	33	117	253	2203
江 西	Jiangxi	16355	16315		40		1127
山 东	Shandong	35829	35342		487		10489
河 南	Henan	31744	30403		1319	22	3837
湖 北	Hubei	12781	12677	22	62	20	1349
湖 南	Hunan	12528	12528				851
广 东	Guangdong	40958	38026		2915	17	16762
广 西	Guangxi	15005	14640	100	265		1583
海 南	Hainan	3473	2662		338	473	831
重 庆	Chongqing	11		11			768
四 川	Sichuan	26604	26471	22	72	39	1259
贵 州	Guizhou	11409	11396	13			1331
云 南	Yunnan	19342	19190			152	419
西 藏	Tibet						
陕 西	Shaanxi	21184	20887	17	278	2	1403
甘 肃	Gansu	13036	12874		162		561
青 海	Qinghai	2246	2230	16			27
宁 夏	Ningxia	3773	3773				373
新 疆	Xinjiang	10498	10445		53		547

4-2 续表 12 continued

单位：人 (person)

地 区	Region	#房地产开发经营 Development and Management of Real Estate	#物业管理 Property Manage-ment	#房地产中介服务 Agency Services for Real Estate	(十二) 租赁和商务服务业 XII. Leasing and Business Services	1.租赁业 1.Leasing	2.商务服务业 2.Business Services
总 计	**National Total**	**20624**	**40796**	**2676**	**381169**	**4686**	**376483**
北 京	Beijing	436	8379	145	35822	822	35000
天 津	Tianjin	622	341	16	7404	141	7263
河 北	Hebei	325	866	41	13402	180	13222
山 西	Shanxi	764	336	271	8002	96	7906
内蒙古	Inner Mongolia	10	49		2081		2081
辽 宁	Liaoning	297	1156	274	21292	31	21261
吉 林	Jilin	11	179	5	1946		1946
黑龙江	Heilongjiang	458	788		6314	24	6290
上 海	Shanghai	447	4277	19	27027	175	26852
江 苏	Jiangsu	1142	2703	213	33312	400	32912
浙 江	Zhejiang	414	1585	3	24206	5	24201
安 徽	Anhui	138	876		7041	385	6656
福 建	Fujian	586	1203	98	18902	55	18847
江 西	Jiangxi	808	78		3165		3165
山 东	Shandong	5858	3638	322	16264	350	15914
河 南	Henan	1164	1708	401	16609	959	15650
湖 北	Hubei	460	783	37	2794	48	2746
湖 南	Hunan	250	243	4	5788		5788
广 东	Guangdong	4140	7929	111	75426	705	74721
广 西	Guangxi	323	749	113	7817	32	7785
海 南	Hainan	45	125	358	442	5	437
重 庆	Chongqing	164	574		986	8	978
四 川	Sichuan	986	131	102	11480	53	11427
贵 州	Guizhou	182	632	30	5784	60	5724
云 南	Yunnan	59	193	65	7506	12	7494
西 藏	Tibet				11		11
陕 西	Shaanxi	227	311	43	11050	98	10952
甘 肃	Gansu	226	335		4233	42	4191
青 海	Qinghai		27		933		933
宁 夏	Ningxia	43	330		306		306
新 疆	Xinjiang	39	272	5	3824		3824

4-2 续表 13 continued

单位：人 (person)

地 区	Region	(十三) 科学研究和技术服务业 XIII. Scientific Research and Technical Services	1.研究和试验发展 1.Research and Experimental Development	2.专业技术服务业 2.Professional Technical Services	3.科技推广和应用服务业 3.Science and Technology Popularization and Application Services	(十四) 水利、环境和公共设施管理业 XIV. Management of Water Conservancy, Enviroment and Public Facilities	1.水利管理业 1.Manage-ment of Water Conservancy	2.生态保护和环境治理业 2.Ecological Protection and Environ-mental Treatment
总 计	**National Total**	**55374**	**5981**	**40990**	**8403**	**106723**	**10248**	**1129**
北 京	Beijing	7936	2715	3358	1863	4230	328	9
天 津	Tianjin	1112	40	1061	11	734	108	
河 北	Hebei	1215		1100	115	2154	505	
山 西	Shanxi	613	2	559	52	6322	168	
内蒙古	Inner Mongolia	909		903	6	2851	108	
辽 宁	Liaoning	6213	248	5583	382	4145	553	137
吉 林	Jilin	476	15	461		8517	214	5
黑龙江	Heilongjiang	1677	40	1483	154	3493	105	47
上 海	Shanghai	1163	160	454	549	2878		
江 苏	Jiangsu	3688	134	3029	525	23499	757	179
浙 江	Zhejiang	4172	191	3441	540	8984	428	94
安 徽	Anhui	1035	107	658	270	1518	71	
福 建	Fujian	1102		601	501	1262	319	
江 西	Jiangxi	67		67		2778	43	39
山 东	Shandong	3487	893	1780	814	4508	468	65
河 南	Henan	3724	226	3269	229	2003	484	32
湖 北	Hubei	1229	124	619	486	6455	1714	199
湖 南	Hunan	984	72	840	72	1480	418	
广 东	Guangdong	6789	282	6005	502	7507	2317	296
广 西	Guangxi	1218	207	996	15	784	91	
海 南	Hainan	688	216	404	68	114	99	
重 庆	Chongqing	760	162	556	42	2896	182	16
四 川	Sichuan	1420		1179	241	3994	159	5
贵 州	Guizhou	311	26	275	10	862	103	
云 南	Yunnan	1349	21	826	502	1887	35	
西 藏	Tibet					10		
陕 西	Shaanxi	1432	24	998	410	674	396	6
甘 肃	Gansu	217	76	97	44			
青 海	Qinghai	177		177		107		
宁 夏	Ningxia					75	75	
新 疆	Xinjiang	211		211		2		

4-2 续表 14 continued

单位：人 (person)

地 区	Region	3.公共设施管理业 3.Management of Public Facilities	(十五) 居民服务、修理和其他服务业 XV. Service to Households, Repair and Other Services	1.居民服务业 1.Service to Households	2.机动车、电子产品和日用产品修理业 2.Repair of Motor Vehicle, Electronics and Household Products	3.其他服务业 3.Other Sevices	(十六) 教育 XVI. Education	#初等教育 Primary Education	#中等教育 Secondary Education	#高等教育 Senior Education
总 计	**National Total**	**95346**	**53765**	**27465**	**9033**	**17267**	**217924**	**76388**	**75034**	**9090**
北 京	Beijing	3893	8920	4350	1500	3070	10999	1124	1359	2316
天 津	Tianjin	626	1995	583	88	1324	614		26	
河 北	Hebei	1649	1136	109	588	439	7590	3772	3125	
山 西	Shanxi	6154	1598	1147	142	309	4484	551	2783	
内蒙古	Inner Mongolia	2743	3074	1134	97	1843	221		103	70
辽 宁	Liaoning	3455	2245	1022	660	563	3919	249	701	809
吉 林	Jilin	8298	1616	503	125	988	384	314	18	
黑龙江	Heilongjiang	3341	2863	398	502	1963	2483	17	47	1203
上 海	Shanghai	2878	3697	1823	805	1069	2725	69	464	
江 苏	Jiangsu	22563	4153	3163	455	535	17207	7660	3056	42
浙 江	Zhejiang	8462	2695	2038	256	401	25267	6992	5131	841
安 徽	Anhui	1447	610	205	57	348	2543	409	1335	
福 建	Fujian	943	354	151	110	93	2440	317	530	487
江 西	Jiangxi	2696	384	288	30	66	330	93		
山 东	Shandong	3975	3393	2178	635	580	34048	13397	15590	55
河 南	Henan	1487	2261	1584	244	433	65218	35457	27518	28
湖 北	Hubei	4542	1808	139	26	1643	3085	1029	527	652
湖 南	Hunan	1062	471	316	102	53	7196	1873	3332	453
广 东	Guangdong	4894	1928	470	921	537	7263	511	1395	189
广 西	Guangxi	693	750	253	274	223	1105	59	378	119
海 南	Hainan	15	52	10	27	15	672	288	313	
重 庆	Chongqing	2698	712	238	417	57	1708	451	929	
四 川	Sichuan	3830	1864	1614	140	110	6089	123	5173	
贵 州	Guizhou	759	492	264	137	91	691	309	150	
云 南	Yunnan	1852	544	316	208	20	8148	1033	401	1800
西 藏	Tibet	10	20	20						
陕 西	Shaanxi	272	3370	2633	434	303	971	97	601	26
甘 肃	Gansu		361	331	30		290	85	34	
青 海	Qinghai	107	90	90			8			
宁 夏	Ningxia		19		19		109	109		
新 疆	Xinjiang	2	290	95	4	191	117		15	

4-2 续表 15 continued

单位：人 (person)

地 区	Region	(十七) 卫生和社会工作 XVII. Health and Social Service	1.卫生 1.Health	2.社会工作 2.Social Service	(十八) 文化、体育和娱乐业 XVIII. Culture, Sports and Entertainment	1.新闻和出版业 1.Journalism and Publishing Activities	2.广播、电视、电影和影视录音制作业 2.Radio, Television, Motion Picture and Videotape Programme Production Services
总 计	**National Total**	**539621**	**531232**	**8389**	**20343**	**2760**	**3796**
北 京	Beijing	11864	10457	1407	1601	735	67
天 津	Tianjin	3620	3574	46	328		
河 北	Hebei	22253	22138	115	1315	66	69
山 西	Shanxi	18490	18469	21	1692	59	106
内蒙古	Inner Mongolia	10766	10677	89			
辽 宁	Liaoning	15169	14616	553	555	409	56
吉 林	Jilin	8044	7587	457	108	50	6
黑龙江	Heilongjiang	5820	5739	81	678	65	330
上 海	Shanghai	17788	17421	367	1183	2	146
江 苏	Jiangsu	73106	72346	760	2952		804
浙 江	Zhejiang	43626	42621	1005	756	25	121
安 徽	Anhui	49414	49324	90	703		106
福 建	Fujian	31745	31668	77	242		15
江 西	Jiangxi	5770	5744	26	21		
山 东	Shandong	54556	53358	1198	1023		256
河 南	Henan	20565	20379	186	1779	110	821
湖 北	Hubei	19758	18975	783	615	109	270
湖 南	Hunan	21153	20998	155	522	16	24
广 东	Guangdong	17801	17599	202	872	193	480
广 西	Guangxi	2159	2074	85	119		11
海 南	Hainan	6127	6127		439	299	10
重 庆	Chongqing	12572	12319	253	131	60	13
四 川	Sichuan	48426	48368	58	902	24	19
贵 州	Guizhou	1329	1203	126	22		12
云 南	Yunnan	3813	3766	47	94	13	11
西 藏	Tibet				24		
陕 西	Shaanxi	9418	9216	202	676	10	36
甘 肃	Gansu	2481	2481		171	63	7
青 海	Qinghai	213	213		452	452	
宁 夏	Ningxia	303	303		368		
新 疆	Xinjiang	1472	1472				

4-2 续表 16 continued

单位：人 (person)

地 区	Region	3.文化艺术业 3.Cultural and Art Activities	4.体育 4.Sports Activities	5.娱乐业 5.Enter-tainment	(十九) 公共管理、社会保障和社会组织 XIX. Public Management, Social Security and Social Organization	#群众社团、社会团体和其他成员组织 Non-Governmental Organizations, Social Organizations and Membership Organizations
总 计	**National Total**	**10547**	**1206**	**2034**	**20918**	**3921**
北 京	Beijing	218	440	141	2074	966
天 津	Tianjin	105	161	62		
河 北	Hebei	1117	30	33	1051	149
山 西	Shanxi	1367	51	109	89	18
内蒙古	Inner Mongolia					
辽 宁	Liaoning	55	28	7	1047	55
吉 林	Jilin	29		23	212	
黑龙江	Heilongjiang	13		270	297	
上 海	Shanghai	1005	30		4045	672
江 苏	Jiangsu	1815	11	322	3102	30
浙 江	Zhejiang	367	169	74	992	487
安 徽	Anhui	571		26	1902	224
福 建	Fujian	176		51	16	16
江 西	Jiangxi	21			70	32
山 东	Shandong	543	124	100	2156	290
河 南	Henan	618		230	2982	454
湖 北	Hubei	193	36	7	44	9
湖 南	Hunan	414	43	25	195	195
广 东	Guangdong	84	18	97	140	140
广 西	Guangxi	94	7	7	74	74
海 南	Hainan	130			42	31
重 庆	Chongqing	54	4			
四 川	Sichuan	793	20	46	51	5
贵 州	Guizhou	10			8	8
云 南	Yunnan		34	36	137	34
西 藏	Tibet	24				
陕 西	Shaanxi	630			180	20
甘 肃	Gansu	101				
青 海	Qinghai					
宁 夏	Ningxia			368	12	12
新 疆	Xinjiang					

4-3 各地区分行业其他单位就业人员数

Employed Persons in Units of Other Types of Ownership by Sector and Region

单位：人 (person)

地区	Region	其他单位合计 Total	(一)内资 I. Domestic Funded	1.股份合作 1.Cooperative Units	2.联营 2.Joint Ownership Units	#国有联营 State Joint Ownership Units	#集体联营 Collective Joint Ownership Units	3.有限责任公司 3.Limited Liability Corporations	#国有独资 State Funded Corporations
总计	**National Total**	**111771725**	**82141648**	**1084236**	**253149**	**76524**	**54062**	**60690465**	**7458008**
北京	Beijing	5352452	3915212	71400	9033	3569	1342	2713146	407028
天津	Tianjin	2174803	1287816	15589	3751	1253	1809	981125	145594
河北	Hebei	3364175	2873851	43568	34378	731	499	2152354	199271
山西	Shanxi	2326181	2113036	6634	3670	1255	1421	1798397	316200
内蒙古	Inner Mongolia	1257222	1180700	19688	1023	415	142	914316	157408
辽宁	Liaoning	3598442	2802505	45152	10857	1092	6473	2051878	303126
吉林	Jilin	1570736	1404884	11234	1024	635	44	929551	160616
黑龙江	Heilongjiang	1554110	1392459	69333	4369	128	1237	1002820	197764
上海	Shanghai	4953454	2247227	20621	9325	1496	1760	1599336	252570
江苏	Jiangsu	11711528	7441524	51201	14640	5783	2883	5681856	359572
浙江	Zhejiang	8363642	6203291	112218	8187	3847	833	4598052	260808
安徽	Anhui	3062913	2701440	34583	4241	550	911	2007015	400345
福建	Fujian	4747095	2866377	63429	10379	3796	2463	2325522	137008
江西	Jiangxi	2424173	1887608	33451	2562	559	879	1482871	151157
山东	Shandong	8196387	6555231	84739	39126	28045	7125	4719245	775396
河南	Henan	6600576	5871547	77952	13858	2573	4205	4352101	259359
湖北	Hubei	4126508	3584951	21775	5651	1029	946	2741353	304002
湖南	Hunan	3082443	2711316	43369	11501	2380	2573	1894143	254935
广东	Guangdong	15056969	6631620	76269	29101	9210	6457	4782217	476259
广西	Guangxi	1776691	1458440	21790	2116	801	270	1083781	337273
海南	Hainan	513300	453279	4226	1116	151	65	294875	11202
重庆	Chongqing	2717149	2338386	19525	4076	902	968	1903075	277782
四川	Sichuan	4535267	3954713	58823	7161	998	1381	2985507	294260
贵州	Guizhou	1244161	1197370	20676	2854	580	691	929628	233282
云南	Yunnan	2278664	2175891	16487	5425	544	2127	1140674	165213
西藏	Tibet	37619	36019	1380	421	39	108	25741	7539
陕西	Shaanxi	2493903	2305839	18324	8849	2081	3670	1763867	272943
甘肃	Gansu	976383	947041	10811	2841	1599	380	692085	102316
青海	Qinghai	281137	266305	3064	83	22	34	161526	33285
宁夏	Ningxia	346042	325525	2270	600	11	317	241376	82771
新疆	Xinjiang	1047600	1010245	4655	931	450	49	741032	121724

4-3 续表 1 continued

单位：人 (person)

地 区	Region	4.股份有限公司 4.Share-holding Corporations Ltd	5.其他 5.Others	(二) 港、澳、台商投资 II.Units with funds Entrepreneurs from Hong Kong, Macao and Taiwan	(三) 外商投资 III. Foreign Funded Units	(一) 企业 I. Enterprises	(二) 事业 II. Institutions	(三) 机关 III. Agencies and Organi-zations	(四) 民间非营利组织 IV. Civil Nonprofit Organi-zations
总 计	**National Total**	**17214878**	**2898920**	**13969539**	**15660538**	**11073298**	**377364**	**10610**	**274922**
北 京	Beijing	949817	171816	529495	907745	5210693	22568		64145
天 津	Tianjin	250236	37115	280897	606090	2162077	6399	29	930
河 北	Hebei	621391	22160	196415	293909	3353521	5272	99	2733
山 西	Shanxi	283163	21172	107531	105614	2315437	5585	57	1088
内蒙古	Inner Mongolia	228402	17271	22049	54473	1252663	1896		815
辽 宁	Liaoning	617515	77103	194624	601313	3573293	12589	1527	8255
吉 林	Jilin	388793	74282	53716	112136	1557518	4101	276	3562
黑龙江	Heilongjiang	307073	8864	52796	108855	1551881	953	445	
上 海	Shanghai	589279	28666	882693	1823534	4940088	2347		7678
江 苏	Jiangsu	1568436	125391	1504667	2765337	11658026	37304	1551	3238
浙 江	Zhejiang	1355884	128950	1060499	1099852	8222248	34356		52649
安 徽	Anhui	594630	60971	158616	202857	3025690	16472		11705
福 建	Fujian	389618	77429	1118025	762693	4722908	9192	132	8537
江 西	Jiangxi	344169	24555	346334	190231	2410260	1721	219	225
山 东	Shandong	1491241	220880	436108	1205048	8145429	18746	890	10602
河 南	Henan	1206374	221262	528426	200603	6483093	47952	2630	24608
湖 北	Hubei	728026	88146	198500	343057	4102453	17530	322	991
湖 南	Hunan	588545	173758	216446	154681	3019334	28562		22008
广 东	Guangdong	1511611	232422	5185168	3240181	14960472	37469	1246	12459
广 西	Guangxi	277305	73448	174062	144189	1749537	8210	289	5931
海 南	Hainan	136004	17058	26066	33955	497137	2713	31	8734
重 庆	Chongqing	365411	46299	180199	198564	2688413	20693	175	3198
四 川	Sichuan	814233	88989	361088	219466	4495867	18597	464	6252
贵 州	Guizhou	214377	29835	14980	31811	1225637			2652
云 南	Yunnan	257463	755842	45026	57747	2266778	7381	137	523
西 藏	Tibet	8063	414	657	943	37547			
陕 西	Shaanxi	475253	39546	51133	136931	2466791	3919		5945
甘 肃	Gansu	224741	16563	10064	19278	973400	976	7	147
青 海	Qinghai	96560	5072	5306	9526	277360	163		3310
宁 夏	Ningxia	73366	7913	7099	13418	341708	3021	84	972
新 疆	Xinjiang	257899	5728	20854	16501	1045728	677		1030

4-3 续表 2 continued

单位：人 (person)

地区	Region	(五) 其他 V.Other	(一) 农、林、牧、渔业 I. Agriculture, Forestry, Animal Husbandry and Fishery	1.农业 1.Farming	2.林业 2.Forestry	3.畜牧业 3.Animal Husbandry	4.渔业 4.Fishery	5.农、林、牧、渔服务业 5.Service in support of Agriculture	(二) 采矿业 II. Mining
总计	**National Total**	**375842**	**120660**	**50248**	**11115**	**37518**	**11294**	**10485**	**5234252**
北京	Beijing	55046	19864	7805	1169	8985	251	1654	66863
天津	Tianjin	5368	225	47		64	91	23	72371
河北	Hebei	2550	1229	38	14	1062	115		227173
山西	Shanxi	4014	1125	145	230	658	3	89	958879
内蒙古	Inner Mongolia	1848	7258	2423	94	4650	54	37	176114
辽宁	Liaoning	2778	5351	679	21	359	4174	118	263952
吉林	Jilin	5279	1582	595	46	452	85	404	124374
黑龙江	Heilongjiang	831	6633	5637		731	50	215	262460
上海	Shanghai	3341	7578	2929	137	1998	2375	139	454
江苏	Jiangsu	11409	1155	520	198	117	143	177	108128
浙江	Zhejiang	54389	2388	859	198	653	570	108	7196
安徽	Anhui	9046	384	62	10	300		12	298781
福建	Fujian	6326	3391	1426	1548	211	49	157	14902
江西	Jiangxi	11748	4180	614	169	3397			33627
山东	Shandong	20720	1905	381	56	564	773	131	618304
河南	Henan	42293	11216	3905	408	3696	308	2899	521294
湖北	Hubei	5212	381	143	13	123	99	3	69456
湖南	Hunan	12539	3000	1058	69	114	1322	437	87843
广东	Guangdong	45323	2199	520	485	660	193	341	20787
广西	Guangxi	12724	6383	2304	1414	2030	143	492	29044
海南	Hainan	4685	1709	952	123	376	231	27	7189
重庆	Chongqing	4670	2591	1493	243	679	11	165	87337
四川	Sichuan	14087	1139	401	461	197	47	33	174771
贵州	Guizhou	15872	3666	2038	231	1253	70	74	158514
云南	Yunnan	3845	3659	1837	1520	112	16	174	196917
西藏	Tibet	72							3298
陕西	Shaanxi	17248	1102	568	150	295		89	289755
甘肃	Gansu	1853	1029	371				658	66657
青海	Qinghai	304	3095	2855		240			41652
宁夏	Ningxia	257	913	7	766		56	84	65696
新疆	Xinjiang	165	14330	7636	1342	3542	65	1745	180464

4-3 续表 3 continued

单位：人 (person)

地 区	Region	1.煤炭开采和洗选业 1.Mining and Washing of Coal	2.石油和天然气开采业 2.Extraction of Petroleum and Natural Gas	3.黑色金属矿采选业 3.Mining and Processing of Ferrous Metal Ores	4.有色金属矿采选业 4.Mining and Processing of Non-ferrous Metal Ores	5.非金属矿采选业 5.Mining and Processing of Nonmetal Ores	6.开采辅助活动 6.Support Activities for Mining	7.其他采矿业 7.Mining of Other Ores	(三)制造业 III. Manufacturing	1.农副食品加工业 1.Processing of Food from Agricultural Products
总 计	**National Total**	**3798335**	**670055**	**256014**	**260109**	**168697**	**155805**	**864**	**49279266**	**1856168**
北 京	Beijing	15919	2037	24631	8	410	23852	6	957640	29019
天 津	Tianjin	17522	19759	12673		7211	15206		1145627	15753
河 北	Hebei	162057	29947	34356		813			1402695	49281
山 西	Shanxi	945387	4429	6349	1432	746	536		636186	12893
内蒙古	Inner Mongolia	153692	999	5379	9853	6077		114	433947	31129
辽 宁	Liaoning	177919	44082	12979	22405	5140	1130	297	1452346	84672
吉 林	Jilin	53545	33086	8418	5965	1323	22037		679494	59758
黑龙江	Heilongjiang	140535	114082	1479	1677	1809	2870	8	534352	72415
上 海	Shanghai		170			284			2041789	17389
江 苏	Jiangsu	88363	3016	785	1220	14470	274		5396467	53900
浙 江	Zhejiang			1274	1024	4898			3536376	38808
安 徽	Anhui	266098		30019	1354	1268	42		1132238	39680
福 建	Fujian	10043		639	962	3253	5		2497841	65062
江 西	Jiangxi	11714		2396	15992	3525			1143563	35600
山 东	Shandong	504456	109148	20971	42570	16237	549		4143596	431015
河 南	Henan	434401	36508	3980	17408	5374	23522	101	2967682	215080
湖 北	Hubei	10891	18333	9838	4110	16016	10118	150	1682987	85835
湖 南	Hunan	46264		4328	23698	13553			1209548	57585
广 东	Guangdong		5493	1734	3922	9035	603		9981063	92769
广 西	Guangxi	12660	153	6477	5573	4181			706441	82851
海 南	Hainan		51	5203	426	1509			98920	16379
重 庆	Chongqing	80137	1286	1293	193	4428			820232	26537
四 川	Sichuan	83874	30588	10055	16634	12512	21045	63	1868104	87860
贵 州	Guizhou	144284	150	3447	2092	8538		3	377490	12868
云 南	Yunnan	122023	146	20594	40418	13702	9	25	684116	59943
西 藏	Tibet			1079	2219				6587	207
陕 西	Shaanxi	138100	116742	10704	18012	3849	2338	10	843322	33648
甘 肃	Gansu	46978	1155	4330	9565	3625	1004		341637	16687
青 海	Qinghai	9750	25663	922	3128	2189			111653	1702
宁 夏	Ningxia	64972	288	208		162		66	123859	4440
新 疆	Xinjiang	56751	72744	9474	8249	2560	30665	21	321468	25403

4-3 续表 4 continued

单位：人 (person)

地区	Region	2.食品制造业 2.Manufacture of Foods	3.酒、饮料和精制茶制造业 3.Manufacture of Liquor, Beverages and Refined Tea	4.烟草制品业 4.Manufacture of Tobacco	5.纺织业 5.Manufacture of Textile	6.纺织服装、服饰业 6.Manufacture of Textile Wearing Apparel, and Accessories	7.皮革、毛皮、羽毛及其制品和制鞋业 7.Manufacture of Leather, Fur, Feather and Related Products and Footwear	8.木材加工和木、竹、藤、棕、草制品业 8.Processing of Timbers, Manufacture of Wood, Bamboo, Rattan, Palm and Straw Products
总　计	**National Total**	**1228338**	**1045491**	**146315**	**2176345**	**2583520**	**1798256**	**416816**
北　京	Beijing	46414	25520		6369	39013	2161	2757
天　津	Tianjin	53796	13455		13350	81594	8752	1741
河　北	Hebei	33755	25486	4271	62376	22805	20482	4647
山　西	Shanxi	7934	21258	1004	5865	3710		300
内蒙古	Inner Mongolia	32608	16597	2881	16673	7043	3144	8525
辽　宁	Liaoning	28363	23152	2046	23509	78666	5327	15030
吉　林	Jilin	14653	20125	2690	27469	8456	959	49092
黑龙江	Heilongjiang	31992	27156	952	12941	1199	181	18106
上　海	Shanghai	75875	14647	4069	26324	95685	24028	6783
江　苏	Jiangsu	58767	74490	582	276019	313289	60623	41053
浙　江	Zhejiang	53615	37097	227	311495	345723	152573	20335
安　徽	Anhui	26506	34491		52772	58518	24397	8562
福　建	Fujian	64974	44689	4895	102181	359537	500314	19484
江　西	Jiangxi	23228	20944	5370	46661	94311	85575	17757
山　东	Shandong	110137	75070	7229	443241	226300	95193	32288
河　南	Henan	141602	78674	18558	177616	92975	88558	24209
湖　北	Hubei	59035	75659	7697	125530	79749	23751	14702
湖　南	Hunan	33608	27024	3239	26198	21559	61244	13946
广　东	Guangdong	151851	66850	1988	249432	595340	560261	41521
广　西	Guangxi	19353	23036	3447	23297	10489	27589	26290
海　南	Hainan	6067	4087	598	752	287	133	3191
重　庆	Chongqing	13786	13889	4888	7622	12844	8312	2768
四　川	Sichuan	46489	149807	5192	55427	16501	36125	15574
贵　州	Guizhou	6896	22984	11533	2282	2889	1073	11079
云　南	Yunnan	24780	43298	39586	8368	2609	2645	13646
西　藏	Tibet	251	1268		117			
陕　西	Shaanxi	27075	30615	10090	40330	7299	1751	2572
甘　肃	Gansu	7908	14724	3283	5458	1106	2165	136
青　海	Qinghai	964	5870		1781	635		
宁　夏	Ningxia	6690	2643		3089	1194	595	118
新　疆	Xinjiang	19366	10886		21801	2195	345	604

4-3 续表 5 continued

单位：人 (person)

地 区	Region	9.家具制造业 9.Manufacture of Furniture	10.造纸及纸制品业 10.Manufacture of Paper and Paper Products	11.印刷和记录媒介复制业 11.Printing and Reproduction of Recording Media	12.文教工美、体育和娱乐用品制造业 12.Manufacture of Articles for Culture, Education, Arts and Crafts, Sport and Entertainment Activities	13.石油加工、炼焦和核燃料加工业 13.Processing of Petroleum , Coking, Processing of Nuclear Fuel	14.化学原料和化学制品制造业 14.Manufacture of Chemical Raw Material and Chemical Products	15.医药制造业 15.Manufacture of Medicines
总 计	**National Total**	**581843**	**742314**	**521453**	**1290366**	**638699**	**2704439**	**1520329**
北 京	Beijing	11228	7452	23386	9309	15283	33003	65619
天 津	Tianjin	7336	14784	7977	17815	6359	45018	42869
河 北	Hebei	8764	10935	8059	12592	26059	96044	60495
山 西	Shanxi	210	464	4126	1492	61219	94922	24900
内蒙古	Inner Mongolia	807	3525	1527	1186	10262	51063	10338
辽 宁	Liaoning	19775	13523	5548	7493	65331	65068	31352
吉 林	Jilin	2712	7974	5868	1916	3624	54484	118676
黑龙江	Heilongjiang	9189	6792	3686	3422	47014	20765	48810
上 海	Shanghai	33761	24317	22809	26333	19408	92862	56591
江 苏	Jiangsu	22220	53513	43284	104431	16184	306274	129944
浙 江	Zhejiang	99940	57856	28952	90508	8304	164972	101413
安 徽	Anhui	3337	9578	17358	11413	5476	80034	36064
福 建	Fujian	31904	53723	19335	132385	9193	40663	19093
江 西	Jiangxi	9063	11801	13031	40200	20619	69620	42589
山 东	Shandong	32104	111722	25352	115334	91344	342791	167709
河 南	Henan	15380	55245	34228	73757	20212	146649	103506
湖 北	Hubei	6777	26459	17442	9756	9087	125413	80875
湖 南	Hunan	6799	26735	10515	8738	17024	105233	30875
广 东	Guangdong	206528	136899	166238	586209	22957	217926	98077
广 西	Guangxi	3302	24460	4685	14406	2593	38872	25241
海 南	Hainan	907	6733	983	68	1511	4151	13375
重 庆	Chongqing	5055	12379	7724	3589	3451	52002	30609
四 川	Sichuan	39486	26366	20279	5532	9256	131960	69026
贵 州	Guizhou	1768	3968	2905	1174	5580	52987	29675
云 南	Yunnan	1026	12005	10545	5832	17439	71340	25268
西 藏	Tibet	20		303	12		410	486
陕 西	Shaanxi	1790	12893	10958	669	50471	55665	36447
甘 肃	Gansu	515	809	1177	509	25265	31850	10145
青 海	Qinghai			1182	3740	955	31417	3417
宁 夏	Ningxia	20	4898	827	61	8304	22491	3432
新 疆	Xinjiang	120	4506	1164	485	38915	58490	3413

4-3 续表 6 continued

单位：人 (person)

地区	Region	16.化学纤维制造业 16.Manufacture of Chemical Fibres	17.橡胶和塑料制品业 17.Manufacture of Rubber and Plastics Products	18.非金属矿物制品业 18.Manufacture of Non-metallic Mineral Products	19.黑色金属冶炼和压延加工业 19.Smelting and Processing of Ferrous Metals	20.有色金属冶炼和压延加工业 20.Smelting and Processing of Non-ferrous Metals	21.金属制品业 21.Manufacture of Metal Products
总 计	**National Total**	**247318**	**1847106**	**2420675**	**2258435**	**1192834**	**1746120**
北 京	Beijing	831	18835	54997	9739	5633	40166
天 津	Tianjin	765	40285	25452	93501	12620	53383
河 北	Hebei	6494	33812	77460	322936	13501	58932
山 西	Shanxi	827	6602	42550	78962	41876	26625
内蒙古	Inner Mongolia	77	4879	31272	84401	63704	7191
辽 宁	Liaoning	5458	49884	56178	159297	36154	65257
吉 林	Jilin	8088	12433	39084	25911	9852	11798
黑龙江	Heilongjiang	305	12724	31712	29002	6474	12613
上 海	Shanghai	2254	105145	48978	55993	16294	105297
江 苏	Jiangsu	52682	168983	117579	164469	40628	166786
浙 江	Zhejiang	71548	155715	97571	54301	44145	129623
安 徽	Anhui	8380	47596	50133	55140	42277	49612
福 建	Fujian	15530	113432	112169	61645	26601	52309
江 西	Jiangxi	3677	23795	95896	60652	53138	18632
山 东	Shandong	15522	166888	274471	238323	78089	160032
河 南	Henan	14198	88811	253937	116002	106046	65046
湖 北	Hubei	5023	47784	102216	49688	32351	59689
湖 南	Hunan	2200	17453	107250	48887	61764	56598
广 东	Guangdong	11019	577558	316944	66833	82645	473204
广 西	Guangxi		15537	63543	35338	33585	8524
海 南	Hainan	278	2447	9360	902	475	1445
重 庆	Chongqing	581	23125	45820	29246	17091	18997
四 川	Sichuan	15654	44958	103066	160807	16280	45017
贵 州	Guizhou		17678	47818	39243	18131	14592
云 南	Yunnan	329	15782	59941	76128	119632	11721
西 藏	Tibet			3449			34
陕 西	Shaanxi	861	16395	62640	36992	65522	17273
甘 肃	Gansu	352	5287	33773	40350	76605	5889
青 海	Qinghai		333	7121	13880	29798	1052
宁 夏	Ningxia	85	4055	7753	13286	19797	2926
新 疆	Xinjiang	4300	8895	40542	36581	22126	5857

4-3 续表 7 continued

单位：人 (person)

地 区	Region	22.通用设备制造业 22.Manufacture of General Purpose Machinery	23.专用设备制造业 23.Manufacture of Special Purpose Machinery	24.汽车制造业 24.Manufacture of Automobiles	25.铁路、船舶、航空航天和其他运输设备制造业 25. Manufacture of Railway,Ship, Aerospace and Other Transport Equipment	26.电气机械和器材制造业 26.Manufacture of Electrical Machinery and Apparatus	27.计算机、通信和其他电子设备制造业 27.Manufacture of Computers, Communication and Other Electronic Equipment
总 计	**National Total**	**2634729**	**2017946**	**2912617**	**972472**	**3853945**	**7305587**
北 京	Beijing	57073	66364	134767	23698	54327	127401
天 津	Tianjin	74273	94485	117798	33397	56584	191148
河 北	Hebei	61020	74231	119002	28184	81356	60567
山 西	Shanxi	13479	40471	16598	13312	13696	95493
内蒙古	Inner Mongolia	11962	7413	11980	1756	7012	3290
辽 宁	Liaoning	168311	104914	109562	54956	73122	64177
吉 林	Jilin	17291	14991	111307	22781	9605	7185
黑龙江	Heilongjiang	39205	33519	18479	14905	19947	2706
上 海	Shanghai	160743	104249	195854	49367	165827	431521
江 苏	Jiangsu	379540	239968	228694	179568	503612	1474986
浙 江	Zhejiang	307261	123602	186968	57412	387023	278064
安 徽	Anhui	84022	45153	113430	7332	143618	64275
福 建	Fujian	67583	44911	73531	19576	124164	245944
江 西	Jiangxi	38992	26066	28838	23864	125419	94544
山 东	Shandong	291285	192399	242787	79139	192001	288522
河 南	Henan	141789	186931	125703	30535	131227	373651
湖 北	Hubei	63475	62416	289023	16364	116155	64867
湖 南	Hunan	53363	103260	55925	40600	55275	142254
广 东	Guangdong	355452	242385	289174	102217	1373887	2633452
广 西	Guangxi	24747	25671	73706	2945	23273	61567
海 南	Hainan	419	703	6564	1401	8906	2465
重 庆	Chongqing	31094	18170	161705	69860	35979	142530
四 川	Sichuan	95234	68635	76385	29260	73217	406203
贵 州	Guizhou	8718	6822	16368	22552	8633	3251
云 南	Yunnan	12517	11464	12270	1961	13751	5226
西 藏	Tibet					25	
陕 西	Shaanxi	49824	52429	92144	44626	31929	31544
甘 肃	Gansu	11453	17402	1362	436	13595	8609
青 海	Qinghai	5897	110	16	198	736	100
宁 夏	Ningxia	6644	5611		34	3567	
新 疆	Xinjiang	2063	3201	2677	236	6477	45

4-3 续表 8 continued

单位：人 (person)

地区	Region	28.仪器仪表制造业 28.Manufacture of Measuring Instruments and Machinery	29.其他制造业 29. Other Manufature	30.废弃资源综合利用业 30. Utilization of Waste Resources	31.金属制品、机械和设备修理业 31. Repair Service of Metal Products, Machinery and Eguipment	(四) 电力、热力、燃气及水生产和供应业 Production and Supply of Electricity, Heat, Gas and Water	1.电力、热力生产和供应业 1.Production and Supply of Electric Power and Heat Power	2.燃气生产和供应业 2.Production and Supply of Gas	3.水的生产和供应业 3.Production and Supply of Water
总 计	**National Total**	**691327**	**195423**	**69418**	**96077**	**2013650**	**1557217**	**204263**	**257205**
北 京	Beijing	30765	7221	877	8413	62163	41149	10423	10591
天 津	Tianjin	8770	5898	4911	1758	28499	16495	7189	4815
河 北	Hebei	8744	5226	911	4268	87405	68754	7301	11350
山 西	Shanxi	3473	163	58	1704	50639	39170	5945	5524
内蒙古	Inner Mongolia	198	82	191	1231	71288	63856	3344	4088
辽 宁	Liaoning	17021	3397	3647	12156	81077	60416	10031	10630
吉 林	Jilin	7725	245	1613	1129	89994	81278	4052	4664
黑龙江	Heilongjiang	5507	716	173	1745	93006	81155	4673	7178
上 海	Shanghai	41587	8088	1304	8407	29278	8924	9959	10395
江 苏	Jiangsu	106444	12935	3433	1587	79199	49324	13121	16754
浙 江	Zhejiang	81894	33703	10505	5223	52257	27729	5325	19203
安 徽	Anhui	5701	1457	1912	4014	57085	42477	7167	7441
福 建	Fujian	27345	33025	1521	11123	55064	42255	3453	9356
江 西	Jiangxi	7060	4886	1517	218	116327	103153	4375	8799
山 东	Shandong	35948	10411	1663	2742	108260	84885	15618	12792
河 南	Henan	29736	6741	6175	4905	110192	75790	18289	16113
湖 北	Hubei	13516	2853	3501	6299	48805	30008	6541	12256
湖 南	Hunan	10661	1314	2261	161	49641	37883	4992	6766
广 东	Guangdong	200064	42158	12718	6507	204588	166535	12867	25186
广 西	Guangxi	2295	2486	2784	529	94474	86407	1939	6128
海 南	Hainan	3903		283	147	7843	3440	1255	3148
重 庆	Chongqing	16008	693	1401	2477	60413	44922	8231	7260
四 川	Sichuan	5990	5251	2474	4793	114345	85364	14653	14328
贵 州	Guizhou	2595	808	459	161	24598	16825	3875	3898
云 南	Yunnan	2457	1134	881	592	64488	56949	2926	4613
西 藏	Tibet		5			273	273		
陕 西	Shaanxi	13147	4112	1020	591	64910	52384	7231	5295
甘 肃	Gansu	1042	56	935	2754	30194	23832	3903	2459
青 海	Qinghai	443	302	4		8124	6685	234	1205
宁 夏	Ningxia	1140	47	112		15056	12712	1142	1202
新 疆	Xinjiang	148	10	174	443	54165	46188	4209	3768

4-3 续表 9 continued

单位：人 (person)

地 区	Region	(五) 建筑业 V. Construction	1.房屋建筑业 1. Construction of Buildings	2.土木工程建筑业 2. Civil Engineering	3.建筑安装业 3.Building Installation	4.建筑装饰和其他建筑业 4.Building Decoration and Other Constructions	(六) 批发和零售业 VI. Wholesale and Retail Trades	1.批发业 1.Wholesale Trade	2.零售业 2.Retail Trade
总 计	**National Total**	**24728361**	**17445894**	**4374657**	**1424924**	**1550158**	**7424295**	**3077630**	**4372739**
北 京	Beijing	384858	166466	99318	66197	52943	649583	333944	315639
天 津	Tianjin	261444	106455	77433	35873	41683	152952	63003	89949
河 北	Hebei	805993	601852	132672	41129	29092	221513	85521	135992
山 西	Shanxi	281807	82366	172635	15422	11384	109551	53319	56232
内蒙古	Inner Mongolia	234965	169462	52626	9853	3881	78249	22756	55493
辽 宁	Liaoning	871812	517050	195370	100943	54117	225690	72129	153561
吉 林	Jilin	286543	169331	68381	25605	22305	100169	21977	78192
黑龙江	Heilongjiang	241365	128052	70299	23270	19215	131458	51134	80324
上 海	Shanghai	349153	201260	72192	37678	38023	646727	365635	281092
江 苏	Jiangsu	3977924	3281873	352614	198247	168856	553912	214885	339027
浙 江	Zhejiang	2931413	2373905	355831	84146	117186	377529	179470	198059
安 徽	Anhui	863699	480157	240325	60784	82566	185564	61062	124502
福 建	Fujian	1337278	913266	116709	40847	255754	216075	84819	131256
江 西	Jiangxi	700114	538371	118780	16911	25251	114709	35833	78876
山 东	Shandong	1499519	1207118	248277	66409	38927	562232	216178	372128
河 南	Henan	1713229	1100164	363445	109758	140850	338986	102997	235989
湖 北	Hubei	1264852	829401	272458	82996	84627	354608	124615	229993
湖 南	Hunan	854562	630149	160167	34832	29414	190254	66681	123573
广 东	Guangdong	1143130	642097	249919	91097	158118	842364	409837	432527
广 西	Guangxi	454196	382292	52755	13035	6114	98658	38863	59795
海 南	Hainan	45380	34555	2138	4656	4031	118814	91320	27494
重 庆	Chongqing	930237	664175	136425	65983	60506	198185	71910	126275
四 川	Sichuan	1267565	893383	235162	93274	45820	274465	71811	202654
贵 州	Guizhou	265862	148487	91388	18335	7652	102002	40067	61935
云 南	Yunnan	616032	451656	110420	28995	24652	202517	66114	136403
西 藏	Tibet	9707	8053	1443	48	163	4562	501	4061
陕 西	Shaanxi	512279	309660	165770	23191	13658	209094	61881	147213
甘 肃	Gansu	316612	233064	57342	18780	7426	58002	16930	41072
青 海	Qinghai	50639	17626	30147	1820	1046	19876	8625	11251
宁 夏	Ningxia	45538	27294	15439	1765	1040	23041	6394	16647
新 疆	Xinjiang	210654	136854	56777	13045	3858	62954	37419	25535

4-3 续表 10 continued

单位：人 (person)

地 区	Region	(七) 交通运输、仓储和邮政业 VII. Transport, Storage and Post	1.铁路运输业 1.Railway Transport	2.道路运输业 2.Road Transport	3.水上运输业 3.Water Transport	4.航空运输业 4.Air Transport	5.管道运输业 5.Transport Via Pipeline	6.装卸搬运和运输代理业 6.Loading Unloading and Forwarding Ageney	7.仓储业 7.Storage	8.邮政业 8.Post
总 计	**National Total**	**4169760**	**110280**	**2534036**	**340313**	**413375**	**28580**	**356892**	**178690**	**229452**
北 京	Beijing	472059	21510	266009	324	66645	5947	48333	6423	56868
天 津	Tianjin	80953	1946	19788	19802	6274	235	11489	17040	4379
河 北	Hebei	103181	3181	55780	25391	2225	454	8738	4560	2852
山 西	Shanxi	52051	1593	43035	30	4533	306	820	1248	486
内蒙古	Inner Mongolia	53336	7915	39643		2193		818	630	2137
辽 宁	Liaoning	127793	4194	60643	30575	9910	1819	14113	4851	1688
吉 林	Jilin	42934	568	31671	680	127	1085	806	3824	4173
黑龙江	Heilongjiang	24563	962	13865	187	2567		1797	4344	841
上 海	Shanghai	389446	1280	194464	29276	57540	1454	65326	28267	11839
江 苏	Jiangsu	302344	711	173275	64881	7625	7393	28177	11752	8530
浙 江	Zhejiang	219656	3053	130163	22604	8136	106	18426	10875	26293
安 徽	Anhui	110981	2218	85603	9875	3313		3858	2914	3200
福 建	Fujian	130277	812	80317	10441	11920	12	22683	2799	1293
江 西	Jiangxi	76412	222	67777	4659		717	1597	765	675
山 东	Shandong	261813	3080	170243	42234	15869	2502	21611	18342	9790
河 南	Henan	187133	7946	156967	2245	7402	74	4104	6755	1640
湖 北	Hubei	127998	548	97740	8389	6061	42	7953	6861	404
湖 南	Hunan	80340	2633	55255	2510	4700	169	3414	816	10843
广 东	Guangdong	592853	26487	282349	46716	102267	319	48572	27376	58767
广 西	Guangxi	84211	5680	57441	4232	6		11703	1928	3221
海 南	Hainan	39980	5034	13988	2773	12150	30	4248	308	1449
重 庆	Chongqing	149938		117370	10757	10384		5379	3567	2481
四 川	Sichuan	170252	956	122852	669	34328	532	3111	1978	5826
贵 州	Guizhou	50405	1253	38500	278	5913		2419	1046	996
云 南	Yunnan	80214	446	43982	686	16752	372	13844	1688	2444
西 藏	Tibet	729		729						
陕 西	Shaanxi	66037	3056	44941	19	6792	1614	1417	5243	2955
甘 肃	Gansu	34476	670	30785		268	51	763	1798	141
青 海	Qinghai	11074	90	8867		1070		228	271	548
宁 夏	Ningxia	13401	2220	8253	80	1710		236	8	894
新 疆	Xinjiang	32920	16	21741		4695	3347	909	413	1799

4-3 续表 11 continued

单位：人 (person)

地 区	Region	(八) 住宿和餐饮业 VIII. Hotels and Catering Services	1.住宿业 1.Hotels	2.餐饮业 2.Catering Services	(九) 信息传输、软件和信息技术服务业 Information Transmission, software and Information Technology	1.电信、广播电视和卫星传输服务 1.Telecommunication, Radio and Television and Satellite Transmission Service	2.互联网和相关服务 2.Internet and Related Service	3.软件和信息技术服务业 3.Software and Information Technology
总 计	**National Total**	**2486938**	**1172418**	**1318899**	**2769482**	**1432899**	**173111**	**1163844**
北 京	Beijing	258279	96162	162117	569028	82062	68424	418542
天 津	Tianjin	57253	16058	41195	34605	18161	2397	14047
河 北	Hebei	44771	28116	16655	62443	46421	4536	11486
山 西	Shanxi	33770	12056	21714	48679	46242	55	2382
内蒙古	Inner Mongolia	34610	17340	17270	34714	33290	632	792
辽 宁	Liaoning	53488	29692	23796	109221	55899	7927	45395
吉 林	Jilin	21086	12105	8981	45480	38704	537	6239
黑龙江	Heilongjiang	21807	13469	8338	49070	41498	2403	5169
上 海	Shanghai	188573	49625	138948	213653	36489	9969	167195
江 苏	Jiangsu	166006	55818	110188	275215	151974	10067	113174
浙 江	Zhejiang	132575	78084	54491	139139	55522	21424	62193
安 徽	Anhui	48932	26415	22517	45692	37290	2089	6313
福 建	Fujian	85988	50681	35307	56534	35944	1528	19062
江 西	Jiangxi	36687	21672	15015	45918	37081	1382	7455
山 东	Shandong	122873	57986	69266	136162	99432	2070	35032
河 南	Henan	84796	48013	36783	65902	57628	2258	6016
湖 北	Hubei	108821	37140	71681	73984	49713	2110	22161
湖 南	Hunan	80062	49670	30392	59972	49611	2011	8350
广 东	Guangdong	355195	170714	184481	289853	123898	20449	145506
广 西	Guangxi	40055	23806	16249	36788	35482	694	612
海 南	Hainan	61832	53546	8286	12000	8582	926	2492
重 庆	Chongqing	63071	24601	38470	45653	30848	2922	11883
四 川	Sichuan	109236	45542	63694	104019	84500	2655	16864
贵 州	Guizhou	34350	20947	13403	30410	26637	281	3492
云 南	Yunnan	82288	54607	27681	44091	37948	255	5888
西 藏	Tibet	2098	1686	412	1301	1226		75
陕 西	Shaanxi	110969	47793	63176	88385	63365	2219	22801
甘 肃	Gansu	23849	11932	11917	19030	16637	697	1696
青 海	Qinghai	3731	2719	1012	7323	7315		8
宁 夏	Ningxia	4879	2890	1989	5310	4975		335
新 疆	Xinjiang	15008	11533	3475	19908	18525	194	1189

4-3 续表 12 continued

单位：人 (person)

地 区	Region	(十) 金融业 X. Financial Intermediation	1.货币金融服务 1.Monetay and Financial Service	2.资本市场服务 2.Capital Market Service	3.保险业 3.Insurance	4.其他金融业 4.Other Financial Activities	(十一) 房地产业 XI. Real Estate
总 计	**National Total**	**3412950**	**1738184**	**161020**	**1460630**	**53116**	**3283303**
北 京	Beijing	381072	182025	48228	123005	27814	358022
天 津	Tianjin	69785	32449	163	35062	2111	77842
河 北	Hebei	189353	102953	2210	84047	143	79913
山 西	Shanxi	60098	32282	2051	25197	568	22361
内蒙古	Inner Mongolia	38199	23079	469	14581	70	41774
辽 宁	Liaoning	126141	56522	2388	66615	616	117128
吉 林	Jilin	46113	31605	2257	11967	284	47429
黑龙江	Heilongjiang	88613	38136	1285	48646	546	44008
上 海	Shanghai	265326	131305	19680	113091	1250	218244
江 苏	Jiangsu	186600	103475	8334	74629	162	192301
浙 江	Zhejiang	308021	189331	10480	106292	1918	165161
安 徽	Anhui	94910	49074	1755	43314	767	81133
福 建	Fujian	87516	48962	3150	34644	760	103243
江 西	Jiangxi	48027	24395	486	22877	269	44196
山 东	Shandong	223884	117486	3226	102747	425	204243
河 南	Henan	142976	73650	818	66471	2037	144537
湖 北	Hubei	89759	35970	5825	45897	2067	108094
湖 南	Hunan	160811	81812	7465	71083	451	99084
广 东	Guangdong	284520	147175	25471	106523	5351	467151
广 西	Guangxi	47072	26749	1107	18516	700	63841
海 南	Hainan	15384	9174	810	5115	285	52504
重 庆	Chongqing	92301	30365	4096	56466	1374	91295
四 川	Sichuan	103236	38487	3205	60796	748	146515
贵 州	Guizhou	48118	31788	1773	13845	712	62729
云 南	Yunnan	33996	18882	1437	13213	464	96020
西 藏	Tibet	1888		1088	800		1257
陕 西	Shaanxi	88142	39481	972	46850	839	68975
甘 肃	Gansu	28356	14932	7	13417		30418
青 海	Qinghai	3558	2330		1194	34	7081
宁 夏	Ningxia	13564	7673		5874	17	11375
新 疆	Xinjiang	45611	16637	784	27856	334	35429

4-3 续表 13 continued

单位：人 (person)

地　区	Region	#房地产开发经营 Development and Management of Real Estate	#物业管理 Property Management	#房地产中介服务 Agency Services for Real Estate	(十二) 租赁和商务服务业 XII. Leasing and Business Services	1.租赁业 1.Leasing	2.商务服务业 2.Business Services
总　计	**National Total**	**1618794**	**1414986**	**176175**	**2602018**	**73828**	**2531991**
北　京	Beijing	81549	201426	37047	453769	16918	436851
天　津	Tianjin	30878	41096	5624	43219	1365	41854
河　北	Hebei	61651	17120	655	41090	781	40309
山　西	Shanxi	14371	7667	138	27311	1137	26174
内蒙古	Inner Mongolia	25490	16003	248	20283	227	20056
辽　宁	Liaoning	66296	46047	4182	47163	879	46284
吉　林	Jilin	26604	19043	1245	28183	617	27566
黑龙江	Heilongjiang	28193	15442	153	26372	575	25797
上　海	Shanghai	53253	132113	29971	335403	17899	317504
江　苏	Jiangsu	90564	94509	5719	194006	4318	189688
浙　江	Zhejiang	65877	90196	5168	196010	2843	193167
安　徽	Anhui	59732	18939	2078	39922	723	39199
福　建	Fujian	53787	46628	2208	61109	693	60416
江　西	Jiangxi	34831	6700	386	17809	633	17176
山　东	Shandong	142629	58764	4745	98909	5425	97285
河　南	Henan	111617	26270	3073	69681	2048	67633
湖　北	Hubei	72721	31715	3276	49848	2354	47494
湖　南	Hunan	63978	31583	3061	55198	720	54478
广　东	Guangdong	140416	263928	50751	363787	6520	357267
广　西	Guangxi	35954	25233	1536	55636	620	55016
海　南	Hainan	32928	18153	1206	12293	574	11719
重　庆	Chongqing	44169	42196	4142	85637	489	85148
四　川	Sichuan	80368	59951	5541	67399	801	66598
贵　州	Guizhou	37547	22924	1610	31446	981	30465
云　南	Yunnan	66190	27448	1342	69538	1178	68360
西　藏	Tibet	738	496	23	4072	15	4057
陕　西	Shaanxi	45852	21340	579	49193	868	48325
甘　肃	Gansu	22548	7838		9211	166	9045
青　海	Qinghai	3720	3209	80	4640	5	4635
宁　夏	Ningxia	6054	5205	116	12386		12386
新　疆	Xinjiang	18289	15804	272	31495	1456	30039

4-3 续表 14 continued

单位：人 (person)

地 区	Region	(十三) 科学研究和技术服务业 XIII. Scientific Research and Technical Services	1.研究和试验发展 1.Research and Experimental Development	2.专业技术服务业 2.Professional Technical Services	3.科技推广和应用服务业 3.Science and Technology Popularization and Application Services	(十四) 水利、环境和公共设施管理业 XIV. Management of Water Conservancy, Enviroment and Public Facilities	1.水利管理业 1.Management of Water Conservancy	2.生态保护和环境治理业 2.Ecological Protection and Environmental Treatment
总 计	**National Total**	**1584920**	**165133**	**1182902**	**263807**	**408264**	**19652**	**37673**
北 京	Beijing	368778	36841	241617	90320	32889	1200	4891
天 津	Tianjin	64055	5768	53872	4415	5024	146	107
河 北	Hebei	62853	1649	60555	649	7706	931	447
山 西	Shanxi	9066	180	8145	741	4341	665	384
内蒙古	Inner Mongolia	14051	360	11360	2331	7080	848	358
辽 宁	Liaoning	45072	7725	33429	3918	10810	1627	1122
吉 林	Jilin	21228	839	19255	1134	5337	344	142
黑龙江	Heilongjiang	10808	2407	7132	1269	2934	647	218
上 海	Shanghai	119567	25429	84118	10020	50580	628	5018
江 苏	Jiangsu	102857	7635	79560	15662	27663	1052	3206
浙 江	Zhejiang	82609	6540	62858	13211	41113	1520	4716
安 徽	Anhui	24112	2449	19471	2192	7027	35	532
福 建	Fujian	32227	590	29630	2007	8784	178	925
江 西	Jiangxi	9668	155	9277	236	7224	137	29
山 东	Shandong	71668	7771	47023	43796	21821	1064	1716
河 南	Henan	55442	7957	37727	9758	16809	1764	1588
湖 北	Hubei	64373	2007	47228	15138	9589	468	1719
湖 南	Hunan	44271	1507	22100	20664	7495	1157	273
广 东	Guangdong	200363	32736	151202	16425	41677	1605	5083
广 西	Guangxi	17270	341	14506	2423	5678	232	477
海 南	Hainan	6791	568	6104	119	7629	387	88
重 庆	Chongqing	23327	1139	21643	545	11341	618	987
四 川	Sichuan	37792	6624	30148	1020	19890	236	186
贵 州	Guizhou	14754	736	12428	1590	5341	530	132
云 南	Yunnan	18360	949	16536	875	21366	164	1905
西 藏	Tibet	12		12				
陕 西	Shaanxi	35580	3340	29279	2961	12872	656	901
甘 肃	Gansu	9119	469	8471	179	1396	120	
青 海	Qinghai	3018	191	2734	93	542	370	11
宁 夏	Ningxia	3656		3592	64	2196	131	313
新 疆	Xinjiang	12173	231	11890	52	4110	192	199

4-3 续表 15 continued

单位：人 (person)

地 区	Region	3.公共设施管理业 3.Management of Public Facilities	(十五) 居民服务、修理和其他服务业 XV. Service to Households, Repair and Other Services	1.居民服务业 1.Service to Households	2.机动车、电子产品和日用产品修理业 2.Repair of Motor Vehicle, Electronics and Household Products	3.其他服务业 3.Other Service	(十六) 教育 XVI. Education	#初等教育 Primary Education	#中等教育 Secondary Education	#高等教育 Senior Education
总 计	**National Total**	**356094**	**440651**	**132492**	**88177**	**221377**	**916233**	**120720**	**269789**	**146187**
北 京	Beijing	26798	67426	18883	16839	31704	99293	7428	8402	11886
天 津	Tianjin	4771	61112	10134	890	50088	8211	815	2234	2204
河 北	Hebei	6328	7556	3771	915	2870	8449	928	1793	3035
山 西	Shanxi	3292	9087	1525	6791	771	13059	2909	6443	530
内蒙古	Inner Mongolia	5874	2631	858	527	1246	4146	504	1457	121
辽 宁	Liaoning	8061	9943	3233	3099	3611	21421	1555	4618	1855
吉 林	Jilin	4851	7476	3067	1048	3361	9663	1025	3192	3616
黑龙江	Heilongjiang	2069	5917	3545	989	1383	2441	41	594	
上 海	Shanghai	44934	38057	6700	10751	20606	23701	1346	5307	6710
江 苏	Jiangsu	23405	26559	3873	6943	15743	45848	6088	19982	5169
浙 江	Zhejiang	34877	13424	6807	2703	3914	84603	11076	28685	10138
安 徽	Anhui	6460	5487	970	1003	3514	37127	3164	19641	5507
福 建	Fujian	7681	5968	2506	1292	2170	30076	2021	14733	6280
江 西	Jiangxi	7058	1418	566	179	673	10936	651	4979	566
山 东	Shandong	24196	21420	5207	5849	11759	59062	8374	14012	8712
河 南	Henan	13457	11537	4629	2987	3921	86997	20715	32994	11116
湖 北	Hubei	7402	9086	2798	1564	4724	37391	1560	9509	7298
湖 南	Hunan	6065	15394	11662	1557	2175	48409	8123	22070	7177
广 东	Guangdong	34989	55779	14352	9169	32258	120829	20659	30960	15277
广 西	Guangxi	4969	2958	1326	648	984	20126	3509	4577	1887
海 南	Hainan	7154	3150	682	432	2036	13281	1695	2886	2801
重 庆	Chongqing	9736	11097	3578	1088	6431	23623	6512	2924	7230
四 川	Sichuan	19468	10224	2725	4070	3429	37397	2092	14017	8394
贵 州	Guizhou	4679	9363	5649	2189	1525	12689	1819	3887	440
云 南	Yunnan	19297	11210	6246	2066	2898	25777	4056	5040	2706
西 藏	Tibet		1409			1409				
陕 西	Shaanxi	11315	12171	5046	2125	5000	21969	1434	3619	13713
甘 肃	Gansu	1276	1051	733	9	309	1069		254	
青 海	Qinghai	161	216		216		2655		282	
宁 夏	Ningxia	1752	456	456			3295	283	406	1646
新 疆	Xinjiang	3719	2069	965	239	865	2690	338	292	173

4-3 续表 16 continued

单位：人 (person)

地区	Region	(十七) 卫生和社会工作 XVII. Health and Social Service	1.卫生 1.Health	2.社会工作 2.Social Service	(十八) 文化、体育和娱乐业 XVIII. Culture, Sports and Entertainment	1.新闻和出版业 1.Journalism and Publishing Activities	2.广播、电视、电影和影视录音制作业 2.Radio, Television, Motion Picture and Videotape Programme Production Services	3.文化艺术业 3.Cultural and Art Activities	4.体育 4.Sports Activities	5.娱乐业 5.Entertainment	(十九) 公共管理、社会保障和社会组织 XIX.Public Management, Social Security and Social Organization	#群众社团、社会团体和其他成员组织 Non-Governmental Organizations, Social Organizations and Membership Organizations
总 计	National Total	433207	415584	18105	350475	94481	72928	49649	70235	65013	113040	29259
北 京	Beijing	32993	29565	3428	65974	18746	12711	11147	16864	6506	51899	11325
天 津	Tianjin	3240	3225	15	7784	3724	806	753	757	1744	602	77
河 北	Hebei	5293	5220	73	5559	1315	1716	1133	814	581		
山 西	Shanxi	5008	4952	56	3001	614	244	1888	100	155	162	4
内蒙古	Inner Mongolia	3393	3329	64	1184	184	218	171	65	546		
辽 宁	Liaoning	15947	15493	454	10664	3747	1653	838	1745	2681	3423	843
吉 林	Jilin	7857	7530	327	5736	3663	762	496	245	570	58	28
黑龙江	Heilongjiang	3127	3087	40	5176	2006	1646	564	311	649		
上 海	Shanghai	8056	7876	180	27540	6481	8055	1148	8278	3578	329	44
江 苏	Jiangsu	43954	43608	346	27498	7006	7851	2899	1932	7810	3892	172
浙 江	Zhejiang	29226	26537	2689	15997	1786	4331	4086	3766	2028	28949	4786
安 徽	Anhui	24753	24635	118	5038	1786	726	1343	512	671	48	
福 建	Fujian	10231	9469	762	10459	2842	1563	1707	1711	2636	132	132
江 西	Jiangxi	9822	9756	66	3304	799	788	1029	301	387	232	
山 东	Shandong	25122	24590	1014	14184	2902	4804	1409	4035	2865	1410	423
河 南	Henan	39992	38964	1028	18276	1525	2326	1900	327	12198	13899	4366
湖 北	Hubei	17269	16886	383	9037	2793	1797	2843	274	1330	170	106
湖 南	Hunan	20345	19495	850	12681	4451	3179	1906	841	2304	3533	3533
广 东	Guangdong	43139	39775	3364	45240	12028	6219	2184	18713	6096	2452	2135
广 西	Guangxi	7775	7509	266	6057	2243	197	1406	1317	894	28	28
海 南	Hainan	2227	2126	101	5819	1476	198	585	2424	1136	555	540
重 庆	Chongqing	12628	10990	1638	8243	3546	1678	1015	331	1673		
四 川	Sichuan	19030	18932	98	9768	4105	2575	786	784	1518	120	120
贵 州	Guizhou	8016	7806	210	3787	302	1003	1056	471	955	621	292
云 南	Yunnan	19597	19245	352	8319	1155	866	2271	2615	1412	159	88
西 藏	Tibet	251	251		175					175		
陕 西	Shaanxi	9747	9611	136	9240	1248	3869	2098	622	1403	161	17
甘 肃	Gansu	1943	1943		2177	1272	164	562	5	174	157	157
青 海	Qinghai	1301	1301		959		812	143		4		
宁 夏	Ningxia	640	640		752	75	164	179	62	272	29	29
新 疆	Xinjiang	1285	1238	47	847	661	7	104	13	62	20	14

第五部分

Chapter Five

2013年全国户籍统计人口数据

Data from Household Registration in 2013

5-1 各地区总户数、总人口

Households and Population by Region

地 区	Region	总户数（户）Number of Households (household)	总人口（人）Total Population (person)	男 Male	女 Female	平均每户人数（人/户）Average Family Size (person/household)	性别比（女=100）Sex Ratio (Female=100)
全 国	**National Total**	**438799191**	**1367260636**	**702604780**	**664655856**	**3.12**	**105.71**
北 京	Beijing	5162438	13178280	6612288	6565992	2.55	100.71
天 津	Tianjin	3566084	10067541	5050908	5016633	2.82	100.68
河 北	Hebei	23259725	75032277	38265064	36767213	3.23	104.07
山 西	Shanxi	13132524	35252853	18022265	17230588	2.68	104.59
内蒙古	Inner Mongolia	9453852	24662389	12573244	12089145	2.61	104.00
辽 宁	Liaoning	15055414	42380277	21314379	21065898	2.81	101.18
吉 林	Jilin	9977427	26785490	13522275	13263215	2.68	101.95
黑龙江	Heilongjiang	14714372	37792116	19093183	18698933	2.57	102.11
上 海	Shanghai	5275188	14323391	7119258	7204133	2.72	98.82
江 苏	Jiangsu	24244397	76168397	38634794	37533603	3.14	102.93
浙 江	Zhejiang	16224445	48268946	24450359	23818587	2.98	102.65
安 徽	Anhui	21437805	69285300	35987097	33298203	3.23	108.08
福 建	Fujian	10453960	36336439	18709162	17627277	3.48	106.14
江 西	Jiangxi	15112341	48191363	25258429	22932934	3.19	110.14
山 东	Shandong	30982914	96120353	48829300	47291053	3.10	103.25
河 南	Henan	31252028	110388719	57139767	53248952	3.53	107.31
湖 北	Hubei	20587948	61705885	31994877	29711008	3.00	107.69
湖 南	Hunan	22865745	71472843	37123201	34349642	3.13	108.07
广 东	Guangdong	23602865	87594645	45135130	42459515	3.71	106.30
广 西	Guangxi	15641972	54219457	28593198	25626259	3.47	111.58
海 南	Hainan	2626524	9089136	4749759	4339377	3.46	109.46
重 庆	Chongqing	12367811	33584227	17318228	16265999	2.72	106.47
四 川	Sichuan	32068298	91326594	47008303	44318291	2.85	106.07
贵 州	Guizhou	12541659	42861507	22372066	20489441	3.42	109.19
云 南	Yunnan	14765679	46041684	23737568	22304116	3.12	106.43
西 藏	Tibet	822018	3174163	1587611	1586552	3.86	100.07
陕 西	Shaanxi	12635042	39600764	20477136	19123628	3.13	107.08
甘 肃	Gansu	8193210	27277706	14082652	13195054	3.33	106.73
青 海	Qinghai	1734302	5725921	2901528	2824393	3.30	102.73
宁 夏	Ningxia	2219360	6685707	3389537	3296170	3.01	102.83
新 疆	Xinjiang	6821844	22666266	11552214	11114052	3.32	103.94

5-2　各地区市总户数、总人口

Households and Population in Cities by Region

地　区	Region	总户数 (户) Number of Households (household)	总人口 (人) Total Population (person)	男 Male	女 Female	平均每户人数 (人/户) Average Family Size (person/household)	性别比 (女=100) Sex Ratio (Female=100)
全　国	**National Total**	**217341190**	**654871042**	**332889711**	**321981331**	**3.01**	**103.39**
北　京	Beijing	4817673	12466582	6254651	6211931	2.59	100.69
天　津	Tianjin	2957387	8244178	4123405	4120773	2.79	100.06
河　北	Hebei	8497682	27441610	13864138	13577472	3.23	102.11
山　西	Shanxi	5004572	14066427	7158109	6908318	2.81	103.62
内蒙古	Inner Mongolia	3299771	8943334	4500346	4442988	2.71	101.29
辽　宁	Liaoning	11045750	30415604	15198947	15216657	2.75	99.88
吉　林	Jilin	6965393	18494577	9284415	9210162	2.66	100.81
黑龙江	Heilongjiang	9072615	22697675	11391346	11306329	2.50	100.75
上　海	Shanghai	4975094	13641264	6784447	6856817	2.74	98.94
江　苏	Jiangsu	17118893	51619964	25935884	25684080	3.02	100.98
浙　江	Zhejiang	11264099	33220089	16697996	16522093	2.95	101.06
安　徽	Anhui	7719322	23671127	12167053	11504074	3.07	105.76
福　建	Fujian	5433261	18643840	9501697	9142143	3.43	103.93
江　西	Jiangxi	5230491	16133915	8412577	7721338	3.08	108.95
山　东	Shandong	18129342	54814977	27629313	27185664	3.02	101.63
河　南	Henan	11033050	38038707	19450645	18588062	3.45	104.64
湖　北	Hubei	13185938	38846861	20025089	18821772	2.95	106.39
湖　南	Hunan	8536098	25285629	12973809	12311820	2.96	105.38
广　东	Guangdong	16939960	61428830	31582308	29846522	3.63	105.82
广　西	Guangxi	5661342	19467102	10194673	9272429	3.44	109.95
海　南	Hainan	1606013	5555217	2884720	2670497	3.46	108.02
重　庆	Chongqing	6923895	17869948	9100902	8769046	2.58	103.78
四　川	Sichuan	12594172	34290356	17392952	16897404	2.72	102.93
贵　州	Guizhou	3280763	10918117	5606904	5311213	3.33	105.57
云　南	Yunnan	3920701	11364743	5774471	5590272	2.90	103.29
西　藏	Tibet	136128	317562	157539	160023	2.33	98.45
陕　西	Shaanxi	4644444	14570007	7427157	7142850	3.14	103.98
甘　肃	Gansu	2826453	8760307	4485086	4275221	3.10	104.91
青　海	Qinghai	379429	1135996	564516	571480	2.99	98.78
宁　夏	Ningxia	1174820	3294265	1655084	1639181	2.80	100.97
新　疆	Xinjiang	2966639	9212232	4709532	4502700	3.11	104.59

注：市，指经国务院批准设立市建制的市，本表中市的各项数字不包括市辖县的数字(表5-6、5-9、5-10同)。

5-3 各地区县总户数、总人口

Households and Population in Counties by Region

地 区	Region	总户数 (户) Number of Households (household)	总人口 (人) Total Population (person)	男 Male	女 Female	平均每户人数 (人/户) Average Family Size (person/household)	性别比 (女=100) Sex Ratio (Female=100)
全 国	**National Total**	**221458001**	**712389594**	**369715069**	**342674525**	**3.22**	**107.89**
北 京	Beijing	344765	711698	357637	354061	2.06	101.01
天 津	Tianjin	608697	1823363	927503	895860	3.00	103.53
河 北	Hebei	14762043	47590667	24400926	23189741	3.22	105.22
山 西	Shanxi	8127952	21186426	10864156	10322270	2.61	105.25
内蒙古	Inner Mongolia	6154081	15719055	8072898	7646157	2.55	105.58
辽 宁	Liaoning	4009664	11964673	6115432	5849241	2.98	104.55
吉 林	Jilin	3012034	8290913	4237860	4053053	2.75	104.56
黑龙江	Heilongjiang	5641757	15094441	7701837	7392604	2.68	104.18
上 海	Shanghai	300094	682127	334811	347316	2.27	96.40
江 苏	Jiangsu	7125504	24548433	12698910	11849523	3.45	107.17
浙 江	Zhejiang	4960346	15048857	7752363	7296494	3.03	106.25
安 徽	Anhui	13718483	45614173	23820044	21794129	3.33	109.30
福 建	Fujian	5020699	17692599	9207465	8485134	3.52	108.51
江 西	Jiangxi	9881850	32057448	16845852	15211596	3.24	110.74
山 东	Shandong	12853572	41305376	21199987	20105389	3.21	105.44
河 南	Henan	20218978	72350012	37689122	34660890	3.58	108.74
湖 北	Hubei	7402010	22859024	11969788	10889236	3.09	109.92
湖 南	Hunan	14329647	46187214	24149392	22037822	3.22	109.58
广 东	Guangdong	6662905	26165815	13552822	12612993	3.93	107.45
广 西	Guangxi	9980630	34752355	18398525	16353830	3.48	112.50
海 南	Hainan	1020511	3533919	1865039	1668880	3.46	111.75
重 庆	Chongqing	5443916	15714279	8217326	7496953	2.89	109.61
四 川	Sichuan	19474126	57036238	29615351	27420887	2.93	108.00
贵 州	Guizhou	9260896	31943390	16765162	15178228	3.45	110.46
云 南	Yunnan	10844978	34676941	17963097	16713844	3.20	107.47
西 藏	Tibet	685890	2856601	1430072	1426529	4.16	100.25
陕 西	Shaanxi	7990598	25030757	13049979	11980778	3.13	108.92
甘 肃	Gansu	5366757	18517399	9597566	8919833	3.45	107.60
青 海	Qinghai	1354873	4589925	2337012	2252913	3.39	103.73
宁 夏	Ningxia	1044540	3391442	1734453	1656989	3.25	104.67
新 疆	Xinjiang	3855205	13454034	6842682	6611352	3.49	103.50

5-4 各地区镇总户数、总人口

Households and Population in Towns by Region

地 区	Region	总户数 (户) Number of Households (household)	总人口 (人) Total Population (person)	男 Male	女 Female	平均每户人数 (人/户) Average Family Size (person/household)	性别比 (女=100) Sex Ratio (Female=100)
全 国	**National Total**	**247143342**	**784909218**	**404773174**	**380136044**	**3.18**	**106.48**
北 京	Beijing	1809907	3821800	1904702	1917098	2.11	99.35
天 津	Tianjin	1353087	3996115	2013635	1982480	2.95	101.57
河 北	Hebei	12568765	40188238	20487042	19701196	3.20	103.99
山 西	Shanxi	6439679	16854480	8637046	8217434	2.62	105.11
内蒙古	Inner Mongolia	5868835	15453387	7914599	7538788	2.63	104.99
辽 宁	Liaoning	5801961	17191606	8749926	8441680	2.96	103.65
吉 林	Jilin	4764698	13686715	6976983	6709732	2.87	103.98
黑龙江	Heilongjiang	5998140	16086541	8160489	7926052	2.68	102.96
上 海	Shanghai	2412352	6277253	3120863	3156390	2.60	98.87
江 苏	Jiangsu	16749418	53032644	26986489	26046155	3.17	103.61
浙 江	Zhejiang	9195782	27640839	14081941	13558898	3.01	103.86
安 徽	Anhui	14446093	47274864	24583194	22691670	3.27	108.34
福 建	Fujian	6574886	23423859	12077330	11346529	3.56	106.44
江 西	Jiangxi	8976800	28807681	15103773	13703908	3.21	110.22
山 东	Shandong	17812340	57707829	29429771	28278058	3.24	104.07
河 南	Henan	14387436	50837253	26402158	24435095	3.53	108.05
湖 北	Hubei	11945469	37695170	19634309	18060861	3.16	108.71
湖 南	Hunan	13512002	42748471	22229862	20518609	3.16	108.34
广 东	Guangdong	15798620	62002186	32019240	29982946	3.92	106.79
广 西	Guangxi	11163848	38819314	20540820	18278494	3.48	112.38
海 南	Hainan	1938473	6993068	3659981	3333087	3.61	109.81
重 庆	Chongqing	7387368	20443037	10665143	9777894	2.77	109.07
四 川	Sichuan	19626122	54857949	28225073	26632876	2.80	105.98
贵 州	Guizhou	6728787	22834702	11894765	10939937	3.39	108.73
云 南	Yunnan	7401727	23691679	12148205	11543474	3.20	105.24
西 藏	Tibet	263486	891596	446287	445309	3.38	100.22
陕 西	Shaanxi	7913028	25051415	13048160	12003255	3.17	108.71
甘 肃	Gansu	3855792	12827080	6629829	6197251	3.33	106.98
青 海	Qinghai	895935	2885022	1466411	1418611	3.22	103.37
宁 夏	Ningxia	1122407	3371625	1716838	1654787	3.00	103.75
新 疆	Xinjiang	2430099	7515800	3818310	3697490	3.09	103.27

注：镇，指经省级人民政府批准设置的建制镇。

5-5 各地区非农业、农业人口

Non-agricultural and Agricultural Population by Region

单位：人，%　　(person,%)

地　区	Region	总人口 Total Population	非农业人口 Non-agricultural 人口数 Population	非农业人口 Non-agricultural 比重 Proportion	农业人口 Agricultural 人口数 Population	农业人口 Agricultural 比重 Proportion
全　国	**National Total**	**1367260636**	**491246568**	**35.93**	**876014068**	**64.07**
北　京	Beijing	13178280	10663383	80.92	2514897	19.08
天　津	Tianjin	10067541	6322320	62.80	3745221	37.20
河　北	Hebei	75032277	24290632	32.37	50741645	67.63
山　西	Shanxi	35252853	11895086	33.74	23357767	66.26
内蒙古	Inner Mongolia	24662389	10177871	41.27	14484518	58.73
辽　宁	Liaoning	42380277	21896203	51.67	20484074	48.33
吉　林	Jilin	26785490	12584623	46.98	14200867	53.02
黑龙江	Heilongjiang	37792116	18488730	48.92	19303386	51.08
上　海	Shanghai	14323391	12895787	90.03	1427604	9.97
江　苏	Jiangsu	76168397	43746405	57.43	32421992	42.57
浙　江	Zhejiang	48268946	15454101	32.02	32814845	67.98
安　徽	Anhui	69285300	15879290	22.92	53406010	77.08
福　建	Fujian	36336439	12426341	34.20	23910098	65.80
江　西	Jiangxi	48191363	12813407	26.59	35377956	73.41
山　东	Shandong	96120353	41302756	42.97	54817597	57.03
河　南	Henan	110388719	24942618	22.60	85446101	77.40
湖　北	Hubei	61705885	21377165	34.64	40328720	65.36
湖　南	Hunan	71472843	15907705	22.26	55565138	77.74
广　东	Guangdong	87594645	47028311	53.69	40566334	46.31
广　西	Guangxi	54219457	10536379	19.43	43683078	80.57
海　南	Hainan	9089136	3438180	37.83	5650956	62.17
重　庆	Chongqing	33584227	13440471	40.02	20143756	59.98
四　川	Sichuan	91326594	26324063	28.82	65002531	71.18
贵　州	Guizhou	42861507	7019794	16.38	35841713	83.62
云　南	Yunnan	46041684	12541612	27.24	33500072	72.76
西　藏	Tibet	3174163	550406	17.34	2623757	82.66
陕　西	Shaanxi	39600764	15053182	38.01	24547582	61.99
甘　肃	Gansu	27277706	7516298	27.55	19761408	72.45
青　海	Qinghai	5725921	2417217	42.22	3308704	57.78
宁　夏	Ningxia	6685707	2661820	39.81	4023887	60.19
新　疆	Xinjiang	22666266	9654412	42.59	13011854	57.41

5-6 各地区市非农业、农业人口

Non-agricultural and Agricultural Population in Cities by Region

单位：人，% (person,%)

地 区	Region	总人口 Total Population	非农业人口 Non-agricultural		农业人口 Agricultural	
			人口数 Population	比重 Proportion	人口数 Population	比重 Proportion
全 国	**National Total**	**654871042**	**352090193**	**53.76**	**302780849**	**46.24**
北 京	Beijing	12466582	10360206	83.10	2106376	16.90
天 津	Tianjin	8244178	5934668	71.99	2309510	28.01
河 北	Hebei	27441610	14945439	54.46	12496171	45.54
山 西	Shanxi	14066427	8058099	57.29	6008328	42.71
内蒙古	Inner Mongolia	8943334	6304957	70.50	2638377	29.50
辽 宁	Liaoning	30415604	18929314	62.24	11486290	37.76
吉 林	Jilin	18494577	10170809	54.99	8323768	45.01
黑龙江	Heilongjiang	22697675	13705341	60.38	8992334	39.62
上 海	Shanghai	13641264	12606842	92.42	1034422	7.58
江 苏	Jiangsu	51619964	33581187	65.05	18038777	34.95
浙 江	Zhejiang	33220089	12321359	37.09	20898730	62.91
安 徽	Anhui	23671127	10243493	43.27	13427634	56.73
福 建	Fujian	18643840	8471101	45.44	10172739	54.56
江 西	Jiangxi	16133915	6627599	41.08	9506316	58.92
山 东	Shandong	54814977	30938921	56.44	23876056	43.56
河 南	Henan	38038707	15495759	40.74	22542948	59.26
湖 北	Hubei	38846861	17037225	43.86	21809636	56.14
湖 南	Hunan	25285629	9600078	37.97	15685551	62.03
广 东	Guangdong	61428830	41683401	67.86	19745429	32.14
广 西	Guangxi	19467102	6171342	31.70	13295760	68.30
海 南	Hainan	5555217	2279779	41.04	3275438	58.96
重 庆	Chongqing	17869948	9062721	50.71	8807227	49.29
四 川	Sichuan	34290356	15594939	45.48	18695417	54.52
贵 州	Guizhou	10918117	3989130	36.54	6928987	63.46
云 南	Yunnan	11364743	5998553	52.78	5366190	47.22
西 藏	Tibet	317562	236031	74.33	81531	25.67
陕 西	Shaanxi	14570007	7999514	54.90	6570493	45.10
甘 肃	Gansu	8760307	4686866	53.50	4073441	46.50
青 海	Qinghai	1135996	969637	85.36	166359	14.64
宁 夏	Ningxia	3294265	1985457	60.27	1308808	39.73
新 疆	Xinjiang	9212232	6100426	66.22	3111806	33.78

5-7 各地区县非农业、农业人口

Non-agricultural and Agricultural Population in Counties by Region

单位：人，%　　(person,%)

地　区	Region	总人口 Total Population	非农业人口 Non-agricultural		农业人口 Agricultural	
			人口数 Population	比重 Proportion	人口数 Population	比重 Proportion
全　国	**National Total**	**712389594**	**139156375**	**19.53**	**573233219**	**80.47**
北　京	Beijing	711698	303177	42.60	408521	57.40
天　津	Tianjin	1823363	387652	21.26	1435711	78.74
河　北	Hebei	47590667	9345193	19.64	38245474	80.36
山　西	Shanxi	21186426	3836987	18.11	17349439	81.89
内蒙古	Inner Mongolia	15719055	3872914	24.64	11846141	75.36
辽　宁	Liaoning	11964673	2966889	24.80	8997784	75.20
吉　林	Jilin	8290913	2413814	29.11	5877099	70.89
黑龙江	Heilongjiang	15094441	4783389	31.69	10311052	68.31
上　海	Shanghai	682127	288945	42.36	393182	57.64
江　苏	Jiangsu	24548433	10165218	41.41	14383215	58.59
浙　江	Zhejiang	15048857	3132742	20.82	11916115	79.18
安　徽	Anhui	45614173	5635797	12.36	39978376	87.64
福　建	Fujian	17692599	3955240	22.36	13737359	77.64
江　西	Jiangxi	32057448	6185808	19.30	25871640	80.70
山　东	Shandong	41305376	10363835	25.09	30941541	74.91
河　南	Henan	72350012	9446859	13.06	62903153	86.94
湖　北	Hubei	22859024	4339940	18.99	18519084	81.01
湖　南	Hunan	46187214	6307627	13.66	39879587	86.34
广　东	Guangdong	26165815	5344910	20.43	20820905	79.57
广　西	Guangxi	34752355	4365037	12.56	30387318	87.44
海　南	Hainan	3533919	1158401	32.78	2375518	67.22
重　庆	Chongqing	15714279	4377750	27.86	11336529	72.14
四　川	Sichuan	57036238	10729124	18.81	46307114	81.19
贵　州	Guizhou	31943390	3030664	9.49	28912726	90.51
云　南	Yunnan	34676941	6543059	18.87	28133882	81.13
西　藏	Tibet	2856601	314375	11.01	2542226	88.99
陕　西	Shaanxi	25030757	7053668	28.18	17977089	71.82
甘　肃	Gansu	18517399	2829432	15.28	15687967	84.72
青　海	Qinghai	4589925	1447580	31.54	3142345	68.46
宁　夏	Ningxia	3391442	676363	19.94	2715079	80.06
新　疆	Xinjiang	13454034	3553986	26.42	9900048	73.58

5-8 各地区镇非农业、农业人口

Non-agricultural and Agricultural Population in Towns by Region

单位：人，%　　(person,%)

地 区	Region	总人口 Total Population	非农业人口 Non-agricultural		农业人口 Agricultural	
			人口数 Population	比重 Proportion	人口数 Population	比重 Proportion
全 国	**National Total**	**784909218**	**188472646**	**24.01**	**596436572**	**75.99**
北 京	Beijing	3821800	1608762	42.09	2213038	57.91
天 津	Tianjin	3996115	841737	21.06	3154378	78.94
河 北	Hebei	40188238	11668895	29.04	28519343	70.96
山 西	Shanxi	16854480	4024758	23.88	12829722	76.12
内蒙古	Inner Mongolia	15453387	4594117	29.73	10859270	70.27
辽 宁	Liaoning	17191606	3582809	20.84	13608797	79.16
吉 林	Jilin	13686715	3829879	27.98	9856836	72.02
黑龙江	Heilongjiang	16086541	5498477	34.18	10588064	65.82
上 海	Shanghai	6277253	4884337	77.81	1392916	22.19
江 苏	Jiangsu	53032644	23881676	45.03	29150968	54.97
浙 江	Zhejiang	27640839	4334623	15.68	23306216	84.32
安 徽	Anhui	47274864	6597883	13.96	40676981	86.04
福 建	Fujian	23423859	5158294	22.02	18265565	77.98
江 西	Jiangxi	28807681	6664753	23.14	22142928	76.86
山 东	Shandong	57707829	7088051	12.28	50619778	87.72
河 南	Henan	50837253	8237319	16.20	42599934	83.80
湖 北	Hubei	37695170	7092690	18.82	30602480	81.18
湖 南	Hunan	42748471	6899540	16.14	35848931	83.86
广 东	Guangdong	62002186	21027330	33.91	40974856	66.09
广 西	Guangxi	38819314	5946976	15.32	32872338	84.68
海 南	Hainan	6993068	1665139	23.81	5327929	76.19
重 庆	Chongqing	20443037	4856437	23.76	15586600	76.24
四 川	Sichuan	54857949	13979939	25.48	40878010	74.52
贵 州	Guizhou	22834702	3151013	13.80	19683689	86.20
云 南	Yunnan	23691679	4547114	19.19	19144565	80.81
西 藏	Tibet	891596	217714	24.42	673882	75.58
陕 西	Shaanxi	25051415	7307625	29.17	17743790	70.83
甘 肃	Gansu	12827080	3202224	24.96	9624856	75.04
青 海	Qinghai	2885022	1029131	35.67	1855891	64.33
宁 夏	Ningxia	3371625	1055575	31.31	2316050	68.69
新 疆	Xinjiang	7515800	3997829	53.19	3517971	46.81

5-9 按总人口排序的市及人口数

Cities and Population by Size of Total Population

单位：人 (person)

城　市	City	人　数 Population	城　市	City	人　数 Population
全　国	**National Total**	**654871042**	襄阳市	Xiangyang	2267350
400万以上	**over 4 million**	**104152076**	枣庄市	Zaozhuang	2266614
重庆市	Chongqing	17869948	南昌市	Nanchang	2237361
上海市	Shanghai	13641264	莆田市	Putian	2228838
北京市	Beijing	12466582	绍兴市	Shaoxing	2167053
天津市	Tianjin	8244178	阜阳市	Fuyang	2159785
武汉市	Wuhan	8220493	兰州市	Lanzhou	2054198
广州市	Guangzhou	6866389	揭阳市	Jieyang	2051082
西安市	Xi'an	5806024	**100万—200万**	**from 1 million to 2 million**	**211184127**
成都市	Chengdu	5649398	洛阳市	Luoyang	1991751
南京市	Nanjing	5572271	南阳市	Nanyang	1991745
汕头市	Shantou	5325124	厦门市	Xiamen	1967841
沈阳市	Shenyang	5245928	南充市	Nanchong	1966534
哈尔滨市	Harbin	4736326	徐州市	Xuzhou	1959021
杭州市	Hangzhou	4508151	贵港市	Guigang	1952816
200万—400万	**from 2 million to 4 million**	**85024665**	桂平市	Guiping	1950247
佛山市	Foshan	3816127	福州市	Fuzhou	1947568
长春市	Changchun	3638156	东莞市	Dongguan	1889306
济南市	Jinan	3553797	六安市	Liuan	1886324
深圳市	Shenzhen	3243236	宿州市	Suzhou	1870429
郑州市	Zhengzhou	3181214	陆丰市	Lufeng	1851847
唐山市	Tangshan	3111113	潍坊市	Weifang	1841292
大连市	Dalian	3012367	商丘市	Shangqiu	1832886
长沙市	Changsha	2992513	邳州市	Pizhou	1829494
淮安市	Huaian	2870480	吉林市	Jilin	1818232
太原市	Taiyuan	2854323	烟台市	Yantai	1816213
淄博市	Zibo	2823631	邓州市	Dengzhou	1789586
青岛市	Qingdao	2816661	廉江市	Lianjiang	1754831
南宁市	Nanning	2797307	雷州市	Leizhou	1723120
昆明市	Kunming	2745811	高州市	Gaozhou	1721549
乌鲁木齐市	Wulumuqi	2567608	滕州市	Tengzhou	1692967
苏州市	Suzhou	2520420	宿迁市	Suqian	1684704
临沂市	Linyi	2514568	盐城市	Yancheng	1678247
石家庄市	Shijiazhuang	2480942	亳州市	Bozhou	1670262
无锡市	Wuxi	2426119	淮南市	Huainan	1661450
普宁市	Puning	2415824	化州市	Huazhou	1659204
合肥市	Hefei	2338255	天门市	Tianmen	1638460
常州市	Changzhou	2317390	海口市	Haikou	1632328
贵阳市	Guiyang	2278581	泰安市	Taian	1597309
宁波市	Ningbo	2275941	湛江市	Zhanjiang	1591970

5-9 续表 1 continued

单位：人 (person)

城　市	City	人　数 Population	城　市	City	人　数 Population
兴化市	Xinghua	1577918	福清市	Fuqing	1318661
台州市	Taizhou	1577583	日照市	Rizhao	1303716
大同市	Datong	1563077	天水市	Tianshui	1298177
仙桃市	Xiantao	1561228	禹州市	Yuzhou	1293367
包头市	Baotou	1549634	乐清市	Yueqing	1277894
毕节市	Bijie	1549542	榆树市	Yushu	1275964
南安市	Nan'an	1543576	宜昌市	Yichang	1274036
中山市	Zhongshan	1540907	广安市	Guang'an	1267494
永城市	Yongcheng	1528895	莱芜市	Laiwu	1265177
宣威市	Xuanwei	1518454	通州市	Tongzhou	1262669
遂宁市	Suining	1515557	绵阳市	Mianyang	1254384
鞍山市	Anshan	1514179	赤峰市	Chifeng	1246688
自贡市	Zigong	1513024	罗定市	Luoding	1246206
信阳市	Xinyang	1511379	呼和浩特市	Hohhot	1245637
温州市	Wenzhou	1509991	定州市	Dingzhou	1234186
菏泽市	Heze	1498171	瑞安市	Ruian	1222809
泸州市	Luzhou	1495199	江阴市	Jiangyin	1217338
邯郸市	Handan	1494335	温岭市	Wenling	1210548
简阳市	Jianyang	1486295	六盘水市	Liupanshui	1210540
北流市	Beiliu	1450635	扬州市	Yangzhou	1207578
浏阳市	Liuyang	1439697	泰兴市	Taixing	1199489
宝鸡市	Baoji	1434682	兴宁市	Xingning	1189900
抚顺市	Fushun	1432286	临海市	Linhai	1184506
如皋市	Rugao	1432253	抚州市	Fuzhou	1181088
内江市	Neijiang	1427706	麻城市	Macheng	1178302
钦州市	Qinzhou	1424504	聊城市	Liaocheng	1164616
丰城市	Fengcheng	1417707	乐山市	Leshan	1161360
信宜市	Xinyi	1395898	邹城市	Zoucheng	1159518
江门市	Jiangmen	1395301	吴川市	Wuchuan	1158712
漯河市	Luohe	1394208	柳州市	Liuzhou	1157180
耒阳市	Leiyang	1393269	涟源市	Lianyuan	1156350
常德市	Changde	1392042	阳春市	Yangchun	1152220
巴中市	Bazhong	1390868	永州市	Yongzhou	1147130
惠州市	Huizhou	1388160	安阳市	Anyang	1144307
新泰市	Xintai	1386685	济宁市	Jining	1140212
齐齐哈尔市	Qiqihar	1383750	即墨市	Jimo	1138439
平度市	Pingdu	1380715	东台市	Dongtai	1135793
大庆市	Daqing	1363989	枣阳市	Zaoyang	1125974
芜湖市	Fuhu	1361410	启东市	Qidong	1123545
茂名市	Maoming	1359574	汉川市	Hanchuan	1122570
益阳市	Yiyang	1353600	荆州市	Jingzhou	1119082
项城市	Xiangcheng	1338036	来宾市	Laibin	1117361

5-9 续表 2 continued

单位：人 (person)

城　市	City	人 数 Population	城　市	City	人 数 Population
咸阳市	Xianyang	1112170	渭南市	Weinan	993559
汝州市	Ruzhou	1109657	衡阳市	Hengyang	987749
资阳市	Ziyang	1103757	肥城市	Feicheng	985523
湖州市	Huzhou	1099260	台山市	Taishan	984814
宜春市	Yichun	1098264	葫芦岛市	Huludao	983667
鄂州市	Ezhou	1097899	焦作市	Jiaozuo	983071
新沂市	Xinyi	1096607	连云港市	Lianyungang	982064
英德市	Yingde	1094019	孝感市	Xiaogan	964351
海城市	Haicheng	1093726	大冶市	Daye	962337
林州市	Linzhou	1091688	安丘市	Anqiu	952662
诸城市	Zhucheng	1091251	株洲市	Zhuzhou	950472
晋江市	Jinjiang	1090215	广水市	Guangshui	947366
保定市	Baoding	1089175	金华市	Jinhua	945727
珠海市	Zhuhai	1085650	锦州市	Jinzhou	936663
平顶山市	Pingdingshan	1085368	本溪市	Benxi	936066
岳阳市	Yueyang	1084947	广元市	Guangyuan	934797
宜兴市	Yixing	1078806	洪湖市	Honghu	934512
诸暨市	Zhuji	1076467	常宁市	Changning	928992
公主岭市	Gongzhuling	1069355	西宁市	Xining	927121
江都市	Jiangdu	1069285	普兰店市	Pulandian	926643
淮北市	Huaibei	1067820	岑溪市	Cenxi	926006
常熟市	Changshu	1067263	青州市	Qingzhou	924506
醴陵市	Liling	1065577	肇东市	Zhaodong	924409
贺州市	Hezhou	1064328	利川市	Lichuan	923829
玉林市	Yulin	1063733	韶关市	Shaoguan	923651
钟祥市	Zhongxiang	1062770	乐平市	Leping	922037
寿光市	Shouguang	1057497	湘乡市	Xiangxiang	920606
泉州市	Quanzhou	1050768	营口市	Yingkou	917844
慈溪市	Cixi	1043609	保山市	Baoshan	916968
新乡市	Xinxiang	1039106	张家港市	Zhangjiagang	914740
潜江市	Qianjiang	1037862	庄河市	Zhuanghe	902432
儋州市	Danzhou	1037450	张家口市	Zhangjiakou	901572
蚌埠市	Bengbu	1035674	江油市	Jiangyou	888740
银川市	Yinchuan	1033718	牡丹江市	Mudanjiang	887709
镇江市	Zhenjiang	1033033	安顺市	Anshun	883437
安康市	Ankang	1024482	遵义市	Zunyi	883335
章丘市	Zhangqiu	**1018562**	新余市	Xinyu	881016
武威市	Wuwei	1016099	巢湖市	Chaohu	880412
五常市	Wuchang	1010077	秦皇岛市	Qinhuangdao	880249
海门市	Haimen	1000580	高密市	Gaomi	878667
瓦房店市	Wafangdian	1000378	辽阳市	Liaoyang	877787
80万—100万	**from 800 thousand to 1 million**	**80168317**	阆中市	Langzhong	877278

5-9 续表 3 continued

单位：人 (person)

城 市	City	人 数 Population	城 市	City	人 数 Population
新密市	Xinmi	877106	恩施市	Enshi	814332
湘潭市	Xiangtan	876607	丹阳市	Danyang	813267
开封市	Kaifeng	872931	武安市	Wuan	810852
眉山市	Meishan	871969	吴江市	Wujiang	808562
萍乡市	Pingxiang	870850	武穴市	Wuxue	807745
绥化市	Suihua	868902	彭州市	Pengzhou	806234
邢台市	Xingtai	868447	临汾市	Linfen	805576
宣城市	Xuancheng	867716	**50万—80万**	**from 500 thousand to 800 thousand**	**114000321**
莱阳市	Laiyang	867319	界首市	Jieshou	798996
任丘市	Renqiu	867148	姜堰市	Jiangyan	795735
南通市	Nantong	860451	海伦市	Hailun	793262
昭通市	Zhaotong	857679	高要市	Gaoyao	790923
通辽市	Tongliao	856726	佳木斯市	Kiamusze	790793
嘉兴市	Jiaxing	854663	溧阳市	Liyang	790057
增城市	Zengcheng	854448	伊春市	Yichun	788663
莱州市	Laizhou	854197	丹东市	Dandong	784453
高安市	Gaoan	853909	长葛市	Zhangge	775106
鸡西市	Jixi	851787	阜新市	Fuxin	775033
河间市	Hejian	849060	桂林市	Guilin	767201
松滋市	Songzi	848417	临清市	Linqing	763040
辉县市	Huixian	848025	铜川市	Tongchuan	760970
胶南市	Jiaonan	847784	义乌市	Yiwu	759902
东营市	Dongying	841936	桐城市	Tongcheng	759135
龙海市	Longhai	839997	昆山市	Kunshan	752926
泰州市	Taizhou	836995	汨罗市	Miluo	750311
衢州市	Quzhou	836054	灵宝市	Lingbao	747872
余姚市	Yuyao	835068	遵化市	Zunhua	746573
兴义市	Xingyi	833465	新郑市	Xinzheng	745153
南康市	Nankang	832792	迁安市	Qian'an	744181
德惠市	Dehui	831161	郴州市	Chenzhou	743441
东阳市	Dongyang	830664	沅江市	Yuanjiang	743206
武冈市	Wugang	830211	莱西市	Laixi	737557
宜宾市	Yibin	830034	安庆市	Anqing	733744
廊坊市	Langfang	828429	嵊州市	Shengzhou	733667
巩义市	Gongyi	827721	讷河市	Nehe	731280
马鞍山市	Maanshan	823513	大丰市	Dafeng	725369
驻马店市	Zhumadian	822756	曲靖市	Qujing	718563
双城市	Shuangcheng	820484	登封市	Dengfeng	714269
长治市	Changzhi	818512	荆门市	Jingmen	707721
高邮市	Gaoyou	818180	阳泉市	Yangquan	706497
藁城市	Gaocheng	816728	舟山市	Zhoushan	706247
胶州市	Jiaozhou	815522	长乐市	Changle	704060

5-9 续表 4 continued

单位：人 (person)

城　市	City	人　数 Population	城　市	City	人　数 Population
大石桥市	Dashiqiao	703647	文登市	Wendeng	642857
盖州市	Gaizhou	703621	盘锦市	Panjin	640791
乐陵市	Laoling	700497	曲阜市	Qufu	639528
九台市	Jiutai	697514	兖州市	Yanzhou	636795
济源市	Jiyuan	696125	北海市	Beihai	635621
仁怀市	Renhuai	692978	明光市	Mingguang	635318
新民市	Xinmin	692068	龙口市	Longkou	635308
邵阳市	Shaoyang	690549	辛集市	Xinji	634699
德阳市	Deyang	688350	万宁市	Wanning	633897
攀枝花市	Panzhihua	687140	天长市	Tianchang	632049
阳江市	Yangjiang	686215	霸州市	Bazhou	630312
开平市	Kaiping	684663	黄石市	Huangshi	627873
濮阳市	Puyang	683830	贵溪市	Guixi	627676
桐乡市	Tongxiang	682772	安陆市	Anlu	627657
运城市	Yuncheng	682633	鹤壁市	Hebi	625899
朔州市	Shuozhou	680541	高碑店市	Gaobeidian	625374
瑞金市	Ruijin	677715	咸宁市	Xianning	623525
荥阳市	Xingyang	672699	石河子市	Shihezi	622594
应城市	Yingcheng	672000	偃师市	Yanshi	621853
池州市	Chizhou	670233	泊头市	Botou	621606
海宁市	Haining	669143	栖霞市	Qixia	620832
荣成市	Rongcheng	668965	兴平市	Xingping	617801
崇州市	Chongzhou	667985	都江堰市	Dujiangyan	615693
靖江市	Jingjiang	667877	尚志市	Shangzhi	613091
鹤岗市	Hegang	667558	大理市	Dali	612569
兰溪市	Lanxi	666711	德州市	Dezhou	609368
石首市	Shishou	665520	晋中市	Jinzhong	607571
清远市	Qingyuan	663498	东港市	Donggang	607208
福安市	Fuan	662890	广汉市	Guanghan	607047
赣州市	Ganzhou	662054	江山市	Jiangshan	606928
威海市	Weihai	661994	朝阳市	Chaoyang	606497
海阳市	Haiyang	659652	梅河口市	Meihekou	605173
富阳市	Fuyang	658609	从化市	Conghua	602259
涿州市	Zhuozhou	658291	万源市	Wanyuan	598685
邛崃市	Qionglai	656825	三河市	Sanhe	598431
九江市	Jiujiang	654027	文昌市	Wenchang	596831
滨州市	Binzhou	653794	仪征市	Yizheng	596168
随州市	Suizhou	652753	达州市	Dazhou	594782
舒兰市	Shulan	651349	樟树市	Zhangshu	592608
宜州市	Yizhou	646197	周口市	Zhoukou	590497
西昌市	Xichang	645619	福鼎市	Fuding	590395
凌源市	Lingyuan	645056	四平市	Siping	589448

5-9 续表 5 continued

单位：人 (person)

城市	City	人数 Population	城市	City	人数 Population
句容市	Jurong	589393	临安市	Lin'an	527024
承德市	Chengde	589153	临湘市	Linxiang	526079
永康市	Yongkang	585409	张家界市	Zhangjiajie	525582
陇南市	Longnan	583686	梧州市	Wuzhou	520784
昌邑市	Changyi	582785	肇庆市	Zhaoqing	519587
开原市	Kaiyuan	582613	张掖市	Zhangye	518821
三亚市	Sanya	576927	北镇市	Beizhen	518616
白山市	Baishan	576766	衡水市	Hengshui	518261
北票市	Beipiao	575633	楚雄市	Chuxiong	516555
漳州市	Zhangzhou	574467	乐昌市	Lechang	515005
凤城市	Fengcheng	573211	连州市	Lianzhou	514415
深州市	Shenzhou	573106	平凉市	Pingliang	514033
喀什市	Kashar	571045	新乐市	Xinle	509993
七台河市	Qitaihe	568991	阿克苏市	Aksu	509234
库尔勒市	Korla	568571	建德市	Jiande	508942
宜城市	Yicheng	568274	潮州市	Chaozhou	507658
汉中市	Hanzhong	568223	绵竹市	Mianzhu	506868
松原市	Songyuan	568158	琼海市	Qionghai	506582
招远市	Zhaoyuan	566931	清镇市	Qingzhen	503831
乳山市	Rushan	563733	凯里市	Kaili	503122
凌海市	Linghai	563253	汕尾市	Shanwei	500928
吉安市	Ji'an	560061	**30万—50万**	**from 300 thousand to 500 thousand**	**46849420**
临河市	Linhe	555995	南平市	Nanping	499929
黄骅市	Huanghua	554913	恩平市	Enping	499356
榆林市	Yulin	554138	洪江市	Hongjiang	498406
商洛市	Shangluo	553932	白城市	Baicheng	497985
晋州市	Jinzhou	553271	龙岩市	Longyan	497819
防城港市	Fangchenggang	552467	原平市	Yuanping	497124
金坛市	Jintan	551629	双鸭山市	Shuangyashan	494481
建瓯市	Jian'ou	545105	枝江市	Zhijiang	491137
十堰市	Shiyan	543405	沁阳市	Qinyang	490271
兴城市	Xingcheng	542299	孝义市	Xiaoyi	490233
忻州市	Xinzhou	541201	南宫市	Nangong	489844
滁州市	Chuzhou	538826	平湖市	Pinghu	489628
伊宁市	Yining	535668	白银市	Baiyin	489086
沧州市	Cangzhou	534292	当阳市	Dangyang	484281
磐石市	Panshi	534166	文山市	Wenshan	484180
老河口市	Laohekou	532165	奉化市	Fenghua	483723
延吉市	Yanji	530127	高平市	Gaoping	482117
卫辉市	Weihui	529893	都匀市	Duyun	480974
赤壁市	Chibi	528266	哈密市	Hami	480229
禹城市	Yucheng	527077	安达市	Anda	477984

5-9 续表 6 continued

单位：人 (person)

城　市	City	人　数 Population	城　市	City	人　数 Population
南雄市	Nanxiong	477912	景洪市	Jinghong	412813
娄底市	Loudi	477518	酒泉市	Jiuquan	408812
太仓市	Taicang	474461	吴忠市	Wuzhong	408095
敦化市	Dunhua	474267	大安市	Da'an	405571
辽源市	Liaoyuan	473500	中卫市	Zhongwei	405386
宁德市	Ningde	470179	韩城市	Hancheng	404912
延安市	Yan'an	469222	河津市	Hejin	404564
富锦市	Fujin	468990	鹿泉市	Luquan	403942
景德镇市	Jingdezhen	468207	双辽市	Shuangliao	396972
定西市	Dingxi	465852	宜都市	Yidu	396823
固原市	Guyuan	464868	丽水市	Lishui	396060
铜仁市	Tongren	461075	海林市	Hailin	394073
北安市	Beian	460862	个旧市	Gejiu	391979
丹江口市	Danjiangkou	460664	宁国市	Ningguo	387860
东方市	Dongfang	458595	孟州市	Mengzhou	380937
瑞昌市	Ruichang	455466	芒市	Mangshi	377718
石嘴山市	Shizuishan	455019	庆阳市	Qingyang	377329
铜陵市	Tongling	452146	资兴市	Zixing	375237
四会市	Sihui	449890	怀化市	Huaihua	374391
蓬莱市	Penglai	448537	铁力市	Tieli	369608
桦甸市	Huadian	447780	冀州市	Jizhou	369210
乌海市	Wuhai	447345	晋城市	Jincheng	368179
蛟河市	Jiaohe	445671	昌吉市	Changji	367638
灯塔市	Dengta	445426	冷水江市	Lengshuijiang	367328
永济市	Yongji	443689	崇左市	Chongzuo	365859
通化市	Tonghua	443390	鹤山市	Heshan	365841
黄山市	Huangshan	439770	华蓥市	Huaying	362322
铁岭市	Tieling	438555	五大连池市	Wudalianchi	360248
什邡市	Shifang	437951	梅州市	Meizhou	358278
沙河市	Shahe	435164	黄冈市	Huanggang	355882
洮南市	Taonan	434476	百色市	Baise	353488
宁安市	Ning'an	433808	牙克石市	Yakeshi	350775
峨眉山市	Emeishan	433593	建阳市	Jianyang	347923
玉溪市	Yuxi	433291	雅安市	Yaan	346868
汾阳市	Fenyang	425847	丰镇市	Fengzhen	338260
密山市	Mishan	424152	舞钢市	Wugang	337291
扎兰屯市	Zhalantun	421793	河池市	Hechi	335205
安国市	Anguo	418758	和田市	Hotan	331499
许昌市	Xuchang	418508	永安市	Yong'an	330275
介休市	Jiexiu	417492	德兴市	Dexing	329996
上饶市	Shangrao	413223	福泉市	Fuquan	326905

5-9 续表 7 continued

单位：人 (person)

城市	City	人数 Population	城市	City	人数 Population
乌兰浩特市	Wulanhot	323677	普洱市	Puer	223598
石狮市	Shishi	321487	古交市	Gujiao	222142
临沧市	Lincang	320363	集安市	Ji'an	218623
乌兰察布市	Ulanqab	314297	金昌市	Jinchang	207735
云浮市	Yunfu	310824	拉萨市	Lhasa	201708
赤水市	Chishui	310332	嘉峪关市	Jiayuguan	200342
邵武市	Shaowu	306891	黑河市	Heihe	188964
霍州市	Huozhou	304908	阿拉尔市	Alar	186144
吉首市	Jishou	304583	和龙市	Helong	184697
河源市	Heyuan	302509	锡林浩特市	Xilinhot	179353
奎屯市	Kuitun	301498	同江市	Tongjiang	176183
10万—30万	**from 100 thousand to 300 thousand**	**12922721**	塔城市	Tacheng	171917
穆棱市	Muling	291505	满洲里市	Manzhouli	171573
克拉玛依市	Karamay	290144	龙井市	Longjing	169701
三门峡市	Sanmenxia	290023	阜康市	Fukang	169227
龙泉市	Longquan	289336	临江市	Linjiang	168210
漳平市	Zhangping	287552	图木舒克市	Tumushuke	164138
虎林市	Hulin	286572	井冈山市	Jinggangshan	164000
吐鲁番市	Turpan	283979	义马市	Yima	163678
开远市	Kaiyuan	283162	根河市	Genhe	153257
三明市	Sanming	282627	丽江市	Lijiang	151714
扬中市	Yangzhong	281787	敦煌市	Dunhuang	142748
吕梁市	Lvliang	281607	玉门市	Yumen	142126
青铜峡市	Qingtongxia	281525	东兴市	Dongxing	138617
呼伦贝尔市	Hulunbuir	278288	合山市	Heshan	137071
博乐市	Bole	271315	格尔木市	Golmud	132922
津市市	Jinshi	270089	瑞丽市	Ruili	130475
华阴市	Huayin	269892	图们市	Tumen	122308
鄂尔多斯市	Erdos	268908	韶山市	Shaoshan	119147
安宁市	Anning	268851	日喀则市	Shigatse	115854
阿图什市	Artux	263144	五指山市	Wuzhishan	112607
临夏市	Linxia	249129	凭祥市	Pingxiang	110475
灵武市	Lingwu	245654	**10万以下**	**below 100 thousand**	**569395**
侯马市	Houma	239915	合作市	Hezuo	92134
调兵山市	Diaobingshan	237658	五家渠市	Wujiaqu	91006
武夷山市	Wuyishan	234777	额尔古纳市	Erguna	83406
阿勒泰市	Altai	234233	霍林郭勒市	Huolingol	82154
鹰潭市	Yingtan	233858	德令哈市	Delingha	75953
乌苏市	Wusu	231401	绥芬河市	Suifenhe	69174
潞城市	Lucheng	228679	阿尔山市	Arxan	48516
珲春市	Hunchun	225857	二连浩特市	Erlianhot	27052

5-10 按非农业人口排序的市及人口数

Cities and Population by Size of Non-agricultural Population

单位：人 (person)

城市	City	人数 Population	城市	City	人数 Population
全国	**National Total**	**352090193**	淄博市	Zibo	1629723
400万以上	**over 4 million**	**70287901**	贵阳市	Guiyang	1622823
上海市	Shanghai	12606842	福州市	Fuzhou	1614457
北京市	Beijing	10360206	厦门市	Xiamen	1596924
重庆市	Chongqing	9062721	湛江市	Zhanjiang	1591970
广州市	Guangzhou	6866389	南宁市	Nanning	1450893
天津市	Tianjin	5934668	宁波市	Ningbo	1434139
武汉市	Wuhan	5555992	宿迁市	Suqian	1427845
南京市	Nanjing	5490267	江门市	Jiangmen	1395301
汕头市	Shantou	5325124	惠州市	Huizhou	1388160
成都市	Chengdu	4713104	襄阳市	Xiangyang	1386605
沈阳市	Shenyang	4372588	烟台市	Yantai	1383256
200万—400万	**from 2 million to 4 million**	**47929211**	芜湖市	Wuhu	1361410
佛山市	Foshan	3816127	茂名市	Maoming	1359574
西安市	Xi'an	3675777	常州市	Changzhou	1358855
济南市	Jinan	3553797	邳州市	Pizhou	1357932
哈尔滨市	Harbin	3423536	大同市	Datong	1294954
杭州市	Hangzhou	3343788	鞍山市	Anshan	1291039
深圳市	Shenzhen	3243236	吉林市	Jilin	1276009
青岛市	Qingdao	2816661	淮安市	Huai'an	1272342
大连市	Dalian	2748327	邯郸市	Handan	1269151
长春市	Changchun	2599415	包头市	Baotou	1266430
昆明市	Kunming	2546921	洛阳市	Luoyang	1258171
苏州市	Suzhou	2520420	抚顺市	Fushun	1222695
石家庄市	Shijiazhuang	2480942	扬州市	Yangzhou	1207578
郑州市	Zhengzhou	2393535	绍兴市	Shaoxing	1145971
太原市	Taiyuan	2368339	大庆市	Daqing	1131336
无锡市	Wuxi	2301872	盐城市	Yancheng	1117993
揭阳市	Jieyang	2051082	保定市	Baoding	1086902
长沙市	Changsha	2045436	齐齐哈尔市	Qiqihar	1086622
100万—200万	**from 1 million to 2 million**	**56623319**	珠海市	Zhuhai	1085650
合肥市	Hefei	1905490	泸州市	Luzhou	1038254
乌鲁木齐市	Urumqi	1892061	**80万—100万**	**from 800 thousand to 1 million**	**17101029**
兰州市	Lanzhou	1857733	呼和浩特市	Hohhot	991727
徐州市	Xuzhou	1799742	海口市	Haikou	977700
唐山市	Tangshan	1766857	商丘市	Shangqiu	976311
南昌市	Nanchang	1718261	东莞市	Dongguan	969052
临沂市	Linyi	1636889	济宁市	Jining	956770
潍坊市	Weifang	1635322	淮南市	Huainan	956554

5-10 续表 1 continued

单位：人 (person)

城 市	City	人 数 Population	城 市	City	人 数 Population
韶关市	Shaoguan	923651	衡阳市	Hengyang	672596
柳州市	Liuzhou	898376	蚌埠市	Bengbu	671649
如皋市	Rugao	896885	自贡市	Zigong	664214
银川市	Yinchuan	894204	清远市	Qingyuan	663498
秦皇岛市	Qinhuangdao	880247	焦作市	Jiaozuo	652993
宝鸡市	Baoji	877216	莱芜市	Laiwu	649507
邢台市	Xingtai	868447	株洲市	Zhuzhou	647484
开封市	Kaifeng	864337	天水市	Tianshui	646470
南通市	Nantong	860412	即墨市	Jimo	644534
枣庄市	Zaozhuang	850875	泉州市	Quanzhou	635190
中山市	Zhongshan	825012	桂林市	Guilin	630847
本溪市	Benxi	824051	荆州市	Jingzhou	627161
平顶山市	Pingdingshan	**809202**	江都市	Jiangdu	626887
50万—80万	**from 500 thousand to 800 thousand**	**49153965**	辽阳市	Liaoyang	612553
镇江市	Zhenjiang	788480	平度市	Pingdu	610442
淮北市	Huaibei	783567	日照市	Rizhao	608771
西宁市	Xining	780275	丹东市	Dandong	605836
连云港市	Lianyungang	772923	南阳市	Nanyang	601654
锦州市	Jinzhou	764647	鹤岗市	Hegang	601525
新乡市	Xinxiang	764595	佳木斯市	Kiamusze	599007
伊春市	Yichun	762949	聊城市	Liaocheng	598684
安阳市	Anyang	754058	宜兴市	Yixing	597025
宜昌市	Yichang	751515	黄石市	Huangshi	596389
张家口市	Zhangjiakou	750784	漯河市	Luohe	588721
营口市	Yingkou	742810	石河子市	Shihezi	580145
菏泽市	Heze	725569	赤峰市	Chifeng	579908
泰安市	Taian	722437	阳泉市	Yangquan	576746
鸡西市	Jixi	713894	盘锦市	Panjin	573934
绵阳市	Mianyang	708978	泰州市	Taizhou	573477
岳阳市	Yueyang	708090	马鞍山市	Maanshan	554557
普宁市	Puning	692261	常熟市	Changshu	553994
阜新市	Fuxin	692194	廊坊市	Langfang	553618
陆丰市	Lufeng	688846	葫芦岛市	Huludao	550378
阳江市	Yangjiang	686215	湘潭市	Xiangtan	547759
南充市	Nanchong	681473	公主岭市	Gongzhuling	545372
温州市	Wenzhou	680946	滨州市	Binzhou	544234
东营市	Dongying	677452	乐山市	Leshan	543299
新沂市	Xinyi	677158	江阴市	Jiangyin	541427
咸阳市	Xianyang	675415	攀枝花市	Panzhihua	535792
牡丹江市	Mudanjiang	674761	沧州市	Cangzhou	534292
长治市	Changzhi	674151	四平市	Siping	533023

5-10 续表 2 continued

单位：人 (person)

城市	City	人数 Population	城市	City	人数 Population
信阳市	Xinyang	532017	章丘市	Zhangqiu	426484
阜阳市	Fuyang	528588	鹤壁市	Hebi	425254
滕州市	Tengzhou	528167	邹城市	Zoucheng	424180
常德市	Changde	527667	泰兴市	Taixing	422932
肇庆市	Zhaoqing	519587	大冶市	Daye	422267
枣阳市	Zaoyang	519189	德阳市	Deyang	419362
潜江市	Qianjiang	517992	渭南市	Weinan	418586
潮州市	Chaozhou	507658	许昌市	Xuchang	418508
汕尾市	Shanwei	500928	仙桃市	Xiantao	417749
承德市	Chengde	500137	安丘市	Anqiu	411603
30万—50万	**from 300 thousand to 500 thousand**	**48107713**	铜川市	Tongchuan	411374
九江市	Jiujiang	495578	宿州市	Suzhou	409197
诸城市	Zhucheng	493903	鄂州市	Ezhou	408195
十堰市	Shiyan	493831	七台河市	Qitaihe	406070
威海市	Weihai	493553	吴江市	Wujiang	402717
通州市	Tongzhou	492756	张家港市	Zhangjiagang	402269
寿光市	Shouguang	490784	荣成市	Rongcheng	400811
玉林市	Yulin	486622	胶南市	Jiaonan	398190
湖州市	Huzhou	478656	都江堰市	Dujiangyan	397939
高州市	Gaozhou	478541	胶州市	Jiaozhou	395382
通辽市	Tongliao	475149	内江市	Neijiang	394132
东台市	Dongtai	467239	宜宾市	Yibin	393649
海门市	Haimen	466943	儋州市	Danzhou	392267
遵义市	Zunyi	465352	增城市	Zengcheng	391494
六盘水市	Liupanshui	463840	高密市	Gaomi	390991
安庆市	Anqing	461094	肥城市	Feicheng	386372
昆山市	Kunshan	460864	通化市	Tonghua	386224
延吉市	Yanji	460843	南安市	Nan'an	384448
白山市	Baishan	460359	辽源市	Liaoyuan	381636
新泰市	Xintai	457775	铜陵市	Tongling	381451
德州市	Dezhou	455985	景德镇市	Jingdezhen	378920
天门市	Tianmen	452926	石嘴山市	Shizuishan	378750
双鸭山市	Shuangyashan	451373	福清市	Fuqing	378060
嘉兴市	Jiaxing	451289	抚州市	Fuzhou	377522
萍乡市	Pingxiang	450508	赣州市	Ganzhou	377231
莆田市	Putian	449026	龙口市	Longkou	375359
乌海市	Wuhai	447251	晋江市	Jinjiang	374124
遂宁市	Suining	445858	漳州市	Zhangzhou	373688
罗定市	Luoding	438473	兴平市	Xingping	373106
濮阳市	Puyang	432014	廉江市	Lianjiang	369473
邵阳市	Shaoyang	431007	昭通市	Zhaotong	367597

5-10 续表 3 continued

单位：人 (person)

城　市	City	人　数 Population	城　市	City	人　数 Population
莱州市	Laizhou	366600	信宜市	Xinyi	313560
瓦房店市	Wafangdian	364794	晋中市	Jinzhong	313406
朝阳市	Chaoyang	360752	昌邑市	Changyi	310861
临汾市	Linfen	360461	云浮市	Yunfu	310824
孝感市	Xiaogan	359383	广安市	Guang'an	310600
梅州市	Meizhou	358278	金坛市	Jintan	**307476**
铁岭市	Tieling	358155	任丘市	Renqiu	304554
伊宁市	Yining	354539	溧阳市	Liyang	304382
库尔勒市	Korla	354097	晋城市	Jincheng	303992
眉山市	Meishan	351661	河源市	Heyuan	302509
广元市	Guangyuan	350148	喀什市	Kashar	301921
松原市	Songyuan	348891	娄底市	Loudi	301774
荆门市	Jingmen	346998	大理市	Dali	300227
郴州市	Chenzhou	346345	**10万—30万**	**from 100 thousand to 300 thousand**	**58983052**
曲靖市	Qujing	345575	哈密市	Hami	299868
益阳市	Yiyang	345086	阳春市	Yangchun	296655
永州市	Yongzhou	344629	贵港市	Guigang	296165
丰城市	Fengcheng	344411	汉中市	Hanzhong	295254
衡水市	Hengshui	344345	应城市	Yingcheng	294871
六安市	Liuan	342678	梧州市	Wuzhou	293498
新余市	Xinyu	342545	衢州市	Quzhou	292614
牙克石市	Yakeshi	340084	北安市	Beian	292552
句容市	Jurong	339237	舟山市	Zhoushan	291518
雷州市	Leizhou	338013	达州市	Dazhou	291172
龙岩市	Longyan	334410	驻马店市	Zhumadian	289535
白银市	Baiyin	331940	定州市	Dingzhou	288750
北海市	Beihai	331763	姜堰市	Jianyang	288439
丹阳市	Danyang	329854	靖江市	Jingjiang	287377
莱西市	Laixi	329651	克拉玛依市	Karamay	286530
高邮市	Gaoyou	327918	三亚市	Sanya	286362
吴川市	Wuchuan	327177	兖州市	Yanzhou	285222
兴宁市	Xingning	327001	兴化市	Xinghua	284753
金华市	Jinhua	323892	绥化市	Suihua	283072
巴中市	Bazhong	322842	江油市	Jiangyou	281850
仪征市	Yizheng	321802	铁力市	Tieli	281233
莱阳市	Laiyang	321766	海城市	Haicheng	281098
启东市	Qidong	321198	白城市	Baicheng	280908
台州市	Taizhou	318949	乌兰察布市	Ulanqab	278327
青州市	Qingzhou	317555	阿克苏市	Arksu	277515
临清市	Linqing	316406	简阳市	Jiangyan	275762
普兰店市	Pulandian	314843	曲阜市	Qufu	275331

5-10 续表 4 continued

单位：人 (person)

城　　市	City	人　数 Population	城　　市	City	人　数 Population
肇东市	Zhaodong	275282	临河市	Linhe	241745
从化市	Conghua	272959	辉县市	Huixian	241372
奎屯市	Kuitun	272619	宣威市	Xuanwei	241357
滁州市	Chuzhou	269540	阆中市	Langzhong	241304
桐乡市	Tongxiang	269114	海林市	Hailin	240916
大丰市	Dafeng	266383	义乌市	Yiwu	239379
宜春市	Yichun	266104	广汉市	Guanghan	239309
宜城市	Yicheng	266023	庄河市	Zhuanghe	239271
太仓市	Taicang	265498	平湖市	Pinghu	238424
彭州市	Pengzhou	264559	随州市	Suizhou	237862
桂平市	Guiping	263652	延安市	Yan'an	237694
老河口市	Laohekou	263630	巢湖市	Chaohu	237212
资阳市	Ziyang	262925	昌吉市	Changji	236478
呼伦贝尔市	Hulunbuir	262881	楚雄市	Chuxiong	235607
敦化市	Dunhua	261769	孝义市	Xiaoyi	234696
南平市	Nanping	260379	开平市	Kaiping	232750
台山市	Taishan	260076	高碑店市	Gaobeidian	232488
辛集市	Xinji	258478	乐昌市	Lechang	232283
化州市	Huazhou	256850	海宁市	Haining	231586
韩城市	Hanchuan	255754	五常市	Wuchang	229699
霸州市	Bazhou	255291	三门峡市	Sanmenxia	228214
济源市	Jiyuan	255094	英德市	Yingde	227114
招远市	Zhaoyuan	254705	安康市	Ankang	226576
文登市	Wendeng	254345	瑞安市	Rui'an	225524
咸宁市	Xianning	252679	安顺市	Anshun	224205
吉安市	Ji'an	250616	耒阳市	Leiyang	222569
梅河口市	Meihekou	249657	亳州市	Bozhou	221236
海阳市	Haiyang	249386	汉川市	Hanchuan	220416
武威市	Wuwei	249195	四会市	Sihui	220026
怀化市	Huaihua	248270	黄骅市	Huanghua	219809
个旧市	Gejiu	248100	大石桥市	Dashiqiao	219695
玉溪市	Yuxi	247745	朔州市	Shuozhou	219312
周口市	Zhoukou	247481	钦州市	Qinzhou	217847
尚志市	Shangzhi	247477	三明市	Sanming	217169
藁城市	Gaocheng	247290	乐平市	Leping	216420
三河市	Sanhe	246582	上饶市	Shangrao	216024
乌兰浩特市	Wulanhot	245295	麻城市	Macheng	212152
邛崃市	Qionglai	244995	项城市	Xiangcheng	210931
钟祥市	Zhongxiang	244860	福鼎市	Fuding	210445
运城市	Yuncheng	244452	商洛市	Shangluo	210141
长乐市	Changle	244127	恩平市	Enping	209250

5-10 续表 5 continued

单位：人 (person)

城　市	City	人　数 Population	城　市	City	人　数 Population
金昌市	Jinchang	207735	冷水江市	Lengshuijiang	186402
温岭市	Wenling	206475	栖霞市	Qixia	186395
榆树市	Yushu	205656	张掖市	Zhangye	185446
忻州市	Xinzhou	204364	盖州市	Gaizhou	185010
涿州市	Zhuozhou	204010	富锦市	Fujin	184142
黄山市	Huangshan	203603	林州市	Linzhou	181745
长葛市	Changge	202907	沅江市	Yuanjiang	181021
黄冈市	Huanggang	202723	洪湖市	Honghu	180291
西昌市	Xichang	202531	密山市	Mishan	180237
高安市	Gaoan	201675	赤壁市	Chibi	179264
登封市	Dengfeng	201372	蓬莱市	Penglai	178846
保山市	Baoshan	200579	文山市	Wenshan	178833
嘉峪关市	Jiayuguan	200342	调兵山市	Diaobingshan	178610
泊头市	Botou	200209	酒泉市	Jiuquan	177713
永城市	Yongcheng	199778	新密市	Xinmi	177690
五大连池市	Wudalianchi	198879	常宁市	Changning	176987
景洪市	Jinghong	198036	武安市	Wu'an	174943
崇州市	Chongzhou	197976	九台市	Jiutai	174883
北票市	Beipiao	197128	宣城市	Xuancheng	173555
吴忠市	Wuzhong	197037	武穴市	Wuxue	172660
榆林市	Yulin	197021	磐石市	Panshi	171985
禹州市	Yuzhou	196365	永安市	Yong'an	171981
福安市	Fuan	195623	满洲里市	Manzhouli	171415
毕节市	Bijie	195204	来宾市	Laibin	171301
嵊州市	Shengzhou	194715	平凉市	Pingliang	170633
峨眉山市	Emeishan	194376	广水市	Guangshui	170401
慈溪市	Cixi	194232	双城市	Shuangcheng	170377
舒兰市	Shulan	192547	禹城市	Yucheng	170006
万宁市	Wanning	192373	蛟河市	Jiaohe	168630
安宁市	Anning	192276	吕梁市	Lvliang	167758
虎林市	Hulin	192197	博乐市	Bole	167342
丹江口市	Danjiangkou	191367	张家界市	Zhangjiajie	166716
余姚市	Yuyao	190017	珲春市	Hunchun	166609
拉萨市	Lhasa	189802	雅安市	Yaan	166323
桦甸市	Huadian	189401	扎兰屯市	Zhalantun	166194
鄂尔多斯市	Erdos	188171	海伦市	Hailun	165830
乐陵市	Laoling	187166	汨罗市	Miluo	165816
凯里市	Kaili	187152	都匀市	Duyun	165638
安达市	Anda	187084	天长市	Tianchang	165095
河间市	Hejian	187083	建瓯市	Jian'ou	164179
凤城市	Fengcheng	186622	临夏市	Linxia	163599

5-10 续表 6 continued

单位：人 (person)

城　市	City	人　数 Population	城　市	City	人　数 Population
松滋市	Songzi	162897	宁安市	Ning'an	144565
龙海市	Longhai	161659	东阳市	Dongyang	144515
诸暨市	Zhuji	161218	富阳市	Fuyang	144198
邓州市	Dengzhou	160656	绵竹市	Mianzhu	143599
乳山市	Rushan	160218	和田市	Hotan	143356
贺州市	Hezhou	160162	大安市	Daan	143304
樟树市	Zhangshu	159456	岑溪市	Cenxi	142831
开远市	Kaiyuan	159152	恩施市	Enshi	142315
浏阳市	Liuyang	158961	陇南市	Longnan	141872
铜仁市	Tongren	158837	原平市	Yuanping	138934
新民市	Xinmin	158431	新乐市	Xinle	138742
涟源市	Lianyuan	157371	利川市	Lichuan	138374
锡林浩特市	Xilinhot	157129	北流市	Beiliu	137178
中卫市	Zhongwei	155027	图木舒克市	Tumushuke	136454
石首市	Shishou	154979	湘乡市	Xiangxiang	135705
兴义市	Xingyi	154490	邵武市	Shaowu	134279
穆棱市	Muling	154461	枝江市	Zhijiang	134103
新郑市	Xinzheng	153432	瑞金市	Ruijin	133946
醴陵市	Liling	153330	黑河市	Heihe	133231
根河市	Genhe	153190	吉首市	Jishou	133230
开原市	Kaiyuan	152719	凌源市	Lingyuan	133173
临海市	Linhai	152442	兴城市	Xingcheng	131846
宁德市	Ningde	151897	格尔木市	Golmud	130660
阿勒泰市	Altai	151410	讷河市	Nehe	130359
洮南市	Taonan	150413	建德市	Jiande	130076
防城港市	Fangchenggang	150258	义马市	Yima	129094
巩义市	Gongyi	149950	兰溪市	Lanxi	127884
池州市	Chizhou	149684	丽水市	Lishui	127184
琼海市	Qionghai	149026	双辽市	Shuangliao	126862
德惠市	Dehui	148900	侯马市	Houma	126569
建阳市	Jianyang	148856	介休市	Jiexiu	126518
东港市	Donggang	148708	灵武市	Lingwu	126027
固原市	Guyuan	148671	当阳市	Dangyang	126000
迁安市	Qian'an	147295	德兴市	Dexing	125958
鹰潭市	Yingtan	147277	百色市	Baise	125728
界首市	Jieshou	146608	凌海市	Linghai	123873
南康市	Nankang	146470	霍州市	Huozhou	123570
华阴市	Huayin	145600	普洱市	Puer	123274
古交市	Gujiao	145559	资兴市	Zixing	123189
卫辉市	Weihui	145380	安国市	Anguo	122928
临沧市	Lincang	145305	集安市	Ji'an	122565

5-10 续表 7 continued

单位：人 (person)

城　市	City	人　数 Population	城　市	City	人　数 Population
桐城市	Tongcheng	120384	石狮市	Shishi	97165
安陆市	Anlu	120098	图们市	Tumen	97041
临湘市	Linxiang	119987	阿拉尔市	Alar	96753
南雄市	Nanxiong	119692	阜康市	Fukang	96539
明光市	Mingguang	119247	晋州市	Jinzhou	94346
文昌市	Wenchang	118898	灯塔市	Dengta	93941
贵溪市	Guixi	118864	阿图什市	Artux	92346
乐清市	Yueqing	118667	永济市	Yongji	92064
洪江市	Hongjiang	117967	丽江市	Lijiang	92020
高要市	Gaoyao	117090	漳平市	Zhangping	91568
瑞昌市	Ruichang	116510	汾阳市	Fenyang	91025
沙河市	Shahe	116423	高平市	Gaoping	90685
和龙市	Helong	116184	偃师市	Yanshi	87840
河池市	Hechi	115927	五家渠市	Wujiaqu	86044
庆阳市	Qingyang	114214	青铜峡市	Qingtongxia	85741
灵宝市	Lingbao	113282	南宫市	Nangong	85214
宜都市	Yidu	113068	沁阳市	Qinyang	85083
东方市	Dongfang	112343	吐鲁番市	Turpan	84361
华蓥市	Huaying	111922	霍林郭勒市	Huolinguole	82101
临安市	Lin'an	111096	武夷山市	Wuyishan	81447
津市市	Jinshi	110915	乌苏市	Wusu	81421
河津市	Hejin	110120	宁国市	Ningguo	81094
芒市	Mangshi	110054	连州市	Lianzhou	80309
遵化市	Zunhua	109744	扬中市	Yangzhong	77636
奉化市	Fenghua	109534	额尔古纳市	Erguna	77434
汝州市	Ruzhou	109102	冀州市	Jizhou	75031
塔城市	Tacheng	108627	赤水市	Chishui	73309
仁怀市	Renhuai	108400	崇左市	Chongzuo	67094
武冈市	Wugang	107473	瑞丽市	Ruili	65895
临江市	Linjiang	107090	福泉市	Fuquan	63370
什邡市	Shifang	106869	德令哈市	Delingha	58702
清镇市	Qingzhen	106510	绥芬河市	Suifenhe	57701
丰镇市	Fengzhen	106467	合作市	Hezuo	56402
舞钢市	Wugang	106406	孟州市	Mengzhou	52583
同江市	Tongjiang	104974	东兴市	Dongxing	52131
龙井市	Longjing	104633	五指山市	Wuzhishan	50810
鹤山市	Heshan	103683	潞城市	Lucheng	50424
江山市	Jiangshan	103043	阿尔山市	Arxan	48516
鹿泉市	Luquan	100734	日喀则市	Shigatse	46229
宜州市	Yizhou	100094	合山市	Heshan	45864
10万以下	**below 100 thousand**	**3904003**	玉门市	Yumen	45501
深州市	Shenzhou	99773	井冈山市	Jinggangshan	43303
北镇市	Beizhen	99593	龙泉市	Longquan	42023
荥阳市	Xingyang	99097	敦煌市	Dunhuang	40819
永康市	Yongkang	98251	凭祥市	Pingxiang	33111
万源市	Wanyuan	98162	二连浩特市	Erenhot	25543
定西市	Dingxi	97252	韶山市	Shaoshan	16296

第六部分

Chapter Six

2013年全国计划生育统计人口数据

Data from Family Planning Statistics in 2013

6-1 各地区分孩次计划生育率与上年同期比较

Family Planning Rate Compared with That of Last Year by Birth Order and Region

单位：% (%)

地　区	Region	计生率 Family Planning Rate	与上年对比 Compared with That of Last Year	一孩计生率 Family Planning Rate of First Birth	与上年对比 Compared with That of Last Year	二孩计生率 Family Planning Rate of Second Birth	与上年对比 Compared with That of Last Year	多孩计生率 Family Planning Rate of Third Birth & Over	与上年对比 Compared with That of Last Year
全　国	**National**	**89.86**	**-1.03**	**97.73**	**-0.21**	**77.17**	**-0.85**	**37.37**	**-1.58**
北　京	Beijing	95.08	0.39	98.36	-0.11	78.18	2.48	32.75	0.87
天　津	Tianjin	98.38	-0.06	99.93		91.32	-0.29		
河　北	Hebei	87.73	-3.21	99.90	0.68	73.03	-1.96	21.45	-18.54
山　西	Shanxi	87.66	-0.27	99.02	0.14	67.39	-0.95	25.53	-5.24
内蒙古	Inner Mongolia	94.41	-0.98	98.31	-0.21	87.49	-1.80	73.47	-1.99
辽　宁	Liaoning	98.44	-0.22	99.50	-0.09	95.04	-0.75	54.14	-0.22
吉　林	Jilin	95.09	-0.01	99.38	-0.09	81.06	1.27	94.31	1.07
黑龙江	Heilongjiang	92.39	0.62	94.86	1.04	84.10	-0.76	25.56	2.22
上　海	Shanghai	95.15	-0.05	97.47	0.28	90.10	-0.50	26.25	-4.47
江　苏	Jiangsu	97.74	0.01	99.58	0.06	89.04	0.65	78.94	4.19
浙　江	Zhejiang	92.68	-1.03	99.85	-0.07	80.48	-2.12	29.41	-1.93
安　徽	Anhui	77.62	-0.33	79.53	0.24	76.51	-0.02	46.39	-9.15
福　建	Fujian	87.61	-5.46	99.33	0.19	74.79	-9.37	16.48	-15.74
江　西	Jiangxi	77.62	-0.08	99.80	0.01	55.97	-0.89	4.15	-0.29
山　东	Shandong	94.56	0.60	99.24	0.08	82.73	4.13	0.13	0.07
河　南	Henan	97.07	-0.20	99.80	-0.06	84.85	-0.75	94.02	1.78
湖　北	Hubei	90.36	0.31	99.98		76.38	4.94	47.80	4.36
湖　南	Hunan	86.86	-1.71	99.93		71.41	-3.04	0.23	-0.06
广　东	Guangdong	85.84	0.48	96.68	-0.78	72.76	2.15	21.01	3.51
广　西	Guangxi	92.56	-0.46	99.43	0.05	85.17	0.62	19.71	-2.43
海　南	Hainan	92.94	-0.21	99.95	-0.01	95.52	0.18	25.46	-2.17
重　庆	Chongqing	86.84	-0.76	100.00	0.15	64.69	-1.95	12.42	-0.61
四　川	Sichuan	85.74	-0.93	99.41	-0.06	50.55	-1.41	51.60	1.40
贵　州	Guizhou	97.54	0.68	98.09	0.74	97.60	0.33	55.61	8.08
云　南	Yunnan	88.97	-4.71	92.92	-2.85	87.74	-4.54	19.28	-20.52
西　藏	Tibet								
陕　西	Shaanxi	97.26	-1.50	100.00		89.76	-5.28	79.76	-9.70
甘　肃	Gansu	93.31	1.45	99.86	0.98	80.17	1.94	74.01	11.94
青　海	Qinghai	98.39	-0.12	99.91	0.03	97.40	-0.23	89.45	-0.25
宁　夏	Ningxia	89.33	-0.91	99.71	0.05	78.73	-0.93	54.33	-2.16
新　疆	Xinjiang	99.72	-0.06	99.99		99.88		98.60	-0.28

6-2 各地区已婚育龄妇女领证情况及避孕率与上年同期比较
Married Women at Childbearing Ages with One-child Certificate and Contraception Rate Compared with That of Last Year by Region

单位：人、% (person,%)

地区 Region	已婚育龄妇女人数 Married Women at Childbearing Ages	与上年对比 Compared with That of Last Year	领证人数 Number of Women with Certificates	与上年对比 Compared with That of Last Year	领证率 Proportion	与上年对比 Compared with That of Last Year	已婚育龄妇女避孕率 Contraception Rate of Married Women at Childbearing Ages	与上年对比 Compared with That of Last Year
全国 National	**278401188**	**1471700**	**60040343**	**-972723**	**21.57**	**-0.47**	**87.27**	**-0.58**
北京 Beijing	2965191	74807	780452	-67517	26.32	-3.02	77.05	-5.65
天津 Tianjin	1673481	-26101	658360	60671	39.34	4.17	91.29	0.10
河北 Hebei	14782157	-167801	2154220	-121112	14.57	-0.65	90.85	-0.08
山西 Shanxi	6709315	-19416	2187722	82505	32.61	1.32	92.75	1.37
内蒙古 Inner Mongolia	4873286	-119433	474119	-41274	9.73	-0.59	90.05	-0.57
辽宁 Liaoning	7814973	-363323	2447018	-42733	31.31	0.87	87.12	1.18
吉林 Jilin	5198555	-115304	863429	-7083	16.61	0.23	90.04	0.20
黑龙江 Heilongjiang	7336253	-177078	3147792	-117333	42.91	-0.55	91.29	-0.44
上海 Shanghai	4198777	-32887	611598	-39426	14.57	-0.82	83.10	1.46
江苏 Jiangsu	15371634	-54695	4919387	-25897	32.00	-0.05	88.24	0.07
浙江 Zhejiang	10032806	-161995	2913217	-75291	29.04	-0.28	87.05	-0.31
安徽 Anhui	14748582	-11275	2865047	262327	19.43	1.79	88.63	-0.63
福建 Fujian	8160365	-32730	1618548	-98447	19.83	-1.12	81.38	-0.93
江西 Jiangxi	10875153	138624	1486979	-359560	13.67	-3.53	90.44	-4.13
山东 Shandong	19418512	-343637	7760123	-151908	39.96	-0.07	88.72	-1.57
河南 Henan	21922971	169025	3495297	8720	15.94	-0.08	89.89	-0.13
湖北 Hubei	13722397	351466	1037561	-80084	7.56	-0.80	83.32	-1.98
湖南 Hunan	14196969	-91020	2879314	99697	20.28	0.83	88.42	0.57
广东 Guangdong	22590472	2454568	1501573	34419	6.65	-0.64	80.42	-0.52
广西 Guangxi	10206176	97869	1251138	-16245	12.26	-0.28	87.11	-0.51
海南 Hainan	1596126	-7357	71629	-801	4.49	-0.03	80.77	-0.28
重庆 Chongqing	5038495	138190	2384581	276294	47.33	4.30	80.31	0.60
四川 Sichuan	18797153	-250168	7036355	9935	37.43	0.54	88.23	-1.04
贵州 Guizhou	6993758	147128	678716	48650	9.70	0.50	89.04	0.02
云南 Yunnan	8955214	-12169	1626720	46514	18.17	0.54	86.37	-0.78
西藏 Tibet	688774	-60048	9844	1074	1.43	0.26	75.82	-5.51
陕西 Shaanxi	7058275	51491	1292965	6248	18.32	-0.05	91.27	-0.43
甘肃 Gansu	5251284	-87540	643303	3667	12.25	0.27	88.26	3.25
青海 Qinghai	1219228	-5052	100510	-4313	8.24	-0.32	86.30	0.35
宁夏 Ningxia	1257262	4496	112217	-8072	8.93	-0.68	91.73	-1.42
新疆 Xinjiang	4747594	-16935	1030609	-656348	21.71	-13.70	82.63	0.63

6-3　各地区采用各种节育措施人数

Contraception User by Method and Region

单位：人　(person)

地　区	Region	合计 Total	男性绝育 Male Sterilization	女性绝育 Female Sterilization	宫内节育器 IUD	皮下埋植 Implant	口服及注射避孕药 Pill/Injection	避孕套 Condom	外用药 Diaphragm	其他 Others
全　国	**National**	**242963574**	**10493359**	**68883503**	**132000000**	**595435**	**2095979**	**27439666**	**368779**	**717720**
北　京	Beijing	2284624	5424	60552	635281	2467	70244	1476731	10237	23688
天　津	Tianjin	1527706	1494	100893	795026	2029	23187	591032	7760	6285
河　北	Hebei	13429805	502413	3454551	8134601	13761	85728	1079730	5204	153817
山　西	Shanxi	6222585	26978	2087346	3944080	5108	20909	124457	130	13577
内蒙古	Inner Mongolia	4388604	3909	732289	2921369	9923	31705	685915	686	2808
辽　宁	Liaoning	6808420	732	255640	5537711	9148	57411	933633	10757	3388
吉　林	Jilin	4680742	517	312902	3685099	19207	12789	645946	2872	1410
黑龙江	Heilongjiang	6696995	1092	598761	5430391	8670	86891	550808	4475	15907
上　海	Shanghai	3489299	16498	288993	1864493	4645	136595	1093003	18129	66943
江　苏	Jiangsu	13564183	179949	1516317	9332022	11590	130731	2328611	36012	28951
浙　江	Zhejiang	8733678	26606	2079957	4489252	10428	60336	2035314	14650	17135
安　徽	Anhui	13071328	257620	5819299	6274409	34165	92633	581517	947	10738
福　建	Fujian	6641313	352174	2811139	2887388	11697	11643	562261	1146	3865
江　西	Jiangxi	9835788	21614	5265683	3351660	4521	34727	1126940	22305	8338
山　东	Shandong	17228376	1248670	3289914	10669880	30094	8132	1971893	2975	6818
河　南	Henan	19707406	2276435	8113474	8289457	61619	68834	863271	14830	19486
湖　北	Hubei	11433930	355716	3665485	6301597	33445	108200	948788	2754	17945
湖　南	Hunan	12552588	234497	5073733	5635158	23154	17448	1530085	36822	1691
广　东	Guangdong	18166843	1433665	7449862	5135427	7899	69136	4021913	13880	35061
广　西	Guangxi	8890796	759282	2976766	4470282	3039	118829	496019	61571	5008
海　南	Hainan	1289173	9731	614724	571364	316	2405	87554	1515	1564
重　庆	Chongqing	4046231	264391	77149	3189865	8169	79906	415008	8419	3324
四　川	Sichuan	16584439	1292205	482055	12797538	97780	272246	1414958	15640	212017
贵　州	Guizhou	6227173	848849	3237214	2028734	6688	7079	88132	582	9895
云　南	Yunnan	7734708	233022	2044328	4932857	21621	129031	340557	15313	17979
西　藏	Tibet	522216	1706	57479	132912	80556	148451	85738	8264	7110
陕　西	Shaanxi	6441827	120636	2697256	3131432	41259	91377	340518	18410	939
甘　肃	Gansu	4634526	4169	2767837	1640495	13088	30263	168745	1154	8775
青　海	Qinghai	1052154	836	386480	559025	5657	37851	57347	3681	1277
宁　夏	Ningxia	1153318	257	351733	589569	3382	24443	174196	2713	7025
新　疆	Xinjiang	3922800	12272	213692	3010759	10310	26819	619046	24946	4956

6-4 各地区采用各种节育措施人数与上年同期比较
Contraception User Compared with That of Last Year by Method and Region

单位：人 (person)

地 区	Region	合计 Total	男性绝育 Male Sterilization	女性绝育 Female Sterilization	宫内节育器 IUD	皮下埋植 Implant	口服及注射避孕药 Pill/Injection	避孕套 Condom	外用药 Diaphragm	其他 Others
全 国	**National**	**-328996**	**-819466**	**-2002624**	**516697**	**-177324**	**-118342**	**2272108**	**-54385**	**54340**
北 京	Beijing	-105798	103	-7252	-95275	-719	-7783	-769	945	4952
天 津	Tianjin	-22069	-356	-13836	-25544	-467	-970	15456	3169	479
河 北	Hebei	-164410	-60036	-382541	220270	-941	-6778	31105	-598	35109
山 西	Shanxi	73873	-2969	-168515	165282	-572	3935	66848	29	9835
内蒙古	Inner Mongolia	-135776	-1166	-115738	-70044	-1502	-2242	54979	-166	103
辽 宁	Liaoning	-219917	-17	-60263	-176776	-1251	145	18977	-481	-251
吉 林	Jilin	-93403	-79	-66834	-98257	-1541	-712	75325	-736	-569
黑龙江	Heilongjiang	-194474	-134	-102748	-114135	-1026	-35	24437	-1026	193
上 海	Shanghai	34388	-129	243	8582	-60	692	22377	430	2253
江 苏	Jiangsu	-36809	-25239	-154979	-53066	-1415	-18261	209557	-1181	7775
浙 江	Zhejiang	-172136	-3237	-140370	-160672	-917	-9130	145220	-1400	-1630
安 徽	Anhui	-102776	-39343	-275826	196211	-2207	-12230	32736	-171	-1946
福 建	Fujian	-102656	-13012	-62539	-73166	-1292	-663	48475	-151	-308
江 西	Jiangxi	-318562	-2129	-312433	-84736	-423	-766	79883	232	1810
山 东	Shandong	-614690	-361514	-139498	-65045	-107633	-2551	65010	-4004	545
河 南	Henan	122668	-25741	-81069	211945	-3753	2096	22599	-230	-3179
湖 北	Hubei	28081	40678	-13809	85139	4873	-61361	-17328	-7856	-2255
湖 南	Hunan	713	-54347	-137401	129203	-753	-3984	75154	-6842	-317
广 东	Guangdong	1869521	52922	500456	208741	-208	-1683	1106757	880	1656
广 西	Guangxi	33582	-41244	-81666	140096	-1588	-9860	30792	-3058	110
海 南	Hainan	-10424	-1497	-34090	24648	-27	-552	1566	-404	-68
重 庆	Chongqing	140421	-45694	-11936	81081	-678	20415	95951	1569	-287
四 川	Sichuan	-419312	-188941	-38471	-244947	-1758	1762	56394	-1083	-2268
贵 州	Guizhou	132652	-29241	114475	61640	-1358	-2208	-3757	-2393	-4506
云 南	Yunnan	-80617	-12909	-80721	11013	-1965	-9571	11726	552	1258
西 藏	Tibet	-86768	1589	5722	35634	-47945	4290	-53927	-30647	-1484
陕 西	Shaanxi	17001	-3554	-86581	86693	628	6651	15136	-228	-1744
甘 肃	Gansu	96443	-458	2430	75458	-662	1560	16093	-93	2115
青 海	Qinghai	-107	-31	-17379	14468	-187	-763	3425	-14	374
宁 夏	Ningxia	-13725	-26	-22826	-3024	-583	-2002	7877	690	6169
新 疆	Xinjiang	16090	-1715	-16629	25280	606	-5783	14034	-119	416

6-5 各地区采取各种避孕措施分布
Distribution of Contraception Method by Region

单位：%　　(%)

地　区	Region	男性绝育 Male Sterilization	女性绝育 Female Sterilization	宫内节育器 IUD	皮下埋植 Implant	口服及注射避孕药 Pill/Injection	避孕套 Condom	外用药 Diaphragm	其他 Others
全　国	**National**	**4.32**	**28.35**	**54.48**	**0.25**	**0.86**	**11.29**	**0.15**	**0.30**
北　京	Beijing	0.24	2.65	27.81	0.11	3.07	64.64	0.45	1.04
天　津	Tianjin	0.10	6.60	52.04	0.13	1.52	38.69	0.51	0.41
河　北	Hebei	3.74	25.72	60.57	0.10	0.64	8.04	0.04	1.15
山　西	Shanxi	0.43	33.54	63.38	0.08	0.34	2.00	0.00	0.22
内蒙古	Inner Mongolia	0.09	16.69	66.57	0.23	0.72	15.63	0.02	0.06
辽　宁	Liaoning	0.01	3.75	81.34	0.13	0.84	13.71	0.16	0.05
吉　林	Jilin	0.01	6.68	78.73	0.41	0.27	13.80	0.06	0.03
黑龙江	Heilongjiang	0.02	8.94	81.09	0.13	1.30	8.22	0.07	0.24
上　海	Shanghai	0.47	8.28	53.43	0.13	3.91	31.32	0.52	1.92
江　苏	Jiangsu	1.33	11.18	68.80	0.09	0.96	17.17	0.27	0.21
浙　江	Zhejiang	0.30	23.82	51.40	0.12	0.69	23.30	0.17	0.20
安　徽	Anhui	1.97	44.52	48.00	0.26	0.71	4.45	0.01	0.08
福　建	Fujian	5.30	42.33	43.48	0.18	0.18	8.47	0.02	0.06
江　西	Jiangxi	0.22	53.54	34.08	0.05	0.35	11.46	0.23	0.08
山　东	Shandong	7.25	19.10	61.93	0.17	0.05	11.45	0.02	0.04
河　南	Henan	11.55	41.17	42.06	0.31	0.35	4.38	0.08	0.10
湖　北	Hubei	3.11	32.06	55.11	0.29	0.95	8.30	0.02	0.16
湖　南	Hunan	1.87	40.42	44.89	0.18	0.14	12.19	0.29	0.01
广　东	Guangdong	7.89	41.01	28.27	0.04	0.38	22.14	0.08	0.19
广　西	Guangxi	8.54	33.48	50.28	0.03	1.34	5.58	0.69	0.06
海　南	Hainan	0.75	47.68	44.32	0.02	0.19	6.79	0.12	0.12
重　庆	Chongqing	6.53	1.91	78.84	0.20	1.97	10.26	0.21	0.08
四　川	Sichuan	7.79	2.91	77.17	0.59	1.64	8.53	0.09	1.28
贵　州	Guizhou	13.63	51.99	32.58	0.11	0.11	1.42	0.01	0.16
云　南	Yunnan	3.01	26.43	63.78	0.28	1.67	4.40	0.20	0.23
西　藏	Tibet	0.33	11.01	25.45	15.43	28.43	16.42	1.58	1.36
陕　西	Shaanxi	1.87	41.87	48.61	0.64	1.42	5.29	0.29	0.01
甘　肃	Gansu	0.09	59.72	35.40	0.28	0.65	3.64	0.02	0.19
青　海	Qinghai	0.08	36.73	53.13	0.54	3.60	5.45	0.35	0.12
宁　夏	Ningxia	0.02	30.50	51.12	0.29	2.12	15.10	0.24	0.61
新　疆	Xinjiang	0.31	5.45	76.75	0.26	0.68	15.78	0.64	0.13

6-6 各地区采取各种避孕措施分布与上年同期对比
Distribution of Contraception Method Compared with That of Last Year by Region

单位：% (%)

地　区	Region	男性绝育 Male Sterilization	女性绝育 Female Sterilization	宫内节育器 IUD	皮下埋植 Implant	口服及注射避孕药 Pill/Injection	避孕套 Condom	外用药 Diaphragm	其他 Others
全　国	**National**	**-0.33**	**-0.78**	**0.29**	**-0.07**	**-0.05**	**0.95**	**-0.02**	**0.02**
北　京	Beijing	0.01	-0.19	-2.75	-0.03	-0.19	2.83	0.06	0.25
天　津	Tianjin	-0.02	-0.80	-0.91	-0.03	-0.04	1.55	0.21	0.04
河　北	Hebei	-0.40	-2.50	2.35	-0.01	-0.04	0.33		0.27
山　西	Shanxi	-0.05	-3.14	1.93	-0.01	0.06	1.06		0.16
内蒙古	Inner Mongolia	-0.02	-2.06	0.45	-0.03	-0.03	1.68		
辽　宁	Liaoning		-0.74	0.03	-0.01	0.03	0.70		
吉　林	Jilin		-1.27	-0.52	-0.02	-0.01	1.85	-0.01	-0.01
黑龙江	Heilongjiang		-1.24	0.63	-0.01	0.04	0.59	-0.01	0.01
上　海	Shanghai	-0.01	-0.08	-0.28		-0.02	0.34	0.01	0.05
江　苏	Jiangsu	-0.18	-1.11	-0.20	-0.01	-0.13	1.59	-0.01	0.06
浙　江	Zhejiang	-0.03	-1.12	-0.81	-0.01	-0.09	2.08	-0.01	-0.01
安　徽	Anhui	-0.28	-1.75	1.86	-0.01	-0.09	0.28		-0.01
福　建	Fujian	-0.11	-0.28	-0.42	-0.02	-0.01	0.85		
江　西	Jiangxi	-0.01	-1.40	0.23			1.15	0.01	0.02
山　东	Shandong	-1.78	-0.12	1.77	-0.60	-0.01	0.76	-0.02	
河　南	Henan	-0.20	-0.67	0.82	-0.02	0.01	0.09		-0.02
湖　北	Hubei	0.35	-0.20	0.61	0.04	-0.54	-0.17	-0.07	-0.02
湖　南	Hunan	-0.43	-1.10	1.03	-0.01	-0.03	0.60	-0.05	
广　东	Guangdong	-0.58	-1.63	-1.96	-0.01	-0.05	4.25		-0.01
广　西	Guangxi	-0.50	-1.05	1.39	-0.02	-0.12	0.33	-0.04	
海　南	Hainan	-0.11	-2.24	2.25		-0.04	0.17	-0.03	
重　庆	Chongqing	-1.40	-0.37	-0.76	-0.02	0.45	2.09	0.03	-0.01
四　川	Sichuan	-0.92	-0.15	0.46		0.05	0.54		0.02
贵　州	Guizhou	-0.78	0.75	0.30	-0.02	-0.04	-0.09	-0.04	-0.08
云　南	Yunnan	-0.13	-0.76	0.80	-0.02	-0.11	0.20	0.01	0.02
西　藏	Tibet	0.31	2.51	9.48	-5.68	4.75	-6.52	-4.81	-0.05
陕　西	Shaanxi	-0.06	-1.46	1.22	0.01	0.10	0.22		-0.03
甘　肃	Gansu	-0.01	-1.22	0.91	-0.02	0.02	0.28		0.04
青　海	Qinghai		-1.65	1.38	-0.02	-0.07	0.33		0.04
宁　夏	Ningxia		-1.60	0.34	-0.05	-0.15	0.85	0.06	0.54
新　疆	Xinjiang	-0.05	-0.45	0.33	0.01	-0.15	0.29	-0.01	0.01

第七部分

Chapter Seven

世界部分国家及地区人口和就业统计数据

Population and Employment Data of Selected Countries and Territories of the World

一、世界部分国家人口和就业统计数据

I.Population and Employment Data of Selected Countries of the World

7-1 人口数
Total Population

单位：百万人 (millions)

国　　家	Country	2003	2004	2005	2006	2007	2008	2009	2010	2011	2012	2013
世界总计	**Total**	**6211.1**	**6377.6**	**6464.7**	**6540.3**	**6615.9**	**6749.7**	**6829.4**	**6908.7**	**6974.0**	**7052.1**	**7,162**
亚洲	**Asia**											
中国	China	1304.2	1313.3	1315.8	1323.6	1331.4	1336.3	1345.8	1354.1	1347.6	1353.6	1385.6
阿富汗	Afghanistan	23.9	24.9	29.9	31.1	32.3	28.2	28.2	29.1	32.4	33.4	30.6
孟加拉国	Bangladesh	146.7	149.7	141.8	144.4	147.1	161.3	162.2	164.4	150.5	152.4	156.6
缅甸	Myanmar	49.5	50.1	50.5	51.0		49.2	50.0	50.5	48.3	48.7	53.3
柬埔寨	Cambodia	14.1	14.6	14.1	14.4	14.6	14.7	14.8	15.1	14.3	14.5	15.1
印度	India	1065.5	1081.2	1103.4	1119.5	1135.6	1186.2	1198.0	1214.5	1241.5	1258.4	1252.1
印度尼西亚	Indonesia	219.9	222.6	222.8	225.5	228.1	234.3	230.0	232.5	242.3	244.8	249.9
伊朗	Iran	68.9	69.8	69.5	70.3	71.2	72.2	74.2	75.1	74.8	75.6	77.4
伊拉克	Iraq	25.2	25.9	28.8	29.6	30.3	29.5	30.7	31.5	32.7	33.7	33.8
日本	Japan	127.7	127.8	128.1	128.2	128.3	127.9	127.2	127.0	126.5	126.4	127.1
约旦	Jordan	5.5	5.6	5.7	5.8	6.0	6.1	6.3	6.5	6.3	6.5	7.3
朝鲜	Korea D.P.Rep.	22.7	22.8	22.5	22.6	22.7	23.9	23.9	24.0	24.5	24.6	24.9
韩国	Korea Rep.	47.7	48.0	47.8	48.0	48.1	48.4	48.3	48.5	48.4	48.6	49.3
科威特	Kuwait	2.5	2.6	2.7	2.8	2.8	2.9	3.0	3.1	2.8	2.9	3.4
老挝	Laos	5.7	5.8	5.9	6.1	6.2	6.0	6.3	6.4	6.3	6.4	6.8
黎巴嫩	Lebanon	3.7	3.7	3.6	3.6	3.7	4.1	4.2	4.3	4.3	4.3	4.8
马来西亚	Malaysia	24.4	24.9	25.3	25.8	26.2	27.0	27.5	27.9	28.9	29.3	29.7
蒙古	Mongolia	2.6	2.6	2.6	2.7	2.7	2.7	2.7	2.7	2.8	2.8	2.8
尼泊尔	Nepal	25.2	25.7	27.1	27.7	28.2	28.8	29.3	29.9	30.5	31.0	27.8
巴基斯坦	Pakistan	153.6	157.3	157.9	161.2	164.6	167.0	180.8	184.8	176.7	180.0	182.1
菲律宾	Philippines	80.0	81.4	83.1	84.5	85.9	89.7	92.0	93.6	94.9	96.5	98.4
沙特阿拉伯	Saudi Arabia	24.2	24.9	24.6	25.2	25.8	25.3	25.7	26.2	28.1	28.7	28.8
新加坡	Singapore	4.3	4.3	4.3	4.4	4.4	4.5	4.7	4.8	5.2	5.3	5.4
斯里兰卡	Sri Lanka	19.1	19.2	20.7	20.9	21.1	19.4	20.2	20.4	21.0	21.2	21.3
叙利亚	Syrian Arab Rep.	17.8	18.2	19.0	19.5	20.0	20.4	21.9	22.5	20.8	21.1	21.9
泰国	Thailand	62.8	63.5	64.2	64.8	65.3	64.3	67.8	68.1	69.5	69.9	67.0
土耳其	Turkey	71.3	72.3	73.2	74.2	75.2	75.8	74.8	75.7	73.6	74.5	74.9
越南	Viet Nam	81.4	82.5	84.2	85.3	86.4	88.5	88.1	89.0	88.8	89.7	91.7
也门	Yemen	20.0	20.7	21.0	21.6	22.3	23.1	23.6	24.3	24.8	25.6	24.4
欧洲	**Europe**											
阿尔巴尼亚	Albania	3.2	3.2	3.1	3.1	3.2	3.2	3.2	3.2	3.2	3.2	3.2
奥地利	Austria	8.1	8.1	8.2	8.2	8.2	8.4	8.4	8.4	8.4	8.4	8.5
保加利亚	Bulgaria	7.9	7.8	7.7	7.7	7.6	7.6	7.5	7.5	7.4	7.4	7.2
捷克共和国	Czech Rep.	10.2	10.2	10.2	10.2	10.2	10.2	10.4	10.4	10.5	10.6	10.7
丹麦	Denmark	5.4	5.4	5.4	5.4	5.5	5.5	5.5	5.5	5.6	5.6	5.6
芬兰	Finland	5.2	5.2	5.2	5.3	5.3	5.3	5.3	5.3	5.4	5.4	5.4
法国	France	60.1	60.4	60.5	60.7	60.9	61.9	62.3	62.6	63.1	63.5	64.3
德国	Germany	82.5	82.5	82.7	82.7	82.7	82.5	82.2	82.1	82.2	82.0	82.7
希腊	Greece	11.0	11.0	11.1	11.1	11.2	11.2	11.2	11.2	11.4	11.4	11.1
匈牙利	Hungary	9.9	9.8	10.1	10.1	10.0	10.0	10.0	10.0	10.0	9.9	10.0
意大利	Italy	60.1	57.3	58.1	68.1	58.2	58.9	59.9	60.1	60.8	61.0	61.0
荷兰	Netherlands	16.1	16.2	16.3	16.4		16.5	16.6	16.7	16.7	16.7	16.8
挪威	Norway	4.5	4.6	4.6	4.6	4.7	4.7	4.8	4.9	4.9	5.0	5.0
波兰	Poland	38.6	38.6	38.5	38.5	38.5	38.0	38.1	38.0	38.3	38.3	38.2
葡萄牙	Portugal	10.1	10.1	10.5	10.5	10.6	10.7	10.7	10.7	10.7	10.7	10.6
罗马尼亚	Romania	22.3	22.3	21.7	21.6	21.5	21.3	21.3	21.2	21.4	21.4	21.7
西班牙	Spain	41.1	41.1	43.1	43.3	43.6	44.6	44.9	45.3	46.5	46.8	46.9
瑞士	Switzerland	7.2	7.2	7.3	7.3	7.3	7.5	7.6	7.6	7.7	7.7	8.1
英国	United Kingdom	59.3	59.4	59.7	59.8	60.0	61.0	61.6	61.9	62.4	62.8	63.1
俄罗斯	Russian Federation	143.2	142.4	143.2	142.5	141.9	141.8	140.9	140.4	142.8	142.7	142.8
非洲	**Africa**											
阿尔及利亚	Algeria	31.8	32.3	32.9	33.4	33.9	34.4	34.9	35.4	36.0	36.5	39.2

7-1 续表 continued

单位：百万人 (millions)

国家	Country	2003	2004	2005	2006	2007	2008	2009	2010	2011	2012	2013
安哥拉	Angola	13.6	14.1	15.9	16.4	16.9	17.5	18.5	19.0	19.6	20.2	21.5
布隆迪	Burundi	6.8	7.1	7.5	7.8	8.1	8.9	8.3	8.5	8.6	8.7	10.2
中非共和国	Central African Rep.	3.9	3.9	4.0	4.1	4.2	4.4	4.4	4.5	4.5	4.6	4.6
刚果共和国	Congo, Republic of the	3.7	3.8	4.0	4.1	4.2	3.8	3.7	3.8	4.1	4.2	4.4
埃及	Egypt	71.9	73.4	74.0	75.4	76.9	76.8	83.0	84.5	82.5	84.0	82.1
埃塞俄比亚	Ethiopia	70.7	72.4	77.4	79.3	81.2	85.2	82.8	85.0	84.7	86.5	94.1
加蓬	Gabon	1.3	1.4	1.4	1.4	1.4	1.4	1.5	1.5	1.5	1.6	1.7
加纳	Ghana	20.9	21.4	22.1	22.6	23.0	23.9	23.8	24.3	25.0	25.5	25.9
几内亚	Guinea	8.5	8.6	9.4	9.6	9.8	9.6	10.1	10.3	10.2	10.5	11.7
肯尼亚	Kenya	32.0	32.4	34.3	35.1	36.0	38.6	39.8	40.9	41.6	42.7	44.4
利比亚	Libya	5.6	5.7	5.9	6.0	6.1	6.3	6.4	6.5	6.4	6.5	6.2
利比里亚	Liberia	3.4	3.5	3.3	3.4	3.5	3.9	4.0	4.1	4.1	4.2	4.3
马达加斯加	Madagascar	17.4	17.9	18.6	19.1	19.6	20.2	19.6	20.1	21.3	21.9	22.9
马里	Mali	13.0	13.4	13.5	13.9	14.3	12.7	13.0	13.3	15.8	16.3	15.3
毛里塔尼亚	Mauritania	2.9	3.0	3.1	3.2	3.2	3.2	3.3	3.4	3.5	3.6	3.9
摩洛哥	Morocco	30.6	31.1	31.5	31.9	32.4	31.6	32.0	32.4	32.3	32.6	33.0
莫桑比克	Mozambique	18.9	19.2	19.8	20.2	20.5	21.8	22.9	23.4	23.9	24.5	25.8
尼日利亚	Nigeria	124.0	127.1	131.5	134.4	137.2	151.5	154.7	158.3	162.5	166.6	173.6
卢旺达	Rwanda	8.4	8.5	9.0	9.2	9.4	10.0	10.0	10.3	10.9	11.3	11.8
索马里	Somalia	9.9	10.3	8.2	8.5	8.8	9.0	9.1	9.4	9.6	9.8	10.5
南非	South Africa	45.0	45.2	47.4	47.6	47.7	48.8	50.1	50.5	50.5	50.7	52.8
苏丹	Sudan	33.6	34.3	36.2	37.0	37.8	39.4	42.3	43.2	44.6	35.0	38.0
突尼斯	Tunisia	9.8	9.9	10.1	10.2	10.3	10.4	10.3	10.4	10.6	10.7	11.0
乌干达	Uganda	25.8	26.7	28.8	29.9	30.9	31.9	32.7	33.8	34.5	35.6	37.6
喀麦隆	Cameroon, Republic of	16.0	16.3	16.3	16.6	16.9	18.9	19.5	20.0	20.0	20.5	22.3
坦桑尼亚	Tanzania, United Republic of	37.0	37.7	38.3	39.0	39.7	41.5	43.7	45.0	46.2	47.7	49.3
赞比亚	Zambia	10.8	10.9	13.0	11.9	12.1	12.2	12.9	13.3	13.5	13.9	14.5
大洋洲	**Oceania**											
澳大利亚	Australia	19.7	19.9	20.2	20.4	20.6	21.0	21.3	21.5	22.6	22.9	23.3
新西兰	New Zealand	3.9	3.9	4.0	4.1	4.1	4.2	4.3	4.3	4.4	4.5	4.5
北美洲	**North America**											
加拿大	Canada	31.5	31.7	32.3	32.6	32.9	33.2	33.6	33.9	34.3	34.7	35.2
美国	United States	294.0	297.0	298.2	301.0	303.9	308.8	314.7	317.6	313.1	315.8	320.1
拉丁美洲	**Latin America**											
阿根廷	Argentina	38.4	38.9	38.7	39.1	39.5	39.9	40.3	40.7	40.8	41.1	41.4
玻利维亚	Bolivia	8.8	9.0	9.2	9.4	9.5	9.7	9.9	10.0	10.1	10.2	10.7
巴西	Brazil	178.5	180.7	186.4	188.9	191.3	194.2	193.7	195.4	196.7	198.4	200.4
智利	Chile	15.8	16.0	16.3	16.5	16.6	16.8	17.0	17.1	17.3	17.4	17.6
哥伦比亚	Colombia	44.2	44.9	45.6	46.3	47.0	46.7	45.7	46.3	46.9	47.6	48.3
古巴	Cuba	11.3	11.3	11.3	11.3	11.3	11.3	11.2	11.2	11.3	11.2	11.3
多米尼加共和国	Dominican Republic	8.7	8.9	8.9	9.0	9.1	9.9	10.1	10.2	10.1	10.2	10.4
厄瓜多尔	Ecuador	13.0	13.2	13.2	13.4	13.6	13.5	13.6	13.8	14.7	14.9	15.7
危地马拉	Guatemala	12.3	12.7	12.6	12.9	13.2	13.7	14.0	14.4	14.8	15.1	15.5
墨西哥	Mexico	103.5	104.9	107.0	108.3	109.6	107.8	109.6	110.6	114.8	116.1	122.3
巴拿马	Panama	3.1	3.2	3.2	3.3	3.3	3.4	3.5	3.5	3.6	3.6	3.9
巴拉圭	Paraguay	5.9	6.0	6.2	6.3	6.4	6.2	6.3	6.5	6.6	6.7	6.8
秘鲁	Peru	27.2	27.6	28.0	28.4	28.8	28.2	29.2	29.5	29.4	29.7	30.4
波多黎各	Puerto Rico	3.9	3.9	4.0	4.0	4.0	4.0	4.0	4.0			3.7
乌拉圭	Uruguay	3.4	3.4	3.5	3.5	3.5	3.4	3.4	3.4	3.4	3.4	3.4
委内瑞拉	Venezuela	25.7	26.2	26.7	27.2	27.7	28.1	28.6	29.0	29.4	29.9	30.4

资料来源：《世界人口状况》联合国人口基金编。
Sources: UNFPA, State of World Population 2003-2013.

7-2 人口出生率、死亡率、自然增长率

Crude Birth Rate, Crude Death Rate and Rate of Natural Increase

国　家	Country	出生率 Crude Birth Rate(‰)	死亡率 Crude Death Rate(‰)	自然增长率 Rate of Natural Increase(%)
美国	United States	13	8	0.5
日本	Japan	8	10	-0.2
德国	Germany	8	11	-0.2
英国	United Kingdom	13	9	0.4
法国	France	13	9	0.4
意大利	Italy	9	10	-0.1
加拿大	Canada	11	7	0.4
澳大利亚	Australia	13	6	0.7
波兰	Poland	10	10	-0.0
匈牙利	Hungary	9	13	-0.4
罗马尼亚	Romania	9	12	-0.3
保加利亚	Bulgaria	9	15	-0.6
印度	India	22	7	1.5
印度尼西亚	Indonesia	21	6	1.5
巴基斯坦	Pakistan	30	7	2.3
孟加拉国	Bangladesh	21	6	1.5
泰国	Thailand	12	8	0.4
菲律宾	Philippines	21	5	1.5
马来西亚	Malaysia	18	5	1.3
韩国	Korea Rep.	10	5	0.4
新加坡	Singapore	10	5	0.6
伊朗	Iran	19	5	1.4
土耳其	Turkey	17	5	1.2
尼日利亚	Nigeria	42	13	2.8
埃及	Egypt	25	6	1.9
埃塞俄比亚	Ethiopia	34	8	2.6
坦桑尼亚	Tanzania	40	9	3.1
肯尼亚	Kenya	36	9	2.7
巴西	Brazil	15	6	0.9
墨西哥	Mexico	19	4	1.5
阿根廷	Argentina	19	8	1.1
哥伦比亚	Colombia	19	6	1.4

资料来源：《2013年世界人口数据表》美国人口咨询局编。
Sources:Population Reference Bureau of United States, 2013 World Population Data Sheet.

7-3 人口年龄构成
Age Composition

单位：% (%)

国　家	Country	0-14岁 Aged 0-14	15-64岁 Aged 15-64	65岁及以上 Aged 65 and Over
美国	United States	19	67	14
日本	Japan	13	62	25
德国	Germany	13	66	21
英国	United Kingdom	18	66	16
法国	France	19	64	17
意大利	Italy	14	65	21
加拿大	Canada	16	69	15
澳大利亚	Australia	19	67	14
波兰	Poland	15	71	14
匈牙利	Hungary	15	68	17
罗马尼亚	Romania	15	70	15
保加利亚	Bulgaria	14	67	19
印度	India	30	64	6
印度尼西亚	Indonesia	29	66	5
巴基斯坦	Pakistan	37	59	4
孟加拉国	Bangladesh	31	64	5
泰国	Thailand	19	71	10
菲律宾	Philippines	33	63	4
马来西亚	Malaysia	26	69	5
韩国	Korea Rep.	16	73	11
新加坡	Singapore	16	74	10
伊朗	Iran	25	70	5
土耳其	Turkey	25	67	8
尼日利亚	Nigeria	44	53	3
埃及	Egypt	31	63	6
埃塞俄比亚	Ethiopia	44	53	3
坦桑尼亚	Tanzania	45	52	3
肯尼亚	Kenya	42	55	3
巴西	Brazil	25	68	7
墨西哥	Mexico	30	64	6
阿根廷	Argentina	25	64	11
哥伦比亚	Colombia	28	66	6

资料来源：《2013年世界人口数据表》美国人口咨询局编。
Sources:Population Reference Bureau of United States, 2013 World Population Data Sheet.

7-4 人口指标
Demographic Indicators

国　家	Country	预期寿命(岁) 男 / 女 Life Expectancy at Birth Male / Female (2010-2015)	五岁以下儿童死亡率(‰) Under Age 5 Mortality Rate, Per 1000 Live Births (2010-2015)	总和生育率 Total Fertility Rate, Per Woman Aged 15-49, (2010-2015)	人口年均增长率(%) Average Annual Rate of Population Change, Percent, (2010-2015)
美国	United States	76/81	7	2.0	0.8
日本	Japan	80/87	3	1.4	-0.1
德国	Germany	78/83	4	1.4	-0.1
英国	United Kingdom	78/82	5	1.9	0.6
法国	France	78/85	4	2.0	0.5
意大利	Italy	80/85	3	1.5	0.2
加拿大	Canada	79/84	5	1.7	1.0
澳大利亚	Australia	80/85	5	1.9	1.3
波兰	Poland	72/80	6	1.4	0.0
匈牙利	Hungary	70/79	6	1.4	-0.2
罗马尼亚	Romania	70/77	12	1.4	-0.3
印度	India	65/68	56	2.5	1.2
印度尼西亚	Indonesia	69/73	31	2.3	1.2
巴基斯坦	Pakistan	66/67	71	3.2	1.7
孟加拉国	Bangladesh	70/71	42	2.2	1.2
泰国	Thailand	71/78	12	1.4	0.3
菲律宾	Philippines	65/72	27	3.1	1.7
马来西亚	Malaysia	73/77	5	2.0	1.6
韩国	Korea,Republic of	78/85	4	1.3	0.5
新加坡	Singapore	80/85	2	1.3	2.0
土耳其	Turkey	72/79	18	2.1	1.2
尼日利亚	Nigeria	52/53	122	6.0	2.8
埃及	Egypt	69/73	24	2.8	1.6
埃塞俄比亚	Ethiopia	62/65	74	4.6	2.6
坦桑尼亚	Tanzania	60/63	72	5.2	3.0
肯尼亚	Kenya	60/63	77	4.4	2.7
巴西	Brazil	70/77	24	1.8	0.8
墨西哥	Mexico	75/80	17	2.2	1.2
阿根廷	Argentina	73/80	13	2.2	0.9
哥伦比亚	Colombia	70/78	23	2.3	1.3

资料来源：《世界人口状况-2013》联合国人口基金编。
Sources: UNFPA, State of World Population 2013.

7-5 全部就业人数
Employment

单位：千人 (1000 persons)

国 别	Country	2009	2010	2011	2012	2013
阿根廷	Argentina	10401.9	10531.9	10765.7	10843.6	10942.8
澳大利亚	Australia	10953.6	11189.0	11393.2	11513.6	11465.3
加拿大	Canada	16813.1	17041.0	17306.2	17507.7	17731.2
埃及	Egypt	22775.5	23832.5	23351.8	23502.0	23576.3
法国	France	25639.5	25694.0	25777.8	25798.4	25745.2
德国	Germany	38471.1	38737.8	39737.1	40080.0	40450.1
匈牙利	Hungary	3781.8	3781.2	3811.9	3877.9	3938.4
印度尼西亚	Indonesia	104870.7	107806.7	110476.1	111805.5	110804.0
意大利	Italy	23025.0	22872.3	22967.2	22898.7	22420.3
日本	Japan	62820.0	62570.0	62890.0	62700.0	63110.0
韩国	Korea, Republic of	23505.7	23828.8	24244.2	24680.7	
马来西亚	Malaysia	10897.3	11776.8	12284.4	12723.2	
墨西哥	Mexico	43678.1	45301.6	46306.3	47847.2	49275.1
荷兰	Netherlands	8596.1	8370.2	8368.7	8424.2	8364.8
新西兰	New Zealand	2164.4	2180.3	2215.4	2216.1	2262.3
挪威	Norway	2499.5	2500.8	2535.5	2585.4	2601.6
菲律宾	Philippines	35061.3	36034.8	37191.5	37621.8	37917.0
葡萄牙	Portugal	5054.1	4978.2	4837.0	4634.7	4513.5
罗马尼亚	Romania	9243.5	9239.4	9137.7	9262.8	9247.4
俄罗斯	Russian Federation	69284.9	69803.3	70731.7	71390.7	71391.5
瑞典	Sweden	4499.1	4522.6	4626.0	4655.2	4704.5
泰国	Thailand	37706.3	38037.3	38464.7	38939.1	39112.4
英国	United Kingdom	28922.7	28941.5	29077.7	29428.1	29820.7
美国	United States	139877.5	139064.0	139869.0	142469.0	143929.0

注：1)资料来源:国际劳工组织劳动统计数据库(下同)。
a)Date resources:ILO Labour Statistics Database (same as below).

7-6 全部女性就业人数

Female Employment

单位：千人 (1000 persons)

国别	Country	2009	2010	2011	2012	2013
阿根廷	Argentina	4396.9	4384.4	4441.3	4510.2	4545.9
澳大利亚	Australia	4994.3	5077.3	5188.0	5258.0	5251.6
加拿大	Canada	8052.4	8129.5	8221.1	8320.0	8435.4
埃及	Egypt	4549.5	4674.5	4626.5	4646.5	4627.3
法国	France	12176.8	12198.8	12239.9	12292.4	12323.0
德国	Germany	17655.2	17846.2	18334.0	18458.9	18728.0
匈牙利	Hungary	1737.0	1758.6	1754.6	1795.5	1809.9
印度尼西亚	Indonesia	39748.1	41090.7	42669.5	42531.2	41587.6
意大利	Italy	9235.8	9238.3	9348.6	9458.2	9329.9
日本	Japan	26380.0	26420.0	26530.0	26540.0	27010.0
韩国	Korea, Republic of	9771.4	9913.8	10091.1	10293.6	
马来西亚	Malaysia	3941.6	4227.5	4394.7	4629.7	
墨西哥	Mexico	16464.0	16998.4	17443.8	18253.6	18953.3
荷兰	Netherlands	3947.7	3844.3	3870.0	3899.8	3880.1
新西兰	New Zealand	1015.9	1018.9	1037.7	1039.9	1059.7
挪威	Norway	1190.2	1186.0	1203.7	1223.2	1230.5
菲律宾	Philippines	13657.3	14113.3	14619.0	14772.8	
葡萄牙	Portugal	2366.5	2333.6	2262.5	2191.1	2143.6
罗马尼亚	Romania	4143.0	4127.9	4111.7	4136.6	4119.7
俄罗斯	Russian Federation	34226.2	34303.4	34742.3	35030.1	34913.2
瑞典	Sweden	2140.0	2129.6	2187.7	2213.3	2237.0
泰国	Thailand	17217.1	17384.9	17650.4	17810.0	17763.2
英国	United Kingdom	13474.5	13450.7	13502.1	13635.6	13858.1
美国	United States	66207.8	65705.0	65579.0	66914.0	67577.0

7-7 全部男性就业人数

Male Employment

单位：千人 (1000 persons)

国别	Country	2009	2010	2011	2012	2013
阿根廷	Argentina	6005.0	6147.5	6324.4	6333.4	6396.9
澳大利亚	Australia	5959.4	6111.7	6205.2	6255.6	6213.7
加拿大	Canada	8760.7	8911.6	9085.1	9187.7	9295.7
埃及	Egypt	18226.0	19158.0	18725.0	18855.8	18949.0
法国	France	13462.8	13495.2	13538.0	13506.0	13422.3
德国	Germany	20815.9	20891.7	21403.1	21621.1	21722.1
匈牙利	Hungary	2044.9	2022.6	2057.3	2082.4	2128.5
印度尼西亚	Indonesia	65122.5	66716.0	67806.6	69274.3	69216.5
意大利	Italy	13789.2	13634.0	13618.6	13440.5	13090.4
日本	Japan	36440.0	36150.0	36360.0	36160.0	36100.0
韩国	Korea, Republic of	13734.1	13915.0	14153.2	14387.0	
马来西亚	Malaysia	6955.7	7549.3	7889.8	8093.5	
墨西哥	Mexico	27214.1	28303.2	28862.5	29593.7	30321.8
荷兰	Netherlands	4648.4	4525.9	4498.6	4524.3	4484.6
新西兰	New Zealand	1148.5	1161.5	1177.8	1176.3	1202.7
挪威	Norway	1309.3	1314.7	1331.8	1362.3	1371.1
菲律宾	Philippines	21403.5	21921.3	22573.5	22849.3	
葡萄牙	Portugal	2687.6	2644.5	2574.5	2443.6	2369.9
罗马尼亚	Romania	5100.5	5111.4	5026.1	5126.2	5127.7
俄罗斯	Russian Federation	35058.7	35500.0	35989.5	36360.6	36478.2
瑞典	Sweden	2359.1	2392.9	2438.3	2441.9	2467.5
泰国	Thailand	20489.3	20652.5	20814.3	21129.1	21349.2
英国	United Kingdom	15448.2	15490.8	15575.6	15792.5	15962.6
美国	United States	73669.7	73359.0	74290.0	75555.0	76353.0

7-8　2013年分行业就业人数

Employment by Economic Activity in 2013

单位：千人　　(1000 persons)

国别	Country	农业 Agriculture	制造业 Manufacturing	建筑业 Construction	采掘业 Mining and quarrying	贸易、交通、住宿和餐饮、商业服务 Trade, Transportation, Accommodation and Food, and Business and Administrative Services	公共管理和社会服务 Public Administration, Community, Social and other Services and Activities
阿根廷	Argentina						
澳大利亚	Australia						
加拿大	Canada						
埃及	Egypt	6702.5	2570.6	2727.9	481.7	5813.7	5677.3
法国	France	788.8	3154.4	1762.2	433.8	9727.7	9302.9
德国	Germany	580.9	7839.9	2754.0	662.1	16233.1	12380.1
匈牙利	Hungary	193.8	823.2	250.1	104.0	1488.5	1078.9
印度尼西亚	Indonesia						
意大利	Italy	813.7	4128.8	1591.5	390.2	9218.0	6278.1
日本	Japan	2330.0	10660.0	4990.0		27980.0	
韩国	Korea, Republic of						
马来西亚	Malaysia						
墨西哥	Mexico	6593.3	7644.4	3576.3	545.6	19810.9	10807.7
荷兰	Netherlands	162.8	768.2	414.8	77.2	3480.5	2761.2
新西兰	New Zealand	144.8	254.6	177.8	24.5	1001.6	
挪威	Norway	57.3	228.8	199.0	99.2	993.9	1015.8
菲律宾	Philippines	11759.0	3150.0	2364.0	404.0	13555.0	6686.0
葡萄牙	Portugal	448.1	731.8	300.5	58.2	1662.0	1312.8
罗马尼亚	Romania	2634.0	1686.6	691.7	270.0	2523.9	1441.3
俄罗斯	Russian Federation						
瑞典	Sweden	95.1	524.9	316.6	55.0	1909.9	1777.0
泰国	Thailand	16384.9	5413.8	2265.3	274.8	10241.0	4444.1
英国	United Kingdom	313.4	2913.9	2157.0	519.1	13104.6	10537.5
美国	United States	2130.0	14869.0	9271.0	1065.0	67019.0	49575.0

7-9 失业人数
Unemployment

单位：千人 (1000 persons)

国别	Country	2009	2010	2011	2012	2013
阿根廷	Argentina	984.4	880.3	832.7	843.4	836.3
澳大利亚	Australia	648.9	616.7	611.2	636.0	687.0
加拿大	Canada	1516.0	1484.1	1393.1	1368.4	1348.2
埃及	Egypt	2359.5	2350.3	3180.3	3413.5	3591.8
法国	France	2575.2	2640.0	2612.1	2824.3	
德国	Germany	3228.2	2945.5	2501.4	2316.5	2270
匈牙利	Hungary	420.7	474.8	467.9	475.6	448.9
印度尼西亚	Indonesia	9110.8	8456.1	7908.9	7429.6	7388.7
意大利	Italy	1944.9	2102.4	2107.8	2743.6	3112.6
日本	Japan	3360.0	3340.0	3020.0	2850.0	2650
韩国	Korea, Republic of	888.8	918.1	854.7	819.9	
马来西亚	Malaysia	413.7	387.7	389.1	393.1	
墨西哥	Mexico	2509.9	2559.9	2549.9	2498.9	2598.7
荷兰	Netherlands	303.7	389.9	388.6	468.5	600.1
新西兰	New Zealand	141.4	152.2	154.6	164.5	149.4
挪威	Norway	80.0	91.3	84.2	83.3	92.2
菲律宾	Philippines	2830.5	2858.8	2814.0	2832.5	2896
葡萄牙	Portugal	528.6	602.6	706.1	860.1	875.9
罗马尼亚	Romania	680.7	725.1	730.2	701.2	729.7
俄罗斯	Russian Federation	6403.2	5644.9	5020.2	4245.5	4137.4
瑞典	Sweden	407.5	424.3	389.5	402.4	412
泰国	Thailand	572.3	402.2	262.4	230.8	305.6
英国	United Kingdom	2363.1	2440.2	2533.7	2510.8	2417.8
美国	United States	14265.0	14825.0	13747.0	12506.0	11460

7-10 消费价格指数

Consumer Price Indices

资料来源：国际货币基金组织数据库。 Source: IFS Database.

(2010年=100) (2010=100)

国家或地区	Country or Area	2005	2008	2009	2011	2012	2013
中　　国①	China①				105.4	108.1	111.0
中国香港	Hong Kong,China	89.5	97.1	97.7	105.3	109.5	114.3
中国澳门	Macao,China	79.7	96.1	97.3	105.8	112.3	118.4
孟加拉国	Bangladesh	69.2	87.7	92.5	110.7	117.6	126.4
文　　莱	Brunei Darussalam	95.5	98.6	99.6	102.0	102.5	102.9
柬 埔 寨	Cambodia	67.8	96.8	96.2	105.5	108.6	111.8
印　　度	India	65.8	80.5	89.3	108.9	119.0	132.0
印度尼西亚	Indonesia	68.7	90.7	95.1	105.4	109.9	116.9
伊　　朗	Iran	48.6	80.0	90.8	120.6	153.6	214.0
以 色 列	Israel	87.8	94.2	97.4	103.5	105.2	106.8
日　　本	Japan	100.4	102.1	100.7	99.7	99.7	100.0
韩　　国	Korea, Rep.	86.1	94.5	97.1	104.0	106.3	107.7
老　　挝	Laos	78.5	94.3	94.4	107.6	112.2	119.3
马来西亚	Malaysia	87.7	97.7	98.3	103.2	104.9	107.1
蒙　　古	Mongolia	59.6	85.4	90.8	109.5	125.9	137.5
缅　　甸	Myanmar	44.5	91.5	92.8	105.0	106.6	112.4
巴基斯坦	Pakistan	55.3	77.3	87.8	111.9	122.8	132.2
菲 律 宾	Philippines	78.7	92.4	96.3	104.6	108.0	111.2
新 加 坡	Singapore	88.0	96.7	97.3	105.3	110.0	112.6
斯里兰卡	Sri Lanka	58.3	91.0	94.1	106.7	114.8	122.7
泰　　国	Thailand	86.6	97.7	96.8	103.8	106.9	109.3
埃　　及	Egypt	57.8	80.4	89.9	110.1	117.9	129.1
尼日利亚	Nigeria	61.9	78.8	87.9	110.8	124.4	134.9
南　　非	South Africa	71.6	89.5	95.9	105.3	111.0	117.3
加 拿 大	Canada	91.9	98.0	98.3	102.9	104.5	105.5
墨 西 哥	Mexico	80.5	91.2	96.0	103.4	107.7	111.8
美　　国	United States	89.6	98.7	98.4	103.2	105.3	106.8
巴　　西	Brazil	79.6	90.8	95.2	106.6	112.4	119.4
捷　　克	Czech Rep.	87.0	97.6	98.6	101.9	105.3	106.8
法　　国	France	92.7	98.4	98.5	102.1	104.1	105.0
德　　国	Germany	92.5	98.6	98.9	102.1	104.1	105.7
意 大 利	Italy	91.0	97.8	98.5	102.7	105.9	107.2
荷　　兰	Netherlands	92.6	97.6	98.7	102.3	104.9	107.5
波　　兰	Poland	86.8	93.8	97.4	104.2	108.1	109.4
俄 罗 斯	Russia	61.4	83.8	93.6	108.4	113.9	121.6
西 班 牙	Spain	89.0	98.5	98.2	103.2	105.7	107.2
土 耳 其	Turkey	65.9	86.7	92.1	106.5	115.9	124.6
乌 克 兰	Ukraine	51.2	78.9	91.4	108.0	108.6	108.3
英　　国	United Kingdom	87.3	94.8	96.8	104.5	107.4	110.2
澳大利亚	Australia	86.4	95.5	97.2	103.4	105.2	107.8
新 西 兰	New Zealand	87.0	95.7	97.7	104.4	105.4	106.3

注：①根据《中国统计年鉴》数据计算得出。

Note: ①Calculating with data from China Statiatical Yearbook.

二、香港特别行政区人口和就业统计数据

II.Population and Employment Data of Hong Kong Special Administrative Region

7-11 人口主要指标
Main Indicators of Population

项　　目	Item	2009	2010	2011	2012	2013
年中人口　（万人）	Mid-year Population (10 000 persons)	697.3	702.4	707.2	715.5	718.8
粗出生率　（‰）	Crude Birth Rate (‰)	11.8	12.6	13.5	12.8	7.9
粗死亡率　（‰）	Crude Death Rate (‰)	5.9	6.0	6.0	6.1	5.9
婴儿死亡率　（‰）	Infant Mortality Rate (‰)	1.7	1.7	1.3	1.5	1.6
自然增长率　（‰）	Rate of Natural Increase (‰)	5.9	6.6	7.5	6.7	2.0
总和生育率①	Total Fertility Rate①	1055	1127	1204	1285	1124
登记结婚数　（对）	Registered Marriages (couple)	51175	52558	58369	60459	55398
登记离婚数　（对）	Divorce Decrees (couple)	17002	18167	19597	21125	22271
出生时平均预期寿命（年）	Expectation of Life at Birth (year old)					
男	Male	79.8	80.1	80.3	80.7	80.9
女	Female	85.9	86.0	86.7	86.4	86.6

注：①不包括女性外籍家庭佣工。每千名女性的活产婴儿数目。
Note:①Excluding female foreign domestic helpers. Refers to live births per 1000 women.

7-12 劳动人口及失业状况
Labour Force and Unemployment

项　　目	Item	2007	2008	2009	2010	2011	2012	2013
劳动人口数目(万人)	Labour Force (10 000 persons)	362.2	363.7	366.0	363.1	370.3	378.5	385.9
男	Male	195.4	194.4	194.4	193.1	194.3	197.2	199.2
女	Female	166.9	169.3	171.6	170.0	176.0	181.3	186.6
劳动人口参与率（%）	Labour Force Participation Rate (%)	61.2	60.9	60.8	59.6	60.1	60.5	61.2
就业人口　（万人）	Employed Persons (10 000 persons)	347.7	350.9	346.8	347.4	357.6	366.1	372.8
失业人口　（万人）	Unemployed Persons (10 000 persons)	14.5	12.8	19.3	15.7	12.7	12.4	13.1
失业率　（%）	Unemployment Rate (%)	4.0	3.5	5.3	4.3	3.4	3.3	3.4

注：数字是根据每年1月至12月进行的“综合住户统计调查”结果、以及由政府统计处与跨部门人口分布推算小组共同编制按区议会分区

7-13 按行业划分的就业人数
Employed Persons by Industry

单位：万人 (10 000 persons)

行业（按香港标准行业分类1.1版分类）	Industry (based on HSIC Version 1.1)	2005	2006	2007
制造业	Manufacturing	22.4	21.7	20.0
建筑业	Construction	26.4	26.9	27.5
批发、零售、进出口贸易、饮食及酒店业	Wholesale, Retail and Import/Export Trades, Restaurants and Hotels	109.4	110.5	114.2
运输、仓库及通讯业	Transport, Storage and Communications	35.7	36.9	37.2
金融、保险、地产及商用服务业	Financing, Insurance, Real Estate and Business Services	50.3	52.6	54.6
社区、社会及个人服务业	Community, Social and Personal Services	87.0	89.2	92.0
其它	Others	2.4	2.3	2.2
总计	**Total**	**333.7**	**340.1**	**347.7**

行业（按香港标准行业分类2.0版分类）	Industry (based on HSIC Version 2.0)	2008	2009	2010	2011	2012	2013
制造	Manufacturing	16.6	15.0	13.3	13.3	13.4	12.6
建筑	Construction	26.5	26.2	26.5	27.7	29.1	30.9
进出口贸易及批发	Import/Export Trade and Wholesale	58.9	56.2	54.7	53.9	56.4	51.5
零售、住宿①及膳食服务	Retail, Accommodation① and Food Services	55.2	54.5	55.8	57.8	59.1	61.2
运输、仓库、邮政及速递服务、资讯及通讯	Transportation, Storage, Postal and Courier Services, Information and Communications	43.4	42.3	42.2	43.4	43.4	44.5
金融、保险、地产、专业及商用服务	Financing, Insurance, Real Estate, Professional and Business Services	63.9	63.7	64.1	67.6	68.7	72.0
公共行政、社会及个人服务	Public Administration, Social and Personal Services	84.3	86.7	88.5	91.5	93.5	97.8
其它	Others	2.2	2.1	2.3	2.4	2.4	2.3
总计	**Total**	**350.9**	**346.8**	**347.4**	**357.6**	**366.1**	**372.8**

注：数字是根据每年1月至12月进行的“综合住户统计调查”结果，以及由政府统计处与跨部门人口分布推算小组共同编制按区议会分区划分年中人口估计数字而编制。
统计数字在编制过程中涉及应用人口数字。2007年至2010年的年度数字已就2011年人口普查的结果而作出了修订。
2011年人口普查的结果提供了一个基准，用作修订自2006年中期人口统计以来编制的人口数字。
由2009年开始，数字是按“香港标准行业分类2.0版”编制，其数列已向前估计至2008年。
①住宿服务包括酒店、宾馆、旅舍及其他提供短期住宿服务的机构单位。

Notes: Figures are compiled based on data collected in the General Household Survey from January to December of the year concerned as well as the mid-year population estimates by District Council district compiled jointly by the Census and Statistics Department and an inter-departmental Working Group on Population Distribution Projections.
Statistics involve the use of the population figures in the compilation process. Annual figures of 2007-2010 have been revised to take into account the results of the 2011 Population Census which provided a benchmark for revising the population figures compiled since the 2006 Population By-census.
Starting from 2009, figures are compiled based on the Hong Kong Standard Industrial Classification Version 2.0 and the series has been backcasted to 2008.
①Accommodation services cover hotels, guesthouses, boarding houses and other establishments providing short term accommodation.

7-14　按每月就业收入划分的就业人数

Employed Persons by Monthly Employment Earnings

单位：万人，另有注明除外　　(10 000 persons, unless otherwise specified)

每月就业收入(港元)	Monthly Employment Earnings (HKD)	2009	2010	2011	2012	2013
< 3000	< 3000	13.3	11.3	10.1	9.9	11.3
3000 - 3999	3000 - 3999	27.5	27.3	28.2	29.1	28.4
4000 - 4999	4000 - 4999	9.2	8.1	6.8	6.9	8.8
5000 - 5999	5000 - 5999	13.2	11.6	8.5	6.2	6.3
6000 - 6999	6000 - 6999	22.0	20.3	16.5	11.3	9.0
7000 - 7999	7000 - 7999	23.1	23.2	22.2	17.8	14.2
8000 - 8999	8000 - 8999	27.7	27.2	28.9	28.6	22.1
9000 - 9999	9000 - 9999	21.4	21.0	21.3	25.7	24.4
10000 - 11999	10000 - 11999	32.8	35.9	38.2	38.3	40.5
12000 - 13999	12000 - 13999	27.7	29.6	33.0	35.2	36.7
14000 - 15999	14000 - 15999	25.2	25.6	26.0	29.6	31.2
16000 - 17999	16000 - 17999	8.7	8.8	9.8	12.3	15.0
18000 - 19999	18000 - 19999	9.5	9.5	10.1	9.6	11.9
20000 - 24999	20000 - 24999	27.6	27.0	30.1	31.6	33.0
25000 - 29999	25000 - 29999	12.8	13.1	14.7	15.4	16.9
30000 - 34999	30000 - 34999	13.9	14.6	17.1	17.0	16.8
35000 - 39999	35000 - 39999	5.5	5.7	6.4	8.0	8.6
40000 - 44999	40000 - 44999	5.9	6.0	6.0	7.5	8.4
45000 - 49999	45000 - 49999	3.2	3.7	3.8	3.7	4.8
50000 - 59999	50000 - 59999	5.8	6.3	6.8	8.9	9.1
60000 - 79999	60000 - 79999	4.7	5.2	5.8	5.6	7.2
80000 - 99999	80000 - 99999	2.3	2.5	2.6	3.0	3.3
≧ 100000	≧ 100000	3.9	4.1	4.8	5.2	5.1
总　计	Total	346.8	347.4	357.6	366.1	372.8
每月就业收入中位数(港元)	**Median Monthly Earnings (HKD)**	**10500**	**11000**	**11300**	**12000**	**13000**

注：数字是根据每年1月至12月进行的“综合住户统计调查”结果，以及由政府统计处与跨部门人口分布推算小组共同编制按区议会分区划分年中人口估计数字而编制。

Notes : Figures are compiled based on data collected in the General Household Survey from January to December of the year concerned as well as the mid-year population estimates by District Council district compiled jointly by the Census and Statistics Department and an inter-departmental Working Group on Population Distribution Projections.

7-15 按行业划分督导级(不包括经理级与专业雇员)及以下雇员的工资指数
Wage Indices for Employees up to Supervisory Level (Managerial and Professional Employee Are Not Included) by Industry

(1992年9月 = 100) ɘptember 1992 = 100)

行业主类	Industry Section	2009	2010	2011	2012	2013
名义工资指数	**Nominal Wage Index**					
制造	Manufacturing	155.3	153.7	170.0	172.8	180.9
进出口贸易、批发及零售	Import/Export, Wholesale and Retail Trades	166.2	173.5	188.1	195.1	198.8
运输	Transportation	151.6	153.9	161.8	166.4	173.2
住宿及餐饮服务活动①	Accommodation and Food Service Activities①	131.4	135.8	150.6	163.2	169.4
金融及保险活动	Financial and Insurance Activities	174.0	177.9	190.3	201.8	207.5
地产租赁及保养管理	Real Estate Leasing and Maintenance Management	164.0	167.1	186.6	199.8	219.2
专业及商业服务	Professional and Business Services	156.4	162.0	185.8	192.7	208.3
个人服务	Personal Services	187.9	196.3	222.0	240.7	253.8
所有选定行业②	All Selected Industries②	157.9	163.1	178.3	187.5	195.2
实际工资指数③	**Real Wage Index③**					
制造	Manufacturing	111.6	107.0	112.4	109.6	110.0
进出口贸易、批发及零售	Import/Export, Wholesale and Retail Trades	119.5	120.7	124.3	123.7	120.9
运输	Transportation	109.0	107.1	106.9	105.5	105.3
住宿及餐饮服务活动①	Accommodation and Food Service Activities①	94.4	94.5	99.6	103.5	103.0
金融及保险活动	Financial and Insurance Activities	125.1	123.8	125.8	128.0	126.2
地产租赁及保养管理	Real Estate Leasing and Maintenance Management	117.9	116.3	123.3	126.7	133.2
专业及商业服务	Professional and Business Services	112.5	112.8	122.8	122.2	126.6
个人服务	Personal Services	135.1	136.6	146.7	152.6	154.3
所有选定行业②	All Selected Industries②	113.5	113.5	117.9	118.9	118.7

注：指有关年度12月份的数字。
①住宿服务包括酒店、宾馆、旅舍及其他提供短期住宿服务的机构单位。
②指“劳工收入统计调查”内工资统计调查所涵盖的所有行业，包括并没有列出其统计数字的电力及燃气供应业、污水处理及废弃物管理业与出版活动业。
③实际工资指数是以名义工资指数扣除以2009/10年为基期的甲类消费价格指数而计算出来。

Notes : Figures refer to December of the year.
①Accommodation services cover hotels, guesthouses, boarding houses and other establishments providing short term accommodation.
②Figures refer to all industries covered by the wage enquiry of the Labour Earnings Survey, including the electricity and gas supply industry, sewerage and waste management activities industry and publishing activities industry, the statistics of which are not separately shown.
③The Real Wage Indices are derived by deflating the Nominal Wage Indices by the 2009/10-based Consumer Price Index (A).

7-16 消费价格指数（2009年10月-2010年9月=100）
Consumer Price Indices (Oct. 2009 - Sep. 2010=100)

项　　目	Item	权　数 Weight	2009	2010	2011	2012	2013
综合消费价格指数	**Composite Consumer Price Index**						
总指数	**All Items**	**100.00**	**98.4**	**100.7**	**106.0**	**110.3**	**115.1**
食品	Food	27.45	98.6	100.9	108.0	114.2	119.3
外出用膳	Meals Bought away from Home	(17.07)	99.0	100.6	105.9	111.6	116.5
食品(不包括外出用膳)	Food(Excluding Meals Bought away from Home)	(10.38)	98.0	101.4	111.4	118.6	123.8
住屋①	Housing①	31.66	100.3	100.6	107.8	113.9	121.5
私人房屋租金	Private Housing Rent	(27.14)	99.6	100.5	107.7	115.1	122.3
公营房屋租金	Public Housing Rent	(2.05)	110.0	101.3	113.4	105.3	122.1
电力、燃气及水	Electricity, Gas and Water	3.10	72.2	103.6	99.2	91.1	97.3
烟酒	Alcoholic Drinks and Tobacco	0.59	96.9	100.1	117.2	120.7	122.5
衣履	Clothing and Footwear	3.45	98.6	100.5	107.3	110.6	112.4
耐用物品	Durable Goods	5.27	101.7	98.7	95.0	93.7	89.7
杂项物品	Miscellaneous Goods	4.17	98.3	100.6	104.4	106.7	109.1
交通	Transport	8.44	98.8	100.8	105.2	108.3	110.8
杂项服务②	Miscellaneous Services②	15.87	98.7	100.7	104.2	107.1	111.1
教育服务	Educational Services	(4.37)	99.2	100.5	103.0	105.8	109.8
资讯及通讯服务	Information and Communications Services	(2.40)	101.0	100.4	97.9	95.2	95.1
医疗服务	Medical Services	(2.74)	99.3	100.7	104.5	107.6	111.1
甲类消费价格指数	**Consumer Price Index (A)**						
总指数	**All Items**	**100.00**	**98.3**	**100.8**	**106.4**	**110.3**	**115.9**
食品	Food	33.68	98.6	100.9	108.4	115.0	120.3
外出用膳	Meals Bought away from Home	(19.23)	98.9	100.6	106.0	111.9	117.0
食品(不包括外出用膳)	Food(Excluding Meals Bought away from Home)	(14.45)	98.1	101.3	111.5	119.1	124.7
住屋①	Housing①	32.19	101.2	100.7	108.6	113.5	122.6
私人房屋租金	Private Housing Rent	(24.78)	99.5	100.6	107.9	115.6	123.5
公营房屋租金	Public Housing Rent	(5.49)	109.9	101.3	113.4	105.3	122.0
电力、燃气及水	Electricity, Gas and Water	4.36	68.9	104.7	100.2	89.1	95.5
烟酒	Alcoholic Drinks and Tobacco	0.91	96.5	100.2	119.2	123.4	125.1
衣履	Clothing and Footwear	2.60	98.9	100.1	106.5	110.3	112.8
耐用物品	Durable Goods	3.73	102.2	98.5	94.4	92.7	88.7
杂项物品	Miscellaneous Goods	3.87	98.4	100.5	103.5	106.3	109.7
交通	Transport	7.22	99.3	100.5	103.6	106.4	108.4
杂项服务②	Miscellaneous Services②	11.44	99.3	100.5	102.7	104.5	107.7
教育服务	Educational Services	(3.35)	99.2	100.4	102.6	105.2	109.2
资讯及通讯服务	Information and Communications Services	(3.19)	101.0	100.4	98.1	95.6	95.7
医疗服务	Medical Services	(2.06)	99.4	100.6	104.2	107.2	110.5
乙类消费价格指数	**Consumer Price Index (B)**						
总指数	**All Items**	**100.00**	**98.4**	**100.6**	**105.8**	**110.4**	**114.9**
食品	Food	27.16	98.6	100.9	107.9	114.4	119.4
外出用膳	Meals Bought away from Home	(17.90)	99.0	100.6	106.0	111.9	116.6
食品(不包括外出用膳)	Food(Excluding Meals Bought away from Home)	(9.26)	98.0	101.4	111.6	119.2	124.6

7-16 续表 continued

项 目	Item	权 数 Weight	2009	2010	2011	2012	2013
住屋①	Housing①	31.43	99.9	100.5	107.7	114.5	121.6
私人房屋租金	Private Housing Rent	(28.13)	99.6	100.6	107.9	115.3	122.4
公营房屋租金	Public Housing Rent	(0.72)	110.0	101.3	113.6	105.3	122.4
电力、燃气及水	Electricity, Gas and Water	2.84	72.8	103.2	98.5	91.7	97.8
烟酒	Alcoholic Drinks and Tobacco	0.56	97.1	100.1	117.3	120.7	122.5
衣履	Clothing and Footwear	3.45	98.7	100.2	106.4	109.9	112.3
耐用物品	Durable Goods	5.73	102.2	98.6	94.7	93.7	89.3
杂项物品	Miscellaneous Goods	4.17	98.3	100.7	104.8	107.2	109.4
交通	Transport	8.35	98.8	100.7	104.7	107.7	110.1
杂项服务②	Miscellaneous Services②	16.31	98.6	100.6	104.3	107.2	111.0
教育服务	Educational Services	(4.62)	99.3	100.4	102.7	105.4	109.3
资讯及通讯服务	Information and Communications Services	(2.34)	101.0	100.4	97.7	94.9	94.7
医疗服务	Medical Services	(2.84)	99.1	100.6	104.5	107.8	111.3
丙类消费价格指数	**Consumer Price Index (C)**						
总指数	**All Items**	**100.00**	**98.5**	**100.6**	**105.8**	**110.1**	**114.3**
食品	Food	20.87	98.5	100.9	107.3	112.7	117.1
外出用膳	Meals Bought away from Home	(13.55)	98.9	100.7	105.4	110.5	115.3
食品(不包括外出用膳)	Food(Excluding Meals Bought away from Home)	(7.32)	97.7	101.4	110.7	116.7	120.6
住屋①	Housing①	31.36	99.7	100.4	107.1	113.6	120.1
私人房屋租金	Private Housing Rent	(28.45)	99.7	100.4	107.4	114.2	121.0
电力、燃气及水	Electricity, Gas and Water	2.03	78.4	101.7	98.1	95.0	101.0
烟酒	Alcoholic Drinks and Tobacco	0.29	97.8	100.0	111.4	112.9	115.0
衣履	Clothing and Footwear	4.39	98.2	101.1	108.8	111.5	112.2
耐用物品	Durable Goods	6.39	101.0	99.0	95.7	94.3	90.6
杂项物品	Miscellaneous Goods	4.49	98.4	100.6	104.9	106.7	108.2
交通	Transport	9.93	98.4	101.1	107.0	110.6	113.7
杂项服务②	Miscellaneous Services②	20.25	98.5	100.7	105.0	108.7	113.2
教育服务	Educational Services	(5.15)	99.0	100.6	103.7	106.8	110.8
资讯及通讯服务	Information and Communications Services	(1.62)	100.8	100.4	97.8	95.0	94.8
医疗服务	Medical Services	(3.38)	99.5	100.8	104.5	107.8	111.1

注：2009年10月起的消费价格指数是根据2009/10年住户开支统计调查所得的开支权数编制。较早的指数则是根据旧的开支权数而经过按比例换算与新基期的指数拼接。

①除"私人房屋租金"及"公营房屋租金"外，"住屋"类别还包括"管理费及其他住屋杂费"和"保养住所材料"。而丙类消费物价指数中的"住屋"类别并不包括"公营房屋租金"。

②"杂项服务"类别包括"教育服务"、"资讯及通讯服务"、"医疗服务"及其他杂项服务。

Notes : The CPIs from October 2009 onwards are compiled based on expenditure weights obtained from the 2009/10 Household Expenditure Survey. The CPIs for earlier periods are compiled based on old weights and have been re-scaled to the new base period for linking with the new index series.

①Apart from "Private Housing Rent" and "Public Housing Rent", the "Housing" section also includes "Management Fees and Other Housing Charges" and "Materials for House Maintenance". For CPI(C), the "Housing" section does not include "Public Housing Rent".

②"Miscellaneous Services" section includes "Educational Services", "Information and Communications Services", "Medical Services" and other miscellaneous services.

三、澳门特别行政区人口和就业统计数据

III.Population and Employment Data of Macao Special Administrative Region

7-17 人口主要指标
Main Demographic Indicator

项　　目	Item	2009	2010	2011	2012	2013
年中人口 (万人)	Mid-year Population (10 000 persons)	53.5	53.7	55.0	56.8	59.2
出生率 (‰)	Crude Birth Rate (‰)	8.9	9.5	10.6	12.9	11.1
死亡率 (‰)	Crude Death Rate (‰)	3.1	3.3	3.4	3.2	3.2
婴儿死亡率 (‰)	Infant Mortality Rate (‰)	2.1	2.9	2.9	2.5	2.0
自然增长率 (‰)	Natural Growth Rate (‰)	5.8	6.2	7.3	9.6	7.9
总和生育率	Total Fertility Rate	1.0	1.1	1.2	1.4	1.1
登记结婚 (宗)	Registered Marriages (case)	3035	3103	3545	3783	4153
离婚 (宗)	Registered Divorces (case)	782	889	998	1147	1172
项　　目	Item	2006-2009	2007-2010	2008-2011	2009-2012	2010-2013
出生时平均预期寿命(岁)	Life Expectancy at Birth (years)	82.2	82.3	82.3	82.4	82.3
男	Male	79.1	79.2	79.1	79.1	78.9
女	Female	85.1	85.3	85.5	85.7	85.6

7-18 经济活动人口及失业状况
Labour Force and Unemployment

项　　目	Item	2007	2008	2009	2010	2011	2012	2013
劳动人口 (万人)	Labour Force (10 000 persons)	31.0	32.7	32.3	32.4	33.6	35.0	36.8
男	Male	16.6	17.3	16.6	16.5	17.1	18.1	18.9
女	Female	14.4	15.4	15.7	15.9	16.5	16.9	17.9
就业人口 (万人)	Employed Population (10 000 persons)	30.0	31.7	31.2	31.5	32.8	34.3	36.1
失业人口 (万人)	Unemployed Population (10 000 persons)	0.9	1.0	1.1	0.9	0.9	0.7	0.7
劳动力参与率 (%)	Labour Force Participation Rate (%)	69.2	70.7	72.3	72.0	72.5	72.4	72.7
失业率 (%)	Unemployment Rate (%)	3.1	3.0	3.5	2.8	2.6	2.0	1.8
就业不足率 (%)	Underemployment Rate (%)	1.0	1.6	1.8	1.7	1.1	0.8	0.6

7-19 按行业划分的就业人口

Employed Population by Industry

单位：万人 (10 000 persons)

行业	Industry	2009	2010	2011	2012	2013
总数	**Total**	**31.19**	**31.48**	**32.76**	**34.32**	**36.10**
制造业	Manufacturing	1.64	1.52	1.28	1.03	0.90
水电及气体生产供应业	Electricity, Gas & Water Supply	0.09	0.09	0.13	0.15	0.15
建筑业	Construction	3.18	2.71	2.82	3.23	3.53
批发及零售业	Wholesale & Retail Trades	4.08	4.14	4.34	4.23	4.47
酒店及饮食业	Hotels, Restaurants & Similar Activities	4.32	4.28	4.61	5.30	5.43
运输、仓储及通信业	Transport, Storage & Communications	1.62	1.82	1.60	1.60	1.59
金融业	Financial Intermediation	0.73	0.73	0.81	0.82	0.93
不动产及工商服务业	Real Estate & Business Activities	2.53	2.75	2.80	2.43	2.76
公共行政及社保事务	Public Administration & Social Security	1.97	2.14	2.30	2.51	2.57
教育	Education	1.18	1.15	1.23	1.31	1.43
医疗卫生及社会福利	Health & Social Welfare	0.75	0.81	0.85	0.86	0.91
文娱博彩及其他服务业	Recreational, Cultural, Gaming & Other Services	7.37	7.54	8.20	8.95	9.34
家务工作	Domestic Work	1.60	1.74	1.68	1.80	2.03
其他及不详	Others and Unknown	0.12	0.07	0.10	0.09	0.06

7-20 按行业划分的月工作收入中位数

Median Monthly Employment Earnings by Industry

单位：澳门元 (MOP)

行业	Occupation	2009	2010	2011	2012	2013
总数	**Total**	**8500**	**9000**	**10000**	**11300**	**12000**
制造业	Manufacturing	5000	5700	6500	7500	8500
水电及气体生产供应业	Electricity, Gas & Water Supply	15000	16000	17500	16000	18000
建筑业	Construction	9000	9500	10100	11700	12000
批发及零售业	Wholesale & Retail Trade	7000	7500	8000	9000	10000
酒店及饮食业	Hotels, Restaurants & Similar Activities	6500	7000	7500	8300	8800
运输、仓储及通信业	Transport, Storage & Communications	8500	8500	10000	11000	12300
金融业	Financial Intermediation	12000	13000	12000	14000	16000
不动产及工商服务业	Real Estate & Business Activities	6000	6500	7000	8000	9000
公共行政及社保事务	Public Administration & Social Security	19500	19500	20700	25000	27200
教育	Education	13000	14000	15000	16000	19000
医疗卫生及社会福利	Health & Social Welfare	10300	10000	12000	15000	18200
文娱博彩及其他服务业	Recreational, Cultural, Gaming & Other Services	12000	12000	13000	14500	15300
家务工作	Domestic Work	2800	2900	3000	3100	3400

7-21 消费物价指数

Consumer Price Index

2008年4月至2009年3月=100 (04/2008-03/2009=100)

项 目	Items	权数 Weight	2009	2010	2011	2012	2013
综合消费价格指数	**Composite Consumer Price Index**						
总指数	**Global Index**	**100.00**	**101.40**	**104.25**	**110.30**	**117.04**	**123.48**
食品及非酒精饮料	Food and Non-alcoholic Beverages	32.78	102.57	107.41	116.16	126.06	134.41
烟酒	Alcoholic Beverages and Tobacco	1.12	109.08	114.23	115.59	150.61	158.99
服装、鞋	Clothing and Footwear	6.75	104.07	110.84	118.30	122.15	124.63
住房及燃料	Housing and Fuels	22.82	97.80	98.21	101.58	108.45	119.24
家居设备及用品	Household Goods and Furnishings	3.13	101.44	102.94	107.60	114.98	121.30
医疗	Health	2.90	102.08	106.57	113.04	119.61	127.36
交通	Transport	7.88	96.87	102.97	111.97	114.91	117.22
通讯	Communications	3.52	95.64	92.30	82.45	79.01	77.20
康乐及文化	Recreation and Culture	5.93	100.55	104.56	109.95	112.75	117.86
教育	Education	5.16	107.21	99.42	100.93	101.17	99.75
其他商品及服务	Miscellaneous Goods and Services	8.02	104.22	110.61	120.63	127.63	130.25
甲类消费价格指数	**Consumer Price Index (A)**						
总指数	**Global Index**	**100.00**	**101.45**	**103.77**	**109.49**	**116.49**	**123.59**
食品及非酒精饮料	Food and Non-alcoholic Beverages	36.94	102.60	107.54	116.33	126.31	134.75
烟酒	Alcoholic Beverages and Tobacco	1.44	109.23	114.74	115.97	151.88	160.54
服装、鞋	Clothing and Footwear	4.82	104.17	110.95	118.25	122.36	125.17
住房及燃料	Housing and Fuels	27.22	98.11	98.32	101.51	107.42	117.88
家居设备及用品	Household Goods and Furnishings	2.19	101.93	103.47	108.21	114.46	119.77
医疗	Health	2.71	102.76	107.31	114.05	121.13	130.41
交通	Transport	5.78	95.65	100.85	109.38	113.01	115.41
通讯	Communications	4.22	95.64	92.45	82.74	79.10	77.34
康乐及文化	Recreation and Culture	4.71	100.53	105.02	110.73	114.05	118.28
教育	Education	4.00	107.13	99.13	101.74	102.86	101.47
其他商品及服务	Miscellaneous Goods and Services	5.96	103.17	108.31	116.49	123.30	128.28
乙类消费价格指数	**Consumer Price Index (B)**						
总指数	**Global Index**	**100.00**	**101.37**	**104.38**	**110.63**	**117.61**	**123.94**
食品及非酒精饮料	Food and Non-alcoholic Beverages	32.59	102.58	107.42	116.20	126.06	134.40
烟酒	Alcoholic Beverages and Tobacco	1.06	108.60	113.85	115.44	149.96	158.12
服装、鞋	Clothing and Footwear	7.63	103.87	110.59	117.90	121.97	124.42
住房及燃料	Housing and Fuels	20.76	97.82	98.08	101.59	109.57	120.50
家居设备及用品	Household Goods and Furnishings	3.60	101.24	102.50	107.01	114.68	121.43
医疗	Health	2.91	101.68	106.54	113.43	120.26	127.77
交通	Transport	8.04	96.17	102.74	112.49	116.34	118.90
通讯	Communications	3.32	95.50	92.08	81.95	78.38	76.60
康乐及文化	Recreation and Culture	6.45	100.88	104.78	110.28	112.86	117.68
教育	Education	5.03	106.04	99.00	100.43	100.47	98.73
其他商品及服务	Miscellaneous Goods and Services	8.60	104.17	110.56	120.41	127.36	130.11

四、台湾省人口和就业统计数据

IV.Population and Employment Data of Taiwan Province

7-22 面积和人口主要指标
Main Indicators of Area and Population

项 目	Item	2009	2010	2011	2012	2013
土地面积（万平方公里）	Area (10 000 sq.km)	3.6	3.6	3.6	3.6	3.6
户籍登记人口数（万人）	Year-end Population (10 000 persons)	2312.0	2316.2	2322.5	2331.6	2337.4
男	Male	1163.7	1163.5	1164.6	1167.3	1168.5
女	Female	1148.3	1152.7	1157.9	1164.3	1168.9
粗出生率 (‰)	Crude Birth Rate (‰)	8.29	7.21	8.48	9.86	8.53
粗死亡率 (‰)	Crude Death Rate (‰)	6.22	6.30	6.59	6.63	6.68
人口自然增长率 (‰)	Natural Population Growth Rate (‰)	2.07	0.91	1.88	3.23	1.85
一般生育率 (‰)	Fertility Rate (‰)	31	27	32	38	32
结婚率 （对/千人）	Marriage Rate (couple/1000 persons)	5.07	6.00	7.13	6.16	6.32
离婚率 （对/千人）	Divorce Rate (couple/1000 persons)	2.48	2.51	2.46	2.41	2.30
期望寿命 （岁）	Life Expectancy at Birth (year old)					
男	Male	76.03	76.13	75.96	76.16	
女	Female	82.34	82.55	82.63	83.03	
人口的年龄分布 (%)	Age-specific Distribution (%)					
0-14岁	0-14	16.34	15.65	15.08	14.63	14.32
15-64岁	15-64	73.03	73.61	74.04	74.22	74.15
65岁及以上	65 and Over	10.63	10.74	10.89	11.15	11.53
性别比 （女=100）	Sex Ratio (female=100)	101.34	100.94	100.57	100.26	99.96
人口密度(人/平方公里)	Population Density (persons/sq.km)	638.8	640.0	641.7	644.2	645.8

资源来源：台湾省《统计月报》（以下各表同）。

Source: Monthly Statistics Bulletin, Taiwan Province. The same applies in the following tables.

7-23 劳动力和就业状况
Labour Force and Employment

项　　目	Item	2007	2008	2009	2010	2011	2012	2013
劳动力人口　(万人)	Labour Force　(10 000 persons)	1071.3	1085.3	1091.7	1107.0	1120.0	1134.1	1144.5
男	Male	611.6	617.3	618.0	624.2	630.4	636.9	640.2
女	Female	459.7	468.0	473.7	482.8	489.6	497.2	504.3
就业人数　(万人)	Employment　(10 000 persons)	1029.4	1040.3	1027.9	1049.3	1070.9	1086.0	1096.7
男	Male	586.8	590.2	577.6	588.0	600.6	608.3	611.6
女	Female	442.6	450.1	450.2	461.3	470.2	477.7	485.1
就业者行业构成　(%)	Distribution of Employment by Industry(%)	100.0	100.0	100.0	100.0	100.0	100.0	100.0
农、林、渔、牧业	Agriculture, Forestry, Fishery and Animal Husbandry	5.3	5.1	5.3	5.2	5.1	5.0	5.0
工业	Industry	36.8	36.8	35.8	35.9	36.3	36.2	36.2
矿业及土石采取业	Mining and Quarrying	0.06	0.06	0.05	0.04	0.04	0.04	0.04
制造业	Manufacturing	27.6	27.7	27.1	27.3	27.5	27.4	27.2
电力及燃气供应业	Electricity, Gas	0.3	0.3	0.3	0.3	0.3	0.3	0.3
用水供应及污染整治业	Water Supply and Pollution Management	0.6	0.7	0.7	0.7	0.7	0.8	0.8
建筑业	Construction	8.2	8.1	7.7	7.6	7.8	7.8	7.9
服务业	Services	57.9	58.0	58.9	58.8	58.6	58.8	58.9
批发及零售业	Wholesale and Retail Trades	17.3	17.0	16.9	16.6	16.5	16.6	16.6
运输及仓储业	Transport, Storage, Communications	4.0	4.0	3.9	3.9	3.8	3.8	3.9
金融及保险业	Finance, Insurance	3.9	4.0	4.0	4.1	4.0	3.9	3.8
咨讯及通讯传播	Information and Communication	2.0	2.0	2.0	2.0	2.0	2.1	2.1
住宿及餐饮业	Hotels and Restaurants	6.6	6.6	6.7	6.9	6.8	6.9	7.1
教育服务业	Education	5.7	5.8	6.0	5.9	5.9	5.8	5.8
公共行政	Public Administration	3.2	3.3	3.7	3.7	3.6	3.5	3.5
失业人数　(万人)	Unemployment　(10 000 persons)	41.9	45.0	63.9	57.7	49.1	48.1	47.8
劳动力参与率　(%)	Labour Force Participation Rate　(%)	58.3	58.3	57.9	58.1	58.2	58.4	58.4
男	Male	67.2	67.1	66.4	66.5	66.7	66.8	66.7
女	Female	49.4	49.7	49.6	49.9	50.0	50.2	50.5
失业率　(%)	Unemployment Rate　(%)	3.9	4.1	5.9	5.2	4.4	4.2	4.2

7-24 居民消费价格分类指数

Consumer Price Indices

2011年=100 (2011=100)

年份 Year	总指数 General Index	食品 Food	服装 Clothing	居住 Housing	交通&通讯 Transportation & Communications	医药保健 Medicines and Medical Care	教育娱乐 Education and Entertainment	杂项 Miscellaneous
2006	93.5	87.4	92.8	96.6	96.0	91.3	99.4	90.1
2007	95.2	89.9	95.4	97.5	97.7	94.9	100.0	91.7
2008	98.5	97.6	96.3	99.0	99.9	97.0	101.3	93.3
2009	97.7	97.2	95.6	98.7	95.9	97.6	99.5	95.8
2010	98.6	97.8	97.2	99.2	98.6	98.2	99.5	98.6
2011	100.0	100.0	100.0	100.0	100.0	100.0	100.0	100.0
2012	101.9	104.2	102.5	101.1	100.4	100.9	100.7	102.3
2013	102.7	105.5	102.3	102.1	100.9	102.1	101.0	102.7

第八部分

Chapter Eight

2013 年人口变动和劳动力调查制度说明及主要指标解释

Explanatory Notes on Main Statistical Indicators

一、2013 年人口变动情况抽样调查制度说明

(一) 总说明

1.调查目的

为了准确、及时地掌握全国和各省（自治区、直辖市）人口变动以及人口计划执行情况，为国家和省级人民政府制定国民经济和社会发展计划、掌握人口增长情况提供可靠的人口数据，为改进宏观调控提供依据，根据国办发[1992]57 号文件的要求，特进行 2013 年人口变动情况抽样调查。

2. 调查对象和登记原则

本次调查对象为抽中调查小区内具有中华人民共和国国籍的人。调查以户为单位进行，既调查家庭户，也调查集体户。应在抽中调查小区内各户登记的人包括：①2013 年 10 月 31 日晚居住在本户的人；②户口在本户，2013 年 10 月 31 日晚未居住在本户的人。

抽中调查小区内 2012 年 11 月 1 日至 2013 年 10 月 31 日死亡的人口要登记《死亡人口调查表》。

抽中调查小区所在村、居委会（社区）要填写《2013 年村、居委会（社区）基本情况》。

3.调查项目

《人口变动情况抽样调查表》

（1）按户填报的项目有：

户编号、户别、应在本户登记的人数、本户 2012 年 11 月 1 日至 2013 年 10 月 31 日出生人口、本户 2012 年 11 月 1 日至 2013 年 10 月 31 日死亡人口、住宅类型和住房来源共 7 个项目。

（2）按人填报的项目有：

姓名、与户主关系、性别、出生年月、民族、调查时点居住地、户口登记地及居住时间、离开户口登记地时间、离开户口登记地原因、户口性质、承包土地情况、一年前常住地及类型、是否识字、受教育程度、学业完成情况、一年内工作状况、参加社会保险情况、婚姻状况、与 18 岁以下未成年子女居住状况、2012 年 11 月 1 日至 2013 年 10 月 31 日生育情况共 22 个项目；

《死亡人口调查表》

填报的项目有户编号、姓名、性别、出生年月、死亡月份。

《2013 年村、居委会（社区）基本情况》

填报项目有户籍人口数、常住人口数、行政区域面积、拥有耕地面积、地形地貌、是否有管道供水、主要饮用水来源、是否有市政排水系统、主要炊用能源、主要厕所类型、本村、居委会（社区）是否已将农业户口、非农业户口改为统一的居民户口。

4.调查标准时间

本次调查的标准时间为 2013 年 11 月 1 日 0 时。

5.抽样方法

以全国为总体，各省（自治区、直辖市）为子总体，按照多阶段、分层、整群、概率比例的方法进行抽样设计，在 2011 年建立的样本轮换框中，根据样本按比例轮换的要求选取本次调查的样本，调查小区为最终样本单位。全国约调查 4800 个调查小区。

调查的调查小区样本由国家统一抽取下发。

6.调查的组织实施

（1）组织领导。本次调查在当地政府的领导下，以统计部门为主组织实施，并在基层组织的协助下，选派调查员到抽中的调查小区，进行入户登记。各级统计部门要积极争取有关部门的支持和配合，确保调

查数据质量。

（2）调查指导员、调查员的选聘、培训与管理。调查指导员、调查员的选聘工作由县级统计机构负责。调查指导员、调查员主要从政府统计系统和基层组织人员中选调，也可从社会招聘，应尽可能保持调查员队伍的稳定。各级统计机构要加强对调查员的培训，应尽可能减少培训层次，以提高培训效果。各级统计机构要加强对调查员工作的监督检查。

（3）调查的宣传工作。为使调查工作顺利进行，各级统计部门和调查工作人员要向调查样本点所在地政府领导做好宣传工作，讲明抽样调查的意义，特别要讲清抽样调查数据对本地、县、乡、村没有代表性，不作为考核本地、县、乡、村人口情况和政绩的依据；要做好对被调查户的宣传工作，使他们解除思想顾虑，如实申报调查资料。

（4）调查摸底、入户登记与复查工作。调查员要按照要求，对所负责调查小区开展调查摸底工作，在此基础上，进行入户登记工作。入户登记完毕后，要采取议查和个别访问的方法认真进行复查。

（5）调查表的报送。调查员在完成登记、复查工作后，要将调查表以调查小区为单位收集，填写调查小区封面，按照调查小区封面、《2013 年村、居委会（社区）基本情况》、《人口变动情况抽样调查表》、《死亡人口调查表》的顺序整理,装入包装袋，交调查指导员统一报县级统计机构。县级统计机构报送调查表方式由各省（自治区、直辖市）统计局根据需要确定。

7.质量控制和抽查

为了保证人口变动调查的质量，各级统计机构应对调查各阶段进行质量控制和抽查。质量控制工作由县级统计机构组织，采用检查、督导等方式进行。地级以上统计机构要对下一级的调查工作进行抽查，具体内容是调查人员的配备、培训以及调查工作的规范性和工作质量。

8.数据处理与资料管理

（1）数据录入程序和汇总程序由国家统计局人口和就业统计司负责统一编制并下发。

（2）调查数据的录入工作由各省（自治区、直辖市）统计局人口就业处按照规定的格式和要求组织实施。

（3）各省（自治区、直辖市）统计局人口就业处要在规定的时间内，做好有关资料的报送工作：

①摸底数据。2013 年 11 月 2 日前，将调查摸底数据（户主姓名底册中 6、7、10、11 项的合计数、出生人口、死亡人口）报国家统计局人口和就业统计司专项调查处。

②调查原始数据。2013 年 12 月 8 日前，各省以在线方式将调查原始数据报送到人口变动情况调查数据处理系统。

（4）全国数据由国家统计局人口和就业统计司负责汇总，各省（自治区、直辖市）的数据要按照国家统一的部署和安排进行汇总。调查数据需经国家统计局审定后方可使用。

（5）报送推算的主要数据。各省（自治区、直辖市）对 2013 年年底本地常住人口总量；出生率、死亡率；城镇人口比重；0-14 岁、15-64 岁、65 岁及以上三个年龄段的常住人口数做初步推算，于 2013 年 12 月 20 日前将初步测算结果及测算方法的简要说明通过电子邮件或传真的方式报送国家统计局人口和就业统计司专项调查处。

（6）数据处理完成后，调查表和原始数据由各省（自治区、直辖市）统计局人口就业处负责妥善管理。

9.调查工作要求

（1）为了保证全国调查数据的范围、分类和计算方法的统一性，各地区必须严格执行调查制度的规定。遇到特殊情况要向上级有关部门请示，不得按照个人的理解擅自处理。

（2）调查员要对其所负责的调查小区的数据质量负责，如果发现调查数据有不实的情况，必须返工重做。

（3）调查员、调查指导员以及各级统计机构及其工作人员都要按照《统计法》的规定，对调查结果、特别是被调查户的情况保守秘密，不得向调查机构以外的任何单位和个人泄漏。

（4）各省（自治区、直辖市）统计局人口就业处要在 2014 年 3 月 1 日前，将本次调查的工作总结报国家统计局人口和就业统计司。

（二）调查表式

2013 年人口变动情况抽样调查表

表　　号：R 1 0 1 表
制表机关：国 家 统 计 局
文　　号：国统字[2013]63号
有效期至：2 0 1 4 年 6 月

本户地址：________县(市、区)________乡(镇、街道)________村(居)委会________调查小区

H1. 户编号	H2. 户别
	1. 家庭户 2. 集体户
H3. 应在本户登记的人数	
2013 年 10 月 31 日晚居住在本户的人数： ________人	户口在本户，2013 年 10 月 31 日晚未居住在本户的人数： ________人
H4. 本户 2012 年 11 月 1 日至 2013 年 10 月 31 日出生人口	**H5. 本户 2012 年 11 月 1 日至 2013 年 10 月 31 日死亡人口**
男________人 女________人	男________人 女________人
H6. 住宅类型	**H7. 住房来源**
1. 普通住宅 2. 集体宿舍和工棚 3. 工作地住宿 （2、3 转人记录）	1. 租赁廉租住房、公租房 2. 租赁其他住房 3. 自建住房 4. 购买 5. 其他

每 个 人 都 填 报

R1. 姓名	R2. 与户主关系	R3. 性别	R4. 出生年月	R5. 民族	R6. 调查时点居住地	R7. 户口登记地及居住时间		R8. 离开户口登记地时间	R9. 离开户口登记地原因	R10. 户口性质	R11. 承包土地情况
	0. 户主 1. 配偶 2. 子女 3. 父母 4. 岳父母或公婆 5. 祖父母 6. 媳婿 7. 孙子女 8. 兄弟姐妹 9. 其他	1. 男 2. 女	____年 ____月	____族	1. 本调查小区 2. 本乡(镇、街道)其他调查小区 3. 本县(市、区)其他乡(镇、街道) 4. 其他县(市、区)，请填写下面地址 5. 港澳台或国外	1. 本调查小区→R8 2. 本乡(镇、街道)其他调查小区→R8 3. 本县(市、区)其他乡(镇、街道) 4. 其他县(市、区)，请填写下面地址 5. 户口待定→R12	在本乡(镇、街道)居住时间： 1. 不满半年 2. 半年至一年 3. 一年至三年 4. 三年至五年 5. 五年及以上	1. 没有离开户口登记地→R10 2. 不满半年 3. 半年至一年 4. 一年至三年 5. 三年至五年 6. 五年及以上	1. 务工经商 2. 工作调动 3. 学习培训 4. 随迁家属 5. 投亲靠友 6. 拆迁或搬家 7. 寄挂户口 8. 婚姻嫁娶 9. 其他	1. 农业 2. 非农业	1. 有承包土地 2. 承包土地部分被征用 3. 承包土地全部被征用 4. 无承包土地
					____省(区、市)____地(市)____县(市、区)						
	1. 配偶 2. 子女 3. 父母 4. 岳父母或公婆 5. 祖父母 6. 媳婿 7. 孙子女 8. 兄弟姐妹 9. 其他	1. 男 2. 女	____年 ____月	____族	1. 本调查小区 2. 本乡(镇、街道)其他调查小区 3. 本县(市、区)其他乡(镇、街道) 4. 其他县(市、区)，请填写下面地址 5. 港澳台或国外	1. 本调查小区→R8 2. 本乡(镇、街道)其他调查小区→R8 3. 本县(市、区)其他乡(镇、街道) 4. 其他县(市、区)，请填写下面地址 5. 户口待定→R12	在本乡(镇、街道)居住时间： 1. 不满半年 2. 半年至一年 3. 一年至三年 4. 三年至五年 5. 五年及以上	1. 没有离开户口登记地→R10 2. 不满半年 3. 半年至一年 4. 一年至三年 5. 三年至五年 6. 五年及以上	1. 务工经商 2. 工作调动 3. 学习培训 4. 随迁家属 5. 投亲靠友 6. 拆迁或搬家 7. 寄挂户口 8. 婚姻嫁娶 9. 其他	1. 农业 2. 非农业	1. 有承包土地 2. 承包土地部分被征用 3. 承包土地全部被征用 4. 无承包土地
					____省(区、市)____地(市)____县(市、区)						
	2. 子女 3. 父母 4. 岳父母或公婆 5. 祖父母 6. 媳婿 7. 孙子女 8. 兄弟姐妹 9. 其他	1. 男 2. 女	____年 ____月	____族	1. 本调查小区 2. 本乡(镇、街道)其他调查小区 3. 本县(市、区)其他乡(镇、街道) 4. 其他县(市、区)，请填写下面地址 5. 港澳台或国外	1. 本调查小区→R8 2. 本乡(镇、街道)其他调查小区→R8 3. 本县(市、区)其他乡(镇、街道) 4. 其他县(市、区)，请填写下面地址 5. 户口待定→R12	在本乡(镇、街道)居住时间： 1. 不满半年 2. 半年至一年 3. 一年至三年 4. 三年至五年 5. 五年及以上	1. 没有离开户口登记地→R10 2. 不满半年 3. 半年至一年 4. 一年至三年 5. 三年至五年 6. 五年及以上	1. 务工经商 2. 工作调动 3. 学习培训 4. 随迁家属 5. 投亲靠友 6. 拆迁或搬家 7. 寄挂户口 8. 婚姻嫁娶 9. 其他	1. 农业 2. 非农业	1. 有承包土地 2. 承包土地部分被征用 3. 承包土地全部被征用 4. 无承包土地
					____省(区、市)____地(市)____县(市、区)						
	2. 子女 3. 父母 4. 岳父母或公婆 5. 祖父母 6. 媳婿 7. 孙子女 8. 兄弟姐妹 9. 其他	1. 男 2. 女	____年 ____月	____族	1. 本调查小区 2. 本乡(镇、街道)其他调查小区 3. 本县(市、区)其他乡(镇、街道) 4. 其他县(市、区)，请填写下面地址 5. 港澳台或国外	1. 本调查小区→R8 2. 本乡(镇、街道)其他调查小区→R8 3. 本县(市、区)其他乡(镇、街道) 4. 其他县(市、区)，请填写下面地址 5. 户口待定→R12	在本乡(镇、街道)居住时间： 1. 不满半年 2. 半年至一年 3. 一年至三年 4. 三年至五年 5. 五年及以上	1. 没有离开户口登记地→R10 2. 不满半年 3. 半年至一年 4. 一年至三年 5. 三年至五年 6. 五年及以上	1. 务工经商 2. 工作调动 3. 学习培训 4. 随迁家属 5. 投亲靠友 6. 拆迁或搬家 7. 寄挂户口 8. 婚姻嫁娶 9. 其他	1. 农业 2. 非农业	1. 有承包土地 2. 承包土地部分被征用 3. 承包土地全部被征用 4. 无承包土地
					____省(区、市)____地(市)____县(市、区)						

2012年11月前出生者填报		2007年11月前出生者填报			1998年11月前出生者填报						1962年11月至1998年10月出生的妇女填报	
R12. 一年前常住地及类型		R13. 是否识字	R14. 受教育程度	R15. 学业完成情况	R16. 一年内工作状况	R17. 参加社会养老保险情况	R18. 参加社会医疗保险情况	R19. 参加工伤保险情况	R20. 婚姻状况	R21. 与18岁以下未成年子女居住状况	R22. 2012年11月1日至2013年10月31日生育情况	
1. 本调查小区 →R13 2. 本乡(镇、街道)其他调查小区 3. 本县(市、区)其他乡(镇、街道) 4. 本地(市)其他县(市、区) 5. 本省其他地(市) ____地(市) 6. 省外: ____	一年前常住地类型: 1. 街道 2. 镇的居委会 3. 镇的村委会 4. 乡	1. 是 2. 否	1. 未上过学 →R16 2. 小学 3. 初中 4. 高中 5. 大学专科 6. 大学本科 7. 研究生	1. 在校 2. 毕业 3. 肄业 4. 辍学 5. 其他	1. 务农 2. 务农兼非农工作 3. 非农工作 4. 未就业	1. 城镇职工基本养老保险 2. 城镇居民社会养老保险 3. 新型农村社会养老保险 4. 城乡居民社会养老保险 5. 机关事业单位养老保险 6. 未参加	1. 职工基本医疗保险 2. 城镇居民基本医疗保险 3. 新型农村合作医疗 4. 城乡居民基本医疗保险 5. 公费医疗 6. 未参加	1. 参加 2. 未参加	1. 未婚→(结束) 2. 初婚有配偶 3. 再婚有配偶 4. 离婚 5. 丧偶	有___个未成年子女 其中___个同住	1. 未生育 →(结束) 2. 有生育 生育月份: ___月 婴儿性别: 1. 男 2. 女 属于第___胎	(12个月内生育两个以上孩子的第二个孩子的状况) 生育月份: ___月 婴儿性别: 1. 男 2. 女
1. 本调查小区 →R13 2. 本乡(镇、街道)其他调查小区 3. 本县(市、区)其他乡(镇、街道) 4. 本地(市)其他县(市、区) 5. 本省其他地(市) ____地(市) 6. 省外: ____	一年前常住地类型: 1. 街道 2. 镇的居委会 3. 镇的村委会 4. 乡	1. 是 2. 否	1. 未上过学 →R16 2. 小学 3. 初中 4. 高中 5. 大学专科 6. 大学本科 7. 研究生	1. 在校 2. 毕业 3. 肄业 4. 辍学 5. 其他	1. 务农 2. 务农兼非农工作 3. 非农工作 4. 未就业	1. 城镇职工基本养老保险 2. 城镇居民社会养老保险 3. 新型农村社会养老保险 4. 城乡居民社会养老保险 5. 机关事业单位养老保险 6. 未参加	1. 职工基本医疗保险 2. 城镇居民基本医疗保险 3. 新型农村合作医疗 4. 城乡居民基本医疗保险 5. 公费医疗 6. 未参加	1. 参加 2. 未参加	1. 未婚→(结束) 2. 初婚有配偶 3. 再婚有配偶 4. 离婚 5. 丧偶	有___个未成年子女 其中___个同住	1. 未生育 →(结束) 2. 有生育 生育月份: ___月 婴儿性别: 1. 男 2. 女 属于第___胎	(12个月内生育两个以上孩子的第二个孩子的状况) 生育月份: ___月 婴儿性别: 1. 男 2. 女
1. 本调查小区 →R13 2. 本乡(镇、街道)其他调查小区 3. 本县(市、区)其他乡(镇、街道) 4. 本地(市)其他县(市、区) 5. 本省其他地(市) ____地(市) 6. 省外: ____	一年前常住地类型: 1. 街道 2. 镇的居委会 3. 镇的村委会 4. 乡	1. 是 2. 否	1. 未上过学 →R16 2. 小学 3. 初中 4. 高中 5. 大学专科 6. 大学本科 7. 研究生	1. 在校 2. 毕业 3. 肄业 4. 辍学 5. 其他	1. 务农 2. 务农兼非农工作 3. 非农工作 4. 未就业	1. 城镇职工基本养老保险 2. 城镇居民社会养老保险 3. 新型农村社会养老保险 4. 城乡居民社会养老保险 5. 机关事业单位养老保险 6. 未参加	1. 职工基本医疗保险 2. 城镇居民基本医疗保险 3. 新型农村合作医疗 4. 城乡居民基本医疗保险 5. 公费医疗 6. 未参加	1. 参加 2. 未参加	1. 未婚→(结束) 2. 初婚有配偶 3. 再婚有配偶 4. 离婚 5. 丧偶	有___个未成年子女 其中___个同住	1. 未生育 →(结束) 2. 有生育 生育月份: ___月 婴儿性别: 1. 男 2. 女 属于第___胎	(12个月内生育两个以上孩子的第二个孩子的状况) 生育月份: ___月 婴儿性别: 1. 男 2. 女
1. 本调查小区 →R13 2. 本乡(镇、街道)其他调查小区 3. 本县(市、区)其他乡(镇、街道) 4. 本地(市)其他县(市、区) 5. 本省其他地(市) ____地(市) 6. 省外: ____	一年前常住地类型: 1. 街道 2. 镇的居委会 3. 镇的村委会 4. 乡	1. 是 2. 否	1. 未上过学 →R16 2. 小学 3. 初中 4. 高中 5. 大学专科 6. 大学本科 7. 研究生	1. 在校 2. 毕业 3. 肄业 4. 辍学 5. 其他	1. 务农 2. 务农兼非农工作 3. 非农工作 4. 未就业	1. 城镇职工基本养老保险 2. 城镇居民社会养老保险 3. 新型农村社会养老保险 4. 城乡居民社会养老保险 5. 机关事业单位养老保险 6. 未参加	1. 职工基本医疗保险 2. 城镇居民基本医疗保险 3. 新型农村合作医疗 4. 城乡居民基本医疗保险 5. 公费医疗 6. 未参加	1. 参加 2. 未参加	1. 未婚→(结束) 2. 初婚有配偶 3. 再婚有配偶 4. 离婚 5. 丧偶	有___个未成年子女 其中___个同住	1. 未生育 →(结束) 2. 有生育 生育月份: ___月 婴儿性别: 1. 男 2. 女 属于第___胎	(12个月内生育两个以上孩子的第二个孩子的状况) 生育月份: ___月 婴儿性别: 1. 男 2. 女

申报人(签字):　　　　　　调查员(签字):　　　　　　填报日期:2013年11月　日

死亡人口调查表
（2012年11月1日至2013年10月31日死亡的人登记）

表　　号：R 1 0 2 表
制表机关：国 家 统 计 局
文　　号：国统字[2013]63号
有效期至：2014 年 6 月

地址：＿＿＿＿县（市、区）＿＿＿＿乡（镇、街道）＿＿＿＿村（居）委会＿＿＿＿调查小区

S1．户编号	S2．姓名	S3．性别	S4．出生年月	S5．死亡月份
□□□	□□	1.男 2.女 □	＿＿年 ＿＿月 □□□□ □□	＿＿月 □□
□□□	□□	1.男 2.女 □	＿＿年 ＿＿月 □□□□ □□	＿＿月 □□
□□□	□□	1.男 2.女 □	＿＿年 ＿＿月 □□□□ □□	＿＿月 □□
□□□	□□	1.男 2.女 □	＿＿年 ＿＿月 □□□□ □□	＿＿月 □□
□□□	□□	1.男 2.女 □	＿＿年 ＿＿月 □□□□ □□	＿＿月 □□
□□□	□□	1.男 2.女 □	＿＿年 ＿＿月 □□□□ □□	＿＿月 □□

调查员（签字）：

二、2013 年劳动力调查制度说明

(一)总说明

1.调查目的

为及时、准确地反映我国城乡劳动力资源、就业和失业人口的总量和结构情况，为政府准确判断就业形势，制定和调整就业政策，改善宏观调控，加强就业服务提供依据。根据《国务院办公厅关于建立劳动力调查制度的通知》(国办发[2004]72 号)的要求，建立劳动力调查制度。

2.调查范围

劳动力调查的调查范围为我国大陆地区的城镇和乡村的 16 岁及以上人口。城镇是按国务院于 2008 年 7 月 12 日国函[2008]60 号批复的《统计上划分城乡的规定》中划定的城市和镇，其余地域为乡村。

3.登记对象

劳动力调查以户为单位进行，既调查家庭户，也调查集体户。应在被抽中户中登记的人是：

（1）调查时点居住在本户已满 16 周岁的人；

（2）本户人口中，离开本乡、镇、街道不满半年且已满 16 周岁的人。

现役军人、在押犯人不登记。

在调查时点前死亡的人口，不调查。

4.调查项目

调查项目分为按户填报的项目和按人填报的项目。

（1）按户填报的项目有户编号、户别、调查时点居住在本户的人口数、调查时点居住在本户已满 16 周岁的人口数、本户人口中离开本乡镇街道不满半年且已满 16 周岁的人口数等 5 个项目。

（2）按人填报的项目有姓名、与户主关系、性别、出生年月、户口登记地、住本户时间、离开户口登记地原因、户口性质、受教育程度、婚姻状况、是否为取得收入而工作、工作单位或经营活动类型、就业身份、是否签订劳动合同、未工作原因、是否想工作、是否寻找工作、未寻找工作原因、当前能否工作、不能工作的原因、行业、职业、参加社会保险情况等 25 个项目。

（3）抽中社区居委会（村委会）所在社区的失业登记情况。包括：本社区（居委会、村委会）的总户数、总人数、登记失业人数。

5.调查频率及调查时点

全国劳动力调查每年二、四季度调查两次。每年二季度的调查时点为 5 月 10 日零时，四季度的调查时点为 11 月 10 日零时。

6.抽样方法和样本量

全国劳动力调查的样本，采用分层、二阶段、概率比例抽样的方法抽取调查样本，并实行样本轮换。国家统计局人口和就业统计司依照第六次人口普查提供的抽样框，抽取各省、自治区、直辖市的村级样本，各省、自治区、直辖市统计局根据国家统计局制定的《劳动力调查抽样方案》，组织基层统计机构在已抽中的村级样本中抽取住户样本。

每次调查的样本量约 15 万户，调查人数约为 46 万人。两次调查间，按 40%的比例进行样本轮换。

各省、自治区、直辖市统计局人口和就业统计机构要在每次调查前，将调查样本的详细变动情况报国家统计局人口和就业统计司。

7.调查的组织实施

全国劳动力调查与大城市月度劳动力调查结合进行，北京、天津、上海三个直辖市、重庆市主城区以及各省会（首府）城市按《大城市月度劳动力调查制度》要求，组织月度劳动力调查，不再另行组织二、四季度的调查。其他地区则按本制度要求，组织二、四季度的劳动力调查。北京、天津、上海三个直辖市以三个月全部调查数据作为本市季度数据，重庆市主城区及其他省会（首府）城市以三个月的全部调查数据参与全省（区、市）季度数据的汇总。

（1）全国劳动力调查由各省、自治区、直辖市统计局的人口和就业统计机构负责组织实施，在基层组织的协助下，采取派调查员入户登记的方式，对被抽中的住户进行调查。

（2）调查员的选调由县级政府统计机构负责。调查员主要从政府统计系统和基层组织人员中选调，也可从社会招聘。调查员的数量，按一个社区（居委会、村委会）至少一名调查员进行配备。调查指导员应由乡、镇、街道统计人员担任。

（3）调查指导员、调查员的培训和管理。各级统计机构要加强对调查员的培训，应尽可能减少培训层次，以提高培训效果。在培训过程中，除对调查项目和样本核实方法进行讲解外，还应注重加强对调查技巧的培训。调查员和调查指导员，每年至少培训一次，每次调查间出现人员变化时，必须对新任调查员进行业务培训，不得由未经培训的调查员承担调查任务。

为加强对调查过程的管理，各地应建立电话核查和入户回访制度。每次调查应选取不少于 10%的户进行电话核查和不少于 5%的户进行入户回访。

（4）样本核实、入户登记和复查。入户登记前，区县统计局要组织调查员对应调查的住户样本进行核实，如有变动应根据相关规则进行更新并向上级统计机构报送更新情况。入户登记时要对被抽中的所有住户（居住单元）逐一进行调查，对应在本户登记的人口不得漏登，对调查项目要仔细询问，认真核对，确保调查数据的质量；在调查登记结束后，要认真进行复查，复查的重点是“F11.您在调查时点前一周是否为取得收入而工作了 1 小时以上?”、“F17.近三个月内您采取过以下哪种方式寻找工作？”、“F19.如有适合的工作，您能否在两周内开始工作?”等项目。样本核实、入户登记和复查的具体要求，参见本制度的相关工作规则。

（5）调查表编码。调查表编码分专项编码和非专项编码两部分，非专项编码由调查员在登记、复查、逻辑审核无误后进行，专项编码由县级统计机构组织经过培训的专项编码员集中进行。

（6）调查表的报送。调查员在完成登记、复查和非专项编码工作后，将调查表以社区居委会（村委会）为单位，加上封面和本社区居委会（村委会）的失业登记情况表一并装入包装袋后，报县（市、区）统计机构。县（市、区）统计机构调查表报送方式由各省、自治区、直辖市根据需要确定。

8.数据处理、资料上报与管理

（1）国家统计局人口和就业统计司负责数据录入程序和汇总程序的编制和下发。

（2）调查数据的录入工作由各省、自治区、直辖市统计局人口和就业统计机构按照规定的格式和要求，组织实施。

（3）各省、自治区、直辖市统计局要对本省调查数据进行汇总并对本省劳动力主要数据进行推算。

（4）资料报送工作。

调查原始数据：各省、自治区、直辖市统计局人口和就业统计机构要按照规定的格式，于下列时间将录入、审核无误的调查原始数据，以电子邮件方式报国家统计局人口和就业统计司。二季度，6 月 5 前；四季度，12 月 5 日前。

最终住户样本清单：二季度，6 月 5 前；四季度，12 月 5 日前。

调查推算数据：二季度，6 月 10 日 17：00 前；四季度，12 月 10 日 17：00 前。推算指标包括：分城乡的 16 岁及以上人口、就业人口和失业人口，共六个指标。

基础数据：2013 年 1 月 31 日前。上报本省 2011 和 2012 两年分城乡的总人口、省会总人口和非省会（适用方案三抽样的省上报非省会一和非省会二）总人口。

（5）数据管理。数据录入工作完成以后，调查表和原始数据存放在各省、自治区、直辖市统计局人口和就业统计机构。各省、自治区、直辖市统计局人口和就业统计机构要指派专人登记，建立必要的防火、防盗、防虫、防潮等措施，妥善进行保管。管理期限为两年。

(二)调查表式

根据《**中华人民共和国统计法**》的规定，公民有义务提供国家统计调查所需要的情况；我们对您提供的信息负有保密义务。

表　　号：R 2 0 1 表
制表机关：国 家 统 计 局
文　　号：国统字（2012）84号
有效期至：2013 年 12 月

劳 动 力 调 查 表

201　　年　　月

应在本户登记的人：

（一） 调查时点居住在本户已满16周岁的人；

（二） 本户人口中，离开本乡（镇、街道）不满半年且已满16周岁的人。

本户地址：______县（市、区）______乡（镇、街道）______社区居委会（村委会）______住户组

H1. 户编号	H2. 户别	H3. 调查时点居住在本户的人口数	H4. 调查时点居住本户，已满16周岁的人口数	H5. 本户人口中，已满16周岁，离开本乡（镇、街道）不满半年的人口数
____号	1. 家庭户 2. 集体户	共 ____人 其中： 男 ____人 女 ____人	共 ____人 其中： 男 ____人 女 ____人	共 ____人 其中： 男 ____人 女 ____人
□□□	□	□□ □□ □□	□□ □□ □□	□□ □□ □□

调查员（签字）：

申报人（签字）：　　　　申报人在本户人记录中的编码：______ □□

本户电话：□□□□□□□□□□□

填报日期：20　年　月　日

以下填写已满16周岁，调查时点居住在本户或本户人口中离开本乡、镇、街道不满半年的人的情况

F1. 姓名	F2. 与户主关系	F3. 性别	F4. 出生年月	F5. 户口登记地
	0. 户主 1. 配偶 2. 子女 3. 父母 4. 岳父母或公婆 5. 祖父母 6. 媳婿 7. 孙子女 8. 兄弟姐妹 9. 其他	1. 男 2. 女	______年 ______月	1. 户口在本乡（镇、街道），住本户→**F8** 2. 户口在本乡（镇、街道），离开本户不满半年→**F8** 3. 本县（市、区）其他乡（镇、街道） 4. 本地（市）其他县（市、区） 5. 本省其他地（市） 6. 外省 7. 户口待定→**F9**

F6. 住本户时间	F7. 离开户口登记地原因	F8. 户口性质	F9. 受教育程度	F10. 婚姻状况
1. 住本户半年以上 2. 住本户不满半年，离开户口登记地半年以上 3. 住本户不满半年，离开户口登记地不满半年 4. 不住本户，离开本户不满半年	1. 搬家 2. 婚姻嫁娶 3. 投亲靠友 4. 探亲访友 5. 上学 6. 短期学习或培训 7. 工作调动或务工经商 8. 寄挂户口 9. 找工作 10. 其他	1. 农业 2. 非农业	1. 未上过学 2. 小学 3. 初中 4. 高中 5. 大学专科 6. 大学本科 7. 研究生	1. 未婚 2. 有配偶 3. 离婚 4. 丧偶

F11. 您在调查时点前一周是否为取得收入而工作了1小时以上?	F12. 您目前的工作单位或经营活动属于以下哪种类型?	F13. 您目前的就业身份属于以下哪一类?	F14. 您是否与用人单位或雇主签订了劳动合同?
1. 是 **上周工作时间**（包括加班时间和兼职时间） ______**小时** 2. 在职，正休假、学习、临时停工或季节性歇业 3. 未做任何工作→**F15**	1. 土地承包者 →**F21** 2. 机关团体事业单位 3. 国有及国有控股企业 4. 集体企业 （2—4 →**F14**） 5. 个体工商户 6. 私营企业 7. 外商、港澳台投资企业 8. 其他类型单位 9. 其他	1. 雇员 2. 雇主 3. 自营劳动者 4. 家庭帮工 （2—4 →**F21**）	1. 是，已签有固定期限合同 期限____个月 2. 是，已签无固定期限（长期）合同 3. 否 （1—3 →**F21**）

本户共登记_____人，第_____人

F15. 您在调查时点前一周未工作是什么原因?	F16. 您目前是否想工作?	F17. 近三个月内您采取过以下哪种方式寻找工作?	F18. 您未找工作是什么原因?
1. 在校学习(**结束**) 2. 丧失劳动能力→**F23** 3. 毕业后未工作 4. 因单位原因失去原工作 5. 因本人原因失去原工作 6. 承包土地被征用 7. 离退休 8. 料理家务 9. 其他	1. 想 2. 不想	1. 在职业介绍机构登记 2. 委托亲戚朋友找工作 3. 应答或刊登广告 4. 浏览招聘广告 5. 参加招聘会 6. 为自己经营做准备 7. 其他 (1–7) →**F19** 8. 未找工作	1. 参加培训 2. 照顾家庭 3. 健康原因暂时无法工作 4. 总也找不到适合的工作 5. 等待开始新的工作 6. 想找，还未找 7. 不想工作 8. 其他
□	□	□	□

F19. 如有适合的工作，您能否在两周内开始工作?	F20. 您不能在两周内开始工作是什么原因?	F21. 您上周或失去工作前在什么单位工作?(行业)
1. 能 连续未工作时间 ________月 →**F21** 2. 否	1. 参加培训 2. 照顾家庭 3. 健康原因暂时无法工作 4. 其他个人或家庭原因 5. 其他 (1–5) →**F23**	1. 详细单位名称 主要产品或从事的主要业务 2. 从未工作→**F23**
□ □□	□	□ □□

F22. 您上周或失去工作前做什么具体工作?(职业)	F23. 您参加了以下哪项养老保险?	F24. 您参加了以下哪项医疗保险?	F25. 您是否参加了失业保险?
从事的具体工作	1. 基本养老保险 2. 城镇居民社会养老保险 3. 新型农村社会养老保险 4. 退休后的养老金由单位发放 5. 商业养老保险 6. 未参加	1. 职工基本医疗保险 2. 城镇居民基本医疗保险 3. 新型农村合作医疗 4. 单位报销 5. 商业医疗保险 6. 未参加	1. 参加 2. 未参加
□□	□	□	□

三 、主要统计指标解释

人口数 指一定时点、一定地区范围内有生命的个人总和。年度统计的年末人口数指每年12月31日24时的人口数。年度统计的全国人口总数内未包括香港、澳门特别行政区和台湾省以及海外华侨人数。

城镇人口和乡村人口 城镇人口是指居住在城镇范围内的全部常住人口；乡村人口是除上述人口以外的全部人口。

出生率（又称粗出生率） 指在一定时期内（通常为一年）一定地区的出生人数与同期内平均人数（或期中人数）之比，用千分率表示。本资料中的出生率指年出生率，其计算公式为：

$$出生率=\frac{年出生人数}{年平均人口}\times 1000‰$$

式中：出生人数指活产婴儿，即胎儿脱离母体时（不管怀孕月数），有过呼吸或其他生命现象。年平均人数指年初、年底人口数的平均数，也可用年中人口数代替。

死亡率（又称粗死亡率） 指在一定时期内（通常为一年）一定地区的死亡人数与同期内平均人数（或期中人数）之比，用千分率表示。本资料中的死亡率指年死亡率，其计算公式为：

$$死亡率=\frac{年死亡人数}{年平均人口}\times 1000‰$$

人口自然增长率 指在一定时期内（通常为一年）人口自然增加数（出生人数减死亡人数）与该时期内平均人数（或期中人数）之比，用千分率表示。计算公式为：

$$人口自然增长率=\frac{(本年出生人数-本年死亡人数)}{年平均人数}\times 1000‰$$

$$=人口出生率-人口死亡率$$

总抚养比 也称总负担系数。指人口总体中非劳动年龄人口数与劳动年龄人口数之比。通常用百分比表示。说明每100名劳动年龄人口大致要负担多少名非劳动年龄人口。用于从人口角度反映人口与经济发展的基本关系。计算公式为：

$$GDR=\frac{(P_{0-14}+P_{65+})}{P_{15-64}}\times 100\%$$

其中：GDR为总抚养比；

P_{0-14}为0-14岁少年儿童人口数；

P_{65+}为65岁及65岁以上的老年人口数；

P_{15-64}为15-64岁劳动年龄人口数。

老年人口抚养比 也称老年人口抚养系数。指某一人口中老年人口数与劳动年龄人口数之比。通常用百分比表示。用以表明每100名劳动年龄人口要负担多少名老年人。老年人口抚养比是从经济角度反映人口老化社会后果的指标之一。计算公式为：

$$ODR=\frac{P_{65+}}{P_{15-64}}\times 100\%$$

其中：ODR为老年人口抚养比；

P_{65+}为65岁及65岁以上的老年人口数；

P_{15-64}为15-64岁的劳动年龄人口数。

少年儿童抚养比 也称少年儿童抚养系数。指某一人口中少年儿童人口数与劳动年龄人口数之比。通常用百分比表示。以反映每100名劳动年龄人口要负担多少名少年儿童。计算公式为：

$$CDR = \frac{P_{0-14}}{P_{15-64}} \times 100\%$$

其中：CDR为少年儿童抚养比；

P_{0-14}为0～14岁少年儿童人口数；

P_{15-64}为15～64岁劳动年龄人口数。

经济活动人口 指在16周岁及以上，有劳动能力，参加或要求参加社会经济活动的人口。包括就业人员和失业人员。

就业人员 指在16周岁及以上，从事一定社会劳动并取得劳动报酬或经营收入的人员。这一指标反映了一定时期内全部劳动力资源的实际利用情况，是研究我国基本国情国力的重要指标。

单位就业人员 指期末最后一日24时在各类单位中工作，并取得工资或其他形式劳动报酬的人员数。该指标为时点指标，不包括最后一日当天及以前已经与单位解除劳动合同关系的人员，是在岗职工、劳务派遣人员及其他从业人员之和。从业人员不包括：

(1)离开本单位仍保留劳动关系，并定期领取生活费的人员；

(2)利用课余时间打工的学生及在本单位实习的各类在校学生；

(3)本单位因劳务外包而使用的人员。

城镇私营和个体就业人员 城镇私营就业人员指在工商管理部门注册登记，其经营地址设在县城关镇(含县城关镇)以上的私营企业就业人员，包括私营企业投资者和雇工。城镇个体就业人员指在工商管理部门注册登记，并持有城镇户口或在城镇长期居住，经批准从事个体工商经营的就业人员，包括个体经营者和在个体工商户劳动的家庭帮工和雇工。

在岗职工 指在本单位工作且与本单位签订劳动合同，并由单位支付各项工资和社会保险、住房公积金的人员，以及上述人员中由于学习、病伤、产假等原因暂未工作仍由单位支付工资的人员。在岗职工还包括：

(1)应订立劳动合同而未订立劳动合同人员(如使用的农村户籍人员)；

(2)处于试用期人员；

(3)编制外招用的人员；

(4)派往外单位工作，但工资仍由本单位发放的人员(如挂职锻炼、外派工作等情况)。

工资总额 指根据《关于工资总额组成的规定》(1990年1月1日国家统计局发布的一号令)进行修订，在报告期内(季度或年度)直接支付给本单位全部从业人员的劳动报酬总额。包括计时工资、计件工资、奖金、津贴和补贴、加班加点工资、特殊情况下支付的工资，是在岗职工工资总额、劳务派遣人员工资总额和其他从业人员工资总额之和。

工资总额是税前工资，包括单位从个人工资中直接为其代扣或代缴的房费、水费、电费、住房公积金和社会保险基金个人缴纳部分等。

工资总额不论是计入成本的还是不计入成本的，不论是以货币形式支付的还是以实物形式支付的，均应列入工资总额的计算范围。

平均工资 指单位就业人员在一定时期内平均每人所得的货币工资额。它表明一定时期职工工资收入的高低程度，是反映就业人员工资水平的主要指标。计算公式为：

$$\text{平均工资} = \frac{\text{报告期实际支付的全部就业人员工资总额}}{\text{报告期全部就业人员平均人数}}$$

平均工资指数 指报告期就业人员平均工资与基期就业人员平均工资的比率，是反映不同时期就业人员货币工资水平变动情况的相对数。计算公式为：

$$平均工资指数=\frac{报告期就业人员平均工资}{基期就业人员平均工资}\times 100\%$$

平均实际工资指数 就业人员平均实际工资指扣除物价变动因素后的就业人员平均工资。就业人员平均实际工资指数是反映实际工资变动情况的相对数，表明就业人员实际工资水平提高或降低的程度。计算公式为:

$$平均实际工资指数=\frac{报告期就业人员平均工资指数}{报告期城镇居民消费价格指数}\times 100\%$$

城镇登记失业人员 指有非农业户口，在一定的劳动年龄内(16周岁至退休年龄)，有劳动能力，无业而要求就业，并在当地劳动保障部门进行失业登记的人员。

城镇登记失业率 城镇登记失业人员与城镇单位就业人员(扣除使用的农村劳动力、聘用的离退休人员、港澳台及外方人员)、城镇单位中的不在岗职工、城镇私营业主、个体户主、城镇私营企业和个体就业人员、城镇登记失业人员之和的比。

Explanatory Notes on Main Statistical Indicators

Total Population refer to the total number of people alive at a certain point of time within a given area. The annual statistics on total population is taken at midnight, the 3lst of December, not including residents in Hong Kong SAR, Macao SAR, Taiwan Province and overseas Chinese national residing abroad.

Urban Population and Rural Population Urban population refer to all people residing in cities and towns, while rural population refer to population other than urban population.

Birth Rate (or Crude Birth Rate) refers to the ratio of the number of births to the average population (or mid-period population) during a certain period of time (usually a year), expressed in per thousand. Birth rate in the yearbook refers to annual birth rate. The following formula is used:

$$\text{Birth Rate} = \frac{\text{Number of Births in the Year}}{\text{Annual Average Number of Population}} \times 1000‰$$

Where Number of births refers to live births, i.e. when a baby has breathed or showed any vital phenomena regardless of the length of pregnancy.

Annual average number of population is the average of the number of population at the beginning of the year and that at the end of the year. Sometimes it is substituted by the mid-year population.

Death Rate (or Crude Death Rate) refers to the ratio of the number of deaths to the average population (or mid-period population) during a certain period of time (usually a year), expressed in per thousand. Death rate in the yearbook refers to annual death rate. The following formula is used:

$$\text{Death Rate} = \frac{\text{Number of Deaths in the Year}}{\text{Annual Average Number of Population}} \times 1000‰$$

Natural Growth Rate of Population refers to the ratio of natural increase in population (number of births minus number of deaths) in a certain period of time (usually a year) to the average population (or mid-period population) of the same period, expressed in ‰. The following formula is applied:

$$\text{Natural Growth Rate of Population} = \frac{\text{(Number of Births} - \text{Number of Deaths)}}{\text{Annual Average Number of Population}} \times 1000‰$$

$$= \text{Birth Rate} - \text{Death Rate}$$

Gross Dependency Ratio also called gross dependency coefficient, refers to the ratio of non-working-age population to the working-age population, express in percent. Describing in general the number of non-working-age population that every 100 people at working ages will take care of, this indicator reflects the basic relation between population and economic development from the demographic perspective. The gross dependency ratio is calculated with the following formula:

$$GDR = \frac{P_{0\text{-}14} + P_{65}}{P_{15-64}} \times 100\%$$

Where: GDR is the gross dependency ratio,

$P_{0\text{-}14}$ is the population of children aged 0-14,

P_{65+} is the elderly population aged 65 and over,

$P_{15\text{-}64}$ is the working-age population aged 15-64.

Old Dependency Ratio also called old dependency coefficient, refers to the ratio of the elderly population to the working-age population, express in percent. It describes the number of the elderly population that every 100 people at working ages will take care of. Old dependency ratio is one of the indicators reflecting the social implication of population aging from the economic perspective. The old dependency ratio is calculated with the following formula:

$$ODR = \frac{P_{65+}}{P_{15-64}} \times 100\%$$

Where: ODR is the old dependency ratio,

P_{65+} is the elderly population aged 65 and over,

$P_{15\text{-}64}$ is the working-age population aged 15-64.

Children Dependency Ratio also called children dependency coefficient, refers to the ratio of the children population to the working-age population, express in percent. It describes the number of children population that every 100 people at working ages will take care of. The children dependency ratio is calculated with the following formula:

$$CDR = \frac{P_{0-14}}{P_{15-64}} \times 100\%$$

Where: CDR is the children dependency ratio,

$P_{0\text{-}14}$ is the children population aged 0-14,

$P_{15\text{-}64}$ is the working-age population aged 15-64.

Economically Active Population refers to the population aged 16 and over who are capable of working, are participating in or willing to participate in economic activities, including employed persons and unemployed persons.

Employed Persons refer to persons aged 16 and over who are engaged in gainful employment and thus receive remuneration payment or earn business income. This indicator reflects the actual utilization of total labour force during a certain period of time and is often used for the research on China's economic situation and national power.

Persons Employed in Various Units refer to the total number of employees who work at various units and obtain wages or other forms of payment at the end of the reference period. This indicator is a kind of time point index and it equals to the sum of the number of employed staff and workers, labor dispatch personnel and other employed persons. Employed persons do not include:

1) persons who have left their working units while keeping their labour contract (employment relation) unchanged and receiving regular alimony;

2)students who do part-time jobs in spare time and all kinds of enrolled students who do internship in various units;

3)persons employed due to labor outsourcing;

4)persons who dissolve labor contracts with their units on the last day of reference period or before.

Persons Employed in Private Enterprises and Self-Employed Individuals in Urban Areas Persons employed in private enterprises refer to the persons employed in the private enterprises which have been registered at the departments of industrial and commercial administration for which the business operation are situated at a county town (i.e. a town where the county government is located), or at urban areas with administrative hierarchy higher than a county town. The self-employed individuals in urban areas refer to persons who hold the certificates of residence in urban areas or have resided in the urban areas for a long time and have been registered at the departments of industrial and commercial administration and approved to be engaged in individual industrial or commercial business, including self-employed persons as well as helpers and hired laborers who work in individual households.

Employed Staff and Workers refer to persons who signed labor contracts with working units and working units would pay wages, social insurance and housing funds for them. Persons who have their work posts but are temporarily absent from work for reasons of study or on sick, injury or maternal leave and still receive wages from their working units are also included. Employed staff and workers also include:

1)Persons who should have signed the labor contracts but not (like people with rural household registration);

2)Employees on probation;

3)Employees beyond the staffing quota;

4)Employees who are sent to other working units but still obtain wages from their original units (situations like on-the-job placement, expatriated assignment, etc.)

1)Employed Staff and Workers do not include: Dispatched personnel who work and are paid directly by the working units; they shall be counted into "labour dispatch personnel" of the working units;

2)Personnel through labor outsourcing, they shall be counted into "employed staff and workers" of the units which contracted them.

Total Wage Bill It is revised according to the "Provision of Composition of Total Wages" (Order No.1 by National Bureau of Statistics on January, 1st, ,1990), total wage bill refers to the total remuneration payment to all employed persons in various units during the reporting period (by quarter or by year), including hourly-paid wages, piece-rate wages, bonuses, allowance and subsidies, overtime wages and wages paid under special circumstances. It equals to the sum of total wages of employed staff and workers, dispatch labors and other employed persons.

Total wage bill is pre-tax wages, including the room charges, utility bills, housing funds and social insurance paid or withheld by employee's units.

Total wage bill, whether or not included in cost, whether or not paid in money or in kind, shall be included in the calculation of total wage.

Average Wage refers to the average per capita wage in money terms during a certain period of time for employed persons. It shows the general level of wage income of staff and worker during a certain period of time, one major indicator to reflect the wage level. It is calculated as follows:

$$\text{Average Wage}=\frac{\text{Total Wage Bill of Employed Persons at Reference Time}}{\text{Average Number of Persons Employed at Reference Time}}$$

Average Wage Indices refers to the ratio of average wage of employed persons the reference period to that at the base period, which reflects the change of wage of employed persons at the different period. It is calculated as follows:

$$\text{Average Wage Indices}=\frac{\text{Average Wage of Employed Persons at Reference Time}}{\text{Average Wage of Persons Employed at Base Period}}\times 100\%$$

Average Real Wage Indices average real wage of employed persons refers to the average wage of employed persons after removing the effects of the price changes and average real wage indices of employed persons refers to the change of real wage, which reflects the relative increasing or decreasing level of real wage of employed persons ,which is calculated as follows:

$$\text{Average Real Wage Indices}=\frac{\text{Average Wage Indices of Employed Persons at the Referece Time}}{\text{Urban Consumer Price Indices at Reference Time}}\times 100\%$$

Registered Unemployed Persons in Urban Areas refer to the persons with non-agricultural household registration at certain working ages (16 years old to retirement age), who are capable of working, unemployed and willing to work, and have been registered at the local employment service agencies to apply for a job.

Registered Unemployment Rate in Urban Areas refers to the ratio of the number of the registered unemployed persons to the sum of the number of persons employed in various units (minus the employed rural labour force, re-employed retirees, and Hong Kong, Macao, Taiwan or foreign employees), laid-off staff and workers in urban units, owners of private enterprises in urban areas, owners of self-employed individuals in urban areas, employees of private enterprises in urban areas, employee of self-employed individuals in urban areas, and the registered unemployed persons in urban areas.